ISBN 978-0-666-24179-5
PIBN 11039520

1 MONTH OF
FREE
READING

at

www.ForgottenBooks.com

By purchasing this book you are eligible for one month membership to ForgottenBooks.com, giving you unlimited access to our entire collection of over 1,000,000 titles via our web site and mobile apps.

To claim your free month visit:
www.forgottenbooks.com/free1039520

English
Français
Deutsche
Italiano
Español
Português

www.forgottenbooks.com

Mythology Photography **Fiction**
Fishing Christianity **Art** Cooking
Essays Buddhism Freemasonry
Medicine **Biology** Music **Ancient**
Egypt Evolution Carpentry Physics
Dance Geology **Mathematics** Fitness
Shakespeare **Folklore** Yoga Marketing
Confidence Immortality Biographies
Poetry **Psychology** Witchcraft
Electronics Chemistry History **Law**
Accounting **Philosophy** Anthropology
Alchemy Drama Quantum Mechanics
Atheism Sexual Health **Ancient History**
Entrepreneurship Languages Sport
Paleontology Needlework Islam
Metaphysics Investment Archaeology
Parenting Statistics Criminology
Motivational

Neue
Militärische Blätter.

XXXXVII. Band.
(Zweites Semester 1895.)

Begründet

von

G. von Glasenapp.

Geleitet

von

H. vom Berge
Oberstlieutenant a. D.

Berlin W.

Expedition der Neuen Militärischen Blätter.

1895.

Inhalt des XXXXVII. Bandes.

(2. Semester 1895.)

~·~

	Seite
Die Unteroffiziere der französischen Armee	1
Eckernförde	22
Die Reorganisation der französischen Artillerie	43
Sammelblätter über Waffentechniker	48. 202. 308
Die Führung des Rückzugs und das rauchlose Pulver	56
Militärische Plaudereien	59. 209
Die Ansichten über die heutige Seetaktik in England	161
Die russischen Eisenbahnen in den Jahren 1892 und 1893 bis auf die Gegenwart	183
Der „Angriff der Infanterie" — im russischen Heere	193
Das französische Gesetz über die Beförderung der Offiziere vom 13. Januar 1895	225
Rußland und England in Innerasien	257
Die französische Expedition nach Madagaskar	278. 390. 481
Ueber das Ausbildungssystem „Dragomirows"	293
Die probeweise Aufstellung von Reserve-Kavallerie-Regimentern in Frankreich im Jahre 1894	314
Ueber die Kampfweise der russischen Artillerie	321
Die Organisation und der Betrieb des Etappendienstes	327. 422
Die Gebirgs-Batterien der französischen Vogesen-Division	353
Die Ergänzung und Organisation der russischen Armee	367. 498.
Das englische Heeresbudget für das Jahr 1895/96	381
Kriegstechnik und Weltverkehr in ihren Anforderungen gegenüber der Aëronautik	404. 464
Die türkischen Eisenbahnen	413. 474
Heeresergänzung und Friedenspräsenzstärke in Frankreich im Jahre 1895	449
Das Gefecht bei Münden in Waldeck am 13. September 1760	505

Korrespondenz.

S. 100

Deutschland. (Die preußischen Offiziere in Chile.) 427

Frankreich. 70. 280. 341. (Die Berathung des Militärbudgets in der zöfischen Kammer.) 514

Rußland. (Kaserne in Kaluga. Anzug der Mannschaften auf den Straßen in Warschau. Kontrole der Ausrückestärke der Truppen in die Lager-Versammlungen ꝛc. im Militär-Bezirke von Kiew. Eintheilung der Artillerie-Brigaden in Divisionen. Befehle über gemachte Beobachtungen während der Lagerübungen im Militär-Bezirk Kiew. Eindrücke eines Frontoffiziers während der Manöver in Rußland.) 76. (Winterübungen im Militärbezirk Warschau. Winterübungen und Besichtigungen während des Winters im Militärbezirk Kiew. Satzungen über das Verhalten der drei Hauptwaffengattungen im Gefecht beim XII. Korps. Korpsbefehl bezüglich der Kompagnie- und Regimentsfesttage beim XII. Armee-korps.) 285. (Eine Jagd auf Bären, abgehalten vom Jagdkommando 35. Wyborg'schen Infanterie-Regiments.) 433. (Uebungen der Offizier-aspiranten der Reserve im laufenden Jahre. Besichtigungen der Festungen und Festungstruppen im Warschauer Militärbezirk im Monat April. Die Kosten der finnischen Truppen. Neue Eintheilung von Divisionen bei der reitenden Artillerie der Garde und 8 Kavallerie-Divisionen. Eine Winterübung bei Warschau mit Biwalbeziehen und Backversuchen. Ein Gefechtsschießen bei Bialystok im Monat Januar.) 521

Italien. (Militärisches. Weitere Erfolge der Italiener in Afrika.) 82.
(La festa dell' Artiglieria italiana. Fest der italienischen Artillerie.) 430

Türkei. (Die irreguläre türkische Kavallerie in Asien.) 100

Kleine Mittheilungen.

Frankreich. Nummerirung der Brigaden und Divisionen des Territorialheeres 104.
Italien. Aus dem Bericht der Italienischen Gesellschaft des Rothen Kreuzes. 104. Das Gasdruckgewehr des Kapitäns Cei. 243. Japan.
Budget für 1895/96. 104. — Vorrichtung, um weidende Pferde sicher

anzuschirren. 104. Taschen-Mitrailleuse. 105. Kanonen aus Papier. 105. Elektrische Uebertragung von Photographien auf weite Entfernungen. 106. Rothe Zahlen. 242. Unterwasser- und Luftschifffahrt. 244. Der Entfernungsmesser „Phonotelemeter". 245. Ein neuer Explosivstoff. 245. Die Wirkung des rauchlosen Pulvers auf Feuerwaffen. 246. Widerstand des Schnees gegen Geschosse. 246. Zur Schonung der Stiefelsohlen. 246. Ein Auftrag auf 45 000 kg Aluminium. 247. Fortschritte in der Aluminium-Erzeugung. 247. Aufbewahrung von Karbol in Aluminiumflaschen. 248. Ein neuer Wassersport. 248. Rücklaufbremse für Geschützlaffeten. 248. Durchbohrte Gewehrgeschosse. 249. Petroleum-Velozipedes. 249. Ein Aluminium-Bergwerk in Grönland. 437. Ein großer Fortschritt der Jagdgewehrfabrikation. 527. Der Kriegs-Drache. 528. Ueber die Kohlenproduktion der Welt. 528. Das Marine-Departement der Vereinigten Staaten. 528. Bemerkenswerthe Aufsätze aus Zeitschriften der deutschen und ausländischen Militär-Literatur. Deutsche Zeitschriften. 108. 438. 529. Oesterreichische. 109. 439. 529. Französische. 109. 439. 530. Russische. 440. 531. Italienische. 110. 440. 531. Englische. 110. 440. 531. Schweizerische. 110. 441. 531.

Literatur.

Monteil, De Saint-Louis à Tripoli, par le lac Tschad 111
E. Debes, neuer Hand-Atlas über alle Theile der Erde . . . 112. 251.
Universum . . . . 112. 253. 348. 444.
Verzeichniß eingegangener neuer Werke. 113
Bibliographie 1894 114
Ed. Aublet, La guerre au Dahomey 250
Woide, Die Selbstständigkeit der Unterführer im Kriege 250
Meyer's Konversations-Lexikon 252
Dr. J. v. Pflugl-Harttung, Krieg und Sieg 1870—71 . . . 347
Dr. Paul Schweizer, Geschichte der schweizerischen Neutralität . . . 348
E. Girardon, Organisation et service du train, fonctionnement des services auxilières de l'armée 349
L'Armée et la Flotte en 1894 349

VI

Seite

Das Wald- und Ortsgefecht 441

Handbuch für die Offiziere des Beurlaubtenstandes der Infanterie 442

Henri Mayerau und Edouard Noël, Les Manoeuvres de Forteresse . 442

Spenser Wilkinson, The Brain of the Navy 443

Dr. Rehrmann, Französische Schulgrammatik 443

Heimchen am Herd 445

Colmar, Freiherr v. d. Golz, „Kriegführung" 532

Ernest Nicol, Traité d'artillerie à l'usage des officiers de marine . 533

Die Unteroffiziere der französischen Armee.

Nächst dem Offizierkorps bilden die Unteroffiziere den wichtigsten Faktor bei der Abschätzung des inneren Werthes einer jeden Armee, denn auf beiden Bestandtheilen beruht in erster Linie die kriegsmäßige Ausbildung, die Erziehung als Grundlage der militärischen Disziplin, sowie die praktische Verwendung der in Menschenkräften umgesetzten Wehrhaftigkeit der Nation für den Kriegsfall. Die Bedeutung dieses Faktors ist den Armeen jedes modernen Staatswesens vollbewußt, und daher wenden auch alle größeren Staaten diesem Theil ihrer Armee unablässig ihre ganz besondere Aufmerksamkeit zu. Die ungeheuere numerische Erweiterung der Armeen bei der im Fall der Mobilmachung eintretenden Umwandlung des politischen Gemeinwesens in die bewaffnete Nation, welche von allen größeren Staaten Europas im Frieden bereits bis in das Kleinste vorgesehen ist, hat naturgemäß die Frage der Schaffung eines ausreichend großen und seinen Aufgaben überall gewachsenen Unteroffizierkorps sehr erschwert. Daher tönt auch das Schlagwort von der „Unteroffizierfrage" so oft in der Fach= und Nicht=Fachpresse aller Länder wieder.

Von allen nicht dem Dreibund angehörigen Armeen müssen uns erklärlicherweise die militärischen Verhältnisse bei unserem westlichen Nachbarn am meisten interessiren, umsomehr, als schon seit lange von dort her wieder, wie vor 1870, häufig der triumphirende Ruf herüberschallt, daß man von neuem auch in militärischer Beziehung die Führung in Europa übernommen habe.

Aus diesem Grunde dürfte es sich vielleicht lohnen, einmal einen kurzen Blick auf das Unteroffizierkorps der französischen Armee zu werfen, über dessen Ergänzung, Bestandtheile und Thätigkeit bei uns zum Theil noch ganz unklare Begriffe herrschen; wie oft wird beispielsweise selbst von Hauptorganen unserer nicht=militärischen Presse noch die Bezeichnung des französischen „Adjutant" — wie jüngst wieder bei der Berichterstattung über den Prozeß Dreyfuß geschah — mit der bei uns gleichlautenden Titulatur verwechselt, und doch ist jener nur ein Unteroffizier, während der Träger dieses Titels bei uns eine besondere Offizierstellung einnimmt. —

Das französische Unteroffizierkorps ergänzt sich nicht, wie bei uns zu einem Theil wenigstens geschieht, aus dazu besonders vorbereitenden Militärschulen, sondern geht fast ausschließlich direkt aus der Front hervor.

Allerdings ist auch in der französischen Armee seit einigen Jahren eine Einrichtung getroffen, die den vielfach laut gewordenen Wünschen nach einer Nachahmung unserer Unteroffizierschulen in gewisser Weise Rechnung zu tragen bestimmt ist. Die früheren enfants de troupe, jene alte französische Institution, nach welcher eine Anzahl Söhne von Soldaten, Unteroffizieren und Subalternoffizieren bei der Truppe erzogen wurden, erfuhr zunächst 1879 durch Errichtung einer école d'enfants de troupe zu Rambouillet eine zeitgemäße Umgestaltung und Zentralisation. Seit 1889 ist diese Einrichtung weiter ausgebildet worden, indem diese Schule zu einer Militärvorbereitungs= anstalt (école militaire préparatoire) umgewandelt wurde und man allmählich neben ihr noch fünf andere gleiche Schulen zu Montreuil f. M., St. Hippolyte du Fort, Les Andelys — diese vier für Infanterie — ferner zu Autun für Kavallerie und zu Billom für Artillerie und Genie auf folgender Grundlage errichtete.

Die ehelichen Söhne von Soldaten, Korporalen und Offizieren, bis zum Kapitän einschließlich, welche vom conseil d'administration des Truppentheils in die Kategorie der „enfants de troupe" aufgenommen werden (Höchst= zahl für die ganze Armee 5000), werden vom 2. bis 13. Lebensjahr ihren Familien unter Gewährung eines Erziehungsbeitrages von 100—180 Mark (drei Kategorien, je nach dem Lebensalter der Kinder) überlassen. Die Eltern bezüglich Vormünder müssen ihre Zustimmung zum spätern Eintritt in die Armee ertheilen, worauf die Knaben mit dem 13. Lebensjahr in eine der erwähnten écoles préparatoires eintreten, in der sie bis zum 18. Jahr verbleiben. Jede Schule hat fünf Jahrgänge mit 500 Schülern als Höchst= zahl und gewährt den Unterricht einer Bürgerschule unter gleichzeitiger Berücksichtigung einer gewissen militärischen Vorbildung. Nach dem Verlassen der Schule treten die jungen Leute sodann als Freiwillige — für den frei= willigen Eintritt in die Armee hat das Gesetz das 18. Lebensjahr festgesetzt — bei einem Truppentheil ein und sind verpflichtet in der Armee mindestens bis zur Entlassung ihrer bezüglichen Altersklasse zu verbleiben, was also gewöhnlich fünf Jahre dauern wird. Wer sich zu diesem freiwilligen Eintritt und der längeren Dienstverpflichtung nicht bereit findet, für den haben die Eltern oder Vormünder dem Staat das auf seine Erziehung und Ausbildung verwandte Kapital, mit 1 Franks pro Tag berechnet, zurückzuzahlen.

Diese Freiwilligen bilden einen gewissen Fond für einen Theil des Unteroffizier=Nachwuchses und auf dem Wege über eine der „Militärschulen" (f. unten) schließlich auch theilweise für den Nachwuchs des Offizierkorps.

Neben der Einrichtung der enfants de troupe geht, gleichfalls als eine Art von Vorbereitung für die Militär=Vorbereitungsschulen, noch die Er= ziehung in dem Orphélinat Henriot in La Boissière (bei Rambouillet ge= legen). Dies Waisenhaus ist eine hochherzige Stiftung des ehemaligen Stabsoffiziers, dessen Namen sie trägt, und zur Aufnahme von Söhnen ver=

storbener Unteroffiziere und Soldaten bestimmt. Es nimmt 160 Zöglinge zur Erziehung für das Alter von 5 bis 13 Jahren auf; nach Erreichung dieses Alters treten die Knaben gleichfalls in eine der genannten sechs Vorbereitungsschulen über.

Mit Ausnahme dieses verhältnißmäßig kleinen, aber für einen eventuellen Unteroffizierberuf in gewisser Weise bereits vorgebildeten Prozentsatzes erfolgt, wie schon erwähnt, der Ersatz des französischen Unteroffizierkorps ausschließlich aus der Front, d. h. aus der Zahl des jährlichen Rekrutenersatzes.

Das Verfahren, das hierzu in der französischen Armee eingeschlagen wird, ist von dem bei uns üblichen wesentlich abweichend. Während wir frühestens am Ende des zweiten Dienstjahres unter den während ihrer Dienstzeit besonders bewährten Gefreiten die geeignetsten Elemente aussuchen und ihnen den Gedanken an eine Kapitulation, die Lust zum Weiterdienen nahelegen, falls sie nicht selbst von vornherein dies Ziel im Auge hatten, so werden in der französischen Armee bereits vier Wochen nach dem Eintreffen der Rekruten die anscheinend besten und brauchbarsten Elemente unter ihnen von vornherein ausgeschieden und zu Korporalsaspiranten (élèves-caporaux) bestimmt. Dieselben werden alsbann zu einer besonderen Abtheilung meist innerhalb der Kompagnie und nur noch ausnahmsweise — was bis vor Kurzem die Regel war — innerhalb des Regiments in einem besonderen peloton d'instruction zusammengestellt. Hier erhalten sie eine bereits auf ihre künftige Dienststellung gerichtete Sonderausbildung, eine Art von Schnellpressendruck, bevor ihnen noch selbst der Begriff des militärischen Dienstes überhaupt, der Geist der Pflicht und die Bedeutung der Disziplin vollkommen zu eigen und gewissermaßen zur zweiten Natur geworden ist.

Schon nach sechs Monaten können diese Leute zum soldat de première classe, der so ziemlich unserem „Gefreiten" entspricht, und nach weiteren sechs Monaten bereits zum caporal, d. h. also zu einem sogar mit Strafgewalt ausgestatteten militärischen Vorgesetzten ernannt werden. Allerdings pflegt diese gesetzliche Mindestzeit in der Praxis insoweit überschritten zu werden, als man gewöhnlich 15 bis 18 Monate vergehen läßt, bevor man dem jungen Soldaten die Korporals-Chevrons (zwei rothwollene Streifen am Unterärmel), und zwei Jahre, bevor man ihm die goldene Sergeantentresse (gleichfalls am Unterarm) zukommen läßt: immerhin erscheint natürlich auch diese Zeit nach unseren Anschauungen völlig unzureichend zur Gewinnung eines brauchbaren und zuverlässigen Unteroffiziermaterials.

Ein nicht unbedeutender Theil der élèves-caporaux besteht übrigens aus solchen jungen Leuten, welche freiwillig in die Armee treten, um die Unteroffizierslaufbahn als Durchgangssphäre zu den Offizierspauletten zu benutzen. Es sind dies vielfach solche, welchen der Aufenthalt in den Schulen von St. Cyr oder der école polytechnique, den direkten Vorbereitungsanstalten für den Offizierstand, wegen der Kosten (1000 Fr. Pension und

1*

600 bis 700 Fr. Equipirungskosten, dazu die kostspieligen Nebenausgaben) oder wegen der wissenschaftlichen Aufnahmebedingungen (Abiturientenexamen x.) nicht möglich war oder die schließlich das Schlußexamen nicht bestehen konnten. „Ratés*) de St. Cyr" nennt solche der Militärjargon nicht ohne Witz. Für die Hebung des Unteroffizierstandes und die Schaffung eines tüchtigen, erfahrenen und leistungsfähigen Unteroffizierkorps bietet dies Material begreiflicherweise nur geringen Nutzen.

Für Diejenigen, welche mit den Rangverhältnissen der französischen Armee weniger bekannt sind, sei hier gleich erwähnt, daß die französische Unteroffizier-Hierarchie eigentlich erst mit der Charge des sergent beginnt und im adjutant ihre Spitze findet. Der caporal (bei den berittenen Waffen brigadier) bildet dagegen eine Mittelstufe zwischen dem Soldaten und dem eigentlichen „sous-officier". Da er aber der erste direkte Vorgesetzte des simple soldat und des soldat de première classe ist, auch, wie wir gleich sehen werden, die meisten derjenigen Funktionen auszuüben hat, die bei uns in erster Linie dem Unteroffizier zufallen, so rechnen wir ihn bei dieser Skizze wohl mit Recht auch in die Unteroffiziersklasse, der er zwar nicht de nomine, wohl aber de facto zugehört.

Zu den Unteroffizieren im Sinne des französischen Reglements gehören nur die folgenden Chargen: sergent (bei den berittenen Waffen maréchal-des-logis; Abzeichen: ein breiter Gold- bezw. Silberstreifen am Unterärmel), sergent-fourrier (Abzeichen: ein Sergeantenchevron am Unter= und ein gleiches am Oberärmel), sergent-major (bei den berittenen Waffen maréchal-des-logis-chef; Abzeichen: die Chevrons des Sergeanten doppelt) und der adjutant (Abzeichen: Aermelverschnürung, ähnlich der des sous-lieutenant, jedoch von entgegengesetzter Farbe).

Je nach ihrer besonderen Thätigkeit in oder außerhalb der Truppe oder bei den Stäben erhalten die Unteroffiziere weitere besondere Dienstbezeichnungen; so heißt z. B. der mit den Funktionen des vaguemestre beim Regimentsstab betraute Unteroffizier (über die Funktionen derselben s. unten) adjutant vaguemestre, ein Sergeant oder Sergeantmajor chef armurier, ein anderer maitre d'escrime u. s. w. Auch die Korporale haben vielfach besondere Funktionen mit entsprechenden Titeln, z. B. caporal-fourrier (an Stelle eines fehlenden sergent-fourrier oder bei der mobilen Kompagnie als Gehülfe desselben), caporal armurier, caporal moniteur d'escrime (Fecht= hülfslehrer) u. s. w.

Wenn wir zunächst einen Blick auf die hauptsächlichsten Dienstthätigkeiten der einzelnen genannten Chargen zu werfen versuchen, um an der Hand dieser Betrachtung einen Einblick in den inneren Dienst der französischen Armee überhaupt zu gewinnen, so müssen wir uns, um nicht zu weitschweifig

---

*) raté = „Versager" (beim Schießen).

zu werden, wohl damit begnügen, dies bei der Hauptwaffe, der Infanterie, zu thun. Ist doch auch die hier in allen Hauptpunkten von unserer Armee wesentlich abweichende Organisation so typisch für den gesammten inneren Dienstbetrieb in der Armee unseres westlichen Nachbarn, daß man sich leicht die durch die Verschiedenheit der.Waffe bedingten Abweichungen danach auch für die anderen Truppengattungen vorstellen kann.

Wie schon gesagt, entspricht der französische caporal, was Stellung und Dienstthätigkeit anbetrifft, durchaus unserem Unteroffizier, denn er ist es, der als Stubenältester und Korporalschaftsführer, als Wachtvorgesetzter, Instrukteur und Exerzirmeister beständig mit seinen Leuten in persönliche Beziehung tritt und sie in erster Linie auszubilden, zu erziehen und zu überwachen hat. Da er jedoch selbst erst kurze Zeit vorher die Uniform angelegt hat und sich meist nur in Ausübung seiner aktiven dreijährigen Dienstpflicht befindet, nach deren Ablauf er mit seinem Jahrgang wieder in das börgerliche Leben zurücktritt, so ist begreiflicherweise weder seine Leistungsfähigkeit noch seine Autorität derart, daß er in dieser Beziehung einen Vergleich mit unseren Unteroffizieren aushalten könnte. Daß er — wie wir später noch näher sehen werden — gleich den eigentlichen Unteroffizieren sogar mit Disziplinarstrafgewalt ausgestattet ist, gleicht die Schwäche seiner Stellung nicht aus, sondern erhöht nach unseren Anschauungen vielmehr nur die Schwierigkeit derselben.

Als Korporalschaftsführer und damit zugleich meist Stubenältester — denn eine Korporalschaft (escouade) wird möglichst geschlossen auf eine Stube gelegt — ist der Korporal für die Ordnung und Reinlichkeit seiner Leute, ihrer Sachen und für den guten Zustand der Stube verantwortlich, hat für das richtige Antreten der zu den einzelnen Dienstthätigkeiten kommandirten Mannschaften zu sorgen, zahlt seinen Leuten.alle fünf Tage den ihm vom Feldwebel zugestellten Rest der Löhnung nach den Abzügen aus (die sogenannten „centimes de poche"), falls sie nicht außerhalb der Menage (l'ordinaire) leben und deshalb Anspruch auf ihre gesammte Löhnung haben, kontrolirt den Stubendiensthabenden (l'homme de chambrée) und führt über alle Mannschaften seiner escouade das ihm zu diesem Zweck dienstlich überwiesene detaillirte carnet du caporal. Eintretende Streitigkeiten unter seinen Leuten sucht er zu schlichten, Betrunkene läßt er zu Bett bringen — eine Bestrafung betrunkener Soldaten pflegt nur im Fall dadurch eingetretener weiterer Disziplinarvergehen oder Exzesse stattzufinden —, bei den mit seinen Leuten gemeinsam einzunehmenden Mahlzeiten versieht er die Stellung eines Tischältesten und verließt seine Leute beim Antreten zum Morgen- und Abendappell. Alles Wesentliche, auch die von ihm verhängten Disziplinarstrafen, meldet er dem ihm direkt vorgesetzten sergent de section, welcher zwei escouades unter sich hat — diese bilden im Friedensverhältniß eine section (Zug), bei der Kompagnie auf Kriegsfuß eine demi-section —.

ober je nach der Zeit bezw. der Dienstart dem sergent de semaine. Auf die seltsame Zentralisation des innern Dienstes, die in der Einrichtung der Wochendienst=Hierarchie ihren Ausdruck findet, kommen wir noch zu sprechen.

Betritt ein Offizier das Zimmer, so kommandirt der Korporal: „fixe“, worauf die Leute die Mütze abnehmen, die sie sonst in der Stube tragen dürfen, und da, wo sie gerade sind, stillstehen, bis der Offizier hinausge= gangen ist oder „repos“ kommandirt hat. Bei Stabs= und höheren Offizieren geht dem Kommando „fixe“ auch das „à vos vangs“ voraus, worauf sich die Mannschaften erst an das Fußende ihrer Betten zu stellen haben.

Die Korporale werden abwechselnd innerhalb der Kompagnie als Me= nage=Korporale (caporal d'ordinaire) verwendet. Als solcher besorgt der Korporal das Einholen der für die Kompagnie nothwendigen Lebensmittel von den ihm gewöhnlich zu diesem Zweck vorher bezeichneten Orten und zu festgesetzter Zeit, auch ist er für die gute Beschaffenheit und das richtige Ge= wicht aller seiner Besorgungen verantwortlich. Die beiden Leute der Kom= pagnie, welche ihm dabei als Begleiter und Träger der Einkäufe zugewiesen sind, haben, im Fall es sich um einen freihändigen Einkauf handelt, das Recht, wenn sie den Preis der Waare zu hoch finden oder die Güte der= selben bemängeln, einen andern Lieferanten in Vorschlag zu bringen. Da= durch sollen unlautere Machenschaften von Seiten des Korporals verhindert werden, der auch verpflichtet ist, die Zahlung stets in Gegenwart seiner Be= gleiter vorzunehmen und eine Quittung darüber zurückzubringen. Auch ist dem Korporal für den Fall unerlaubten Einverständnisses mit Lieferanten kriegs= gerichtliche Bestrafung, letzterem das sofortige Aufhören der Lieferungen an= gedroht, — ob aber alles dies stets ausreichen mag, um für alle Fälle die nothwendige Sicherheit zu schaffen?

Zu dem petit état major (Unterstab) des Bataillons und Regiments sowie in der section hors rang des letzteren ist der Korporal noch in folgenden Stellungen vertreten:

beim Bataillon: als caporal tambour oder caporal clairon in seiner Eigenschaft als Vorgesetzter und Lehrmeister der Spielleute unter Kontrole des tambour-major vom Regimentsstab.

beim Regiment als:

caporal sapeur in seiner Eigenschaft als Vorgesetzter der zum petit état-major gehörigen 12 sapeurs (Tischler, Maurer, Schlosser u. s. w.);

caporal armurier in seiner Eigenschaft als Gehülfe des Waffen= schmiedes; zugleich befehligt er eine der beiden Korporalschaften, in welcher die section hors rang für den inneren Dienst ein= getheilt ist;

caporal moniteur d'escrime in seiner Eigenschaft als Gehülfe des im Regiment mit dem Fechtunterricht an die Offiziere und Unteroffiziere

— für die Mannschaften ist der Fechtunterricht seit einiger Zeit in Wegfall gekommen — betrauten maitre d'escrime;

caporal d'habillement: als solcher ist er Gehülfe des sergent garde-magasin, der im gewissen Sinn unserm Regiments=Kammer=Unter-offizier vergleichbar ist. Eine Bataillonskammer und Kompagnie-kammer giebt es bekanntlich in der französischen Armee nicht. Der caporal d' habillement befehligt zugleich die zweite Korporalschaft der section hors rang .

caporal de l'infirmerie; dieser erfüllt etwa die Funktionen unseres Lazarethgehülfen;

caporal conducteur des équipages als Gehülfe des vaguemestre (f. unten);

caporal premier ouvrier tailleur bezw. cordouuier — entspricht unserm Regimentsschneider bezw. =Schuster.

caporal secrétaire, in seiner Eigenschaft als Schreiber in verschiedenen Bureaux.

Die unterste Charge der eigentlichen „sous-officiers" bildet, wie erwähnt, der sergent. Sergeanten besitzt die Kompagnie auf Friedensfuß 5, von denen 4 mit der Führung der 4 sections (Züge) beauftragt sind, in welche die Kompagnie eingetheilt ist, und von denen sich jede aus 2 Korporal-schaften zusammensetzt. Der jüngste sergent ist einem älteren als Gehülfe zugetheilt. Auch die Sergeanten bestanden bis zu dem Rengementsgesetz von 1889 fast ausschließlich aus Leuten, die in Ableistung ihrer aktiven Dienst-pflicht begriffen waren und nach Erfüllung derselben in ihre bürgerlichen Verhältnisse zurücktraten. Jetzt ist es darin zwar besser geworden, jedoch be-findet sich ein Theil von ihnen noch immer lediglich in der Ableistung des dritten und letzten Dienstjahres.

Die Aufgabe der sergents de section ist es, den Dienst der ihnen speciell untergestellten zwei Korporale und deren Mannschaften und Stuben zu überwachen, wobei sie hierin wieder demjenigen Offizier verantwortlich sind, der das aus zwei Sectionen gebildete peloton (Halbkompagnie) kom-mandirt.

Hieraus ergiebt sich ihre Stellung und Thätigkeit im innern Dienst der Kompagnie von selbst; die Thätigkeit entspricht bezüglich der Kontrole der Korporalschaftsführung im allgemeinen der, welche in dieser Beziehung bei uns von dem Offizier, vor allem von dem Kompagniechef selbst ausgeübt wird. Denn zum Besten des gesammten inneren Dienstbetriebes verwerfen wir auch in dieser Hinsicht jene übertriebene Zentralisation, welche die Orga-nisation der französischen Armee auf allen Gebieten ebenso wie die des ge-sammten französischen Staatsorganismus überhaupt charakterisirt, und wollen die Gewähr für sachgemäße, zweckentsprechende und erfolgreiche Arbeit an jeder Stelle vielmehr in der größeren, wenngleich nicht unkontrolirten Selbstständigkeit jeder einzelnen vorgesetzten Person und Behörde erblicken, als in einem sich nach der Spitze zu immer weiter verjüngenden Aufbau eines ge=künstelten Organisationsgebäudes.

Außer der allgemeinen Ueberwachung der beiden Escouades ihrer Section liegt dem Sergeanten hauptsächlich die Ausübung des Wochendienstes ob, über den wir zusammenfassend an anderer Stelle sprechen werden.

Eine besondere Stellung nimmt der sergent fourrier ein, der eine von dem chef de section getrennte Thätigkeit hat. Derselbe, der in seiner Charge auch durch einen caporal-fourrier vertreten werden kann (welcher als=dann außer seinen Korporalschnüren am Unterärmel noch den goldenen Chevron des Fourrier am Oberärmel trägt) ist in der Hauptsache der Ge=hülfe des sergent-major, d. h. des die Bureau= und Rechnungsarbeiten der Kompagnie erledigenden Feldwebels. Gleichzeitig liegt ihm, wie bei uns die Sorge für die Kasernirungsangelegenheiten, die Stubenutensilien u. s. w. ob, nebenbei führt er das Parolebuch und sorgt für Mittheilung der Befehle an die Offiziere der Kompagnie.

Die besonderen Funktionen, welche den übrigen Sergeanten des Regi=ments, die auf den petit état-major und die section hors rang des Re=giments vertheilt sind, zufallen, sind die folgenden:

s. chef armurier, Waffenschmidt, für die Instandhaltung und Repa=ratur der Waffen und das rollende Material verantwortlich.

s. maître d'escrime, Fechtmeister — der auch ein Adjutant sein kann — leitet mit Unterstützung bestimmter Korporale und anderer dazu vor=gebildeter Hülfslehrer den Fechtunterricht der Unteroffiziere, Korpo=rale und Korporals=Aspiranten. Er ertheilt persönlich den Unterricht an die Offiziere.

s. garde magasin ist unter Leitung des capitaine d'habillement (der zum großen Regimentsstabe gehört) für den Bestand und die vor=schriftsmäßige Verwaltung der Magazine verantwortlich, in denen er auch zu schlafen hat.

s. secrétaire als Schreiber in den verschiedenen Bureaux.

Der sergent-major wird mit Vorliebe im Deutschen als der „Feldwebel" der französischen Compagnie bezeichnet, ebenso wie sein ihm in Stellung und Thätigkeit gleichgestellter Kollege, der maréchal-des-logis-chef bei den be=rittenen Waffen als „Wachtmeister". Doch ist dies genau genommen nicht ganz zutreffend. Allerdings entspricht seine Thätigkeit zu einem Theil wohl dieser Bezeichnung, aber da er andererseits mit dem praktischen Dienst der Truppe fast gar nichts zu thun hat, dürfte man den sergent-major wohl mit mehr Recht mit dem Rechnungsunteroffizier der österreichisch=ungarischen Armee vergleichen. Der gesammte praktische Dienst (auch der innere) der unserem Feldwebel bezw. Wachtmeister obliegt, fällt in der französischen Armee dem Vorgesetzten des sergent-major, dem Adjutant, zu, den der sergent-

major nur im Behinderungsfalle oder im Fall der Abwesenheit zu ver=
treten hat.

Der sergent-major ift ftets ein sous-officier rengagé, ein Kapitulant,
und dies war auch im ungünstigften Stadium der Unteroffiziersfrage (Ende der
70er und Mitte der 80er Jahre) festgehalten worden. Er hat hauptfächlich das
Bureauwesen, die Führung und Kurrenthaltung aller vorgeschriebenen Schrift=
ftücke, Akten, Liften, Stubenanschläge, sowie das Rechnungswesen seines Truppen=
theils mit Unterftützung des ihm speziell attachirten und ihn auch gegebenen
Falles vertretenden sergent fourrier zu beforgen. Nur in diefer Beziehung
ift er feinem capitaine direkt verantwortlich, deffen rechte Hand er hinfichtlich
der genauen Perfonalkenntniß von Unteroffizieren, Korporalen und Mann=
schaften ift; er übermittelt ihm ferner alle eingehenden Vorschriften und
Befehle und ift der Leiter des theoretischen und Schulunterrichtes der Mann=
schaften. Letzterer wird nämlich zur Ergänzung des noch immer unvoll=
kommenen Volksschulunterrichtes in Frankreich (1889 noch fast 10 pCt. An=
alphabeten, welche Zahl jetzt bis auf ca. 6½ pCt. zurückgegangen ift — bei
uns noch nicht 1 pCt.) für nothwendig erachtet. Auch ift der sergent-major
der Uebermittler aller von Seiten der Unteroffiziere, Korporale und Mann=
schaften an den capitaine herantretenden Gesuche, welche sodann von letzterem
bei dem täglich zu diesem Zweck stattfindenden Appell erledigt werden. Da=
gegen werden Beschwerden dem Kapitän von dem Beschwerdeführer ftets
perfönlich und direkt vorgetragen; im Fall es sich dabei um eine aus=
gesprochene Strafe handelt, hat dies fogleich bei Antritt derselben zu geschehen.

Die höchfte Unteroffizierscharge nehmen die adjutants ein, deren es seit
1878 für jede Kampagnie und Batterie einen giebt, bei der Kavallerie pro
Regiment drei, beim Genie pro Bataillon nur einen. Außerdem ift diese
Charge noch in der section hors rang als adjutant vaguemestre (zur
Beforgung des gesammten Poftverkehrs des Regiments und der Kontrole
und Ueberwachung des Fahrzeugbestandes) und eventuell als chef armurier
(der jedoch auch Sergeant sein kann) vertreten.

Betrachten wir die Stellung und Thätigkeit des adjutant einer In=
fanterie=Kompagnie näher.

Der adjutant de compagnie hat nach dem Dekret vom 20. 10. 92
im Besonderen die Unteroffiziere, Korporale und Mannschaften der Kom=
pagnie zu überwachen, sie perfönlich nach Charakter, Führung und Leiftungen
kennen zu lernen und die Offiziere der Kompagnie in dieser Beziehung zu
informiren. Er kontrolirt und befehligt seine Untergebenen hinfichtlich des
gesammten inneren und äußeren Dienftes, des Anzuges, der Ausbildung und
Disziplin und überzeugt sich davon, daß sie pünktlich und richtig ihre Ge=
bührniffe an Geld und Naturalien erhalten. An schriftlichen Arbeiten liegt
ihm nur die Führung der auf den Schießdienft bezüglichen Liften und Schrift=
ftücke ob, wie er denn überhaupt ganz besonders für den guten und vor=

schriftsmäßigen Gang des — bekanntlich in der französischen Armee sehr summarisch gehandhabten - Schießdienstes verantwortlich ist und für die Ausbildung besonders der schlechten Schützen und Nachzügler Sorge zu tragen hat. Ebenso liegt ihm die Kontrole über den richtigen Empfang, die Vertheilung und die vorschriftsmäßige Verwendung der Munition ob.

Hieraus ersieht man, daß die Thätigkeit eines französischen adjutant de compagnie etwa derjenigen entspricht, die bei uns zwischen dem Feldwebel, Vizefeldwebel und Schießunteroffizier getheilt ist, daß er aber daneben mit der Leitung und Kontrole des inneren Dienstes in einer Weise betraut ist, die wir in gerechter Würdigung ihrer Bedeutung für die Erziehung einer Truppe und die Disziplin in erster Linie dem Kompagniechef und seinen Offizieren zuweisen. Aber daß diese, namentlich die letzteren, sich zu wenig intensiv mit dem inneren Dienst ihres Truppentheils und mit ihren Leuten beschäftigen, ist eine auch von einsichtsvolleren Franzosen oft ausgesprochene Klage.

Freilich trägt hierzu viel auch die uns seltsam anmuthende Einrichtung des service de semaine bei, die den gesammten inneren Dienst eines Regiments derartig zentralisirt, daß für den Kapitän und seine Offiziere in der That nur wenig zu thun übrig bleibt und namentlich den ersteren die hauptsächlichste Einwirkung auf den Geist und die Möglichkeit einer systematischen Erziehung seiner Leute dadurch beträchtlich geschmälert wird. Werden doch alle im service de semaine vorkommenden Angelegenheiten, Unordnungen u. s. w. statt dem betreffenden Capitaine vielmehr dem chef de bataillon de service bez. seinem Stellvertreter und Adjutanten, dem capitaine adjutant-major de service, gemeldet und von dieser Stelle aus dann die nothwendigen Maßnahmen verfügt, etwaige Strafen ausgesprochen u. s. w.

Wöchentlich wird zu diesem Dienst, der stets am Sonnabend seinen Anfang nimmt, für das ganze Regiment ein besonderes Personal kommandirt, das aus folgenden Personen besteht:

einem Bataillonskommandeur nebst seinem Adjutanten (capitaine adjutant-major) und dem adjutant de bataillon*), als Gehülfen des letzteren — für das ganze Regiment,

einem sergent-fourrier — für jedes Bataillon,

einem Lieutenant mit seinem Kompagnie-Adjutanten, als seinem Stellvertreter und Gehülfen, sowie einem Sergeanten und einem Korporal — für jede Kompagnie.

Diesem gesammten Personal vom Wochendienst, das zur Kennzeichnung in allen betreffenden Chargen das Beiwort „de semaine" trägt, liegen unter

---

*) Die Stelle des adjutant de bataillon ist seit 25. 7. 93 zwar wieder einmal — auf wie lange? sie war erst 1878 von neuem etatsmäßig gemacht worden — abgeschafft worden, doch soll der Dienst dieser Charge von einem der abwechselnd dazu kommandirten Kompagnie-Adjutanten gethan werden.

verantwortlicher Leitung des chef de bataillon de semaine, der sich aber meist darin von seinem adjutant-major de semaine vertreten läßt, hauptsächlich folgende Dienstverrichtungen ob:

Abhaltung des Morgen= und Abendappells der Kompagnien sowie jedes Bataillons und Regimentsbienstes, bei dem die Kompagnien bez. das Bataillon nicht geschlossen auftreten (wie Baben, Stalldienst, Wachdienst, Arbeitsdienst u. s. w.), ferner die Sorge für die Aufrechterhaltung der Ordnung und Disziplin in allen Räumen des Regiments, also Ueberwachung besonders der salle de discipline (Aufenthaltsort der mit gelindem Arrest Bestraften), der Kantinen, Unteroffizierkasinos, Ställe, die Kontrole über die Reinlichkeit in den Kasernen und Quartieren, auf den Höfen und in der Umgebung der Kasernen, sowie die Fürsorge für die Sicherheit aller Quartiere des Regiments bei Tag und Nacht.

Als ein wie seltsames Gebäude sich dieser service de semaine der französischen Armee nach unseren Anschauungen darstellt, kann man am Besten erkennen, wenn man kurz einige der wichtigsten Theile von der Dienstthätigkeit jeder einzelnen Charge in dieser Beziehung betrachtet.

So kann z. B. der Bataillonsabjutant vom Wochendienst (cap. adj. maj. de s.), welcher als Gehülfe und Stellvertreter seines chef de bat. de s. hauptsächlich die Kontrole über die gesammte Thätigkeit aller andern Organe des Wochendienstes auszuüben hat, in Abwesenheit eines Kompagnieoffiziers bez. des Arztes jedes Zimmer irgend einer Kompagnie bez. die infirmerie régimentaire (das in der Kaserne befindliche Regimentslazareth für Leichtkranke) betreten, wenn ihm dies im Interesse der Ordnung oder Disziplin wünschenswerth erscheint; er führt die Kommandirrolle für den Dienst der Offiziere und sämmtlicher innerhalb des Regiments zu stellenden Kommandos, beaufsichtigt den Abendappell aller Kompagnien, empfängt nach demselben von den Kompagnie=Abjutanten alle schriftlichen Rapporte darüber und setzt nach Gutdünken Nachappells oder außergewöhnliche nächtliche Revisionen für alle oder einzelne Kompagnien fest. Beim Antreten des Regiments oder mehrerer Kompagnien von verschiedenen Bataillonen (die Kompagnien unter ihrem lieutenant de semaine und adjutant de semaine) läßt er sich von diesen melden und übergiebt die Kompagnien alsbann erst ihren bezüglichen Kompagniechefs; sämmtliche von Lieutenants oder Unteroffizieren geführte Kommandos werden, wenn sie verschiedenen Kompagnien angehört, ihm vor dem Abmarsch vorgestellt und wenn die Abwesenheit des Kommandos über 24 Stunden dauert, auch nach dem Einrücken. Der capit. adjut.-major de sem. schläft gewöhnlich während seiner Woche in der Kaserne, wo für diesen Zweck ein Zimmer bereit ist.

Der lieutenant de semaine unterstützt in allen dienstlichen Angelegenheiten, die den Wochendienst berühren, den chef de bat. de s. bezüglich deffen adjut.-maj. direkt und nur in den wenigen übrigbleibenden Theilen des inneren Dienstes seinen eigenen Kompagniechef. An ihn gelangen dann auch zunächst alle die Kompagnie oder den Kompagniechef berührende Angelegenheiten, alle Veränderungen, die von den Unteroffizieren und Korporalen der Kompagnie ausgesprochenen oder über sie von anderer Seite verhängten Strafen, die Meldungen über die Kranken u. s. w.

Dem Lieutenant vom Wochendienst steht der Adjutant seiner Kompagnie als beständiger unmittelbarer Gehülfe für alle Details des Wochendienstes zur Seite. Derselbe wird in diesem Dienst nur bei Behinderungs- oder Krankheitsfällen von dem sergent-major vertreten, mit der einen Ausnahme, daß diese beiden Unteroffiziere in der Abhaltung des täglichen Abendappells abzuwechseln haben. Im besonderen liegt dem Adjutant die Kontrole des sergent de semaine und des caporal de semaine der Kompagnie in allen Punkten ihrer vielseitigen Dienstthätigkeit ob. Von ersteren erhält der adjutant de semaine allmorgendlich die Meldung über den stattgehabten Morgenappell und die Ereignisse der Nacht, sowie über die Zeit der Rückkehr aller derjenigen Leute, die beim Abendappell gefehlt haben. Der Abendappell wird unter seiner bezüglich des sergent-major Aufsicht von dem Stubenältesten abgehalten. Er ist auch befugt, selbständig, wenn er es für erforderlich hält, einen Nachappell anzusetzen und hat nur nöthig, dies am folgenden Morgen seinem officier de semaine zu melden. Jedes Antreten der Kompagnie erfolgt durch ihn unter Aufsicht des Lieutenants vom Wochendienst, auch muß er bei jedem Antreten über zehn Mann anwesend sein.

Unter der Kontrole des officier de semaine und seines Adjutanten liegt die Beaufsichtigung des inneren Dienstes der Kompagnie, die Ueberwachung aller polizeilichen und disziplinaren Maßnahmen dem sergent de semaine ob.

Dieser hält den Morgenappell in der Kompagnie selbständig ab, führt die Kommandirrolle für den Arbeitsdienst, bringt die Kranken zum Arzt. meldet alle Ereignisse dem Adjutanten und die Zahl x. der Kranken dem sergent-major (für die Löhnungslisten u. s. w.). Abtheilungen bis zu zehn Mann läßt er selbständig antreten, kontrolirt ganz besonders die Ruhe und Disziplin, in der salle de discipline und darf sein Quartier selbst zum Dienst nicht ohne Erlaubniß des Adjutanten verlassen.

Sein Stellvertreter und Gehülfe ist der caporal de semaine, der im Allgemeinen den Dienst unseres Unteroffiziers vom Kompagniedienst zu versehen hat, weshalb wir die Einzelheiten seiner Thätigkeit hier übergehen können.

Der erwähnte fourrier de semaine — pro Bataillon einer — ist gewissermaßen der Schreiber des chef de bataillon de semaine und seines adjutant-major de semaine; er hat mit dem innern Regiments-Wochendienst sonst wenig zu thun.

Wenn durch eine derartige Zentralisation des Dienstes nach den bei uns mit Recht herrschenden Anschauungen die systematische, gewissenhafte Erziehung und Ausbildung, die individuelle Behandlung und Kontrole des Soldaten und jungen Unteroffiziers nicht gefördert werden kann, da dieselben hierdurch dem direkten Einfluß ihrer Offiziere und vor allem ihres Kompagniechefs entzogen werden, so kann dies noch weniger durch die Disziplinar=Strafgewalt geschehen, mit der man die Unteroffiziere und Korporale der französischen Armee ausgestattet hat. Man wollte wohl den zur Außerachtlassung der Schranken der Disziplin leicht geneigten französischen Soldaten dadurch eher zur Beobachtung der disziplinaren Vorschriften und des Respekts gegenüber seinen Vorgesetzten nöthigen, aber man erreicht dadurch eher das Gegentheil, namentlich wenn man diese außerordentliche, diskretionäre Gewalt schon in den Händen ganz junger, erst vor ein bis zwei Jahren in die Uniform gesteckter Leute legt. Einsichtige Franzosen haben daher auch, namentlich in neuerer Zeit, wiederholt dem Gedanken Ausdruck verliehen, von dieser alten Einrich=tung in der französischen Armee abzugehen und nach deutschem Muster die Disziplinarstrafgewalt nur Offizieren vom Capitaine aufwärts anzuvertrauen.

Die Grundzüge der militärischen Disziplinarstrafgewalt sind die folgenden:

Jede Militärperson kann von jeder anderen im Range höherstehenden ohne Rücksicht auf Waffe und Truppentheil bestraft werden. Derjenige Offizier, Unteroffizier oder Korporal, der eine Strafe über irgend ein Mit=glied seines eigenen Truppentheils ausgesprochen hat, benachrichtigt hiervon seinen adjutant de semaine, der vermittelst des Sergeantmajor den Capitaine des Bestraften von der Strafe, ihrer Veranlassung und ihrer Ausdehnung in Kenntniß setzen läßt. Handelt es sich um die Bestrafung eines Untergebenen von einem fremden Truppentheil, so erfolgt diese Meldung an den adjutant-major de service, der sie dem Platzmajor behufs weiterer Mittheilung an den betreffenden Truppentheil zugehen läßt. Jeder Kapitain kann die von einem seiner direkten Untergebenen ausgesprochene Strafe zusätzlich erhöhen, sogar eine höhere Strafe dafür aussprechen oder beim Oberst eine Milderung derselben beantragen. Der Regimentskommandeur hat das Recht, jede Strafe zu ermäßigen oder aufzuheben, auch denjenigen zu bestrafen, der seine Disziplinarstrafgewalt durch eine ungerechte Bestrafung gemißbraucht hat.

Die Strafen für die Unteroffiziere sind die folgenden:

Entziehung der Erlaubniß zum Verlassen des Quartiers nach dem Abendappell,

Quartierarrest (consigne au quartier),

Stubenarrest (consigne à la chambre),

Verweis von Seiten des Capitaine,

Mittelarrest (prison),

Verweis von Seiten des Obersten (im Beisein der Unteroffiziere und zugleich durch Parolebefehl),

Rückversetzung in die nächste niedere Charge (retrogradation),

Degradation zum Gemeinen (cassation).

Die letztgenannten beiden Strafen können nur von Generalen verhängt werden.

Die Strafen für die Korporale bestehen in folgenden:

Quartierarrest.

Gelinder Arrest (salle de police, ein in der Nähe der Wache befindlicher Raum Die Bestraften thun alle Dienst).

Mittel=Arrest. (Die Bestraften thun keinen Dienst, haben aber drei Stunden Vor= und drei Stunden Nachmittags Straferexerziren. Verlust der centimes de poche zum Besten der Kompagnie).

Degradation.

Die Strafbefugnisse für die einzelnen Chargen der Unteroffiziere sind die folgenden:

Es können verhängen

der Korporal: 2 Tage Quartierarrest;

der Sergeant: 4 Tage Quartierarrest;

der Sergeantmajor: Gegen Korporale und Soldaten der eigenen Kompagnie 8 Tage Quartierarrest, gegen solche fremder 4 Tage Quartierarrest; gegen Sergeanten und Fouriere bis 4 Tage Entziehung der Erlaubniß zum Ausgehen nach dem Abendappell oder 2 Tage Quartierarrest;

der Adjutant hat, wenn er sich nicht im Wochendienst befindet, gleiche Strafgewalt gegen die Untergebenen fremder Kompagnien und Truppentheile wie der Sergeantmajor; im Wochendienst dagegen und gegen Korporale und Soldaten seiner eigenen Kompagnie: 8 Tage consigne oder 4 Tage salle de police; gegen Unteroffiziere: 8 Tage Entziehung der Erlaubniß zum Ausgehen nach dem Abendappell, 8 Tage Quartierarrest oder 4 Tage Stubenarrest.

Die Disziplinarstrafen können eine für uns ganz ungewöhnliche Ausdehnung erlangen; so kann z. B. ein Oberst einen Unteroffizier bestrafen mit: 30 Tagen Entziehung der Erlaubniß zum Ausgehen nach dem Abendappell, 30 Tagen Quartierarrest, 30 Tagen Stubenarrest oder 15 Tagen prison.

Dem nach dem Zusammenbruch der kaiserlichen Armee und ihrer Reorganisation sich immer mehr bemerkbar machenden Mangel an rengagirten (kapitulirenden) Unteroffizieren suchte man in Frankreich seit etwa der Mitte der 70er Jahre durch verschiedene Gesetze zu begegnen, welche auf eine Besserung ihrer Lage hinzielten. Man erhöhte die Gehälter, die Rengagementsprämien und die Löhnungszulagen für die Kapitulanten, gab den Unteroffizieren bessere Wohnungen, gewährte ihnen größere persönliche Freiheit, bessere Kleidung, suchte ihre Zukunft durch erhöhte Pensionen und bessere Zivilanstellungsaussichten zu verbessern, kurz man bemühte sich, anscheinend anfangs freilich ohne besonderen Erfolg, die Aussichten für die Ergreifung der Unteroffizierslaufbahn immer verlockender zu gestalten. Diese Bestrebungen haben nunmehr jedoch durch das bedeutungsvolle Rengagementsgesetz von 1889, das später nur in einigen wenigen Punkten mobifizirt wurde, zunächst ihren erfolgreichen Abschluß gefunden. Denn seit 1890 haben im Allgemeinen die Klagen über Mangel an Rengagements aufgehört und es konnten seit drei Jahren auch sämmtliche den rengagés vorbehaltenen Stellen in der Armee — es sind dies Zweidrittel aller etatsmäßigen Stellen bei der Truppe, außerdem die meisten Stellen der adjutants und sergents bei den Stäben — voll besetzt werden. Die Gesammtzahl der Unteroffiziere der französischen Armee, die 1893 39 787 Köpfe betrug, stieg im vorigen Jahre auf etwas über 40 000, und mit der wachsenden Zahl der sich zum Rengagement meldenden Unteroffiziere und ehemaligen Unteroffiziere, die zu diesem Zweck wieder freiwillig eintreten, melden sich eine namhafte Anzahl solcher Leute, welche sich bereit erklären, wegen mangelnder Vakanz in dem betreffenden Truppentheil vorläufig ohne die gesetzmäßige Prämie zu dienen, bis eine etatsmäßige Stelle für sie frei wird. Wenn im Jahre 1894 gegen das vorhergehende Jahr dennoch ein kleiner Rückgang in der Gesammtzahl der Rengagements zu verzeichnen ist, so ist dies eine wohl nur vorübergehende Folge davon, daß Ende 1894 eine sehr große Anzahl der 1889 stattgehabten Rengagements (auf fünf Jahre) zu gleicher Zeit ablief, von denen ein Theil nicht sogleich erneuert wurde, so daß eine plötzliche Lücke entstand, sowie daß durch die erwähnte Abschaffung des adjutant de bataillon für die Unteroffiziere die Möglichkeit zur Erreichung der sehr beliebten Adjutantenstellungen vermindert erscheint.

Ohne in das Einzelne näher eingehen zu wollen, geben wir in Folgendem kurz ein übersichtliches Bild von den wesentlichen Verbesserungen, welche die Lage der Unteroffiziere im Laufe der letzten zwanzig Jahre erfahren hat.

Während noch 1874 folgende monatliche Löhnungen gezahlt wurden: der adjutant bei der Infanterie 828 Fr., der sergent-major 504, der sergent 396 — so erhält heute der adjutant der Infanterie 1058 Fr., der sergent-major 655, der sergent 438 Fr., während der caporal auf seinen 164 Fr. stehen geblieben ist.

Die Löhnungen bei den berittenen Waffen sind etwas höher als bei den Fußtruppen.

Was den Vergleich dieser Löhnungssätze mit den bei uns gezahlten anbetrifft, so stellt sich danach die Löhnung des adjutant etwas höher als die unseres Feldwebels, aber dafür sind die Sergeanten scheinbar bei uns besser gestellt als in der Nachbararmee. Dies Verhältniß wird jedoch ein anderes, wenn man die durch das Gesetz von 1889 für die Rengagirten festgesetzten täglichen Solderhöhungen (haute paye) sowie die für dieselben hinzutretenden Einnahmen, wie Handgeld, Prämie und Jahresgratifikation, hinzurechnet.

Neben den nach und nach eingetretenen, ganz bedeutenden pekuniären Verbesserungen hinsichtlich des Jahreseinkommens wie der Pension, über welche letztere unten noch etwas genauer berichtet werden soll, suchte die französische Regierung im Lauf der letzten zwei Jahrzehnte die Lust und Liebe zum Unteroffizierstande noch durch verschiedene andere Maßregeln und Erleichterungen zu heben, die zum Theil auf eine Besserung der allgemeinen Lebenslage und Erleichterung des Dienstes hinausliefen, zum Theil sich aber auch nur als Zugeständnisse an die persönliche Eitelkeit der französischen Soldaten darstellen.

So wurden u. A. jetzt die Uniformen der Unteroffiziere aus besserem, die der Rengagirten sogar aus feinem Tuch hergestellt. Die Rengagirten sind bei dem gewöhnlichen Dienst, ausgenommen bei Märschen, Paraden und Manövern, vom Tragen des Tornisters entbunden. Alle Unteroffiziere haben bis 11 Uhr, die Rengagirten sogar bis 1 Uhr Nachts beständigen Urlaub, eine Freiheit, die nur der Oberst aus dienstlicher oder disziplinärer Rücksicht zeitweise aufheben darf. Die Unteroffiziere haben nunmehr bei allen Regimentern besondere Kasinos (mess) erhalten. Die Wohnungen in den Kasernen wurden besser ausgestattet, die rengagirten Sergeanten und Sergeantmajors haben solche erhalten, wie sie sonst nur den Adjutanten zustanden, ausgestattet mit gewissen kleinen Luxusartikeln, wie Gardinen, Schreibtisch, Kommode, Waschtisch u. s. w. Der Verheirathung der Rengagirten wird kein Hinderniß in den Weg gelegt, wenn ihre Erwählte von gutem Ruf ist und ein Kapital von 5000 Fr. oder eine jährliche Sondereinnahme von 250 Fr. nachgewiesen werden kann. Als Wohnungsentschädigung erhalten die Verheiratheten, außerhalb der Kaserne wohnenden Unteroffiziere 15 Fr. monatlich und behalten ihr Anrecht auf Empfang aller den übrigen Unteroffizieren zustehenden Quartierbedürfnisse und Möbel, ausgenommen der Betten. Um die Rengagirten weiter vor den übrigen Unteroffizieren hervorzuheben, hat man bestimmt, daß dieselben von den ihnen sonst im Range gleichstehenden Unteroffizieren gegrüßt werden müssen und ihnen ein Sonderabzeichen gegeben in Gestalt einer mit rother Seide durchwirkten goldenen bezw. silbernen Schnur (je nach der Waffengattung) welche die Aermelaufschläge einfaßt.

Die einschneidendste, wichtigste und für die Gewinnung des nothwendigen Unteroffizierstandes erfolgreichste pekuniäre Verbesserung ihrer Lage wurde den Unteroffizieren durch das schon erwähnte Rengagementsgesetz vom Jahre 1889 zu Theil, das 1892 und 93 noch in einigen Punkten erweitert bez. modifizirt wurde. Die wichtigsten Bestimmungen desselben sind die folgenden:

Rangagements (Kapitulationen) können bis zu zwei Drittel der Unteroffiziers-Etatstärke des Truppentheils ohne Einrechnung der Unteroffiziere der Stäbe — ein Drittel ist zu Ergänzungen von Offizieren, Reserveoffizieren und Reserveunteroffizieren dem Erſatz überlaſſen worden — auf 2, 8 und 5 Jahre bis zu einer Geſammtbauer von 15 Jahren abgeſchloſſen werden. Nach Ablauf dieſer Zeit können die Betreffenden noch als commissionés bis zum 47. Lebensjahr ohne Erneuerung des Rengagements im Dienſt behalten werden.*) Die rengagirten Unteroffiziere erhalten bei Abſchluß ihres Rengagements ein Handgeld (première mise d'entretien) von 240, 360 oder 600 Fr., je nach ihrer Verpflichtung auf 2, 3 oder 5 Jahre. Nach 5 Jahren beträgt das Handgeld für das erneute Rengagement 200, 300 oder 500 Fr. für weitere 2, 3 oder 5 Jahre. Hierzu tritt noch eine jährliche Gratifikation von 100 Fr. und beim Ausſcheiden aus dem Dienſt eine beſondere Prämie, die ſich für eine Dienſtzeit von 2, 3 oder 5 Jahren auf 600, 900 oder 1000 Fr. beläuft. Die Löhnungszulagen für die Rengagirten belaufen ſich während der erſten 5 Jahre auf 9 Fr., vom 5. bis 10. Jahre auf 15 Fr., von da an auf 21 Fr. monatlich. Nach dem 10. Rengagementsjahr fallen Handgeld und Prämie fort, wogegen Gratifikation und Löhnungszulage bleiben.

Dieſe genannten Beträge erhöhen ſich theilweiſe noch beträchtlich für Rengagements in den Kolonien und ermöglichen es, daß ein Unteroffizier nach 15-jähriger Dienſtzeit, unter Annahme des Verbrauchs ſeiner Löhnungszulage, unter Umſtänden in den Beſitz eines Kapitals von 4500 bis 5000 Fr. (in den Kolonien beträchtlich höher) gelangen kann, wozu noch die erſparten Zinſen kommen würden.

Scheiden die Unteroffiziere nach 15 Jahren aus, ſo erhalten ſie neben dem Einkommen aus der von ihnen erworbenen Zivilanſtellung noch etwa ⅓ der ihnen nach fünfundzwanzigjährigem Dienſt zuſtehenden pension de retraite. Dieſe beträgt für den adjutant 1300 Fr., für den sergent-major 1200, für den sergent 1100, für den caporal 900 Fr. und ſteigt mit jedem weiteren Dienſtjahr. Der penſionirte rengagirte Unteroffizier ſteht dafür aber noch 5 Jahre zur Verfügung des Kriegsminiſters, der ihn ſowohl in dem Heer wie in der Territorialarmee verwenden kann. Die Hinterbliebenen verſtorbener Unteroffiziere erhalten verhältnißmäßig recht beträchtliche Wittwen- und Waiſengelder, die ſich bis zu 1000 Fr. jährlich ſteigern können.

Nach 15jähriger Dienſtzeit hat jeder Unteroffizier von tadelloſer Führung unter der Vorausſetzung, daß er wenigſtens 4 Jahre lang ſeine Charge bekleidet hat, bis zum 40. Lebensjahr Anſpruch auf eine Zivilanſtellung im Staatsdienſt. Für die den Unteroffizieren hier vorbehaltenen Stellen, welche je nach den Anforderungen und dem denſelben entſprechenden Einkommen in vier Kategorien eingetheilt ſind, hat eine vom Präſidenten der Republik zu berufende Kommiſſion von höheren Offizieren und Beamten

---

*) Eine Entlaſſung vor Beendigung des abgeſchloſſenen Rengagements kann im Fall grober Vergehen oder andauernd ſchlechter Führung des Unteroffiziers nur mit Genehmigung des Kriegsminiſters, nach ſtattgehabter Unterſuchung und Begutachtung durch den conseil d'enquête des Truppentheils ſtattfinden.

die Bewerberliste festzustellen. Die um die ersten drei Kategorien sich be-
werbenden Aspiranten haben sich einer Prüfung über ihre allgemeine Bildung
sowie über den Grad ihrer Brauchbarkeit für die erhofften Anstellungen zu
unterziehen, nach deren Ausfall ihre etwaige Rangirung in den Klassirungs-
listen festgestellt wird. Für die unterste Kategorie ist kein besonderes Examen
abzulegen, die hierher gehörigen Staatsstellungen bieten aber meist nur ein
so bescheidenes Einkommen, daß sich für sie immer nur sehr wenig Bewerber
(für manche auch gar keine) finden. Von den französischen Unteroffizieren
wird übrigens fortdauernd geklagt, daß sowohl die Anzahl der ihnen vorbehaltenen Stellen ganz unzureichend ist als auch namentlich, daß ihnen der
zu hohen wissenschaftlichen Anforderung wegen die guten Stellen eigentlich
unerreichbar sind und daher die Zivilversorgungsaussichten sich auf dem
Papier weit besser ausmachen, als sie in Wirklichkeit sind. Auch wird
behauptet, daß viele Behörden geflissentlich die Mängel und Lücken des
Anstellungsgesetzes dazu benützen, um die Erwartungen der Militäranwärter
zu täuschen. Eine Zusammenstellung, die der L'Avenier militaire vor einiger
Zeit über die Anstellungsergebnisse des Jahres 1893 mittheilte, scheinen
darzuthun, daß diese Klagen nicht ganz unbegründet sein dürften. Danach
wurde von Seiten der Kommission, welche 1721 Anstellungsgesuche von 1036
Unteroffizieren zu prüfen hatte, nur 618 Bewerber auf die Vorschlagsliste
gesetzt, wogegen 618 (mit 646 Gesuchen) abgewiesen werden mußten, weil
entweder die Zahl der voraussichtlich frei werdenden Stellen zu gering war
oder die Schul- bezw. Fachbildung der Bewerber nicht ausreichte; nur 47
wurden wegen ungenügender Führung oder aus anderen Gründen zurückgewiesen. Auch werden alljährlich eine große Anzahl schon notirter Bewerber
in das neue Jahr hinübergeführt, welche im alten noch nicht hatten untergebracht werden können.

Eins der wichtigsten Anziehungsmittel zur Wahl der Unteroffizierslaufbahn in Frankreich war von jeher die Möglichkeit, aus diesem Stande
heraus die Offizierskarriere zu ergreifen. Die alte, so verlockende, wenngleich trügerische Phrase vom Marschallstabe im Tornister hat von jeher den
Sinn des kaiserlichen wie des republikanischen Soldaten geblendet. Daran,
daß in Folge des avancement au choix*) nur wenige der „sortis du rang"
über die Kapitänsstellungen hinauskommen und nur ganz seltene Ausnahmen
wirklich eine gewisse Karriere machen (gelangen doch nur ca. 5 pCt. aller
sortis du rang in die Oberstencharge) — daran denkt der mit der Hoffnung
auf dieses Avancement eintretende Soldat nicht, noch weniger stellt er sich
die stets nur untergeordnete Stellung vor, welche der aus dem Unteroffiziers-

---

*) Für das avancement au choix sind bestimmungsmäßig vorbehalten: zwei Drittel
der Beförderungen zum capitaine, die Hälfte derjenigen zum Stabsoffizier und sämmtliche
zu den höheren Stellungen.

stande hervorgegangene Offizier in den Augen seiner bessergestellten Kameraden von St. Cyr und der école polytechnique sowie in der guten Gesellschaft einnimmt.

Die Franzosen blicken scheinbar triumphirend auf ihre der republikanischen Gleichheitsidee so sehr entsprechende Institution, durch welche immer neues demokratisches Blut in das Offizierkorps der Armee eingeführt wird, um dieses vor einer der jetzigen Staatsform gefährlichen aristokratischen Zusammensetzung und Gesinnung zu bewahren. Aber sie übersehen dabei absichtlich die großen Nachtheile, welche der Armee und der Disziplin dadurch erwachsen müssen, daß das nicht homogene Offizierkorps sich in zwei sich unfreundlich gegenüberstehende Theile spaltet, daß der Respekt vor der Offiziersuniform vermindert wird, wenn sich jeder Soldat und Unteroffizier den Besitz derselben ohne übergroße Anstrengung verschaffen kann, und sie vergessen das bekannte und so wahre Wort des berühmten englischen Marschalls, daß diejenige Armee die beste ist, die nur gentlemen als Offiziere besitzt.

Da uns jedoch im Uebrigen diese Frage hier nicht weiter berührt, so gehen wir zur Schilderung des Weges über, auf dem der französische Unteroffizier zu den Epauletten des Souslieutenant der Linie oder der Reserve gelangen kann.

Zur allgemeinen Hebung der wissenschaftlichen Bildung von Unteroffizieren und Mannschaften dienen die Regimentsschulen. Diese zerfallen in zwei Kurse: der niedere, in dem nur die einfachsten Elementarfächer (Lesen, Schreiben, Rechnen u. s. w.) gelehrt werden, ist für die Analphabeten und die wissenschaftlich ganz ungebildeten Leute bestimmt; der höhere heißt cours préparatoire und in ihm werden die Korporale und Unteroffiziere, sowie diejenigen Mannschaften wissenschaftlich gefördert, welche zum weiteren Avancement in Aussicht genommen sind. Mit der Oberleitung des Unterrichts ist ein Capitaine betraut, unter dem einige Lieutenants nach vom Kriegsministerium vorgeschriebenen Lehrbüchern den Unterricht ertheilen. Durch diesen sollen die Aspiranten für die Unteroffiziers= bez. die Offizierscharge in der Linie und Reserve die Lücken ihrer allgemeinen Bildung ausfüllen und die künftigen aktiven Offiziere zugleich dadurch eine Vorbereitung zum Bestehen der vorgeschriebenen Aufnahmeprüfung für die école militaire erhalten.

- Solcher écoles militaires, welche die eigentlichen Offizierspressen für die Unteroffiziere darstellen, giebt es drei mit je einjährigem Kursus: St. Maixent (im Departement Sarthe, IX. Korps, gelegen) für die Infanterie, Saumur für die Kavallerie und Versailles für Artillerie und Genie.

Jedes Regiment schlägt seine Offiziersaspiranten unter seinen Unteroffizieren höheren Ortes behufs Zulassung zum Aufnahmeexamen vor und das Kriegsministerium entscheidet alsdann über die Einberufung, für welche von ihm alljährlich die Gesammtzahl festgesetzt wird. Erste Bedingung dazu

2*

in gute Führung, dienstliche Tüchtigkeit sowie daß die Aspiranten mindestens zwei Jahre die Unteroffizierscharge bekleidet haben und mindestens vier Monate während derselben die Funktionen als sergent-major oder fourrier ausgeübt haben. Da der Oberst nicht zu erwarten hat, die Betreffenden nachher als Offiziere wieder in sein Regiment und Offizierkorps zu erhalten, so fallen manche Hinberungsgründe für ihn fort — nicht immer zum Vortheil des Offizierstandes, wie behauptet wird.

Der zur Einberufung in Aussicht genommene Kandidat hat sich zunächst einer sehr einfachen Prüfung zu unterwerfen, die schriftlich aus einem Diktat, einem leichten Aufsatz und einigen einfachen mathematischen Aufgaben besteht. Alsbann folgt eine mündliche Prüfung, die sich auf die theoretische Kenntniß der école du soldat, einschließlich der Ausbildung zum Schützen, sowie die Bewaffnung, Schießausbildung und dergl., sowie praktisch auf die Erfüllung derjenigen Aufgaben im Exerzir= und Felbbienst bezieht, deren der ältere Unteroffizier und Zugsführer mächtig sein muß. In jedem Korpsbezirk befindet sich eine Kommission höherer Offiziere zur Abhaltung dieser Prü= fungen.

Hat der Aspirant die letztere bestanden, so wird er als sous-officier, élève-officier in die betreffende école militaire seiner Waffe einberufen. Im vorigen Jahre befanden sich unter den 300 Einberufenen 4 adjutants, 120 sergent-majors und 176 sergents und fourriers.

Da die Organisation der drei Schulen in der Hauptsache ziemlich gleich ist, so genügt es, einen Blick auf die von St. Maixent zu werfen, um einen allgemeinen Ueberblick über die einschlägigen Verhältnisse zu gewinnen.

Diese Anstalt besteht, unter der Oberleitung eines Oberstlieutenants als ersten und eines Bataillonskommandeurs als zweiten Kommandanten, aus 19 Offizieren (Hauptleuten und Lieutenants), die als Lehrer, Instrukteure und Verwaltungsoffiziere verschiedener Branchen thätig sind, sowie aus 19 Unteroffizieren und 62 Solbaten, die als weiteres Personal dazu kom= mandirt sind. Der wissenschaftliche Unterricht entspricht im Allgemeinen dem auf unseren Kriegsschulen, der praktische erstreckt sich außer auf den In= fanteriedienst noch auf Reiten, Fechten, Turnen, Geschützexerziren u. s. w. Die Schüler, welche den Rang als Sergeanten und eine Löhnung von 1,60 Fr. täglich erhalten, haben nach Ablauf ihres Kursus, der Anfang April beginnt und im folgenden März endet, eine Prüfung vor einer besonderen Kommission abzulegen. Wer dieselbe nicht besteht, tritt zum Regiment zurück und kann zu einem neuen Kursus nur einberufen werden, wenn er nach= weislich 30 Tage ohne seine Schuld gefehlt hat. Der Ausfall des Examens bestimmt zugleich die Ancieunetät der Schüler, welche der Armee sofort als sous-lieutenants überwiesen werden und von denen sich diejenigen, welche die Schlußprüfung am besten bestanden haben, ihr Regiment wählen können. Diese Wahl wird vom Kriegsminister gewöhnlich genehmigt, obgleich ein geſetzlicher Zwang dazu nicht vorhanden iſt. Jeder Jahrgang wählt ſich zum Schluß gewöhnlich eine Bezeichnung nach einem beſonderen Ereigniß, ſo hat der 1894 ausgeſchiedene Jahrgang die Bezeichnung „Beförderung von Tim=buktu" angenommen.

Zu bemerken iſt noch, daß die zu Offizieren beförderten Unteroffiziere auf ihre geſetzmäßige Rengagementsprämie zu verzichten haben.

Wie die Offiziere des aktiven Dienſtſtandes ſich zu ungefähr einem Drittel aus dem Unteroffizierſtande ergänzen, ſo liefern die Unteroffiziere auch das hauptſächlichſte Material zur Beſchaffung des für die Reſerve und die Territorialarmee nöthigen Offizierbeſtandes. Außer aus ihnen ergänzt ſich das Offizierkorps der Reſerve vornehmlich aus den Abiturienten der polytechniſchen Schule, ſoweit ſich dieſe nicht der aktiven Offizierslaufbahn zuwenden, und der Forſthochſchule, den freiwillig ausgeſchiedenen Offizieren der aktiven Armee, die nach ihrer geſetzmäßigen Dienſtpflicht (3 Jahre Linie, 10 Jahre Reſerve, 6 Jahre Territorialarmee, 6 Jahre Reſerve der letzteren) noch der Reſerve angehören, und den penſionirten Offizieren, die geſetzmäßig noch während der nächſten fünf Jahre dem Kriegsminiſter zu beliebiger Ver=wendung zur Verfügung ſtehen. Schließlich kommen noch die früheren Ein=jährig=Freiwilligen ſowie diejenigen Elemente dazu, die zu den dispensés gehören, alſo ihrer beſonderen Bildung oder Lebensſtellung wegen nur ein Jahr bei der Fahne zuzubringen haben und die bei einer im letzten (dritten) Jahr ihrer aktiven Dienſtverpflichtung abzuleiſtenden vierwöchentlichen Uebung zum Unteroffizier der Reſerve befördert werden können. — Das Ofnizierkorps der Territorialarmee ergänzt ſich außer aus den zur Territorialarmee aus=ſcheidenden Reſerveoffizieren aus den Unteroffizieren und früheren Einjährig=Freiwilligen der Territorialarmee ſelbſt, ſowie aus denjenigen aktiven Unter=offizieren, die nach 15jähriger Dienſtzeit aus dieſer ausgeſchieden ſind.

Die Truppentheile ſtellen zum 1. Auguſt jedes Jahres eine Liſte der=jenigen Unteroffiziere auf, welche ſich dienſtlich und moraliſch zum Offizier der Reſerve und Territorialarmee eignen; über dieſe Liſte fällt der Brigade=kommandeur die Entſcheidung. Bei Gelegenheit ihrer erſten Reſerveübung haben ſich die danach beſtimmten Offizieraſpiranten einer Prüfung vor einer aus drei Offizieren beſtehenden Kommiſſion zu unterziehen. Dieſelbe erſtreckt ſich theoretiſch auf Kenntniß der Dienſtvorſchriften und Reglements, Felddienſt=ordnung, Kartenleſen u. ſ. w., praktiſch auf ein Vorexerziren und die Löſung einfacher taktiſcher Aufgaben. Nach beſtandenem Examen werden die Be=treffenden, welche natürlich auch perſönlich für den Offiziersſtand für würdig erachtet ſein müſſen, alsbald auf dem Dienſtwege zur Ernennung zum Sous=lieutenant der Reſerve in Vorſchlag gebracht.

Wie ſchon vorher betont wurde, erblicken die Franzoſen eben in der Möglichkeit für jeden Unteroffizier, wenn nicht Offizier der aktiven Armee, ſo doch wenigſtens der Reſerve und Territorialarmee zu werden, das Haupt=

er vor, beiderseits das Feuer einzustellen; gehe man nicht darauf ein, so werde er Granaten in die Stadt werfen, was bis dahin nicht geschehen sei.

Die letztere Angabe stimmt nicht mit dem Bericht des Oberst von Treitschke; er sagt: „Nach also beinahe vier Stunden langem Kampfe wendete das Linienschiff sich mehr gegen die Südbatterie, und „näherte" sich dabei der Stadt bis auf ungefähr 600 Schritte; die „Gefion" „folgte" ihr, und beide überschütteten nun die Südbatterie „und die Stadt" mit Geschossen aller Art.

Man muß hier dem dänischen Bericht das Zeugniß der größeren Wahr= scheinlichkeit geben, und muß das Unwahrscheinliche des Treitschke'schen Berichts dem Umstande zuschreiben, daß der Berichterstatter selbst vermuthlich nicht an Ort und Stelle, und nicht Augenzeuge war.

Daß sich das Linienschiff in der Lage, in der es war, der Stadt „ge= nähert" und die Fregatte ihm „gefolgt" sei, sind beides unmögliche Dinge.

Es ist auch nicht anzunehmen, daß die Dänen auf die Stadt feuerten, — selbst beim besten oder bösesten Willen, es zu thun — weil es Lebens= frage für sie war, die Batterien zum Schweigen zu bringen, und jeder dänische Kanonier wissen mußte, daß er, um dies zu Wege zu bringen, keinen Schuß auf die Stadt verschwenden dürfe.

„Nach großem Aufwand von Munition" — so sagt Lieutenant Colonel Stevens in seinem Bericht — erkannte Paludan, daß, während die Schiffe sehr litten, der Eindruck auf die Batterien nur gering war.

„Christian VIII." war durch eine der achtzölligen Granaten der Nord= batterie sogar in Brand gerathen; das Feuer wurde indeß gelöscht und das Schiff beschoß fortan fast nur die Südbatterie mit Salven; sie hat deren etwa 26 gefeuert, und sie wurde mit Einzel=Feuer erwidert.

Die Salven des Schiffes gingen meistens fehl und schlugen in die Erd= wand im Rücken der Batterie, 50—100 Schritte ostwärts.

In dieser Beziehung wird der Hamburger Bericht wohl das Rechte treffen, wenn er sagt: „In einer Beziehung war die Südbatterie im Vortheil gegen die Schiffe, indem der Ostwind sie immer gleich wieder vom Dampf befreite, während sie selbst den Schiffen durch den Qualm ihrer Breitseiten unsichtbar blieb, sodaß die Batterie selbst immer ihr Ziel sehen konnte, während die Schiffe oft ins Blaue zu schießen hatten. Zwischen 11 und 12 Uhr habe — so sagt dieser selbe Bericht, „Christian VIII." eine glühende Kugel erhalten, die die Außenhaut des Schiffes durchschlug, in der Innenhaut aber stecken blieb und nicht aufzufinden war.

Mit Paludan's Schreiben war der Seconde=Lieutenant A. T. Ulrich an Land geschickt; seine Ankunft veranlaßte die Batterien, ihr Feuer einzustellen, ihm selbst wurde bedeutet, er könne erst in einer halben Stunde Antwort erhalten.

Auf Anfrage bei seinem Chef wurde er von diesem angewiesen, auf die Antwort zu warten. Dieselbe erhielt er aber erst um 4½ Uhr; bis dahin unterblieb das Schießen.

Unterdeß hatte die Fregatte das Warpen fortgesetzt, war aber nicht weiter als 1½ Kabellänge (etwa 300—400 Meter) von dem ursprünglichen Anker= platz gekommen, d. h. also immer noch in wirksamer Schußweite geblieben.

„Hecla" hatte bis 1 Uhr ihren kleinen Schaden thunlichst ausgebessert, besaß wieder Steuerkraft und gab dem Geschwader=Chef hiervon durch einen Lieutenant Michelsen Nachricht, bat auch um weitere Ordre.

In Folge dessen erhielt „Hecla" Befehl, unter Parlamentärflagge ein= zulaufen, die „Gefion" herauszuschleppen, und dann dem Linienschiff zu assistiren.

Nach Aussage Michelsen's soll der Befehl noch dahin gelautet haben: wenn „Hecla" das nicht ausführen könne, solle das Schiff sich nach Sonder= burg begeben.

Letzteren Zusatz zum Befehl stellt Paluban in Abrede, und die Unwahr= scheinlichkeit, daß ein so positiver Zusatz nur mündlich gegeben sein solle, ist unverkennbar.

Der Kommandant des „Hecla", Aschlund, dagegen hat erklärt, er habe es in Anbetracht seiner langjährigen Erfahrungen in Führung von Dampf=, namentlich von Bugsir=Dampfschiffen, für eine Unmöglichkeit gehalten, bei dem Schaden, den er am Ruder erlitten, irgend eines der Schiffe gegen die gerade wehenden Marssegel= oder gereefte Marssegels=Kuhlte zu bugsiren.

Zum Versuch hat er sich angeschickt und ist unter Parlamentärflage zu den Schiffen hingegangen; weil aber die Nordbatterie zu schießen begann, stand er von der Fortsetzung des Versuches ab und drehte um, als er sich in einer Entfernung von etwa 1200 Ellen von der Nord=Batterie befand (etwa 700 Meter). Er berief sich darauf, daß er sich mit seinem nächst= kommandirenden Premier=Lieutenant A. Krieger berathen habe; sie seien zu der Ueberzeugung gekommen, den Schiffen nicht helfen zu können, und habe er es daher für seine Pflicht gehalten, sein Schiff der Vernichtung nicht preis= zugeben; außerdem habe er befürchten müssen, durch sein Herankommen die Waffenruhe zu unterbrechen.

Er habe daher jenem mündlichen Zusatz zur Ordre Folge gegeben und sei um 4½ oder 5 Uhr nach Sonderburg abgegangen.

Das Verhalten des „Hecla" stimmt mit dem Sinn der ihm zuge= gangenen Ordre zu wenig überein, als daß es einer Erörterung bedürfte, und es könnte höchstens auffallen, daß der Geschwader=Chef ihn nicht zurückhielt.

Der Premierlieutenant Krieger bestätigt seine persönliche Uebereinstimmung mit dem Verhalten des Kapitän Aschlund und ist der Meinung, man habe es nicht wagen dürfen, das Dampfschiff näher heranzubringen, weil man es der Vernichtung würde ausgesetzt haben.

Bei Ueberbringung der Ordre durch Michelsen sei er übrigens nicht zugegen gewesen, und könne darüber nichts aussagen, es sei aber an Bord des Schiffes die Annahme allgemein gewesen, die Ordre habe dahin gelautet, wenn man nicht helfen könne, solle man nach Sonderburg gehen.

Auch Premierlieutenant P. C. Albeck erklärt, gegen das Ende der Waffenruhe, sei die Kühlte so stark gewesen, daß „Hecla" das Linienschiff nicht habe bugsiren können. Dieselbe Meinung äußern der Hochbootsmann Freese und noch ein anderer Bootsmann.

Dagegen wurde doch von verschiedenen Zeugen geäußert, eine Hülfe durch das Dampfschiff sei wohl im Bereich der Möglichkeit gewesen.

Zu welcher Zeit „Hecla" und „Geyser" die in ihren Rapporten ge= meldeten Todten und Verwundeten gehabt, war nicht genau festzustellen. Aus einem Bericht vom 4. November erst geht hervor, „Hecla" habe kurz vorher, ehe er vom Linienschiff zu Hülfe gerufen ward, etwa um 9¼ Uhr Vor= mittags vier Kugeln erhalten, von denen eine den Schornstein streifte, eine andere in die Schanzkleidung an Backbord vorn einschlug, eine an Backbord achter und eine endlich die Schiene des Steuerruders traf, sowie daß dabei 2 Mann getödtet und 5 verwundet worden seien.

Alle diese Schüsse trafen an Backbord, mußten also von der Süd= Batterie oder von den Geschützen nördlich derselben sein. (Dies letztere erscheint irrthümlich; die Nassauer Batterie kam erst Nachmittags.)

Auf dem „Geyser" weiß man dagegen von keiner anderen Verwundung als solchen, die erst vorkamen, als man sich bemühte, den Schiffen zu helfen.

Als „Hecla" fortging, rief „Gefion" auch die Boote zurück, die das Warp ausbrachten, weil sie bei der zunehmenden See Gefahr liefen, Wasser zu schöpfen und zu sinken.

Was nun die Antwort auf Paludan's Schreiben betrifft, welches zuerst an den Hauptmann Jungmann gelangte, so soll der Militärkommandant von Eckernförde, Hauptmann Wigand, der Meinung gewesen sein, nach= zugeben. Der Bürgermeister Langheim habe erklärt, er sei nicht kompetent, der Kommandant der Batterien könne am besten darüber urtheilen, und Jungmann habe schließlich erklärt, er werde schießen, solange er noch eine Kugel habe. Angesehene Bürger der Stadt äußerten, 40—50 in Brand geschossene Häuser kämen nicht in Betracht, wenn man die Schiffe bekäme.

„Natürlich" — so heißt es im Hamburger Bericht — „vergingen über dem Hin= und Herschicken und Verhandeln mehrere Stunden, die endliche Antwort lautete dahin, „daß man es nicht verantworten könne, das Feuer einzustellen, daß die Schiffe sich bis 4 Uhr erklären sollten, ob sie sich ergeben wollten", und — so heißt es im Bericht — der Magistrat fügte hinzu — es ist nicht recht verständlich, was der Magistrat einer so wesentlich kriegerischen und rein militärischen Entscheidung hinzuzufügen in der Lage war — „daß man der Geschichte anheim geben müsse, über den Vandalismus des Bom=

bardements einer offenen Stadt zu urtheilen". Gewiß, nur war dabei übersehen, daß Städte durch scharf vertheidigte Batterien ihres offenen Charakters in gewissem Grade verlustig gehen.

Zu der Ausdehnung der Waffenruhe hatten die, wie es scheint, etwas zweifelhaften Kommandoverhältnisse am Ort beigetragen. Der Herzog von Coburg erzählte selbst, „wie die Meinungen über die Stellung der schles= wig=holsteinischen Armee, mithin auch über die Besatzung der Batterien von Eckernförde zwischen Kriegsdepartement und Oberkommando sehr getheilt ge= wesen seien; auch der Reichs=Obergeneral v. Prittwitz habe in dieser Be= ziehung über seine eigene Lage geklagt; sie sei weder den nicht=preußischen Reichstruppen, noch der schleswig=holsteinschen Armee gegenüber klar bezeichnet und abgegrenzt.

Dem Bericht Treitschke's muß man entnehmen, daß der Herzog im gegebenen Augenblick wohl nicht zur Stelle war. Er giebt zwar an, der Herzog sei an der Windmühle von Borby, weil erkannt, von den Schiffen lebhaft beschossen worden, er habe sich dann aber zu den Truppen am Süd= strande begeben, „wohin jedoch" — so heißt es wörtlich — „nur auf einem großen Umwege zu gelangen war, da die dicht am Ufer führende Straße des mörderischen Feuers wegen durchaus nicht betreten werden konnte".

Die Brigg, welche der Herzog nach dem Wortlaut des Briefes an den Prinzen Consort hat mit glühenden Kugeln beschießen lassen, ist nicht zur Stelle gewesen; immerhin paßte der Glückwunsch des Prinzen Albert für den „Jäger, der auf die Schnepfenjagd geht, und dem ein Hirsch von 14 Enden in die Hände läuft."

Mochte es sich nun mit der Verzögerung der Antwort verhalten, wie ihm wollte, jedenfalls kam sie auch den Land=Batterien zu gute. „Sie gab — nach Treitschke's Bericht — „den Strand=Batterien Zeit, sich zu fernerem Kampf zu rüsten, vergönnte dem Brigadekommando wieder mit der Stadt in Verbindung zu treten, und, mit der Fortsetzung des Gefechts ganz ein= verstanden, über die eigene Mitwirkung Beschluß zu fassen".

„Diese konnte nur darin bestehen, die Nassauer Batterie eine Stellung am Ufer, nahe dem südlichen Ausgang der Stadt nehmen zu lassen, von wo sie den Schiffen sehr gefährlich werden konnte."

„Der Entschluß war schwer" — woraus sich wohl auch ein Theil der Verzögerung erklärt — „denn obgleich die schwierige Lage der dänischen Schiffe nicht unbekannt war, konnte man für deren Dauer nicht einstehen.

„Die Batterie mußte den größten Theil des Weges — sie kam vom Schnellmarker Holz — am Ufer ohne Deckung zurücklegen, und konnte sich nur für eine kurze Strecke eines Seitenweges bedienen; wenn das Feuer unserer Strandbatterien zu frühzeitig wieder begann — dies ist nicht recht verständlich, denn wenn man die Pause nicht befehlen konnte, so konnte man sie doch vereinbaren — oder die Dänen die weiße Flagge wieder einzogen,

mußte die Batterie unendlich leiden, ja, konnte schwerlich in die ihr zu=
gedachte Aufstellung gelangen."

Auch dies ist nicht recht verständlich. Die Schlagfertigkeit und Wirk=
samkeit der Batterie hätte sich doch von der einen Stelle so gut wie von
der anderen zur Geltung bringen lassen.

„Inzwischen" — so erzählt Treitschke weiter — „hatte das Glück schon
viel für uns gethan; man konnte etwas wagen, und so wurde der Entschluß
gefaßt und schlug zum Heile aus.

„Der Kommandant der Feld=Batterie, Hauptmann Müller, entledigte
sich seines Auftrags mit der größten Entschlossenheit, erreichte die Stadt
glücklich, fuhr hinter dem Damme auf, ließ denselben, soweit nöthig, ab=
räumen, sendete seine Pferde hinter die Häuser zurück und stand nun der
Breitseite des Linienschiffes auf ungefähr 450 Schritt gegenüber."

Die Süd=Batterie, welche nur drei Schüsse mehr hatte, ergänzte ihren
Vorrath aus dem der Nord=Batterie und von Rendsburg her. Außerdem
war eine Abkühlung der erhitzten Kanonen erforderlich und die Nord=Batterie
mußte in Stand gesetzt werden. Zu diesem Zweck wurden alle Rademacher,
Tischler ꝛc. aus der Gegend aufgeboten und theilweise gezwungen, die Schanze
am Louisenberg wieder herzustellen, was mit eifrigem Arbeiten gelang.

Nach dem Wiederbeginn des Kampfes um 4 1/2 Uhr Nachmittags „fegten"
— wie der Hamburger Bericht sagt — „die Nassauer fortwährend Spiegel
und Takelage der „Gefion" wie des „Christian VIII.", letzterer wurde
außerdem von der Süd=Batterie mit glühenden Kugeln beschossen, während
die Nord=Batterie sich mit der „Gefion" und den sich wieder nähernden
Dampfschiffen (?) beschäftigte. Dabei lag „Gefion" mit ihrem Hinterende
gegen die Süd=Batterie und wurde von dieser in der ganzen Länge be=
schossen, so daß sie viele Todte und Verwundete hatte, der größere Theil
der jungen Besatzung auch — wie aus allen Berichten hervorgeht — so
demoralisirt wurde, daß die eigene Gefechtsthätigkeit dieses Schiffes nach
dem Wiederbeginn des Kampfes bald fast ganz aufgehört hat.

Ein einziges Geschütz der vorderen Batterie wurde längere Zeit von
einem Lieutenant Niepstedt (soll wohl Stiftsed heißen) und den beiden Ka=
detten Garde und Mourier, der erstere 13, der letztere 14 Jahr alt, bedient
und unterhielt ein Einzelgefecht mit der Nord=Batterie.

Das Linienschiff versuchte nun Segel beizusetzen und Anker zu lichten,
um auf diese Weise die Breitseite der Süd=Batterie zuwenden zu können
und seinen Spiegel der Enfilade der Nassauer Batterie zu entziehen. Das
Manöver gelang aber nicht, was wohl erklärlich ist. Man brachte ein Warp=
anker aus und lichtete das Schweranker, setzte Fock, Klüver und Besahn,
auch die Marssegel, obschon es nicht gelang, das dritte Marssegel (wahr=
scheinlich Kreuzmarssegel) beizubekommen; das Schiff kam etwas in Fahrt;
nun suchte man durch Niederholen des Klüvers eine Drehung gegen den

Wind zu erreichen; das gelang aber nicht und gleichzeitig wirkte ein heftiges Granatfeuer derart gegen die Takelage, daß binnen wenigen Minuten fast alles laufende Gut und die Segel selbst zerschossen wurden und die letzteren in Fetzen hingen; das Großmarsegel schlug back und es war nicht möglich, das Schiff beim Winde zu halten, so daß es in südwestlicher Richtung auf den Grund trieb und in eine Stellung kam, in der es mit der Breitseite gegen das Ufer, mit dem Hintertheil aber gegen die Süd=Batterie lag, so daß es nun auch in seiner Länge beschossen wurde, stark in der Takelage litt und viele Todte und Verwundete hatte.

Unmittelbar vor dieser Strandung des Linienschiffes hatte Lieutenant Michelsen die Meldung der Fregatte gebracht, sie befände sich in der Noth=wendigkeit, die Flagge zu streichen.

Kapitän Meyer hatte in der Lage, in der er sich mit Schiff und Mann=schaft befand, erkannt, daß ein nachdrücklicher Widerstand nicht mehr zu leisten sei; er berief deshalb einen „Schiffsrath", bestehend aus ihm selbst, den Sekondelieutenants Michelsen und Tegner, dem Feuerwerker, dem Boots=mann und dem Zimmermann, und sie alle stimmten überein, daß eine weitere Vertheidigung nur noch weitere Opfer an Menschen ohne irgend welchen Nutzen fordern werde.

Als Motiv, warum man nicht versuchte, das Schiff auf den Grund zu setzen, ward angegeben, es sei dies nicht möglich gewesen, ohne auf das Linienschiff zu treiben in einer Weise, daß dies dann nicht habe auslaufen können.

Ein Versenken oder Verbrennen des Schiffes habe nicht in Frage kommen können, weil man dann die vielen Verwundeten hätte opfern müssen.

In Folge der Berathung schickte dann Kapitän Meyer den Lieutenant Michelsen zu Paludan mit der Meldung, er müsse die Flagge streichen, was denn auch geschah. Wie es scheint, hat man seitens der Land=Batterien die Bedeutung eines solchen Aktes nicht zu würdigen verstanden, und hat das Schiff demungeachtet noch eine Zeit lang beschossen; denn das Feuern wurde erst eingestellt, nachdem der Lieutenaut Michelsen besonders an Land geschickt worden war, um das Streichen der Flagge zu erklären.

Kapitän Meyer verließ das Schiff Abends 7½ Uhr mit noch einem Offizier und soviel Mannschaften, als das Boot fassen konnte; die übrige Mannschaft ward am nächsten Morgen erst an Land gebracht.

Da man, wie es in den kriegsgerichtlichen Verhandlungen heißt, kein Mittel besaß, das Linienschiff flott zu machen (das Springtau ist, wie es scheint, zerschossen worden), auch Feuer ausbrach und zwar an mehreren Stellen der Steuerbordseite sowohl, wie im großen Schiffsraum, so berief Paludan den nächstkommandirenden Kapitänlieutenant A. Krieger, den dritten Offizier, Kapitänlieutrnant Marstrand, und den bei den Schanz= und Hinter=

Kanonen angestellten Premier-Lieutenant v. Wedel-Jarlsberg, um deren An=
sicht über die Lage des Schiffes zu hören.

Weil man keine Hoffnung sah, das Schiff bergen zu können, hielt man
eine Fortsetzung des Kampfes für zwecklos, und der Geschwader-Chef beschloß
daher um 6 Uhr, die Flagge zu streichen.

Das Schießen nahm darauf ein Ende. Paludan befahl nun, die
Wasserhähne zu öffnen, um das Schiff voll Wasser laufen zu lassen, und die
Munition über Bord zu werfen; auch machte man Versuche, das Feuer zu
löschen, scheint aber dem eigentlichen Sitz desselben nicht beigekommen zu sein.

Um 6½ Uhr mußte der Chef auf Verlangen eines vom Lande ge=
sandten Militärs das Schiff mit einem Theil der Mannschaft verlassen.

Vermittelst der eigenen Boote des Linienschiffes und einiger Boote vom
Lande ward der größte Theil der Besatzung an Land gebracht. Die Zurück=
gebliebenen, worunter ein Theil Verwundeter, zu deren Abholung Anstalten
getroffen waren, kamen um, als das Schiff etwa um 8 Uhr Abends in die
Luft flog. Dasselbe Schicksal hatte auch der an Bord gebliebene tapfere
Kommandeur der Süd-Batterie, Oberfeuerwerker Preußer.

Ich habe mich im Wesentlichen an die Erkenntnißgründe des dänischen
General-Kriegsgerichts gehalten, einmal, weil es mir darauf ankam, die
Auffassungen der unterlegenen dänischen Seite in den Vordergrund zu stellen;
zum andern aber bestimmt mich der Grund, daß der Text jenes Berichtes
sich von nebensächlichem Beiwerk freizuhalten und sich auf das Wesentliche
zu beschränken hatte.

Vieles Beiwerk, welches zu jener Zeit von hohem Interesse war, hat
es nach so langer Zeit verloren.*)

Man wird einwenden können, daß die noch so brillante Vertheidigung
einiger Strandbatterien gegen einen Schiffsangriff, streng genommen, nicht
in den Rahmen meiner Erzählung gehört.

Dagegen ist zu erwidern, daß es eben der Mangel einer See-Verthei=
bigung war, der den Schiffsangriff in dieser Weise ermöglichte; auch muß
man dem Verlauf der Sache folgen, wenn man die Gründe beurtheilen will,
die den fortdauernden Mangel einer kräftigen See-Vertheidigung zur Folge
hatten.

Wir haben seit jener Zeit andere und größere Kriege erlebt; sie sind
wohl geeignet, nicht nur das Unliebsame, sondern auch das Strahlende von
damals in den Schatten zu stellen; und doch ist es nicht zu viel, wenn ein
Ereigniß nochmals zur Darstellung gebracht wird, welches als glänzende That
reiner Vertheidigung auch durch die Kriegsthaten der neueren Zeit nicht über=
boten wird.

---

*) Vielerlei Mittheilungen von Interesse habe ich meinem verehrten Freunde, dem
in Weimar lebenden Herrn Dr. von Wasmer zu danken, der, ein Vetter des Frei-Corps-
Führers von Wasmer, als Chef-Arzt des Eckernförder Krankenhauses, Augenzeuge der Affaire,
und dem zeitweise auch auf die Stadt gerichteten Feuer der Dänen ausgesetzt gewesen ist.

Von größerem Interesse als die Angaben der Thatsache ist die dänische Kritik.

„Paludan's Beschluß, den Angriff zur Ausführung zu bringen, beruhte, wie wir sahen, wesentlich auf der Annahme, daß die Operationen der Armee dadurch unterstützt würden. Schon am 3. April waren aber — wie es in den Erkenntnißgründen heißt — in jenen Operationen so bedeutende Veränderungen vorgegangen, daß die Annahme nicht mehr, oder nur in beschränktem Sinne zutraf."

Am 3. April hatte nämlich der Kriegsminister sich veranlaßt gesehen, dem kommandirenden General von Krogh Vorsicht und Bedachtsamkeit in seinen Operationen zur Pflicht zu machen.

Die Schleswig-Holsteiner waren zwar am 3. April bei Hadersleben im Norden, bei Atzbüll im Sundewitt zum Rückzug gedrängt worden, ein weiteres südliches Vorrücken der Dänen, was beabsichtigt, mußte aber auf= gegeben werden, da das Hauptquartier des General v. Prickwitz sich am 1. April schon in Schleswig befand und die Reichstruppen in nördlicher und östlicher Richtung vorrückten.

Von der Absicht des dänischen Rückzuges sollte den dänischen Generalen am 3. Kenntniß gegeben werden. Deswegen ließ Krogh von Garde ein Dampfschiff erbitten, um dem die vordersten Truppen kommandirenden Ge= neral v. Rye Contre=Ordre zustellen zu können.

Das Dampfschiff „Hertha", Kapitän Sommer, war ihm zur Verfügung gestellt und verließ am 4 April früh 1 Uhr Sonderburg.

Der Kommandeur Garde behauptet, von dem Zweck der Sendung des Dampfschiffes keine Kenntniß erhalten zu haben, was auch mit der Aussage des Führers Kapitän Muxoll übereinstimmt.

Auch dem für Eckernförde bestimmten Geschwader hat der General von Krogh von den veränderten Bewegungen der Armee nicht Kenntniß gegeben, und aus einer Aeußerung des Oberstlienenant Lassol ergab sich, daß Garde von der Veränderung in den Bewegungen der Armee eine amtliche Kenntniß nicht erhalten hatte.

Der Kommandeur Garde erklärte im Oberkriegsverhör, daß er von einem Gegenbefehl, betreffend das Vorrücken des General Rye, vor dem 5. nichts gewußt, noch auch von einer Veränderung der Operationspläne; hätte er authentische Kenntniß davon gehabt, würde er sich wohl für verpflichtet gehalten haben, beim General von Krogh auch einen Widerruf der Expe= dition nach Eckernförde zu beantragen, oder zum wenigsten den Geschwader= Chef von der veränderten Sachlage zu benachrichtigen.

Auf Vorhaltung der Abschrift eines Berichtes, den Garde dem König unterm 4. April erstattete, und worin er von dem Stillstand des nördlichen Flankenkorps spricht, wurde er einem „Reassumtionsverhör" unterworfen; dabei erklärte er, daß er sich wohl erinnere, am 4. April Morgens aus einer ihm nicht mehr gegenwärtigen, aber zuverlässigen Quelle, von dem Innehalten des nördlichen Flankenkorps erfahren zu haben; er habe das aber nicht für eine solche Veränderung der Operation angesehen, daß sie auf die befohlene Expedition nach Eckernförde Einfluß haben könne; er habe es deshalb auch nicht für nöthig gehalten, auf eine Sistirung derselben hinzuwirken, oder aber den Kommandeur Paludan davon zu benachrichtigen.

Uebrigens habe er in dem Stillstehen des Rye'schen Korps eine Veränderung des Operationsplanes der Armee nicht erblickt, hätte er dazu Anlaß gehabt, so würde er, wie er schon früher geäußert, seine Verhaltungsmaßregeln danach ergriffen haben.

„Mit Bezug auf dieses Verhör hat Garde etwas später geäußert, eine amtliche Kenntniß jenes Vorganges auf dem Kriegsschauplatz habe er damit nicht anerkennen wollen, sondern nur, daß er, wie auch aus dem Wortlaut seines Rapports hervorgehe, im Allgemeinen davon gewußt habe.

„Es seien seit jener Zeit bis zu seiner ersten Erklärung mehr als sechs Monate verstrichen gewesen. Daß er den Wortlaut seines Rapportes vergessen, sei deshalb wohl entschuldbar, er habe dem Umstand damals* keine so besondere Aufmerksamkeit geschenkt, und es handele sich um die genaue Erinnerung von einigen Stunden mehr oder weniger in einer Zeit, in welcher er mit Geschäften sehr überhäuft gewesen."

„Seine spätere Aeußerung will er dahin verstanden wissen, er würde den Kommandeur Paludan nur dann besonders benachrichtigt haben, wenn er von einem „befohlenen" Stillstand im Vorrücken, nicht von einem „bloß thatsächlichen" Kenntniß erhalten hätte; und nur von einem Stillstand letzterer Art spreche sein Rapport.

„Er glaube sich zur Annahme berechtigt, daß man ihn amtlich unterrichten müsse, wenn man den Operationsplan der Armee ändere. Aber auch ein befohlenes Innehalten im Vorrücken des Rye'schen Korps lasse sich mit einer Beibehaltung des Operationsplanes vereinigen.

„Nach seiner Versicherung ist er sich bewußt, erst nach dem Unglück von Eckernförde erfahren zu haben, daß der Stillstand des Rye'schen Korps eine Folge des veränderten Operationsplanes der Armee gewesen sei.

„Ferner hat Garde auf einen Rapport hingewiesen, den er am 5. April dem kommandirenden General erstattete; danach habe er Befehl gegeben, daß Apenrade behauptet werden solle; am 5. April sei dasselbe noch von dänischen Seeleuten besetzt gewesen; und eine solche Ordre hätte keinen Zweck gehabt, wenn er nicht erwartet hätte, daß die geplante Vereinigung noch statthaben solle.

„Auch beruft er sich auf die Erklärung seines Adjutanten, des Premierlieutenant Hedemann, welcher behauptet, es sei ihm nicht bekannt gewesen, weshalb das Dampfschiff „Hertha" mit einem Offizier an Rye geschickt worden; er habe sich am 4. April im Gefolge Garde's befunden und selbst in Apenrade von einem Widerruf des Operationsplanes nichts erfahren.

„Weil nun Garde außerdem den Angriff auf Apenrade für wichtiger hielt, als den auf Eckernförde, welch' letzteren er nur als eine „Alarmirung" betrachtet wissen wollte, so hatte er keinen gegründeten Anlaß gefunden, den kommandirenden General oder den Stabschef aufzusuchen; vielmehr habe er gemeint, sich nach Apenrade begeben zu müssen, wo möglicher Weise veränderte Anordnungen zu treffen waren.

„Uebrigens habe er auch nicht gewußt, wo der General oder der Chef des Generalstabes sich aufhielten; und es wäre des Generals Pflicht gewesen, ihn zu benachrichtigen.

„Endlich hat er darauf hingewiesen, wie ja der General v. Krogh in einer Erklärung an das Kriegsministerium davon ausgegangen sei, auch nach dem Rückgang des Rye'schen Korps sei die Expedition nach Eckernförde keineswegs überflüssig; und er habe ja weiterhin geäußert nach dem Rückmarsch Rye's sei die Expedition wünschenswerth und wichtig gewesen und aus dieser Aeußerung könne man schließen, welche Antwort er selbst auf eine bezügliche Anfrage erhalten hätte.

„Bei dem Urtheil über das Verhalten Garde's kam nun zuerst die von ihm geschehene Ausfertigung des Befehles zum Angriff auf Eckernförde in Betracht.

„Er hätte" — sagen die Erkenntnißgründe — „in dem am 2. April in seinem Beisein stattfindenden Kriegsrath auf die das Unternehmen erschwerenden Umstände aufmerksam machen müssen, die die Ausführung doch sehr bedenklich erscheinen ließen.

„Dahin gehöre der im Frühjahr vorherrschende Ostwind und die erst kurze Zeit in See befindlichen, noch ganz ungeübten Mannschaften der Schiffe.

„Gerade der Zweck, welchen Garde nach seiner Aeußerung dem Unternehmen beilegte, hätte ihn veranlassen müssen, den General darauf aufmerksam zu machen, daß, wenn man die Furcht vor einer Landung erwecken wolle, es der Mitgabe einer größeren Zahl von Transportschiffen bedurft habe, auch ohne die nöthigen Truppen; die mitgegebenen drei Yachten hätten dazu nicht genügt.

„Die Zahl der Schiffe hätte dann wenigstens den Schein größerer Truppenmacht hervorgerufen."

An der Abfassung der Ordre wird die Klarheit und sachliche Deutlichkeit des Wortlautes bemängelt, um Mißdeutungen auszuschließen.

„Er habe sich daher vor Erlaß derselben vom eigentlichen Zweck der Expedition genauere Kunde verschaffen müssen, als er sie nach eigener Erklärung gehabt. Seine Ordre habe ferner auf die Mittheilung des Generals vom 2. April näher eingehen müssen, weil man erst daraus hätte ersehen können, was mit der Expedition eigentlich bezweckt werde, und man habe dann sich entscheiden können, was man unbedingt zur Ausführung bringen müsse.

„Nach seiner Aeußerung hat Garde bei Erlaß der Ordre nur an eine alarmirende Demonstration gedacht. Das ergiebt sich auch aus dem Wortlaut der Ordre.

„Mit einer solchen Auffassung stimme nur nicht überein die in der Ordre enthaltene Angabe von Zeitpunkten, zu welchen man das Eintreffen von Nachrichten in Flensburg erwarte, und dies habe doch den Eindruck hervorrufen müssen, daß die Expedition ein gleichzeitiges Unternehmen zu Lande unterstützen solle.

„Der der Anordnung einer Alarmirung hinzugefügte Befehl zu einem Angriff enthält auch die Vorschrift, die Batterien, wo möglich, zu vernichten. Dabei wird auch empfohlen oder der Versuch angeregt, sich in Besitz von Eckernförde zu setzen und alle vom Feind zurückgelassenen Vorräthe entweder zu zerstören oder mitzunehmen.“

Die Nichtübereinstimmung des Wortlautes der Ordre mit Garde's Aeußerungen im Verhör kann bei der Verantwortlichkeit Garde's als Seebefehlshaber nicht durch Berufung auf das Schreiben des Generals vom 2. April entschuldigt werden.

„Auch die Unterlassung einer Abänderung seines Befehls, nachdem er von dem Nichtvorrücken des nördlichen Flankenkorps Kenntniß erhalten, ist zu mißbilligen.

„Und gerade der Umstand, daß der Wind noch immer ungünstig war, als er jene Kenntniß erhielt, hätte ihn dazu veranlassen sollen.

„Er hätte daher beim General, dessen Aufenthalt ihm in seiner Stellung nicht unbekannt sein konnte, Aufklärung suchen und dann seine Maßregeln treffen müssen.

„Noch am 4. April Abends, als er von Apenrade zurückkehrte, hätte die Expedition sistirt werden können; daß er es unterließ, sich die nöthige Aufklärung zu verschaffen, kann auch nicht durch die Anschauung entschuldigt werden, die er, wie er sich äußert, über die Sachlage gehabt habe.

„Sein Einwand, der kommandirende General sei verpflichtet gewesen, ihn zu benachrichtigen, komme nicht in Betracht; Garde habe als Höchstkommandirender zur See selbst die Verpflichtung gehabt, alle in dieser Richtung in Betracht kommenden Umstände zu prüfen und zu berücksichtigen.

„Die unbedingte Nothwendigkeit oder ein Erforderniß des Unternehmens lag nicht vor, wenn man den Unterschied beachtet zwischen einer Demonstration, die einen Hauptangriff zu Lande unterstützen soll, und einer solchen, die nur die Küste des Feindes zu beunruhigen hat; für die letztere bedarf es nur einer bequemen, passenden und gefahrloseren Gelegenheit.

„Was übrigens der kommandirende General auf eine Anfrage geantwortet haben würde, kommt nicht in Betracht. Die Unterlassung der Anfrage bagegen bekunde einen Mangel an Umsicht und reiflicher Ueberlegung; und gerade diese seien nach Lage der Dinge besonders nöthig gewesen.

„Was das Verhalten Paludan's betrifft, so hat man in Betracht zu ziehen, daß Garde's Ordre ihm den bestimmten Befehl gab zu einer alarmirenden Demonstration, zum Angriff auf die Batterien, daß sie die Vernichtung der Batterien als möglich annahm und ebenso eine Besetzung der Stadt auf kurze Zeit für thunlich hielt.

„Zur Ausführung einer Alarmirung, welche Garde's Befehl als besonders wichtig für die Operationen der Armee bezeichnete, fehlten nicht die Mittel; nur hätte es dazu einer solchen Gefährdung der Schiffe nicht bedurft.

„Schon das Erscheinen der Schiffe in der Bucht am Nachmittag des 4. April hätte diesen Zweck gefördert."

Und mehr als das konnte an jenem Nachmittag nicht geschehen. Zudem war die Zeit der Ausführung nicht streng vorgeschrieben; denn es heißt in der Ordre, die Alarmirung solle derart vor sich gehen, daß die Nachricht am 5. bei Tagesanbruch in Flensburg eintreffen könne.

„Die beste Zeit wird also um Mitternacht sein. Da es aber vielleicht unthunlich sein wird, in dunkler Nacht etwas vorzunehmen, so könnte die Alarmirung vielleicht am späten Abend beginnen und mit Tagesanbruch fortgesetzt werden.""

„Daß als Zweck des Angriffes die „Alarmirung" hingestellt wird, brauchte den Kommandeur Paludan nicht auf den Gedanken zu bringen, daß ein ernstlicher Angriff nicht gemeint sei.

„Denn er mußte ja eben annehmen, der Alarmirung liege ein wichtiger Zweck zu Grunde, und der Wortlaut der Ordre deutete sicher darauf hin daß man die Aufmerksamkeit des Feindes nach Süden zu lenken beabsichtige.

„Bei Entwerfung des ganzen Planes habe es dem Chef obgelegen, alle Umstände zu berücksichtigen; es herrschte ein östlicher, landeinwärts gehender Wind und die Mannschaften der Schiffe waren so gut wie gar nicht geübt.

„Er mußte die für den Chef eines Orlogschiffes im Seekriegsartikel gegebene Vorschrift: „nicht ohne Thunlichkeit oder Wahrscheinlichkeit des Erfolges sein eigen Schiff und Schiffsvolk zu wagen"" vor Augen haben.

„Er hätte daher mit den Kriegsschiffen nicht eher unter der Süd-Batterie ankern dürfen, bis die Nord-Batterie ganz zum Schweigen gebracht war.

„Wäre dies beobachtet worden, so würden die Dampfschiffe, indem sie sich auf die östliche, gegen die Nord-Batterie gerichtete Seite der Segelschiffe legten, gegen das Feuer der Süd-Batterie geschützt gewesen sein und die Segelschiffe hätten sich, wenn ihr Angriff auf die Süd-Batterie mißglückte, aus dem Kampf ziehen können.

„Wollte man in Befolgung des Operationsplanes die Batterien vor

Anker angreifen, so mußte der Angriff in der Weise geschehen, daß je ein Schiff das Gefecht mit je einer Batterie aufnahm; es hätte sich dann aber jedes Schiff außerhalb seiner Batterie und nicht innerhalb derselben legen müssen, wie es geschehen ist.

„Legten sich, wie es geschehen, die Schiffe zwischen die Batterien, weil sie beide Breitseiten zur Geltung zu bringen hofften, so hätten sie doch bedenken müssen, daß die ohnehin nicht vorhandene artilleristische Einübung der Mannschaften zur Bedienung der doppelten Zahl von Kanonen sicher nicht ausreichend war und daß, in Verbindung mit jenem Mangel an Uebung, der Ostwind jede Möglichkeit des Rückzugs sehr erschwerte; daß ein solcher sogar unmöglich werden konnte, wenn die Takelage zerschossen wurde und die Kuhlte so zunahm, daß die Dampfer selbst unbeschädigt nicht im Stande gewesen wären, die Segelschiffe herauszuschleppen; unter solchen Umständen wäre dann auch ein Warpen außer Frage gewesen."

Da die Ordre bestimmt, die Dampfer sollten nicht ohne die äußerste Noth in's Feuer gebracht werden, so war dies ein Grund mehr, in der Art des Angriffes vorsichtiger zu sein und so zu verfahren, daß man den Rückzug mit eigenen Mitteln bewirken konnte.

„Die gewählte Angriffsweise könne aus diesem Grunde nicht gebilligt werden.

„Auch in Bezug auf die Feuerwirkung sei es nicht gut gewesen, die Schiffe zwischen den Batterien auf 1400 bis 1500 Ellen von jeder entfernt zu legen; denn bei einer solchen Entfernung hätten die Batterien immer eine gute Wirkung gegen die Schiffe haben müssen; das Feuer der Schiffe gegen die Batterien aber könne bei der Ungeübtheit der Mannschaften gegen die Erdwälle nur unsicher und unwirksam gewesen sein."

Diese Anschauung des Kriegsgerichts ist ein Punkt, der von Augenzeugen sehr bestätigt wird. Nun haben wir gesehen, wie das Linienschiff in Wirklichkeit der Süd-Batterie nach und nach viel näher gekommen ist, als es beabsichtigte. Namentlich beim Wiederbeginn des Gefechts hat es nicht 1400, sondern nur 600 Ellen von der Batterie entfernt gelegen, und doch hat die größere Nähe keineswegs zu einer besseren Feuerwirkung seinerseits beigetragen. Alle Breitseiten und einzelne Schüsse sind fast ausschließlich in die hinter der Batterie aufsteigende Erdwand eingeschlagen; und wie sehr die Batterie von Treffern verschont geblieben ist, beweist der Umstand, daß beide Batterien im Ganzen nur 3 Todte und 6 Verwundete hatten, und daß auch die Pallisaden vor denselben nur verhältnißmäßig wenig beschädigt waren.*)

---

*) Es ist seltsam, daß sich in keinem der uns vorliegenden Berichte, weder in den Denkwürdigkeiten des Herzogs von Coburg, noch in dem Bericht des Oberst v. Treitschke, noch in dem des Lieutenant Colome Stevens, noch im Hamburger Bericht, der sehr aus-

„An Munition befanden sich in der Nord-Batterie für die 12- und 18-Pfünder gegen 200 Kugelschuß, für den 84-Pfünder 100 Bomben und außerdem pro Geschütz 50 Büchsenkartätschen, in der Süd-Batterie pro Geschütz 873 Kugelschuß und 100 Traubenkartätschen.

Der Mangel an Uebung bei den Rekruten wurde einigermaßen ausgeglichen durch die angeborene Ruhe und Gleichgültigkeit, welche die Bewohner dieses Landes kennzeichnet, und sie befähigt, vortreffliche Artilleristen zu werden."

Es heißt nun in den „Erkenntnißgründen" weiter: „Um sich Hülfe zu sichern, wäre es vorsichtig gewesen, die beiden größeren Fahrzeuge (womit wohl die Barkassen gemeint sind) mit der nöthigen Mannschaft, sowie mit Spring- und Warpanker versehen, etwas außerhalb der Dampfschiffe und unter deren Schutz bereit zu halten, um auf Signal den Schiffen die nöthige Hülfe zum Warpen bringen zu können."

„Bei dem innegehaltenen Verfahren sei an eine Entbehrlichkeit der Mannschaften hierzu freilich kaum zu denken gewesen; und doch war eine solche Vorkehrung so wichtig, daß man sie in Betracht ziehen mußte.

Außerdem war die Sache wichtig genug, um die bestimmungsmäßige Aufzeichnung der Verhandlungen des Schiffs- oder Kriegsrathes nicht zu unterlassen.

„Gegen die Bestimmungen habe der Chef auch darin gehandelt, daß er die Dampfschiffe anwies, aus ihren Bug-Kanonen mit Granaten gegen die Süd-Batterie zu feuern; es stand dies im Widerspruch mit der Ordre, wonach die Dampfschiffe nur im äußersten Nothfall dem Feuer der Batterien ausgesetzt werden sollten.

„Für den Fall nun, daß es nöthig wurde, die Schiffe durch Bugsiren dem Gefecht zu entziehen, fehlte eine vorherige Vereinbarung, von welcher Seite es am besten stattzufinden habe; ebenso fehlte eine Verabredung über die anzuwendenden Bugsirmittel, und über die in dieser Beziehung zu gebenden Signale

„Die Waffenruhe sei zur Abhaltung eines Kriegsraths nicht benutzt, noch habe man während derselben den Versuch gemacht, sei es mit Hülfe des Windes und der Segel, sei es durch Warpen, das Linienschiff in eine solche Entfernung und Lage zu bringen, daß es zur Rettung der Fregatte hätte beitragen können.

Man habe zwar angegeben, die Anknüpfung von Verhandlungen mit dem Feind habe hauptsächlich dazu dienen sollen, die Fregatte ihrer mißlichen Lage zu entziehen; man hätte ihr dann aber auch jede nur thunliche Hülfe an Booten und Warpgut zur Verfügung stellen müssen, was nicht geschehen sei.

„Und was die Verhandlungen betreffe, so habe man nicht unterlassen dürfen, für dieselben und ihre Beantwortung eine kurze Frist zur Bedingung zu machen, um nach deren Ablauf die Drohung auszuführen; sonst hatte man zu befürchten, der Feind werde die Frist zur Remontirung seiner Batterien und Heranholung von Verstärkungen benutzen.

„Daß Paludan, als er sich endlich entschloß, unter Segel zu gehen, damit begann, das Schweranker zu lichten, statt es zu slippen (d. h. fahren zu lassen), war unrichtig, denn man verlor damit kostbare Zeit, während welcher der Feind Gelegenheit erhielt, die Takelage zu zerstören, und welche Zeit man zur Rettung des Schiffes hätte besser verwenden können.

„Was er in dieser Beziehung zu seiner Entschuldigung angegeben, sei nicht stichhaltig gewesen.

„Der schriftliche Befehl, den Paludan erhielt, ist nach der Explosion des Schiffes am Lande beschädigt vom Feinde gefunden worden; daraus gehe hervor, daß der § 150, Abth. VI. der gedruckten Instruktion unbeachtet geblieben sei. Danach sollte auf allen gefechtsklar gemachten Schiffen der Schiffs-Sekretär alle Papiere von Wichtigkeit zur Hand haben, und zwar allesammt in einer Kassette von solchem Gewicht, daß sie, ins Wasser geworfen, sinkt; eine Vorschrift, welche mit dem Seekriegs-Artikelbrief § 752 überein=stimme, wonach zu verhindern sei, daß Ordres und andere wichtige Papiere in feindliche Hand fallen.

„In Bezug auf Kapitän Meyer's Verhalten sei zu mißbilligen, daß er beim Ankern nicht die Marssegel barg, um den Windfang zu vermeiden. Der Einwand, es sei windstill gewesen, halte nicht Stich, denn das Schiff sei ins Treiben gekommen.

„Außerdem wurden ihm die Art des Ankerns, auf dessen Einzelheiten mein Berichterstatter indeß nicht eingeht, und einige andere weniger wichtige Dinge zum Vorwurf gemacht.

„Vor allem habe er sich während der ganzen Affaire als ehrenwerther Offizier betragen, Muth, Kühnheit und Ausdauer bewiesen, und nicht eher seine Flagge gestrichen, als bis das Schiff sich in einem Zustand befand, der jede Hoffnung auf Rettung ausschloß.“

Da er die Pflichten, die der Seekriegs-Artikelbrief in Hinsicht der Ver=theidigung eines Schiffes vorschreibt, erfüllt habe, wurde er freigesprochen; die Kommandeurs Garde und Paludan dagegen schuldig befunden und ver=urtheilt, die Urtheile in der Folge aber durch die Gnade des Königs gemildert.

Daß Paludan von einem schärferen Urtheil betroffen wurde als Garde, scheint von der öffentlichen Meinung Dänemarks gemißbilligt worden zu sein, heute kann man über diesen Punkt füglich hinweggehen, und es mit seinen Landsleuten beklagen, daß ihn das in neuer und alter Geschichte so häufig übliche Schicksal des „unglücklichen Generals“ überhaupt treffen mußte.

Eigenthümlich berührt es, wenn man aus den „Erkenntnißgründen“ den Eindruck gewinnt, als wenn die Machthaber in Kopenhagen von der Absicht der Expedition nichts gewußt haben. Das möchte wohl anders gewesen sein,

wenn der Verlauf ein anderer war, und die Möglichkeit eines anderen Ver=
laufes war nicht ausgeschlossen.

Neben der Beurtheilung einer Sache nach dem Erfolg trifft man bei
Katastrophen nicht selten auf die Unterlegung eines Mißverständnisses. Dazu
gehört die Auffassung des Garbe'schen Befehles. Wurden die Batterien ver=
nichtet, und die Stadt, wenn auch nur für den Augenblick, genommen, so
war damit ein gewisser Vortheil verbunden, ganz gleich, ob die dänische
Armee im Vor= oder im Rückgehen war. Der Unbefangene ist versucht, zu
zweifeln, ob Paludan sich im Geiste viel mit jener Alternative beschäftigt
hat. Andere Dinge lagen ihm näher. In der übergroßen Zuversicht auf die
Wirkung seiner Breitseiten wird er wohl nicht allein gestanden haben, ja, man
kann annehmen, daß etwas weniger Zuversicht seinerseits in Kopenhagen viel=
leicht Mißbilligung gefunden hatte.

Ebenso eigenthümlich berührt der Vorwurf der fehlenden Protokolle.
Wer wollte behaupten, daß diese Unterlassung auf den Hergang Einfluß ge=
habt hat. Daß sie dem General=Kriegsgericht für seine Erörterungen mehr
Stoff geboten hätten, soll damit nicht geleugnet werden.

Durchaus zutreffend sind die Bemerkungen der „Erkenntnißgründe" über
das Verfahren, welches Paludan hätte einschlagen sollen. So ungünstig der
Wind war für jede Art von Rückzug, so günstig war er für die Behandlung
der Schiffe mit Anker und Spring, sofern man nur den richtigen Ankerplatz
wählte. Bei einer kunstgerechten Hantirung der Springs hätte gerade dieser
Wind eine Schiffsstellung erleichtert, in der man seine Artillerie=Wirkung
vollkommen in der Hand hatte, und eine Feuerordnung — batterieweise
oder geschützweise — wählen konnte, welche man wollte. Man hätte sich den
Wind schräg oder voll auf die den Batterien entgegengesetzte Breitseite
nehmen, und man hätte dann auch die Belästigung durch Pulverdampf ver=
meiden können. Daß Paludan nicht richtig verfuhr, wird ihm selbst nach
geschehenem Unglück nicht dunkel geblieben sein. Aber ebensowenig wie man
Garbe nicht vorwarf die richtige Anweisung unterlassen zu haben, ebenso=
wenig konnte man Paludan ein Verbrechen daraus machen, sein eigenes
Verfahren für das richtigere zu halten.

Garbe sowohl, wie Paludan waren Kinder ihrer Zeit, und die Macht=
haber in „Gamle Danmark" mußten und rechneten damit, daß sie es waren.

Gerade dies ist der springende Punkt, und es ist deshalb nicht angezeigt,
die Kritik noch weiter auszudehnen. Es könnten sonst namentlich der Ge=
brauch oder die Verwendung der Dampfer und ihr Verhalten dazu heraus=
fordern. Aber für Zwecke des Krieges hatte man auf Dampfmaschinen
damals überhaupt kein Vertrauen. Das erhellt auch aus der Garbe'schen
Ordre. Außer gegen chinesische Forts im Si=kiang und Yang=tse=kiang hatten
Kriegsdampfer überhaupt noch kaum etwas geleistet, und hier trat der Um=
stand hinzu, daß von den vorhandenen Dampfern keiner ursprünglich für
Kriegszwecke gebaut war.

Die Freisprechung des Kapitäns der „Gefion" wird niemand ungerecht=
fertigt finden; seine Hülfsquellen waren versiegt, wenn dies auch bei der
ziemlich „seefreien" Lage des Schiffes äußerlich nicht der Fall zu sein schien,
aber der moralische Zustand seiner Besatzung gab den Ausschlag, und die
glänzendste Bravour der Offiziere und Kadetten vermochte daran nichts zu
ändern.

Man könnte mir in Bezug auf die Einfügung des Herganges in den
Rahmen dieser Schrift den Einwand machen, daß es als eine Affaire der
Landbatterie hier nicht am Platze ist. Das scheint aber nur so. Im Wesent=
lichen ist es in der That nur ein Akt glänzender und — wie ich hinzufügen
muß — glücklicher Vertheidigung von Strandbatterien, und irgend welches
maritime Verdienst erwächst uns daraus nicht; wohl aber erwachsen daraus
Lehren für den Seekrieg und für unser eigenes Gebahren in der Zukunft.

Eine Besprechung vom Standtpunkt der Kriegskunst mag in der Litte=
ratur wohl vorhanden sein; meinen Nachfragen ist es nicht gelungen, sie mir
zugänglich zu machen; überblickt man, was darüber geschrieben, so erhält man
den Eindruck, als sei es nur ein in dem bekannten dänischen Uebermuth unter=
nommenes, unklar gedachtes und im Grunde zweckloses Abenteuer gewesen,
und für dieses sei dann die gerechte Strafe nicht ausgeblieben.'

Allen Triebfedern eines Feldzuges zu folgen, wie der von 1849, ist
schlechterdings unmöglich; auch der Herzog von Coburg hat sich, wie er in
seinen Denkwürdigkeiten selbst sagt, keinen Vers daraus machen können.
Von seiner Unterredung mit General von Prittwitz erzählt er: „Im Laufe
seiner halb ernsthaften, mit aller der Ironie, die er jedesmal bei Erwähnung
der Reservebrigade zeigte, doch immer höchst verbindlich klingenden Reden,
ließ er das Wort fallen, daß wahrscheinlich gerade von uns der erste Schuß
in dem Kriege fallen werde.

„Mir war diese Bemerkung in jenem Augenblicke ebenso unverständlich,
als sie mir nach viermal 24 Stunden auffallend und seltsam erschienen war.
Wußte von Prittwitz also, was uns in der Stellung von Eckernförde bevor=
stand? Und hatte er sich in ein Geheimniß gehüllt, welches uns verhängniß=
voll werden konnte?

„Damit endete die Unterredung mit dem Ober=General, welche mich mit
wenig Befriedigung und Hoffnung auf die nächste Zukunft blicken ließ, indem
ich das Gefühl hatte, daß man hier vor Geheimnissen, unklaren Aufträgen
und unsicheren Zielen stände, und daß der Kobold, welcher im Märchen mit
dem Bauern und dem Verbrannten in das neuerbaute Haus gezogen war,
auch in der Politik nur die diplomatischen Kanzleien mit dem Feldlager ver=
tauscht hatte."

Es mag derselbe Kobold gewesen sein, der auch im vorhergehenden Jahr
sein Wesen trieb, wo man nach dem tapfer erfochtenen Tage von Schleswig
mit der Ausnützung des Sieges innehielt und den ganzen Sundewitt mit
Alsen unbehindert in die Hand der Dänen fallen ließ.

Diese verstanden die Gunst des Augenblickes und machten sich aus dem vortrefflichen Alsensund mit der Förde, dem Flensburger Fjord, dem Wenning=bund und dem Nübel=Nör ein maritimes Zwingurt für die nächste Kampagne zurecht, wie sie sich besser nicht wünschen konnten.

Die Grundidee des Planes am Beginn des Krieges ersieht man aus der in den „Erkenntnißgründen" angedeuteten Vertheidigung Garde's; er bezieht sich auf den Werth, den er der gleichzeitigen Thätigkeit mit seinem rechten Arm in Apenrade, mit dem linken in Eckernförde beigelegt hat; es ist nicht ausgeschlossen, daß ein Erfolg an letzterem Ort der dänischen Haupt=armee die Linie Schleswig—Husum, vielleicht Eckernförde—Friedrichstadt frei machte.

Die ganze Größe des Unglücks mit seinen moralisch wirkenden Folgen machte jeden solchen Plan hinfällig.

Und nun entstand die Frage, wer mit dem Gewinn eines Kriegsschiffes eigentlich schlimmer daran war, die Dänen, die es uns überlassen, oder wir, die wir es gewonnen hatten. Es war ein Elephantengeschenk des Schicksals.

„Da man keine Schiffe hatte" — schreibt der Herzog — „so blieb die Vertheidigung der eroberten Kriegsfregatte bei eventuellem Angriff der Dänen eben nach wie vor Sache der Landarmee und der Strandbatterien, und in diesem Sinne waren auch alle unsere Dispositionen in den der Schlacht folgenden Tagen getroffen worden."

Der Unbefangene wird fragen, warum denn ein Kriegswerkzeug, nach dessen Besitz alle Tribünen Deutschlands seit Jahresfrist widerhallten, nicht zu verwerthen war? Die Frage war wohl am Ort und wurde damals auf die verschiedenste Weise beantwortet.

Die Marinekommission in Kiel hatte aus ihrem Schoße sogleich den Kapitän Otto Donner und den Lieutenant Kjer nach Eckernförde geschickt; Donner mußte das Kommando des Schiffes übernehmen; die Wahl war in hierarchischem Sinne, aber eigentlich nur in diesem gerechtfertigt; denn die Uebernahme des Schiffes aus der Hand seiner in so entsetzlicher Weise ge=gemüthigten Kameraden war eine psychische Zumuthung, die ihm die Auf=gabe sehr erschweren mußte.

Die dänischen Chefs haben, wie der Herzog schreibt, ihr Geschick mit Würde getragen. „Ich kann nicht behaupten" — so heißt es in seinen Denkwürdigkeiten — „daß die Charakteristik Paludan's nach der verlorenen Schlacht zutreffend wäre, wenn man ihn zuweilen als gebrochenen Mann und tief gedemüthigt geschildert findet. Ich war vielmehr über die Gleich=giltigkeit erstaunt, mit welcher die Dänen ihre Niederlage hinnahmen oder welche sie wenigstens zur Schau trugen. Sie schienen die Sache als ein Elementarereigniß zu betrachten und sich wie der Schiller'sche König Philipp über den Untergang der unüberwindlichen Armada zu trösten."

War schon der Gewinn des großen, schönen Kriegsschiffes eine Ver=
legenheit, so war es noch mehr die Zuständigkeit des Besitzes.

„Auch dieser große Tag konnte nicht vorübergehen," so schreibt Dr. C. Jobt
in seiner Geschichte Schleswig=Holsteins, „ohne einen Beweis der Zerfahren=
heit der deutschen Verhältnisse abzugeben: nicht weniger als sechs Behörden
stritten sich, wer über das eroberte Schiff verfügen solle: . 1) der General
v. Prittwitz, 2) der General Bonin, 3) das Frankfurter Ministerium, 4) die
Statthalterschaft, 5) die schleswig=holsteinische Marinekommission in Kiel,
6) die Behörden in Eckernförde." Diese letzteren nämlich theilten sich
wiederum in vier Anwärter: den Chef der Reserve=Brigade, den Stadt=
kommandant, das Kriegsministerium in Person des Kommandeurs der
Strand=Batterien und in letzter Linie sogar den Magistrat in der Person
des Bürgermeisters Langheim.

Formellen Besitz ergriff der vom Frankfurter Ministerium hergesandte
Marine=Rath Jordan; durch ihn wurde das Kommando Donner's von
Frankfurter Seite sanktionirt, was den späteren Uebertritt Donner's aus
schleswig=holsteinischem in den unmittelbaren Reichsdienst zur Folge hatte;
aber den eigentlich thatsächlichen Besitz ergriff Prittwitz in seiner Eigenschaft
als Reichs=General und damit war auch das Schicksal des Schiffes so gut
wie festgelegt.

Wenngleich es an demselben Ort im Laufe des schleswig=holsteinisch=
dänischen Krieges noch manche Fährlichkeit zu bestehen hatte, so enden hier
doch seine Beziehungen zu dem, was als eigentliche Seevertheidigung und
als Kriegs=Seewesen der Herzogthümer der Gegenstand meiner Erzählung ist.*)

Wie der Prinz von Noer den Beruf der Herzogthümer zu einer See=
vertheidigung in Abrede stellt, so hat H. v. Sybel es als zweckmäßig be=
zeichnet, daß jener den Herzogthümern obliegende Beruf sich nur in der
dänischen Flotte verkörperte.

Warum eine Armee territorial getrennt, eine Flotte dies aber nicht sein
kann, darüber hat sich der Geschichtschreiber nicht ausgesprochen. Hier war
der Fall eingetreten, wo ein Theil der Flotte uns in den Schoß fiel und
wo uns nun Alles fehlte, um den neuen Besitz nutzbar zu machen.

Wer es heute erzählt, hat kaum den Beruf, sich des Breiteren darüber
auszulassen, was damals hätte geschehen können; im Krieg entscheidet über
gewisse Möglichkeiten der gegebene Augenblick und die herrschenden Zeit=
umstände; maritime Initiative gehörte damals nicht zu unseren Tugenden,
und damit wird die Frage denn auch wohl abgethan sein.

Die Art, wie der Prinz von Noer sich mit dem Ereigniß von Eckern=

*) Die ferneren Schicksale der „Gefion" habe ich in meiner Schrift „Deutsch Seegras,
ein Stück Reichsgeschichte" geschildert.

förde abfindet, bezeichnet der Herzog von Coburg als zum Theil unfreundlich, zum Theil unrichtig oder inforreft; in seinen Augen schienen seine Landsleute auf einen solchen Sieg einfach kein Recht zu haben.

Dem mochte nun sein, wie ihm wollte, für die Schleswig-Holsteiner war es ein wohlerworbenes, unverhofftes Glück, für die Dänen eine Warnung.

Die Reorganisation der französischen Artillerie.

In Frankreich gab es bekanntlich bisher zwei Pontonnier-Regimenter, denen der Bau von Brücken aus vorbereitetem Material zufiel. Sie gehörten zur Artillerie. Das Genie dagegen hatte nur Brücken aus unvorbereitetem Material zu bauen. Schon bei Berathung des Kadresgesetzes vom 13. März 1875, eines der drei grundlegenden Militärgesetze der zweiten Republik, kam es in der Nationalversammlung zu lebhaften Erörterungen über diese Frage. Schließlich blieb man dabei, es so zu lassen, wie es in Frankreich, im Gegensatz zu fast allen anderen Armeen, einmal Gebrauch war.

Anfangs des Jahres 1884 nun äußerte der damalige Kriegsminister Mercier die Absicht, die Pontonniere abzuschaffen und den gesammten Brückenbau dem Genie zu überweisen. Hierfür war aber vor allem maßgebend, daß man dadurch eine Vermehrung der Artillerie ermöglichen konnte. Diese wurde für äußerst bringlich gehalten, weil infolge der deutschen Heeresverstärkung von 1893 den Deutschen 500 Feld- und 149 Fuß-Batterien nur 468 Feld-Batterien und 96 bezw. 108 Fuß-Batterien in Frankreich gegenüber ständen. (Hierbei sind die in Afrika stehenden Batterien nicht mitgezählt.)

Am 10. März 1894 erschien der ministerielle Entwurf. An Stelle der eingehenden zwei Pontonnier-Regimenter sollten bei der Feldartillerie zwei neue Regimentsstäbe für die Regimenter 39 und 40 und 28 neue fahrende Batterien errichtet werden. Beim Genie sollten nur zwei neue Regimentsstäbe errichtet werden und die vorhandenen Bataillone auf nunmehr sieben statt bisher fünf Regimenter (einschließlich des Eisenbahn-Regiments) vertheilt werden.

Dem Kriegsminister sollte die Ermächtigung ertheilt werden, die Batterien bezw. Genie-Bataillone auf die Artillerie- bezw. Genie-Regimenter nach seinem Ermessen, doch in den Grenzen der Gesammtzahl der Batterien bezw. Genie-Bataillone, zu vertheilen.

Eine neue Vertheilung der Batterien auf die Regimenter hatte sich schon seit längerer Zeit als nöthig herausgestellt. Um die an der Ostgrenze neu gebildeten Divisionen und Brigaden mit Artillerie zu versehen, hatte man zahlreiche Batterien detachiren müssen.

Gleichzeitig wurde die Absicht kund gegeben, dem deutschen Beispiel zu folgen und die Kavallerie-Divisionen mit nur zwei, statt wie bisher mit drei reitenden Batterien auszustatten. Der Conseil supérieur de la guerre habe sich damit einverstanden erklärt. Der Hauptgrund hierfür ist wohl der gewesen, daß auch die deutschen Kavallerie-Divisionen nur zwei reitende Batterien mit sich führen. Bei den im Herbst v. J. abgehaltenen besonderen Kavallerieübungen haben die französischen Divisionen schon zwei statt drei Batterien mitgeführt.

Nachdem der vorstehende Entwurf am 29. Juni 1894 zum Gesetz geworden war, hat der Kriegsminister ein Dekret des Präsidenten vom 4. Juli 1894 erwirkt, wodurch die Gesammtzahl der Batterien (620) auf die 40 Artillerie-Regimenter kraft der ihm durch das Gesetz verliehenen Machtvollkommenheit vertheilt wird. Jedes der 19 Armeekorps hat zwei Artillerie-Regimenter, nur das VI. Korps hat vier, indem ihm die beiden neuen Regimenter 39 und 40 zugewiesen werden.

Das VI. Korps umfaßt bereits infolge Dekretes vom 24. März 1894 zwei Artillerie-Brigadekommandeure statt einen, wie bei den anderen Armeekorps. Der eine führt den Titel: Commandant le secteur nord, der andere: Commandant le secteur sud de l'artillerie du 6e corps d'armée. Zur Nord-Brigade gehören die Regimenter 25 und 40, zur Süd-Brigade die Regimenter 8 und 39. Bekanntlich gehören zu dem an unserer Grenze stehenden VI. Korps (Sitz des Generalkommandos Châlons) außer den Truppen des Korps noch die 39., 40. und die Vogesen-Division.

Es sind dies alles nur Vorbereitungen zu der wohl bald zu erwartenden Verdoppelung des VI. Korps.

Die einzelnen Regimenter haben eine ungleiche Stärke (zwischen 9 und 20, meist aber 12 Batterien).

Im Ganzen beträgt die Zahl der Batterien nunmehr:

Fuß-Batterien	108
fahrende Batterien	421
Gebirgs- „ „	23
reitende „ „	52
Fuß-Batterie ⎫	4
fahrende Batterie ⎬ außerhalb Frankreichs . .	4
Gebirgs-Batterie ⎭	8

zusammen 620 Batt.

Die neuen Regimenter 39 und 40 sind am 1. October 1894 errichtet worden. 12 Fuß=Batterien sind jedoch in vorstehender Berechnung einbe= begriffen, obwohl sie vorläufig noch nicht aufgestellt werden sollen. Es sind dies die zwei Fuß=Artillerie=Bataillone, die durch das Kadresgesetz vom 25. Juli 1893 bewilligt worden sind, deren Aufstellung jedoch nach dem Wortlaut des Gesetzes noch von den Ergebnissen der Rekrutirung abhängig gemacht werden soll.

Die Genie=Bataillone werden wie folgt vertheilt:

1. Regiment: 4.,   5.,   6. Bataillon
2.   „   16., 17., 18.   „
3.   1.,   2.,   3.   „
4.   7.,   8., 14.   „
6.   „   9., 10., 11.   „
7.   „   12, 13., 15., 19. „

Das 5. Regiment ist das Eisenbahn=Regiment.

Diese neue Vertheilung ist mit dem 1. October 1894 in Kraft getreten.

Bei der Betrachtung dieser Reorganisation der Artillerie drängt sich die Frage auf, wieweit in Frankreich die Konstruktion eines neuen Feld= geschützes gediehen ist. Bekanntlich sprach man schon lange dort von der Neubewaffnung der Feld=Artillerie. Die Presse drang darauf, daß man sich hierin nicht wiederum von anderen Mächten, hauptsächlich natürlich von Deutschland, überflügeln lassen dürfe. Die Neubeschaffung des Artillerie= materials ist aber ein gewaltiges Unternehmen, zu dem man sich nur nach reiflicher Erwägung entschließen kann.

Wie der **Progrès militaire** seinerzeit ausführte, handelte es sich bei der Rekonstruktion darum, die bedeutenden Fortschritte zu benutzen, die man in der Ballistik und in der Anwendung der Explosivstoffe in den letzten Jahren gemacht hat. Das neue Pulver ist nicht allein rauchschwach, sondern gestattet auch durch seine langsame Verbrennung bei verhältnißmäßig geringer Brisanz Anfangs=Geschwindigkeiten zu erreichen, an die man vor wenigen Jahren noch kaum zu denken wagte. Vielleicht, so meinte der „Progrès militaire", wäre man jetzt schon bis zu Geschwindigkeiten gekommen, die man füglich nicht überschreiten dürfe, denn die allzu große Rasanz könne beim Einschießen eher von Nachtheil, als von Vortheil sein.

Alles dies mußte reiflich erwogen und geprüft werden.

Zur Zeit (Ende des Jahres 1894) ist es ein offenes Geheimniß, daß das Modell längst fertiggestellt ist und daß man aufs eifrigste damit beschäftigt ist, alle Vorbereitungen für die Durchführung der Neubewaffnung der Feld= Artillerie zu treffen. Ueber die Einzelheiten des neuen Geschützes dagegen finden sich in der französischen Presse meist nur ziemlich unbestimmte Nach= richten. Wenn wir den besseren französischen Militärzeitungen folgen, so kann Folgendes als sicher angenommen werden.

Zunächst ist man uns in Frankreich darin gefolgt, daß man sich auch dort für ein Einheitskaliber entschieden hat. Durch die Mitführung von schweren „Positions= oder Reserve=Batterien" wurde es möglich, im übrigen die gesammte Feld=Artillerie mit einem einheitlichen Kaliber auszustatten. Zugleich konnte dies Kaliber kleiner genommen werden, als dasjenige Kaliber, das bisher als das Mindestmaß für Feldgeschütze galt. Aus diesen Er= wägungen gelangte man zu dem Einheitskaliber von 75 mm (statt der bisherigen 80 und 90 mm Kaliber).

Die Geschosse sollen länger als bisher werden und bei kleinerem Quer= schnitt ein verhältnißmäßig großes Gewicht erhalten (voraussichtlich 5—6 kg).

Nächst der Kaliberfrage handelte es sich hauptsächlich um die Steigerung der Feuergeschwindigkeit, um die Herstellung des von allen Artillerie=Kon= strukteuren jetzt erstrebten Schnellfeuergeschützes. Die Lösung dieser Frage hängt insofern mit der Kaliberfrage zusammen, als sie um so schwieriger wird, je größer das Kaliber ist. Die Wahl des kleineren Kalibers war daher hierfür von Vortheil.

Für ein Schnellfeuergeschütz brauchte man zunächst einen geeigneteren Verschluß, der ein schnelleres Schließen und ein sicheres und einfacheres Abfeuern ermöglicht. Inwieweit man von dem bisherigen Schraubenverschluß abgegangen ist und welcher Art die neue Vorrichtung zum Abfeuern ist, etwa in Form eines selbstspannenden Zündschlosses, dies Alles läßt sich aus den bis jetzt vorliegenden Nachrichten nicht genauer übersehen.

Ferner handelte es sich um Vorrichtungen, um, soweit wie dies über= haupt bei Feldgeschützen möglich ist, ein erneutes Richten nach jedem Schuß unnöthig zu machen. Damit wäre eine Vorbedingung für ein schnelleres Einschießen gegeben, das wiederum für den Verlauf des Artillerie= kampfes von einschneidender Wichtigkeit ist.

Man hofft nun mit dem neuen Modell die Feuergeschwindigkeit auf 4 bis 5 Schuß in der Minute zu bringen und damit den Namen eines Schnellfeuergeschützes für dasselbe in Anspruch nehmen zu können. Eine absolute Standfestigkeit scheint allerdings nicht erreicht zu sein, doch ist der Rücklauf jedenfalls erheblich abgeschwächt. Dies Problem scheint hier, wie anderwärts, noch nicht entgültig gelöst zu sein. Inwieweit also noch ein jedesmaliges Nachrichten erforderlich ist, kann nicht übersehen werden. Jeden= falls fällt das langwierige und ermüdende Vorbringen des Geschützes fort.

Auch die Munition ist behufs Erzielung größerer Feuergeschwindigkeit umgestaltet. Eine selbstliebernde metallene Kartuschhülse vereinigt Ladung und Geschoß in sich, wodurch das Laden beschleunigt wird. Gleichzeitig wird auf diese Weise die schwierige Liberungsfrage beseitigt, deren Lösung bei den bisherigen Systemen in einer völlig allen Anforderungen entsprechenden Weise nie gelingen wollte. Durch den Wegfall einer besonderen Liberung wird auch der Verschluß vereinfacht. Freilich wird demgegenüber der Verschluß wieder komplizirter durch die Nothwendigkeit eines Auswerfers, der die leeren Hülsen nach jedem Schuß beseitigt. Vielleicht sammeln sich bei längerem Schießen die leeren Hülsen auch derartig in der Nähe des Geschützes an, daß die Bedienung dadurch behindert und die Beweglichkeit der Batterie beeinträchtigt werden kann. In dieser Richtung erwartet man eine weitere Lösung für die Zukunft von dem Fortschreiten der Technik.

Was schließlich Laffete und Protze anbelangt, so erforderte auch hier die Einführung eines Schnellfeuergeschützes mehrfache Aenderungen hauptsächlich zur Erleichterung des Transportes. Gerade in diesem Punkte war die französische Artillerie durch ihr Unabhängigkeitssystem sehr verbesserungsfähig. Das todte Gewicht des Fahrzeuges vermehrte das Totalgewicht in unverhältnißmäßiger Weise. Gerade in dieser Hinsicht glaubt man vielleicht am meisten geändert und verbessert zu haben. Welches System man nunmehr für die Verbindung der Laffete mit der Protze angenommen hat, ist nicht ersichtlich. Zweifellos aber hat man das bisherige Unabhängigkeitssystem aufgegeben.

Alles in Allem glaubt man mit der Annahme dieses neuen Modells soweit vorgeschritten zu sein, daß man Deutschland keinen Vorsprung gelassen habe. Jetzt handele es sich nur noch darum, auch mit der Einführung sich nicht überflügeln zu lassen und sich so einzurichten, daß sie sich in der denkbar kürzesten Zeit durchführen läßt, sowie das Zeichen dazu gegeben wird. Hierbei kommt die Zeit- und Kostenfrage in Betracht. Die Herstellung muß schnell geschehen, da man nicht mit einem doppelten Material in's Feld rücken will. Man berechnet den Zeitbedarf auf drei Jahre und den Geldbedarf auf 380 Millionen Fr. Diese Summe wird die Volksvertretung zweifellos unbeanstandet genehmigen. —

Zum Schlusse sei noch einiger Zukunftspläne gedacht, die im Anschluß an die nunmehr durchgeführte Reorganisation der Artillerie in Frankreich auftauchen.

Die Aufhebung der Pontonnier-Regimenter wird in der militärischen Presse bereits als der Anfang einer weiteren Reihe von durchaus nothwendigen Reformen begrüßt. Bekanntlich ist in Frankreich die Trennung der Feldartillerie von der Fußartillerie nur eine theilweise, insofern sie sich nicht auf das Offizierkorps, sondern nur auf die Truppe erstreckt. Die mannigfaltigen Mißstände, die sich daraus ergeben, machen allgemein den Wunsch nach völliger Durchführung der Trennung laut. Wenn dies geschehen sei, müsse man das Genie in Feld- und Festungsgenie theilen und die Festungsartillerie mit dem Festungsgenie vereinigen. Die Regierung hat zu diesen Vorschlägen jedoch bis jetzt keine Stellung genommen. 186.

mals vollständig überwunden. Bald nach dem Rücktritt erkrankte er an einem Herzleiden, das ihn zwar nicht vollkommen an jeder schriftstellerischen Thätigkeit hinderte, ihm aber doch unausgesetzt das Bild des nahen Todes vorhielt. Der Sensenmann fällte den verdienten Offizier, der unterdessen wieder in seine Vaterstadt zurückgekehrt war, durch einen Hirnschlag. Weygand selbst hatte sich oftmals ein solch' rasches Ende gewünscht im naheliegenden Gedanken an ein peinlich verlaufendes längeres Siechthum. Die irdischen Reste des Verstorbenen wurden auf dem nämlichen Friedhofe bestattet, der die letzte Ruhestätte so manches seiner Kameraden, darunter auch von Wilhelm von Ploennies bildet. Wenn wir nicht irren, erhebt sich dort auch ein bescheidenes Denkmal an seinem Grabhügel.

Schon als junger Offizier hatte Weygand Gelegenheit gefunden, in ein nahes freundschaftliches Verhältniß zu dem nur um zwei Jahre älteren Wilhelm v. Ploennies zu treten. Seit 1864 etwa betheiligte er sich an allen Arbeiten des Letzteren und dieser erwähnt ihn wiederholt in der anerkennendsten Weise. Weygand übernahm es besonders, die mathematisch-ballistischen Fragen zu lösen, eine Aufgabe, zu der ihn das vollkommene Beherrschen der Wissenschaft des Euklid natürlich sehr befähigte.

Im Jahre 1867 beabsichtigten v. Ploennies und Weygand die Herausgabe eines ballistischen Handbuches. Die Fülle der auftretenden Erscheinungen auf dem Gebiete der Waffentechnik verunmöglichten die Durchführung des Planes, obgleich Weygand bereits an 200 verschiedene, meist sehr umfangreiche Tabellen berechnet hatte. Immerhin fanden seine Arbeiten, die Zeugen eines unermüdlichen Fleißes und vollkommener Gründlichkeit, ihre Verwendung in den Ausführungen seines Freundes Ploennies.

Während der Rekonvaleszenz nach der schweren Verwundung im Sommer von 1871, also in den letzten Lebensmonaten Wilhelm v. Ploennies, schrieben die beiden Freunde das klassische Werk: „Die deutsche Gewehrfrage mit Berücksichtigung der neuesten europäischen Ordonnanzmodelle" (Darmstadt 1872). Sonderbarer Weise scheint diese umfangreiche und gewissermaßen grundlegende Abhandlung weniger Beachtung in Deutschland selbst wie z. B. in Frankreich gefunden zu haben.

Nach dem Tode von Ploennies veröffentlichte Weygand noch folgende, zum Theil weit über den Rahmen gewöhnlicher Zusammenstellungen hinausgehende Studien und Werke:

„Die technische Entwickelung der modernen Präzisionswaffen der Infanterie" (Leipzig 1872) und in drei Theilen Berlin 1875/76.

„Konstruktion und Leistungen der modernen Ordonnanz-Präzisionswaffen der Infanterie" Berlin 1875.

„Das französische Infanteriegewehr M/74." Beschreibung und Leistung der Waffe. Berlin 1876.

„Das französische Marine-Gewehr M/78." Berlin 1879.

„Schießen mit Handfeuerwaffen." Eine vereinfachte Schießtheorie 1876.
„Taschenbuch der Ballistik." 1884.
„Die Deutsche Gewehrfrage." Ein Beitrag zur Beurtheilung. 1888.

Weygand übersetzte ferner 1884 das Werk von Van Dam van Ifelt:
„Die Ballistik der gezogenen Feuerwaffen." Er ist ferner Mitarbeiter des
Militär=Wochenblattes, der Allgemeinen Militär=Zeitung, der Schweizer All=
gemeinen Militär=Zeitung u. s. w. gewesen. Ebenso stellte er regelmäßig
und bis an seinen Tod den Abschnitt „Handfeuerwaffen" in v. Loebell's
„Jahresberichten" zusammen.

Diese rege Thätigkeit beweist, daß auch Weygand stets fort nach dem
Satze handelte, den Ploennies als die Richtschnur aufgestellt hatte: „Alle
Kräfte gehören dem Dienst."

V.

Friedrich Martini.

Der Feldzug des Jahres 1859, den der Donau=Kaiserstaat um den
Besitz der Lombardei gegen Frankreich und Sardinien führen mußte, und die
daraus geschöpften Erfahrungen sind es gewesen, welche Friedrich Martini
zum Waffentechniker heranreifen ließen.

Oesterreich hatte damals in Hinsicht auf die Handfeuerwaffe entschieden
die Vorhand bei seinen Gegnern besessen und war dennoch unterlegen, ja, nicht
zum mindesten gerade deswegen, weil die Truppen ein verhältnißmäßig vor=
zügliches Gewehr besaßen. Die Franzosen führten damals noch immer zum
guten Theil das glatte „fusil de munition", die Sardinier (mit Ausnahme
der Bersaglieri, welche seit 1855 die Petiti=Büchse besaßen) fochten mit einer
gewöhnlichen großkalibrigen Perkussions=Flinte. Dagegen hatte Oesterreich
seit 1855 einen gezogenen Präzisions=Vorderlader (mit Lorenz=Geschoß,
13,6 mm Kal.) eingeführt, auf dessen Leistungen im Fernfeuer man unbedingt
vertraute. Es war jedoch verabsäumt worden, die beurlaubten Reserven mit
der neuen Waffe vertraut zu machen, da man hier am unrechten Orte sparen
wollte. Ganze Bataillone sind 1859 aus Wien fort und in den Krieg
marschirt, die eben erst das Gewehr M/55 gefaßt hatten.

Paradox klang es, daß Napoleon III. seinen Soldaten aus Genua die
Worte der Proklamation zurief: „Die feindlichen Waffen werden Euch nur
dann gefährlich werden, wenn Ihr ihnen ferne bleibt." Aber der „Neffe"
des großen Schlachtenmeisters behielt Recht mit seiner Prophezeihung. Die
keck vordrängenden Franzosen verloren am meisten Leute auf Entfernungen
von 750 bis 400 Schritten vom Gegner. Von 200 Schritten ab entschied
ihr Massenfeuer die Gefechte zu ihren Gunsten, da die Weißröcke die an=

drängenden „grandes bandes de tirailleurs" nur zu oft überschossen. Sie vergaßen es nämlich gewöhnlich, das Absehen ihrer gezogenen Vorderlader jeweilen richtig zu stellen. Zum Kreuzen der Bajonette (wie die Renommisterei gewisser Schriftsteller es behauptet hat) kam es fast niemals, und wo dies geschah, da siegte die germanische Tapferkeit und die zähe Kraft.

Friedrich Martini hatte zu den wenigen Leuten gehört, die aus den Lehren des Feldzuges in der Lombardei die richtige Nutzanwendung zogen. Er erkannte, daß der modernen Infanterie ein einfach zu handhabender Hinterlader gehöre, daß der Präzisions-Vorderlader an und für sich eine die Taktik widersinnig beeinflussende Erscheinung auf dem Gebiete der Waffen=technik sei. Lange bevor Oesterreich die bitteren Erfahrungen in Böhmen machte, trug sich dieser Mann der Praxis mit dem Gedanken an derartige Reformen, und die Schweiz mit ihrem Streben, Klarheit über alle diese Fragen zu gewinnen, sie allein war das rechte Land, seine noch schlummernden Ideen zu befruchten und zu erwecken.

„Ich bin" — schreibt er selbst seinen Lebenslauf*) — „1833 in Herkulesbad bei Mehadia in Ungarn geboren, studirte in Wien und Herr=mannstadt am Gymnasium und ergriff später die Laufbahn als Maschinen=ingenieur. Die Studien hierzu machte ich an den polytechnischen Schulen zu Wien und Karlsruhe, und ging nachher 1858 in praktischer Stellung nach Winterthur zu Gebrüder Sulzer**). Von dort ging ich 1859 nach Oesterreich und machte den italienischen Feldzug als Offizier bis zur Schlacht bei Solferino mit als Lieutenant 1. Klasse im Graf Coronini=Infanterie=Regiment Nr. 6 in der ersten Grenadier=Kompagnie. Nachdem ich 1860 meine Charge quittirt, kehrte ich wieder nach Winterthur zurück. Aus dieser Epoche stammt mein Interesse an Kriegswaffen. Als nach 1866 die Hinter=laderfrage allgemein auftrat, versuchte ich verschiedene einschlägige Konstruktionen und sandte ein Modell zu einer ausgeschriebenen Konkurrenz nach England. Das Modell wurde zugelassen und nach langjährigen Proben 1870 als allgemeine Bewaffnung für Landheer und Marine, in Verbindung mit Henrylauf und Boxerpatrone unter der offiziellen Bezeichnung „Martini=Henry"=Gewehr adoptirt. — Später erfolgte die Einführung für die Türkei und Rumänien als Kriegswaffe. Verschiedene Lieferungen wurden an asiatische und chinesische Staaten ausgeführt.

„Da die Schweiz kein günstiger Platz für Gewehrfabrikation ist, indem bei Kriegsausbruch sofort Waffenausfuhrverbot erlassen wird, so sistirte ich die begonnene Waffenfabrikation und befaßte mich überhaupt nicht mehr mit

---

*) Aus einem Briefe an den Verfasser vom 15. März 1894 (Frauenfeld).

**) Eine der bekanntesten Maschinen=Fabriken in der Schweiz, die, zugleich berühmte Gießerei bereits mehrfach mit Aufträgen der Eidgenossenschaft zur Erzeugung von Waffen=bestandtheilen betraut wurde.   A. d. V.

4*

fonders der Einlader mit Fallblock-Verschluß von Henry O. Peabody in Boston, Maff., feit 1862 auf den Plan. Die Fabrikation des Gewehres übernahm die bekannte Providence Tool Co. in Rhode-Island, und die Truppen, welche die neue Waffe führten, find davon fehr befriedigt gewesen.*)

Das Peabody-System verbindet Perkuffionsschloß, Fallblock mit Kreisbewegung und metallene Einheitspatrone zu einem für den Kriegsgebrauch in der That vorzüglich geeigneten Ganzen. Mit den Klappensystemen hat es aber den Nachtheil aufzuweisen, den übrigens alle Blockverschlüffe befitzen, daß die Patrone jeweilen vollständig in ihr Lager im Laufe geschoben werden muß, anfonft ein Schließen des Blockes als unmöglich erscheint. Ein weiteres Bedenken mag der strenge Beurtheiler gegen das System erheben, wenn er fein Augenmerk darauf richtet, daß Vorderschaft und Kolben des Gewehres durch das Verschlußgehäuse getrennt find. Der Mechanismus des Peabody-Gewehres erfordert zum Fertigmachen vier Bewegungen, nämlich: Vorstoßen des Bügels (Oeffnen und Auswerfen), Einlegen der Patrone (Laden), Zurückziehen des Bügels (Schließen), Aufziehen des Hahnes (Spannen).

Das Peabody-System muß als das Ausgangsmodell aller neueren Fallblock-Konstruktionen (mit Kreisbewegung) aufgefaßt werden. Es ist demnach in gewisser Hinsicht ganz wohl an die Seite des Dreyse'schen Zündnadelgewehres zu stellen, welches ja auch die Grundlage für alle späteren Kolbenverschlüffe bildet.**)

Das erste Modell, welches Martini einreichte bei der Aarauer Konkurrenz, benutzte denn auch die Konstruktion von Peabody und gab lediglich die Verbesserung, daß die Bewegung des Bügels nach vorn zugleich auch den Hahn spannte. Der Erfinder mußte fich aber bald überzeugen, daß die Vorwürfe der fachmännischen Beurtheiler gerechtfertigt feien, daß es wirklich

---

*) Bei der großen Waffenkonkurrenz in Aarau 1866/67 fand das Peabody-System viel Anerkennung, und gelangte man zu dem Entschluß, das Gewehr zur vorläufigen Bewaffnung der Scharfschützen-Kompagnien anzunehmen. Es wurden in Amerika 15000 Stück vom Kaliber 10,45 angekauft und bis 1872 blieben fie in den Händen der schweizer Scharfschützen. Von 1872 bis 1893 haben diese Gewehre zur Bewaffnung der Genietruppen und Parkfoldaten gedient.

Neben der Schweiz ist es besonders Serbien gewesen, welches Peabody-Gewehre — vom ursprünglichen großen Kaliber 12,7 mm — zur Bewaffnung feiner Infanterie verwendete, die fie theilweise in den Feldzügen von 1876/78 und 1885 benutzte.

**) Konstruktionen, die fich an Peabody anlehnen und überhaupt zur praktischen Verwendung gelangten, find außer jener von Martini die von Werder, Stahl und Keßler, Gudsdes (Portugal M/85).

Dem System von Sharps-Lawrence direkt aber als Selbstspanner nachgebildet und für Metallpatronen umgearbeitet, erscheint das Gewehr des Belgiers Comblain (M/70 der belg. Garde civique, M/74 der brafilianischen Fußtruppen). Der Comblain-Verschluß findet neuerdings mit einiger Umgestaltung Verwendung bei Konstruktionen von Schnellfeuer-Geschützen.

Kaliber, Lauf, Züge und Munition scheinen diese Eigenschaften am besten zu erfüllen? Ist Aussicht vorhanden mit einem Hinterlader in diesen besonderen Punkten denselben Grad der Vollkommenheit zu erreichen, wie mit einem Vorderlader? (!!) Welches ist der beste Weg, zu diesem Ziele zu gelangen? Die beste Art der Schäftung für eine Militärwaffe ausfindig zu machen, ebenso die beste Schloßkonstruktion und Pulverqualität.

Es wurden 65 Systeme dem Komitee zur Verfügung gestellt, d. h. so ziemlich alle Hinterlader, die bereits existirten.

Martini hatte seine Waffe in verbesserter Form am 21. Oktober 1868 eingereicht. Der Bericht sagt nun darüber: „Durch alle Proben ging das Gewehr zur vollsten Zufriedenheit. Die Schnelligkeit, geschossen von Sergeant Bott, R.-M., war 20 Schüsse in 53 Sekunden. Nachdem das Gewehr dem Einfluß des Regens oder aufgegossenen Wassers durch sieben Tage und Nächte ausgesetzt war und während dieser Zeit 400 Schüsse damit geschossen worden waren, erzielte Kapitän Mackinnon damit eine Feuergeschwindigkeit von 20 Schüssen in 1 Minute 3 Sekunden. Der Mechanismus funktionirte nach den Aussetzungsproben so geschmeidig, als wenn er gereinigt gewesen wäre und zu jeder Zeit warf der Extraktor die Patrone aus."

Schließlich blieb Martini nur mit einem Konkurrenten (Henry) im Felde. Aber auch über diesen Gegner siegte er, doch ward von diesem die eigenthümliche Laufkonstruktion angenommen, indeß Colonel Boxer die Patrone, Lord Elcho das sonderbare flossenförmige Haubajonett mit Säge erstellte.

Ueber den Lauf von Henry äußerte sich Wilhelm von Ploennies in der „Deutschen Gewehrfrage" dahin, daß die Anordnung der Züge geradezu von falschen Gesichtspunkten ausgehe und daß man besser gethan haben würde auch hierbei den ursprünglichen Ideen Martinis zu folgen.

Genug, die Waffe erhielt den offiziellen Namen: „Martini-Henry" und blieb von 1871 bis 1891 im Dienste, um dann durch die vollkommen verfehlte Konstruktion „Lee-Metford" M/89 abgelöst zu werden.

Doch, Englands Industrie hat dafür gesorgt, daß der Name Martini in den fernsten Ländern bekannt ward. Sein Gewehr führen die Ostasiaten wie die Afghanen, die Australier wie die Südafrikaner, die Transvaal-Republikaner und die fanatischen Streiter des Mahdi, die Türken und die Rumänen, der Trapper in den Gebieten der Hudsonbai-Kompagnie und der Reisende im Innern von Zentral- wie Südamerika.

Es ist gewiß nicht zu viel behauptet, wenn wir sagen, daß an 3,5 Millionen Stück dieser Waffen auf dem Erdenrunde existiren, ja, daß sie neben dem Enfield-Snider überhaupt der verbreitetste und außerhalb Europas als der bekannteste Hinterlader erscheint. —

(Fortsetzung folgt.)

Die Führung des Rückzugs und das rauchlose Pulver.

Nach einer Niederlage wird bekanntlich der Muth des Besiegten meist sinken, und eine geschlagene Armee, welche hierauf wieder zum Kampf vorgeführt wird, bevor sie sich von ihrem Unfall erholt und ihr altes Vertrauen wieder gewonnen hat, wird wahrscheinlich eine neue Niederlage erleiden.

Wir glauben indessen, daß das rauchschwache Pulver die Mittel gewährt, einen Rückzug in guter Ordnung auszuführen und den gesunkenen Muth wieder zu heben.

Die Arrieregarde soll, wie bekannt, den Rückzug des Gros decken, den Vormarsch des Feindes aufhalten und darf sich daher nicht zu weit vom Gros entfernen, um nicht abgeschnitten zu werden.

Bei der heutigen Bewaffnung der Infanterie sind jedoch die Verhältnisse etwas anders wie 1870/71. Die modernen Magazingewehre besitzen eine große Trefffsicherheit auf weite Distanzen und sind daher bestimmt, die großen Massen, welche man im nächsten großen Krieg in Bewegung setzen wird, wirksam zu unterstützen. Andererseits gestatten sie dem Schützen, unsichtbar zu bleiben, sie geben einer Truppe die Mittel an die Hand, ihre geringe Stärke zu verbergen und den Feind lange aufzuhalten, ohne sich selbst bloßzustellen. Dies ist vielleicht das wichtigste Resultat seit der Annahme des rauchschwachen Pulvers.

Bei dem ersten Renkontre scheint der Massenangriff sich wenigstens nach den heutigen Ideen am meisten zu empfehlen, und Dank dem Zögern und Herumtappen bei der Einleitung des Gefechts wird das Fehlen des Rauches keinen großen Einfluß auf den Gang desselben haben, sobald es sorgfältig vorbereitet wird. Es können jedoch theilweise Ueberraschungen bei beiden Gegnern vorkommen, doch wird man schließlich mit großen Massen vorstoßen, um dieselben zu zerstreuen.

Diese Massen werden hauptsächlich in einem Gelände auftreten, wo der Rauch die freie Aussicht nicht verhindert. Auch wird diese Eigenschaft der heutigen Gewehre, den Schützen unsichtbar zu lassen, wahrscheinlich nur eine untergeordnete Rolle bei dieser Gefechtsphase spielen.

Das rauchschwache Pulver wird wohl meistens beim Rückzuge zur Geltung kommen, denn der Schütze kann sich, Schritt für Schritt vertheidigend, bis zum letzten Moment verdeckt halten, um sich dann zurückzuziehen und das Feuer von Neuem zu beginnen.

Die Waffe ohne Rauch ist sozusagen eine solche des Parteigängers, und der Krieg, in welchem sie angewendet wird, ein Parteigängerkrieg; um aber der modernen Kriegführung zu entsprechen, müssen die verschiedenen, sehr beweglichen und selbstständigen Elemente trotzdem einer höheren und gleichförmigen Führung gehorchen, um ein Gesammtresultat zu erreichen. Im Moment, wo die siegreichen feindlichen Kolonnen vordringen, beginnt dieser Parteigängerkrieg. Die schwache und bewegliche Arrieregarde weicht zurück, indem sie die feindlichen Kräfte schwächt, das Gefecht beginnt, dann im geeigneten Moment verschwindet, um an einer andern rückwärts gelegenen Stelle dasselbe Manöver vorzunehmen; so wird der Gegner fast bei jedem Schritt aufgehalten. Während dieser Zeit zieht sich das Gros der Armee zurück, um aus diesen Verhältnissen Vortheil zu gewinnen.

Der Sieger sieht sich bei jedem Schritt aufgehalten, kann seinen Gegner nicht erreichen, welcher fortwährend verschwindet, sich sogar erholt und die Hoffnung nicht verliert, eines Tages noch den Sieg zu erringen.

Eine nicht vollständig geschlagene Armee versteht sehr rasch, daß man beim Rückzug den Feind nur schwächen will, ehe man von Neuem vorstößt, gewinnt Vertrauen zu ihren Führern und faßt neuen Muth.

Es leuchtet ein, daß das alte Pulver, welches die Gefechtsfront und die annähernde Stärke der Truppen durch den Rauch verrieth, dieses Manöver nicht ohne Gefahr gestattet haben würde.

Um mit dem rauchschwachen Pulver einen numerisch überlegenen Gegner aufzuhalten, muß man im geeigneten Moment das Gefecht abbrechen. Die Waffe, welche diese Eigenschaft in noch höherem Maße besitzt, ist die Artillerie. Die Infanterie kann dies nur ausführen, wenn sie in geringer Stärke auftritt und wenn sie sich nicht ernstlich engagirt hat. Die Truppe, welche mit dieser Gefechtsart beauftragt ist, muß eine der Artillerie entsprechende Stärke haben und wird man einem Armeekorps etwa eine Infanterie-Brigade und drei Artillerie-Abtheilungen à je drei Batterien als Arrieregarde entgegenstellen. Dieselbe wird genügen, um die Avantgarde des feindlichen Armeekorps aufzuhalten und letzteres zur Entwickelung zu zwingen.

Wir wollen nicht weiter ausführen, wie diese Brigade das Gefecht führt, wie ihre Artillerie nach Eröffnung eines heftigen Feuers plötzlich verschwindet, um an einer andern Stelle wieder aufzutauchen. Alles dieses ist Sache des Führers, welcher über eine möglichst bewegliche Truppe verfügt, die vielleicht ihr Gepäck abgelegt hat. Eine solche Truppe muß nach Belieben Schnellfeuer abgeben, um den Feind zu täuschen oder ihm wirklich Schaden zuzufügen.

Hat der Feind sich entwickelt, so wird das Gefecht ernstlich aufgenommen, die Infanterie zieht sich unter dem Schutz der Artillerie zurück, welche ihrerseits im geeigneten Moment verschwindet. Ein derartiges Gefecht kann zu jeder Tagesstunde, mit Eintritt der Nacht oder bei Tagesanbruch beginnen und kann mehrere Tage hintereinander oder selbst mehrere Male am Tage sich wiederholen.

Bei unserer Hypothese würden 3 Infanterie-Brigaden und 162 Geschütze genügen, um den Marsch einer Armee von 5 Armeekorps aufzuhalten, wovon 3 in erster Linie vorgehen.

Diese Brigaden können den Feind sowohl in den Flanken als in der Front angreifen und die feindliche Armee zwingen, ihre Hauptmarschrichtung zu ändern und sie in eine gefährliche Lage setzen.

Daß es sehr schwierig ist, die Bewegungen von drei auf eine Front von 40 bis 50 km zerstreuten Brigaden gemeinsam zu leiten, ist unbestreitbar. Wenn aber die Befehlsüberbringung Schwierigkeiten verursacht, so ist die Ausführung leicht und die Operation ist jedenfalls nicht so schwer und weniger gefährlich, als eine Armee von drei Armeekorps zu leiten. Außerdem machen die heutigen schnellen Verbindungsmittel die Sache verhältnißmäßig leicht, besonders wenn jeder Brigadekommandeur von den Absichten des Höchstkommandirenden gut unterrichtet ist und den Theil der Initiative bewahrt, ohne welche diese Art der Kriegsführung unmöglich ist. Es ist daher dringend nothwendig, daß die Brigadekommandeure unter den Offizieren ausgewählt werden, welche das volle Vertrauen des Oberkommandos besitzen.

Die Kavallerie wird bei diesen Arrieregarden-Gefechten große Dienste leisten können und hängt die Wichtigkeit ihrer Rolle von ihrem Führer ab.

Eine besondere Truppe ist bei dieser Kriegsführung nicht nöthig; der Soldat versteht sehr gut den Zweck, welchen man erreichen will; er wird bald begreifen, daß man mit drei Brigaden keine Armee aufhalten kann. Wenn man aber ihren Marsch verzögert, so daß sie nicht mehr wie 5 bis 7 km pro Tag vorrücken kann, hat man seinen Zweck erreicht und die Stunde des Enderfolges naht bald heran.

Im Ganzen haben wir versucht zu zeigen, daß eine zurückgehende Armee unter dem Schutz einer langsam zurückweichenden Arrieregarde manövriren kann; vielleicht könnte man ebenso beim Beginn der Operationen hinter den mit der Deckung der Mobilmachung beauftragten Truppen verfahren?

Jedenfalls glauben wir, daß aus den vorhergehenden Ausführungen hervorgeht, daß das rauchschwache Pulver die Defensivkraft der Nationen vermehrt hat.   197.

Militärische Plaudereien.

Von

General Dragomirow,
Kiew.

Mit Genehmigung des Verfassers und der Redaktion der Pariser Revue „La Vie contemporaine"*)
übersetzt

von

Otto Simon.

I.

Unter den Männern von weltgeschichtlicher Bedeutung giebt es Persönlich-keiten, bei welchen man unwillkürlich verweilen muß, wie genau auch die Umstände und Verhältnisse, unter welchen sie aufgetreten sind, erforscht sein mögen. Diese Männer ziehen uns mit dämonischer Gewalt an und zwar ebenso durch ihre großartigen als ihre niedrigen Charakterzüge; in gleichem Grade durch die unbegrenzte, selbstlose Hingabe, zu welcher sie sich nicht selten aufzuschwingen vermögen, wie durch ihre hin und wieder auftauchende schnöde Selbstsucht; nicht minder durch ihre der Menschheit geleisteten Dienste, als zugleich durch scheußliche Verbrechen, deren bloße Erwähnung unsere menschen-freundlichen Gefühle in ihrer Ohnmacht und Schwäche mit Schauder erfüllt.

„Aber nur Derjenige kann sich zu einer hochherzigen Großthat auf-schwingen, welcher auch einer schweren Unthat fähig ist", sagt ein Weiser des Alterthums (Sokrates), welcher zwar sicherlich persönlich Niemandem Uebles gethan, aber trotzdem Veranlassung genommen hat, diese Wahrheit, welche er bei seinem durchdringenden Scharfblick in der Natur der Dinge bestätigt fand, kurz und klar auszusprechen.

Unter den Persönlichkeiten, von welchen wir sprechen, nimmt Napoleon, wenn auch nicht den ersten Rang, so doch sicherlich eine der hervorragendsten Stellen ein, besonders für uns Leute vom Kriegshandwerk.

II.

Wer hätte nicht immer und immer wieder über das Heldenschicksal dieses Artillerielieutenants nachgedacht, welcher nach elfjährigen Anstrengungen

---

*) Der französische Text erschien in der Februar- und April-Nummer 1894 der Pariser Revue „La Vie contemporaine". — Ich betrachte es als eine ehrenvolle Pflicht, Seiner Excellenz dem General Dragomirow, sowie Herrn Bole (Administrateur der genannten Zeit-schrift) für ihr mir erwiesenes, so überaus liebenswürdiges Entgegenkommen hiermit öffentlich meinen verbindlichsten Dank auszusprechen.   Otto Simon.

und nach einer dicht bei dem Schaffot vorbeiführenden Laufbahn mit 35 Jahren den Kaiserthron besteigt? Alsbann durchstürmt er ganz Europa mit der Naturgewalt eines tosenden Katarakts, reißt auf seiner Planetenbahn die Glieder sämmtlicher europäischen Völker bis nach Moskau mit sich fort und haucht nach elf neuen Jahren als Verbannter auf St. Helena seine Seele aus. Welch' ein Kriegsfürst! Ein Kriegsfürst, wie meiner Ansicht nach die Weltgeschichte keinen zweiten kennt.

III.

Stürzen ist leichter als emporkommen. Daß man fällt, begreift Jeder und nimmt hieran folglich kein sonderliches Interesse. Aber wie und wodurch hat sich Napoleon emporgearbeitet?' Ich bilde mir nicht ein, hierüber Neues zu bringen, sondern meine Absicht ist eine bescheidenere. Ich möchte die alte Geschichte in einem möglichst kurzen Abriß zusammenfassen und höchstens einige Kraftzüge hinzufügen, welche noch bis auf uns gekommen sind und auf keinen Fall verloren gehen dürften. Ich will zugleich hervorheben, daß es vor allem Anderen eine heilige Pflicht der Franzosen ist, alle Ueberlieferungen der Handlungen, mit deren Hülfe dieser „erhabene Abenteurer" seine unwiderstehliche Macht über den einzelnen Mann sowie über die Massen offenbart hat, in einem einzigen Bande zu sammeln und zu veröffentlichen.

IV.

Jeder Fortschritt in der Laufbahn ist das Mittelergebniß aus den persönlichen Eigenschaften und der augenblicklichen Lage. Letztere war zu jener Zeit eine solche, daß nicht nur die Schwachen, sondern auch die Starken dem Untergange geweiht zu sein schienen. Daher mußten Diejenigen, welche dem Verhängniß entrannen, an bedingungsloses Vergessen des persönlichen Erhaltungstriebes, d. h. an völlige Aufopferung des eigenen Ichs, sowie an vollendetste Selbstbeherrschung von Grund aus gewöhnt werden. Daher blieben letztere selbst in verzweifelten Fällen, aus welchen andere keinen Ausweg gefunden hätten, im Besitze ungetrübter geistiger Klarheit.

> „So zerbricht der plumpe Hammer das Glas,
> Aber schmiedet das Eisen."
>
> (Puschkin, Pultawa.)

V.

Daher fürchtete Napoleon nicht nur nichts für seine kostbaren „Knochen", sondern mußte sogar vergessen, daß die menschliche Natur einer solchen Schwäche überhaupt unterworfen sein konnte.

Dieser wesentliche Zug unbedingter Selbstaufopferung verlieh dem Seelenblick Napoleons eine Klarheit, welche ihm erlaubte, die Ausführung gewisser Entschlüsse zu wagen, deren bloßer Gedanke gewöhnliche Menschen außer Fassung bringen würde. Zugleich übt dieser Zug einen unwiderstehlichen und bezaubernden Reiz auf die Massen aus. Er nur, er allein zwingt die Menge — oder die Massen — den Fanatikern blindlings zu folgen. Denn wenn man die Menge dem Verderben entgegenführt, muß man sich selbst für gefeit und kugelfest halten.

VI.

Nun, zu diesen Fanatikern gehörte Napoleon. Im Geiste sehe ich Sie, ungläubiger Leser, ironisch lächeln. „Ein Fanatiker, er, dieser herz- und gewissenlose, jeglicher Moral bare, kalte Ichmensch? Wo soll denn bei ihm der Fanatismus sitzen? Diese Behauptung kommt mir doch etwas gewagt und unwahrscheinlich vor.“ Suchen wir uns zu verständigen, theurer Leser. Es giebt die verschiedenartigsten Fanatiker, unter Anderen auch Fanatiker des persönlichen Ehrgeizes. Zu diesen letzteren gehört Napoleon.*) Mit Fug und Recht durfte Stendhal sagen, daß Napoleon in dem Alter, in welchem Andere zehn Zielen zugleich nachjagten, nur ein einziges verfolgte. „Ich werde mein Ziel erreichen oder zu Grunde gehen“, lautet sein Wahlspruch, von welchem er ausging. Ein Mann, welcher so handelt, ist sicherlich ein Fanatiker. Aber fast stets löst sich seine Aufgabe zu seinen Gunsten, fast stets findet er Hülfsmittel, dieselbe glücklich durchzuführen. Ganz davon zu schweigen, daß der Fanatismus selbst noch auf eine gewisse Entfernung ansteckend wirkt, hat Napoleon in seinen Bannkreis nicht allein die gesammte französische Jugend, sondern auch diejenige ganz Europas zu ziehen verstanden. Hat sich nicht selbst bei uns, die wir von ihm durch ungeheure örtliche Entfernung sowie durch unsere gesammten Lebensgewohnheiten getrennt sind, ein „Fürst Andreas“ gefunden, welcher am Vorabende von Austerlitz von einem „russischen Toulon“ träumte? (Siehe „Krieg und Frieden“ von Tolstoi.) Das ist ein Romanheld, wird man sagen, und kein wirklicher Mensch. Möglich! Aber die Strömung war jedenfalls vorhanden. Denn sonst hätte ein so genialer Romanschriftsteller wie Tolstoi dieselbe nicht in einem solchen Typus verkörpert.

VII.

„Aber vielleicht waren Diejenigen, welche Napoleon blindlings folgten, durch lange Knechtschaft an Unterwerfung gewöhnt und haben ihn gar nicht verstanden?“ Keineswegs! In Frankreich neigen die Massen in Folge ihres Temperaments zu Spott und Zweifel; außerdem hatte der Strom der Revolution dieselben in ihren Grundtiefen aufgewühlt. Sie waren allerdings

---

*) „Napoleon hatte nur eine Geliebte und zwar die Macht“, las ich kürzlich in Masson's „Napoléon et l'amour“. Mit gleichem Rechte könnte man Napoleon einen Fanatiker der Arbeit nennen. Er hat von sich selbst gesagt: „Ich bin für die Arbeit geboren und geschaffen . . . nicht, um Steine zu klopfen; ich kenne bei mir keine Grenzen für die Arbeit.“ — Anmerkung des Uebersetzers.

stellen, ist leichter und kostet weniger Mühe. Dies ist nämlich Sache des Verstandes und Scharfsinns. Aber auch auf diesem Gebiete hat Napoleon meiner Ueberzeugung nach nur einen einzigen Nebenbuhler auf der Welt, welcher unglücklicherweise keinen seiner würdigen Biographen gefunden hat: Hannibal nämlich.

Die wahrhaft dämonische Fähigkeit Napoleons, in der Seele seines Gegners zu lesen,[*] dessen geheimste Gedanken und Absichten zu errathen, das Schlachtfeld mit einem raschen Blick seiner Adleraugen abzuschätzen,[**] ließ ihn in den Augen seiner Anhänger und Feinde fast als Hexenmeister erscheinen; denn den ersteren flößte er unbegrenztes Vertrauen, den anderen fast abergläubischen Schrecken ein.

Bei der Entwickelung dieser Eigenschaften haben auch Verhältnisse und Umstände eine wichtige Rolle gespielt. In jener gährenden Zeit mußten nothwendigerweise alle Seelenkräfte auf's Aeußerste angespannt werden. „Man altert schnell auf Schlachtfeldern,“ sagte einst Bonaparte; noch schneller während einer Revolution, können wir hinzufügen. Die Schule war gut, der Schüler mußte auch etwas taugen, denn mit 31 Jahren erntete derselbe seitens eines der Häupter der Revolution folgenden berühmten Lobspruch: „Er versteht Alles, er kann Alles und er will Alles.“[***]

IX.

Die ersten Feldzüge Napoleons spielten sich in Gebirgen ab. Die ihm verliehene Gabe, in einem gegebenen Gebiete mit einem Blicke das zu entdecken, was die Anderen durchaus nicht zu sehen vermochten, konnte nirgends bessere Gelegenheit zu ihrer Entfaltung und Vervollkommnung finden. Auf diese Art und Weise wenigstens erklärte sich einer der besten russischen Generale seiner Zeit (Yermoloff) die erstaunliche Meisterschaft, zu welcher es Napoleon auf diesem Gebiete gebracht hatte. Ich für meinen Theil muß dieser Erklärung beipflichten. Es ist in der That nichts schwieriger, als sich im Gebirge zurecht zu finden und seine Truppen zu entwickeln, denn eine leichte Verrückung des Gesichtspunktes ändert daselbst den Anblick, welchen das Gelände darbietet, bis zur Unkenntlichkeit. Derjenige, welchem es gelingt, diese Schwierigkeit zu überwinden, findet sich daher ohne Mühe im platten Land zurecht. Wir werden weiter unten sehen, welche unver-

---

[*] Nach einer Unterredung mit Napoleon äußerte Wieland: „Wenige Monarchen hatten wie er die Gabe, auf den ersten Blick in den Gedanken des Andern zu lesen.“

[**] Förster sagt in seinem Geschichtswerk „Preußen und Deutschland 1807 bis 1813“: „Napoleon bethätigte sein großes Feldherrngenie, wie in allen Schlachten, so auch bei Friedland dadurch, daß er mit einem instinktartigen Scharfblick in der ihm durchaus fremden Gegend auf das Vollständigste orientirt war.“

[***] Dieser Ausspruch stammt von Siéyès.

Anmerkungen des Uebersetzers.

mutheten Hülfsquellen Napoleon in einem Gelände zu entdecken wußte, welches ein gewöhnliches Menschenauge für den Kampf ganz und gar für ungeeignet gehalten hätte.

X.

Um in der Seele seiner Anhänger und Gegner zu lesen und hieraus Vortheil zu ziehen, muß man praktischer Psychologe sein. Es handelt sich hierbei nicht um Kenntniß der Theorie; denn es ist dies keine nach Paragraphen und Abschnitten auswendig zu erlernende Aufgabe; sondern hierbei kommt es darauf an, die flüchtigen Kundgebungen der unmerklichen oder verborgenen Seelenzustände im Fluge zu erhaschen, dieselben mit den wahren Zuständen, welchen sie entsprechen, in Verbindung zu bringen und vor allen Dingen in keinen Irrthum zu verfallen. Das Zucken eines Muskels, die Tonfärbung der Stimme reicht hin, um Demjenigen, welcher in der Seele zu lesen versteht, die verborgensten Geheimnisse zu entschleiern. Daher kann man von ihm mit Recht sagen. daß für ihn die Menschen durchsichtig wie Glas sind. Brauche ich noch hinzuzufügen, daß sich eine solche Fähigkeit in der Stunde der Gefahr erst voll entfaltet und bewährt und gerade Napoleon in hohem Grade verliehen war? Bezaubern, fesseln, im Nothfalle durch Schrecken lähmen — in all' Diesem stand er unerreicht da. Wie viele Männer, vor Allem seine Feinde, wurden gleich bei dem ersten Zusammensein mit ihm seine aufrichtigen Freunde (Alexander I.)! Wie viele, welche sich in seinem Vorzimmer als Helden aufspielten und die Anderen mit ihrer Schalheit aufzogen, wurden stracks zu schalen Tröpfen und wanden sich wie Aale, sobald sie dem Imperator gegenüberstanden. Er war eben ein unbewußter Hypnotiseur. Leider ist uns nur wenig über die Art und Weise bekannt, wie er hierbei verfuhr. Indessen erwähnt Trochu in seiner „Französischen Armee im Jahre 1867", daß die Thatkraft und Geistesgegenwart mehrerer Marschälle zu- oder abnahm, je nachdem dieselben von Napoleon nah oder weit entfernt waren; doch zählt er weder Namen noch Beispiele auf.

Ségur liefert in seinen „Denkwürdigkeiten" werthvollere Belege. Als Napoleon z. B. bei Friedland Ney den Befehl ertheilt, unseren linken Flügel anzugreifen, nimmt er den Marschall beiseite und giebt ihm unter vier Augen Verhaltungsmaßregeln. Darauf in dem Augenblicke, wo Ney im Galopp davonsprengt, wendet sich Napoleon an seine Umgebung und sagt mit erhobener Stimme, damit es Jener noch hören soll: „Betrachten Sie sich diesen Ney; er ist zum Löwen geworden!" Man vergleiche auch bei Ségur das Verhalten Napoleons Masséna gegenüber vor und während der Schlacht bei Aspern.

Diese kurzen Bemerkungen genügen, um begreiflich zu machen, daß Napoleon die Suggestion, welche heutzutage zu dem Range einer Wissenſchaft erhoben worden iſt, gewiſſermaßen inſtinktiv anwendete. Er betrieb dieſelbe ſo zu ſagen täglich und vor den Augen aller Welt.

XI.

So verfuhr Napoleon dem Einzelnen gegenüber. Aber bei den Maſſen ſind ſolche Feinheiten nicht am Plaße; da muß man ein weit gröberes, effekthaſchenderes, theatraliſches Verfahren anwenden, welches indeſſen auch auf die Einzelnen ſeine Wirkung nicht verfehlen darf. Hierbei fällt uns zu= nächſt die Einwirkung auf die Maſſen vermittels einzelner Perſonen auf, namentliche Aufrufung eines mitten unter Tauſenden befindlichen Soldaten und Befragung, ob er nicht zur Belohnung für die und die That das Ehren= kreuz erhalten hat, indem man vorher genau weiß, daß die Antwort „Ja“ lautet*). Die Moraliſten werden finden, daß dies unwürdige Taſchenſpieler= kunſtſtücke ſind. Zugegeben! Mögen ſie es immerhin behaupten, denn ſie ſind ja nur deshalb Moraliſten, um Moral zu predigen und von anderen das zu fordern, was ſie im Leben ſelbſt nicht befolgen. Aber für den Mann, welcher handelt und welcher ſich in die Nothwendigkeit verſeßt ſieht, ſtarke Wirkungen hervorzubringen, wird die Wahl eines jeden beliebigen Mittels, ſofern ihm daſſelbe zum Ziele verhilft, zur gebieteriſchen Pflicht, wenn er nicht der Betrogene ſein will. Begehen übrigens jene erhabenen Moraliſten nicht jeden Augenblick im Leben Taſchenſpielerkunſtſtücke? Verziehen ſie nicht bei jeder Begegnung unter einem: „Ach, ſehr erfreut Sie zu ſehen!“ den Mund zu einem ſüßen Lächeln, während ſie meiſtens das Gegentheil von „ſehr erfreut“ ſind? Wer hat denn nicht ſein ganzes Leben hindurch folgende Regeln im Munde geführt und praktiſch angewendet: „Man fängt die Fliegen mit Honig und nicht mit Eſſig. Die Welt will betrogen werden; betrügen wir daher dieſelbe?“ — „Seien wir Biedermänner, wenn dies unſer Vortheil iſt und Schelme, wenn uns die Biederkeit ſchadet“ hat ein Mann geſagt, ohne welchen Preußen heute nicht das wäre, was es iſt.

Gehorſamer Diener, heuchleriſche Frau Tugend! Ihre lauteſten Lob= hudler ſind die Erſten, welche Sie verrathen, und Sie haben hier nichts zu ſuchen. Einem Napoleon verſchlägt es wenig, wie das bunte Gelichter der Tartüffes ſeine Handlungen beurtheilt. Dort, wo er ſo handelte, wie er wirklich gethan, hat er Erfolg gehabt, weil ſeine Handlungsweiſe der Natur der Dinge angepaßt war. Dort, wo er dieſes Geſeß vergaß, hat er es

---

*) Bei Napoleon handelte es ſich keineswegs immer um einen abgekarteten Kunſt= griff. Denn ſein Gedächtniß war nach der Verſicherung glaubwürdiger Zeitgenoſſen um ſo bewundernswerther, als es ihm, ſo oft er deſſen bedurfte und gleichſam auf ſeinen Befehl zu Gebote ſtand. Als er unmittelbar nach ſeiner Landung auf Elba einen alten Soldaten bemerkte, welcher das Kreuz der Ehrenlegion trug, rief er denſelben zu ſich heran und fragte: „War es nicht auf dem Schlachtfelde von Eylau, wo ich Deine Bruſt mit dieſem Orden ſchmückte?“ In der That verhielt es ſich ſo. Anmerkung des Ueberſetzers.

büßen müssen. Das ist meiner Ansicht nach der einzig richtige Maßstab, mit welchem man die Beziehungen der Massen zu den Führern der Gesell= schaft messen darf, um so mehr, als bei dem ununterbrochenen Interessenstreit der Menge dasjenige, was dem einen für gut, dem anderen unvermeidlich für schlecht gelten muß.

XII.

Aber die soeben geschilderte Art und Weise der Einwirkung auf die Massen ist nicht immer anwendbar. Sie ist sogar völlig unmöglich, wenn z. B. die Masse feindlich gesinnt ist. Andererseits erringt sie selbst bei einer gut aufgelegten Masse nur eine beschränkte, allmälige und langsame Wirkung, sie ist vielmehr ein Erziehungsverfahren, welches man beharrlich Tag für Tag handhaben soll, sobald sich die Gelegenheit dazu bietet. Aber im Kriege ist die Zeit alles; die langsamen Methoden taugen dort nichts. Man muß dann auf alle Soldaten zugleich einwirken. Alsdann tritt ein zweites Ver= fahren höherer Gattung in seine Rechte, welches darin besteht, die Phantasie wachzurufen. Oefters als ein Wort erreicht hier eine Handlung, Geberde oder Bewegung ihren Zweck.

XIII.

Die Phantasie! Seltsame Macht und zugleich sonderbare Schwäche, besonders bei den in Masse zusammengeschaarten Menschen, vor allem dann, wenn dieselben unter dem Banne der Gefahr stehen. Sobald sich die Masse für unüberwindlich hält, wird sie auch unüberwindlich; sobald sie sich aber unfähig dünkt, den Feind zu besiegen, wird sie unweigerlich geschlagen. Ueber eine so ungeheure Macht verfügt der Heerführer, welcher es versteht, den Seinigen die erstere dieser Ueberzeugungen aufzuzwingen und sie vor dem verderblichen Einfluß der zweiten zu bewahren. Im Kriege wird der Schein zu oft für Wirklichkeit genommen. Es genügt daran zu erinnern, was eine Panik bedeutet und daß der Marschall von Sachsen gesagt hat: „Sobald sich der Feind zur Flucht wendet, kann man denselben mit Schweins= blasen zu Paaren treiben." Denn gerade seine Phantasie schlägt ihn in die Flucht. Diese Eigenthümlichkeit des menschlichen Herzens kennen nicht nur die „großen Menschenfischer vor dem Herrn", sondern selbst die theo= retischen Psychologen. Die Ersteren sehen hierin die mächtigste Waffe, über welche sie verfügen können, um mit Hülfe der Massen große Ziele zu er= reichen; während die letzteren diese Thatsache nur vorübergehend, mitunter sogar mit ironischem Beigeschmack erwähnen. Dies ist das gewöhnliche Ver= fahren der reinen Verstandesmenschen, wenn sie einer wunderbaren Erscheinung begegnen, welche dem bloßen Verstande unzugänglich ist. Aber „das Herz hat seine Rechte, von welcher die Vernunft nichts wissen will" (Pascal).

Doch was kümmert uns das verzweifelte Lächeln der Vernunft, wenn sie durch die Macht der Thatsache, welche für sie stets ein Räthsel bleiben muß, in die Enge getrieben wird!

XIV.

Napoleon kannte diese gewaltige Macht und schmiedete sich daraus ein Werkzeug, um den Willen von Millionen Menschen nach seinem eigenen zu lenken. Und dieses Werkzeug handhabte er mit der Fertigkeit des Meisters. „Die Phantasie regiert die Welt; ohne Phantasie wäre der Mensch weiter nichts, wie ein Thier*)" bemerkt Napoleon irgendwo. Nach ihm besteht die erste Eigenschaft eines Feldherrn darin, „einen kalten Kopf" zu besitzen, d. h. wie er sich in seiner bilderreichen Sprache ausdrückt: „sich keinen blauen Dunst vorzumachen.**)"

Mit anderen Worten ist hiermit die Fähigkeit gemeint, sich niemals von seiner Phantasie beherrschen oder fortreißen zu lassen und aus einer Mücke keinen Elefanten zu machen.

Dies ist die Sprache eines Mannes der That, eines Praktikers, d. h. eines Mannes, welcher vor allem „will". Wollen Sie erfahren lieber Leser, was über denselben Gegenstand ein Verstandesmensch gesagt hat? „Die Phantasie bildet die Nase des Pöbels; stets wird man ihn an derselben leicht herumführen können." Und sie haben alle Beide recht. Allein der erste sieht, daß die Phantasie, wie alle Kräfte, zwei Pole hat und man sich in=folgedessen ihrer entweder bedienen oder mit ihr arg verrechnen kann, während der zweite nur diejenige Seite sieht, welche Stoff zur Ironie giebt.

XV.

Nach dieser möglichst wenig spekulativen Einleitung ist es Zeit, auf die Thaten und Handlungen überzugehen. Beginnen wir mit den letzteren.

Ich habe das Glück gehabt, hienieden noch zwei Zeitgenossen jener großen Epoche zu finden. Den einen derselben (Yermoloff) habe ich bereits erwähnt; den zweiten will ich nicht namentlich nennen, werde aber das be=richten, was derselbe über den Eindruck, welchen Napoleon im Kriege auf seine Feinde hervorbrachte, gesagt hat.

„Die Schlachten begannen gewöhnlich um 5 Uhr Morgens. Napoleon wählte in der Nähe seiner Reserve einen Platz, von welchem er das Schlacht=feld in seiner ganzen Ausdehnung überblicken konnte. Indem der Kaiser

---

*) Napoleon sagte auf St. Helena zu Las Cases: „Welche Macht hat doch die Phantasie, wie viel vermag sie über die Menschen! Ja, die Phantasie beherrscht die Welt!"

**) Diesen Ausspruch that Napoleon auf St. Helena dem englischen Arzte O'Meara gegenüber: „Der Geist eines Feldherrn muß, was die Klarheit anbetrifft, dem Objektiv eines Fernrohrs gleichen. Derselbe darf sich niemals blauen Dunst vormachen."

Anmerkungen des Uebersetzers.

auf und nieder schritt und mit seiner Umgebung plauderte, folgte er unausgesetzt dem Gange des Kampfes. Er empfing Meldungen, ertheilte Befehle
und im Nothfalle auch scharfe Rügen. Verstärkungen bewilligte er nur dann,
wenn er sicher war, daß die Bittenden ihrer dringend bedurften; meistens
aber verweigerte er dieselben.

So zog sich die Schlacht mit wechselndem Glück bis 4 Uhr Nachmittags
hin. Jetzt war der Augenblick gekommen, wo Napoleon seinem Leibmamme-
lucken winkte und sein Streitroß verlangte. Jedermann wußte, was das zu
bedeuten und daß die Stunde der Entscheidung geschlagen hatte. Denn als
sich Napoleon in den Sattel schwang und seinen bäumenden Schimmel bändigte,
erbraufte aus den Reihen der Reserve der eherne Ruf: „Es lebe der Kaiser!"
Dieses furchtbare Feldgeschrei hallte wieder bis zur Gefechtslinie und über-
tönte mit seiner Donnerstimme das Getöse der Schlacht. Und als dieser
grausige Schlachtruf zu den Ohren des entsetzten Feindes drang, erstarrte
ihm das Blut in den Adern, denn auf der ganzen Linie erwartete man nun
den Ansturm des Gegners, aber Niemand wußte weder wo noch wie!"

So hielt Napoleon vor dem letzten entscheidenden Angriff seinen Gegner
11 bis 12 Stunden unter dem lähmenden Banne dieses Schreckgespenstes[*]),
machte ihn physisch und moralisch mürbe und erhöhte gerade dadurch die
Erregbarkeit seiner Phantasie bis zum Fieber. Während er durch eine einfache, aber in solchen Fällen regelmäßig angewandte und deshalb seinen
Truppen altbekannte Handlung (Besteigen des Pferdes) der Phantasie der
Seinigen den sicheren Sieg vorspiegelte, erfüllte er die Phantasie des Feindes
mit der Ueberzeugung einer unvermeidlichen Niederlage.

XVI.

Während der Schlacht von Lonato (4. August 1796), wo das Gelände
stark durchschnitten und die Truppen ziemlich verstreut waren, gerieth Bonaparte
mit seinem Gefolge und einer schwachen Bedeckung zufällig mitten unter
4000 Oesterreicher. Als ein Offizier der letzteren auf ihn lossprengte, um
ihn zur Ergebung aufzufordern, schrie Bonaparte ihm zu: „Ah, mein Herr,
wissen Sie auch, mit wem sie sprechen? Ich bin der kommandirende General,
und meine gesammte Armee folgt mir auf dem Fuße! Sagen Sie Ihrem

---

[*] Dies ist ungefähr die Zeit, welche man zu einem Eilmarsch gebraucht. Hier
jedoch kann dieselbe nur physische Erschöpfung verursachen. Dazu rechne man noch den
Anblick der Verwundeten und Todten und die fortwährende Befürchtung eines Jeden, im
kommenden Augenblick dasselbe Schicksal zu erleiden. „Aber" wird man einwerfen, „die
Napoleonischen Truppen mußten doch dieselben außerordentliche nervöse Aufregung der
Schlacht durchmachen!" Ganz gewiß, aber erstens griff Napoleon stets an, was die Kühnheit der Seele stärkt und zweitens ruhte sich seine Reserve inzwischen gemüthlich aus, da
sie genau wußte, daß, so lange Napoleon nicht zu Pferde stieg, es unnütz war, sich auf-
zuregen. Anmerkung des Verfassers.

Kommandeur, daß ich seine sofortige Ergebung erwarte. Wenn er nicht binnen fünf Minuten die Waffen gestreckt hat, laß ich Euch insgesammt über die Klinge springen!" Die List gelang*). Diese mit voller Zuversicht ausgesprochene Lüge brachte auf die Oesterreicher dieselbe Wirkung hervor, wie eine gegen sie thatsächlich anrückende Armee.

Alle Achtung! Um die Suggestion ist es doch eine schöne Sache. Natürlich mußte Bonaparte in dem gegebenen Augenblick mit durch nichts zu erschütternder Sicherheit auftreten; er mußte ein famoser Schauspieler sein, um weder durch Blick, Stimme noch Zittern eines Muskels aus seiner Rolle zu fallen. Muß man nun nicht zugeben, daß die Phantasie die Nase ist, an welcher man die Menge mit Leichtigkeit herumführt? Dies ist übrigens meines Wissens das einzige Beispiel in der ganzen Laufbahn Napoleons, wo er auf die Phantasie einer bewaffneten feindlichen Masse einwirkte. Aber das Ereigniß spricht um so beredter, als es zu einer Zeit spielt, wo Bonaparte noch nicht all' jener Zauber umstrahlte, welchen er später auf seine Gegner ausübte.

(Fortsetzung folgt.)

---

*) Die oben erzählte Begebenheit hat sich nicht während, sondern am Tage nach der Schlacht von Lonato und zwar unter anderen Verhältnissen abgespielt. Napoleon erzählt in seinen „Denkwürdigkeiten" folgendes darüber: „Es war 5 Uhr Abends (5. August 1796) Napoleon kam eben von Castiglione an. Man führte ihm einen Parlamentär vor; zugleich erfuhr er, daß feindliche Kolonnen Aber Ponte de San Marco herabkamen, daß sie in Lonato einrücken wollten und diese Stadt aufforderten, sich zu ergeben. Indessen war er noch Meister von Salo und Gavardo. Daraus wurde es klar, daß dies nur Versprengte sein konnten, die einen Ausweg suchten. Er ließ seinen zahlreichen Generalstab aufsitzen und den Parlamentär herbeiführen, dem die Binde mitten in dem Tumult eines großen Hauptquartiers von den Augen genommen wurde. „Sagen Sie Ihrem General", redete Bonaparte ihn an „daß ich ihm 8 Minuten Zeit gebe, um die Waffen niederzulegen. Er ist mitten in der französischen Armee; nachher hat er nichts mehr zu erwarten." So streckten diese 4 bis 5000 Mann die Waffen." Anmerkung des Uebersetzers.

legenheit Frankreichs über Deutschland. Gerade deshalb sei ein Aufsatz hier erwähnt, in dem der Franzose sich bemüht zu beweisen, daß Deutschland sich auf einen Kriegsausbruch im Frühjahr 1897 gefaßt hält und daraufhin alle seine Vorbereitungen trifft, insbesondere hinsichtlich seiner Artillerie-Umformung. Es heißt in diesem Aufsatze:

Hüten wir uns wohl, jener sehr verbreiteten und gefährlichen Legende Glauben zu schenken, der zufolge wir auf eine baldige finanzielle Erschöpfung der Deutschen rechnen könnten, daß wir in diesem Millionen-Duell die Oberhand behalten werden, ohne zu den Waffen greifen zu müssen. Deutschland ist in einer Periode des Aufschwungs begriffen, sowohl in wirthschaftlicher als in militärischer Hinsicht. Wer Sachsen, die Main- und Rhein-Ufer bereist, die großen westfälischen Industriebezirke und die Elbehäfen gesehen hat, kann sich der Ueberzeugung nicht verschließen, daß dieses Land über sehr bedeutende Hülfsquellen verfügt, die in voller Entwickelung begriffen sind. Es hat vielleicht nicht unsere finanzielle Elastizität, unsere Bankkräfte und unsere angesammelten Ersparnisse; aber es hat seinen Handel, seine Industrie und seine Lebenskraft. Zahlreiche Steuerquellen sind dort noch nicht ausgebeutet, bei denen in Frankreich bereits die Steuerschraube aufs schärfste angezogen ist. Deutschland wird also wohl diese neuen militärischen Lasten tragen können."

Was die von Millionen Franzosen verurtheilte Betheiligung französischer Kriegsschiffe an der Eröffnungsfeier des Nord-Ostsee-Kanals anbelangt, so läßt sich darüber der Oberst Thomas in ausführlicher und bemerkenswerther Weise aus. Als Soldat und Lothringer kann er nur sagen: "Nein, nicht betheiligen," als Politiker und Diplomat: "Ja!" Die alten Soldaten, die bei Metz, bei Reichshoffen, bei Sedan gekämpft haben, und unter den Mauern von Paris, bei der Loire- und Ostarmee, können nicht vergessen und vergessen nicht. Sie können es um so weniger, als die Jahre sich folgen, ihnen Runzeln ins Angesicht schreibend und ihnen die Hoffnung rauben, eines Tags noch ihr unglückliches Land wieder zu Frankreich gehören zu sehen. —

Bei allen Gelegenheiten ist der Kaiser Wilhelm höchst aufmerksam gegen uns gewesen: beim Hinscheiden Carnots, Mac Mahons, Canroberts war er unter den Ersten, die unsere großen Todten ehrten. Im Ganzen bietet er seine Höflichkeit gegen uns auf, die einer Gegenleistung werth ist; eine Ablehnung müßte mit einer annehmbaren diplomatischen Entschuldigung begründet sein, sonst hieße sie den Haß zwischen beiden Völkern vermehren und den Krieg auf baldige Sicht vorbereiten.

Was die Kinderei anbetrifft, daß wir uns eng an die russische Flotte anklammern sollten, um wie siamesische Zwillinge in Kiel einzuziehen, so wäre das ganz einfach lächerlich und grotesk.

Wenn wir nach Kiel gehen, dann müssen wir dahin gehen wie alle Mächte, den Kopf hoch, stolz auf unsere Nationalität, wie Männer, die das

gemein hat. Was Deutschland anbelangt, so liegt es in seiner Rolle, daß es die Ansprüche Rußlands auf die Mandschurei und Korea, sowie diejenigen Frankreichs auf Tunis, den Sudan und Madagaskar begünstigt. Alles, was das Schwergewicht Frankreichs vom Rhein und das Schwergewicht Rußlands von der Weichsel ablenkt, das ist gute deutsche Politik. Deutschland allein wird vielleicht Vortheil ziehen aus einem russisch-japanischen Streit, und dieser Vortheil wird sich bilden aus Fehlern Rußlands, dessen Sympathien es in reichem Maße gewinnt, indem es auf seine asiatischen Strebungen eingeht. —

Also: mit Deutschland sind nach wie vor alle Franzosen unzufrieden; dahingegen zufrieden mit ihrem Präsidenten Faure die verschiedenen Parteien im Heere. Man rechnet ihm es hoch an, daß er bereits verschiedene Male den Sitzungen des Ober-Kriegsrathes präsidirt, daß er Kasernen und Lazarethe in Paris besichtigt, daß er im Lager von Santhonay den gegen Madagaskar bestimmten Truppen vor deren Einschiffung persönlich die Fahnen übergeben hat. —

Allerlei Blüthen treibt der Fremdenhaß in Frankreich, der manchmal auch ganz praktische, für das Land vortheilhafte Ziele erstrebt. Da behandelt in der „France militaire" ein junger Deputirter das Thema: „Eine militärische Abgabe auf die Fremden". Im Jahre 1889 ist zuerst die „Militärtaxe" aufgetaucht — wir sagen „Wehrsteuer" —, sie wurde angenommen, aber Niemand dachte daran, den auf unserem Boden wohnhaften und hier von dem Ertrag ihrer Arbeit lebenden Ausländern eine Geldsteuer aufzulegen, da sie doch die Steuer an Blut nicht leisten. Von etwa 1 130 000 Fremden in Frankreich waren es 1 062 000, die im Jahre 1889 von ihrer Arbeit lebten. Ist es gerecht, daß diese Leute den Reichthum des Landes theilen, ohne als Ersatz eine andere Last zu tragen? Um diese Ungerechtigkeit auszugleichen, schlage ich vor: entweder eine übrigens sehr geringe Steuer, etwa 20 Francs für die Person, oder die Annahme des französischen Bürgerrechts. Denn sehr viele Ausländer in Frankreich lassen sich nicht naturalisiren, um nicht die Lasten des militärischen Dienstes tragen zu müssen. Zwanzig Millionen würde das nette Ergebniß der Steuer sein!

So ganz ohne Zweifel ist die Liebe der jungen Franzosen zum Waffendienste doch nicht; davon giebt ein Militärarzt Kunde, welcher im „Petit Journal" Folgendes ausplaudert:

Eine große Anzahl junger Männer, und zwar unter Begünstigung durch die Eltern, wenn nicht gar unter deren Antrieb, übernimmt sich einen oder zwei Monat vor der Aushebung auf alle Art, in Ausschweifungen jeglicher Natur. Sie greifen sogar zum Gebrauch giftiger Stoffe, um mager und blaß zu werden. Einst träumte man auf dem Lande von gänzlicher Befreiung, jetzt begnügt man sich mit Zurückstellung auf Zeit. Die jungen Leute ziehen sich auf diese Weise, ohne es zu ahnen, oft schwere Krankheiten

des Herzens und des Unterleibes zu und erweisen sich am Gestellungstage
für gänzlich ungeeignet zu jeglichem Dienst.

Wenn die Zahl der Gestellungspflichtigen groß ist und der Militärarzt
der Untersuchung jedes Einzelnen nur wenig Zeit widmen kann, ist viel
Wahrscheinlichkeit, daß Leute von mäßiger Erscheinung zurückgestellt werden.
Die Kameraden aus derselben Gemeinde wagen nicht, die Durchstecherei an-
zuzeigen, und oft sogar macht der ganz gut unterrichtete Bezirksgendarm die
Augen zu. um sich die Bevölkerung nicht auf den Hals zu ziehen.

Und die unglücklichen Jünglinge kehren in ihre Ortschaft zurück — zwar
zurückgestellt, aber krank. Wie viele gehen an den Folgen zu Grunde? Die
andern schleppen sich bis zum nächsten Jahre hin; da sie sehr leidend gewesen und noch nicht wieder hergestellt worden sind, wagen viele nicht noch
einmal anzufangen. Sie werden zum Regiment geschickt, um zwei Jahre
oder nur eins abzuleisten. Aber, wie man leicht denken kann, das ist ein
Boden, der ganz vorzüglich vorbereitet ist für die Ansteckung mit allen Fiebern
und Krankheiten. So sind stets im Winter die Lazarethe angefüllt mit
kranken Rekruten, die zum größten Theil „zurückgestellt" waren. Was für
Soldaten soll man nun aus diesen kränklichen Menschen machen, welche von
ihren Offizieren von den militärischen Märschen befreit werden müssen.

Ja, da ist allerdings guter Rath theuer!

Und „L'Avenir militaire" zieht noch einen anderen, fast schlimmeren
Schaden an's Licht: Die Neigung zum Branntwein ist in den letzten Jahren
ein kennzeichnendes Laster der Armee sowohl wie der bürgerlichen Gesellschaft
geworden. Mögen die Ermahnungen zur Enthaltung von Branntwein von
den Müttern oder von den Vorgesetzten ausgehen, sie werden geringen Erfolg
haben, in Madagaskar oder in Paris oder sonst wo; denn der Schnaps-
genuß ist zur zweiten Natur geworden bei einem guten Drittel unserer jungen
Soldaten. Wirksamer wäre das Verbot des Alkohols. General v. Haeseler
hat es vor 18 Monaten für sein Armeekorps ausgesprochen — und was in
Metz möglich ist, ist es auch in Paris und Madagaskar. Es genügt, daß
man es will; rein zufällig, ohne Zweifel, hat man noch nicht gewollt. Man
hat Generale Vorschriften über verschiedene Besonderheiten in der Kaserne
entwerfen sehen, Vorschriften, die ihren Platz im Erinnerungstempel verdienten; aber die Branntweinseuche war noch nicht darunter!

Was meint „L'Avenir" mit diesen wundersamen Generals-Vor-
schriften?

Nun, die Erlasse des kommandirenden Generals Poilloué de Saint-Mars,
die bei manchen originellen und guten Gedanken doch im Ganzen ein pa-
thologisches Interesse des Lesers beanspruchen. Wir haben schon früher seine
Studien über den militärischen Gruß kurz wiedergegeben. Das jüngste
Rundschreiben empfiehlt den Compagnie-Führern die Pflege des Gesanges
während der Märsche; alle Leute, die wenig umfangreiche Instrumente zu

spielen verstehen, wie Flöte, Clarinette, Pfeife u. s. w., sollen mit dieser ausgerüstet werden, die sie „im geeigneten Augenblick aus ihrem Brobbeutel ziehen". Und nun ist ein flottes Tririliren und Flöten beim 12. Corps eingezogen, auch haben „findige" Capitäns ihre Leute mit Schalmeien bewaffnet für den Musik=Wettkampf.

Dann hat der General eine lange Vorschrift herausgegeben über die Regiments=Handwerkstätten, die zum Theil von unfreiwilliger Komik strotzt. Es folgt eine Stallwachen=Ordnung, aus der einige Stellen hier wiederge= geben werden:

„Die Stallwache ist eine Art sehr interessanter Schildwache, welche die Ehre hat, eine wahrhafte Initiative und eine wichtige Verantwortlichkeit zu besitzen. Sie muß durchaus selbst von den Offizieren sich gepflegt fühlen, damit sie gestimmt ist, ihren Dienst mit Geschmack zu thun und damit sie einen Begriff von ihrer väterlichen Rolle gegenüber den Pferden bekommt.

Die Pferde sind intelligent und gute Beobachter. Wenn sie ihre Stall= wachen zerrissen und frostzitternd sehen, dann wissen sie, daß Flüche an ihre Ohren bonnern, daß die Schläge auf ihren Rücken hageln und daß die armseligen Decken gerade von denen geraubt werden sollen, denen ihre Pflege anvertraut ist. Sie sind ängstlich, ruhen nicht aus, fallen ab und ver= fluchen mit Recht die Nummer ihres Regiments."

Und dann noch zu guter Letzt ein junges Ergebniß der Militär=Muse des Generals Saint-Mars, abzielend auf zweckmäßige Refrutirung der Kavallerie:

„Ein Anschlag wird für jedes Aushebungs=Lokal verfaßt, um die Militärpflichtigen, welche zur Kavallerie wünschen, einzuladen, sich der Kom= mission zu entdecken. Diese Tafel, die das Auge auf sich lockt mit Hülfe einiger ganz einfachen Reiterbilder, ausgeschnitten aus Ansichten von Epinal, wird in dem Saal, wo die Rekruten warten und sich auskleiden, an die Wand gehängt. Der hier Ordnung haltende Gendarm wird beauftragt, die Aufmerksamkeit auf die Tafel zu lenken und deren Zweck mit Worten dar= zuthun. Der angehende Reiter wird zu erklären haben, daß er die Pferde liebt und sie nicht fürchtet, benn die Zuneigung zwischen Reiter und Pferd ist eine unerläßliche Vorbedingung für die Heranbildung des Centauren.

Einige Mann kommen jährlich zu den Regimentern mit einer angebornen und unüberwindlichen Abscheu gegen das Pferd. Sie bleiben ganz werthlose Reiter.

Plumper Körperbau, kurze Schenkel, langsames und schwächliches Tem= perament, Leibesfülle sind Ausschließungsgründe. Mit 20 Jahren müssen die jungen Reiter leicht, geschmeidig, kräftig, lebhaft, eindrucksfähig, intelligent und so elegant wie möglich sein. Sie müssen als Menschen den Charakter des edelblütigen Pferdes darstellen. Die Aufgabe der Kavallerie ist im Kriege der Neuzeit eine ungeheure geblieben. Der Werth dieser Waffe hat die Besonderheit, daß er von der Auswahl der ihr zugetheilten Rekruten abhängt, die sie schnell auszubilden genöthigt ist."

Es ist, sagt „L'Avenir" ergänzend, es ist Poesie und Humor in dem Potpourrie der Bilder von Epinal, des die Aufmerksamkeit erregenden Gendarmen, der Heranbildung des Centauren, der jungen Leute, welche den Charakter des edelblütigen Pferdes darstellen sollen. Mit einigen Dutzend Illustrationen würde die Sammlung von Rundschreiben zum Gebrauch des 12. Armeekorps eine unerschöpfliche Quelle der Heiterkeit abgeben, für Regentage und Winterabende! 8.

Rußland.

(Kaserne in Kaluga. Anzug der Mannschaften auf den Straßen in Warschau. Kontrole der Ausrückestärke der Truppen in die Lager-Versammlungen ꝛc. im Militär-Bezirke von Kiew. Eintheilung der Artillerie-Brigaden in Divisionen. Befehle über gemachte Beobachtungen während der Lagerübungen im Militär-Bezirk Kiew. Eindrücke eines Frontoffiziers während der Manöver in Rußland.

1. Am 2. (14.) Februar d. J. stürzte in Kaluga das Dach der Nikolai-Kaserne ein, in welcher das 1. und 2. Bataillon 10. Infanterie-Regiments Neu-Ingermanland verquartiert sind, ohne glücklicher Weise Opfer an Menschenleben herbeizuführen; die Bataillone wurden zum Theil in anderen Kasernen untergebracht. Die Kaserne ist im Jahre 1892 neu erbaut worden, als infolge der neuen Dislokation der Armee die 1. Brigade der 3. Infanterie-Division nach Kaluga verlegt und neue Unterkunftsräume für Truppen dort nöthig wurden. Um den Anforderungen der Militär-Verwaltung möglichst rasch gerecht zu werden, erbaute damals die Stadt auf den Ruinen eines alten Gefängnisses die Kaserne, weit entfernt von der Stadt, in ungesunder Gegend, welche noch dazu von der Oka im Frühjahr überschwemmt wird. Die Militär-Verwaltung weigerte sich längere Zeit, die Kaserne wegen ihrer unbequemen und ungesunden Lage zu übernehmen, mußte aber schließlich der Stadt gegenüber nachgeben.

2. Durch einen Befehl an die ihm unterstellten Truppen richtet der Höchstkommandirende des Warschauer Militär-Bezirks, General-Adjutant Graf Schuwalow die Aufmerksamkeit der Kommandeure darauf, daß die Mannschaften innerhalb der Stadt unsauber angezogen umhergehen, in Uniformen, welche sich nicht für Militärpersonen schicken. Da die gegenwärtigen wirthschaftlichen Bestimmungen es möglich machen, für jeden Mann 3—4 Garnituren Bekleidung zu halten, so muß streng darauf gehalten werden, daß diese an allen öffentlichen Orten und außerhalb der Kasernen nicht nur sauber, sondern auch gut gekleidet erscheinen.

3. Der schwache Bestand der Ausrückestärke der Truppen während der Lagerübungen und der beweglichen Manöver hat schon mehrfach Ausstellungen

durch den Höchstkommandirenden des Militär=Bezirks von Kiew zur Folge gehabt; nichtsbestoweniger sind die Truppen zu den Versammlungen des letzten Jahres wieder zu schwach ausgerückt. In einem Tagesbefehl sagt General Dragomirow: „Es ist Zeit, mit der nicht kontrolirten Verwendung der Mannschaft ein Ende zu machen. Ich befehle hiermit, daß über sie mindestens eine ebenso genaue Rechenschaft abgelegt wird, wie sie für die Rubel vorgeschrieben ist." Um Ordnung in die Sache zu bringen, sollen bei den Korps, Divisionen und selbstständigen Brigaden genaue Bestimmungen erlassen werden, wieviel Offiziere und Mannschaften von den Abtheilungen in der Garnison zurückbleiben dürfen, sobald diese ins Lager bez. zur beweglichen Versammlung ausrücken. Diese Bestimmungen sind dem Bezirks= stabe zu melden. Vor Beginn der Uebungsperiode hat jede Abtheilung ihre Stärke zu melden, sowie ferner ein Verzeichniß der nicht an der Versammlung im Lager sich betheiligenden Offiziere und Mannschaften mit Angabe des Grundes einzureichen, auch ist noch ein Verzeichniß der zum Wachtdienst in der Garnison Verwendeten mit Angabe der verschiedenen Wachen und Posten aufzustellen.

4. Die schon seit langer Zeit herbeigewünschte Eintheilung der sechs Batterien starken Artillerie=Brigade in Unterabtheilungen von 2—3 Batterien ist endlich am 26. Februar (a. St.) zur Wirklichkeit geworden. Durch Aller= höchsten Beschluß werden bei den Artillerie=Brigaden des Europäischen Ruß= lands — das sind 3 Brigaden der Garde, 3 der Grenadiere und 38 der Feldarmee — „Divisionen" in der Stärke von 3 Batterien formirt, also 88 im Ganzen. Die Batterie=Kommandeure haben von jetzt an den Rang bei der Garde eines Obersten, bei den Grenadier= und Feldartillerie=Brigaden eines Oberstlieutenants. Diejenigen Batterie=Kommandeure, welche bei der Armee=Artillerie gegenwärtig noch den Rang eines Obersten haben, ver= bleiben bis auf Weiteres in ihren bisherigen Stellungen.

5. Der Gehülfe des Höchstkommandirenden des Militär=Bezirks von Kiew, General der Infanterie Trotzki, hat über seine im vergangenen Jahre während der Lagerversammlungen gemachten Beobachtungen verschiedene Be= merkungen bekannt gegeben, von denen Nachstehendes charakteristisch sein dürfte.

Orts=Lazareth. Ich sah den Arzt vom Dienst nicht. Bis 9 Uhr Morgens war noch keine Krankenvisite gemacht. Die Reinigung der Zimmer war im Gange, aber die Kranken ließ man in denselben Zimmern, obgleich sie leicht in danebenliegende gehen konnten oder in den Korridor oder auf den Hof, denn es war warm. Das ist keine Ordnung.

Die Bettwäsche war am Sonnabend gewechselt, wie es vorgeschrieben war, aber am Montag war sie schmutzig; nicht alle hatten Bettlaken.

Die Aborte waren beschmutzt.

In der Bäckerei waren die Backtröge nicht ausgewaschen; an den Wänden war Schimmel zu bemerken.

Gegenseitiges Manöver der ... Brigade gegen die ... Brigade. Das Manöver war gut überlegt und vorbereitet, nur schade, daß es etwas kompliziert war. Es waren Maßnahmen getroffen, daß die beiden Parteien von einander bezw. Stärke und Aufenthalt nur durch Meldungen ihrer Patrouillen Kenntniß erhalten konnten.

Das Ost-Detachement. Auf den Sammelplatz kamen die Abtheilungen in Ordnung an, obgleich sie durch tiefen und schlüpfrigen Schmutz marschiren mußten. Der Train war auch in Ordnung, aber es befanden sich viele über-flüssige Mannschaften bei demselben.

Auf dem Sammelplatz blieben die Truppen stehen und standen dort bis zum späten Abend im tiefen Schmutz und bei Regenwetter, denn der Detachements-führer konnte sich nicht entschließen, wo sie zur Nacht bleiben sollten; er hatte die Möglichkeit Ortsbiwak beziehen zu lassen, nichts desto weniger blieb man im Schlamm im Biwak.

Die Maßregeln zur Sicherung waren nicht im Voraus bedacht worden, der Detachementsführer hatte sich nicht einmal Rechenschaft darüber gegeben, welche nöthig waren. Sie wurden erst getroffen, als das Biwak eingerichtet war. Gewöhnlich pflegt man das anders zu machen und man kann wohl sagen, daß das nicht ohne Grund so ist. Die geheimen Erkennungsworte kannte Niemand. Einer der Truppenkommandeure sandte sein Jagdkommando aus eignem Antrieb zur Erkundung gegen den Feind vor. Es war eben augenscheinlich keine Führung bei dem Detachement vorhanden. Der Frage, wie die Mannschaft zu verpflegen sei, stellte sich der Detachementsführer voll-ständig gleichgültig gegenüber, weil dies Sache der Regimentskommandeure sei.

Am nächsten Morgen trat das Detachement den Vormarsch an; er ge-schah in Ordnung. Der Detachementsbefehl war nicht einmal dem Führer der Avantgarde bekannt gegeben, welcher nur durch eigene Erkundigungen erfahren hatte, wohin das Gros marschirte. Mittheilungen über den Feind, sowie darüber, wo sich der Detachementsführer aufhalten würde, hatte er nicht bekommen.

Das West-Detachement biwakirte, obgleich es Quartiere beziehen konnte. Sicherungsmaßregeln waren nicht getroffen, sodaß Patrouillen des Gegners direkt in das Biwak kamen. Das West-Detachement trat den Vor-marsch am nächsten Tage in 2 Kolonnen an. Die erste Kolonne verirrte sich, weil der Führer keine Karte besaß! Vor dem Aufbruch aus dem Biwak hatte man nicht abgekocht. Der Marsch dieser Kolonne geschah nicht in der gehörigen Ordnung. Bei einer der Kompagnien fehlte der Kommandeur, der Feldwebel einer Kompagnie hatte sich erlaubt, beim Marsche durch ein Dorf auszutreten, seinen Platz zu verlassen und in ein Haus zu gehen; es wurden auch Nachzügler angetroffen. Nicht nur die Mannschaften, sondern auch die Offiziere befanden sich in voller Unkenntniß dessen, was vorging.

Das Streben nach Manöver=Siegen ist noch immer nicht vergangen, man trifft in den Manövern noch häufig Fälle, wo man weder lehrt noch lernt, sondern vergängliche Lorbeeren auf Kosten des Geistes und Körpers der Leute ernten will. Es wird Zeit, sich das abzugewöhnen! —

6. Dem „Wajennji Sbornik" entnehmen wir auszugsweise einige Bemerkungen eines russischen Offiziers über die vorjährigen Herbstübungen.

Ueber das Erhalten der Verbindung nach rückwärts auf den Märschen. In den meisten Fällen richten sich die Führer der Avantgarde wenig nach den Bewegungen des Gros, indem sie sich für selbstständig und unabhängig halten und bemüht sind, die vorderen Abtheilungen des Feindes zurückzuwerfen, um seine Stärke besser zu erkunden; oft lassen sie sich in einen Kampf mit den Hauptkräften des Gegners ein, ohne das Herankommen der eigenen abzuwarten.

In einem Manöver, Infanterie=Brigade gegen Brigade mit entsprechender Beigabe der anderen Waffen, hatte das eine Detachement den Befehl, einen zurückweichenden Gegner zu verfolgen und zu schlagen, wenn er sich festsetzen wollte. Zur Avantgarde wurden ein Dragoner=Regiment mit einer reitenden Batterie und zwei Bataillonen Infanterie bestimmt. Das Gros folgte mit zwei Werst Abstand. Nach einem Marsche von weniger als 20 Werst hatte sich dieser Abstand schon auf das Doppelte erhöht und als die Avantgarde auf den in Stellung befindlichen Gegner stieß, mußte sie 1½ Stunden in voller Unthätigkeit auf ihre Verstärkung warten, indem sie im feindlichen Feuer ganz überflüssig Verluste erlitt. Es wäre noch viel schlimmer gekommen, wenn der Gegner seinerseits zum Gegenangriff geschritten wäre.

Bei den beweglichen Versammlungen beklagte man sich oft über das unverhältnißmäßige Ausschreiten auf den Märschen. Vom Soldaten verlangt man vollständige Ordnung, das Verlassen des Platzes wird grundsätzlich als ein Verbrechen betrachtet; solche Anforderungen sind ganz richtig, aber man muß dem Manne es nicht unmöglich machen, sie zu erfüllen. Gegen Ende der beweglichen Versammlungen hatte man es schließlich zu einem normalen Schritte gebracht, aber nur in einzelnen Kolonnen, sobald zwei Kolonnen nebeneinander marschirten, ging die Verbindung verloren; man glich die Märsche nicht aus. Bei einem großen Detachementsmanöver gegen markirten Feind wurde ein Marsch von 20 Werst in schöner Ordnung ausgeführt; das Tempo war normal, es blieb nicht ein Mann zurück, die Leute marschirten auf ihren Plätzen, kurz, man konnte sich keinen besseren Marsch wünschen; so marschirte die linke Marschkolonne, welche zur Reserve bestimmt war. Die rechte Kolonne mit der Avantgarde voran, kam aber der linken wesentlich zuvor. Sie war in Gefechtsformationen übergegangen, als noch keine Reserve da war. Man mußte warten, wartete zwei Stunden; die Geduld reichte nicht, man ging vor mit der Hoffnung, daß die Zurückgebliebenen sich heranhalten würden. Sie holten sie ja auch ein; nachdem sie 20 Werst marschirt waren, machten sie auch noch drei Werst in Gefechtsformation, aber mehr als der zehnte Theil eines Regiments ging an Zurückgebliebenen áb. Noch 300 Saschen solchen Marsches (ca. ³/₄ km) und man hätte nicht mehr auf die Hälfte der Reserve rechnen können.

Diese Ueberhaftung äußert sich aber nicht allein in Bezug auf die Ueberanstrengung der Leute, auf eine nicht rechtzeitige Unterstützung durch die Reserven in schädlicher Weise für das Resultat eines Gefechtes, sondern sie läßt auch eine ungehörige Eilfertigkeit entstehen, welche vieles sehr, sehr Wichtiges vergessen macht.

Beispielsweise trat eine Brigade während desselben Manövers in einer Formation innerhalb des feindlichen Gewehrfeuers ins Gefecht, in welcher die Kompagnien in Doppelzugskolonne mit so geringen Zwischenräumen sich befanden, daß nur wenige ohne Kollisionen sich entwickeln konnten. Eine derartige Anhäufung von Massen kann unter der jetzigen Feuerwirkung durchaus nicht gebilligt werden.

Ueber die Marschordnung. Vor dem Ausmarsche zu den beweglichen Versammlungen wurden einige Abänderungen bez. der Marschordnung bekannt gegeben, welche sich auf die Plätze der Offiziere während des Marsches und die Anordnung und Dauer der Marschhalte bezogen.

Den Kommandeuren der Bataillone, Kompagnien und Züge wurde befohlen, am Ende ihrer betreffenden Abtheilung zu marschiren, um dieselbe beständig unter den Augen zu haben und auf diese Weise die strengste Ordnung aufrecht zu halten. Die Leute sollten auf dem Marsche ihre Plätze nie, unter keinem Vorwande, verlassen oder zurückbleiben. Sollte z. B. bei Erkrankungen dies dennoch nöthig werden, so hatte einer der Tagesdiensthabenden mit dem Ausgetretenen zurückzubleiben. Die Anwesenheit der Kommandeure an dem Ende ihrer Abtheilungen erreicht ihren Zweck zweifelsohne beim Marsche durch Ortschaften oder an Wasserläufen entlang ganz besonders. Für die Zugführer indessen und namentlich für denjenigen des vordersten Zuges, wäre aber der Platz besser am Anfange ihrer Abtheilung. Wenn an dem Platze des Offiziers vor der Kompagnie ein Unteroffizier marschirt, so hält dieser in der Regel den vorgeschriebenen Abstand (10 Schritt) von der voranmarschirenden Abtheilung so pedantisch ein, daß er schließlich anhält, wenn vorn eine Stockung im Marsche entsteht, und dann wieder nacheilt, wenn dieselbe vorüber ist und die ganze Marschkolonne der Kompagnie auseinander reißt.

Eine andere Abänderung betrifft die Bestimmung, wonach 10 Minuten nach je 50 Minuten Marschirens gehalten werden soll. Diese kleinen Halte sollen das Austreten der Mannschaften aus irgend welchen Rücksichten und das damit verbundene Zurückbleiben und Nachlaufen verhindern. Man will auf diese Weise die Ordnung leichter aufrecht erhalten und die Kräfte der Leute schonen, erreicht letzteres aber nur theilweise, denn um wirklich auszuruhen, muß man mehr wie 10 Minuten halten. Die großen Halte, welche man nach der größeren Hälfte eines Marsches macht, lassen die Leute Kraft schöpfen, so daß man auf sie im Gefecht zählen kann. Diese hatte man aber bei einigen großen Märschen, wo man sie gar nicht entbehren konnte, ausgelassen, die kleinen Halte sollten sie ersetzen. Auf einem Reisemarsche machte man die kleinen und den großen Halt, bei mehreren anderen Märschen dagegen, die zum Gefecht schließlich führten, hatte man sich auf die kleinen Halte beschränkt — um sich nicht zu verspäten, kam aber doch verspätet an. Bei einem größeren Detachements-Manöver gegen markirten Feind sollten die Truppen auf zwei Wegen anmarschiren. Die Abmarschzeiten waren genau befohlen, sowohl für die Avantgarde und das Gros der Kolonne auf der Straße rechts, als auch für diejenigen auf derjenigen links. Es waren Bestimmungen für das Gefecht gegeben, aber von dem großen Marsch-halte nichts befohlen und doch wäre das bei dem Vorgehen auf mehreren Wegen ganz besonders nöthig gewesen, dann hätte man dasselbe reguliren können. Es blieb dies auch nicht ohne Folgen, denn die linke Kolonne verspätete sich um 2 Stunden, obgleich die Disposition ganz genau innege-halten und große Halte nicht gemacht worden waren.

Ueber die Verpflegung. Die beweglichen Versammlungen können, wenn während ihrer Dauer die Verpflegung wie in diesem Jahre geregelt ist, schwerlich in dieser Richtung eine Belehrung für den Kriegsfall bieten. Während der Manövertage wurde wie im Lager und in der Kaserne in den großen Kesseln gekocht. Das Fleisch und Gemüse wurden von Unter-nehmern geliefert. Die Leute sollten eine Portion Fleisch für den zweiten Tag bei sich führen, das geschah aber nicht, weil man fürchtete, sie würden diese gleich aufessen, wenn sie in ihre Hände käme. Lediglich am zweiten Rast-tage wurde aus den Feldkesseln gekocht. Auf diese Weise kam keine Praxis heraus, ein gutes warmes Mittagsmahl im Biwak rasch zubereiten zu lernen; auch gewannen die Truppen keine Uebung im Schlachten von Vieh, Ver-theilen des Fleisches auf die Abtheilungen und Ausgabe desselben an die Mannschaften zum Kochen in den kleinen Kesseln.

Die Attaken der Kavallerie. Während der kleinen Manöver er-eignete sich einer der für die Verwendung der Kavallerie während des Gefechtes sehr günstigen Fälle. Ein kleines Detachement, in der Stärke von drei kriegstarken Kompagnien, vier Geschützen und einer Eskadron hatte den Befehl, einen stärkeren Gegner zurückzuhalten, damit das Gros ein Defilee passiren konnte. Es hatte eine Stellung mit gutem Schußfeld in der Front und den Flanken besetzt, in deren Rücken ein flaches Thal mit Rändern lag, die für alle Waffen passirbar, aber doch hoch genug waren, um die in demselben aufgestellte Kavallerie den Blicken des Feindes zu entziehen. Da das Gelände sehr übersichtlich war, wurden nur wenige Reiter zu Patrouillen entsendet und die Eskadron in Reserve zurückbehalten, um zur Verwendung zu gelangen,

Der italienische Offizier ist — nulla regula senza eccezione — ein Mann, der seinen ehrenvollen Beruf durch und durch so auffaßt, wie er auf= gefaßt sein muß und soll. Königstreu, gehorsam, unerschrocken, nach Ver= vollkommnung strebend, giebt er seinen Leuten das beste Beispiel. Viel, sehr viel wird in wissenschaftlicher Hinsicht im italienischen Offizierkorps gearbeitet, darüber aber werden die ritterlichen Künste nicht vernachlässigt. Trinkgelage und Hazardspiele sind in dem italienischen Offizierkorps außerordentliche Seltenheiten. Der Italiener ist überhaupt im Großen und Ganzen ein mäßigerer Mann, sowohl im Essen als namentlich auch im Trinken, wie wir es sind. Auch der äußere Eindruck des italienischen Offiziers ist ein sehr günstiger, er ist fast durchgehends tabellos angezogen, er lebt mehr im Volke, d. h. weniger exklusiv als es bei uns im Allgemeinen der Fall ist, man denke aber deshalb nicht, daß der italienische Offizier irgend wie eine unter= geordnete gesellschaftliche Stellung einnähme, nein, durchaus nicht. Allerdings ist sie wohl etwas verschieben von derjenigen unserer Offiziere. In Italien treten der sogenannte Kastengeist und die gesellschaftlichen Klassen=Unterschiede weniger zu Tage, da die Italiener der gebildeten Stände nicht gewohnt sind zu prätendiren etwas besonderes sein zu wollen, und sich stets natürlich geben und ganz so wie sie sind. Das können sie auch, weil der Italiener der unteren Klassen ohne devot zu sein doch äußerst selten irgendwie unhöflich sein wird, namentlich nie gegen Frauen, welchen Standes sie auch sein mögen. Er ist größtentheils bescheiden und höflich. Es handelt sich hier um die Italiener, die nicht in den Gegenden wohnen, welche vom internationalen Fremdenverkehr verdorben sind. Eine fernere Ausnahme von dem vorher Gesagten machen im Großen und Ganzen auch die Süd=Italiener. Was die Mannschaften des italienischen Heeres anbetrifft, so ist das Material derselben weitaus zum größten Theile ein ausgezeichnetes. Alpini, Grenadiere und Fußartillerie zum Theil wahre Hünengestalten, Feldartillerie, Bersaglieri, Genie und Kavallerie fast durchgehends feste schneidige Burschen. Den wenigst günstigen Eindruck, macht des Heeres „erzene Säule", die Infanterie, nament= lich wenn man solche „fantini" oder Infanteristen zu zwei oder mehreren dienstfrei durch die Straßen schlendern sieht. Die scheußlichste Kopfbedeckung die es giebt, das „Käppi" aufgestülpt, der Mantel, den der italienische In= fanterist fast immer trägt, aber ohne darunter die „giubba" oder Waffen= rod zu haben, meistens zu weit, kleine sonnverbrannte oder sehr lange dürre Kerls — die Linien= Infanterie erhält den beau reste der ganzen Leva (Aushebung) — machen sie keinen vetrauenerweckenden Eindruck. Dieser aber verschwindet bald, wenn man sie in Masse sieht, namentlich bei den Manövern oder Marschübungen. Zähe, ausbauernd, nüchtern, mäßig, sind diese kleinen Kerls unermüdliche vorzügliche Marschirer. Der Italiener der unteren Klassen dient im Allgemeinen nicht gerne, aber er weiß, es ist seine Pflicht und so thut er sie so gut er kann ohne Murren. Die Zahl der

unsicheren Heerespflichtigen, der Deserteure und der Renitenten ist im Ver=
hältniß zu andern europäischen Heeren gering. Der italienische Soldat ist
gehorsam, willig, intelligent und, wenn einigermaßen gut behandelt, sehr an=
hänglich an seine Offiziere. Auch in dem bestdisziplinirten Heere kommen
Fälle von Widersetzlichkeit und Ungehorsam vor, thätliche Angriffe auf Vor=
gesetzte und Kameraden hingegen gehören in diesen zu den äußersten Selten=
heiten. In der italienischen Armee sind diese aber in den letzten Jahren
mehrfach vorgekommen. Daraus aber einen Schluß auf Indisziplin ziehen
zu wollen, wäre zum Mindesten voreilig. Die Delinquenten waren durchgehends
— außer einem, der nachträglich als geisteskrank anerkannt wurde — Leute
aus dem südlichen Italien, unter einer glühenden Sonne geboren, wo das
Blut schneller rollt und die Leidenschaften leichter entflammt werden. Da ist
es zu erklären, daß solche Verbrechen vorkommen, zudem wenn man weiß,
daß der italienische Infanterist bis heute noch stets 40 scharfe Patronen im
Quartiere hat, und ferner in Betracht zieht, wie die Südländer, die Calabresen,
die Sizilianer, die Neapolitaner ꝛc. ꝛc., sehr oft in Folge ihrer Gewohnheiten
und Dialekte den Mannschaften aus Nord= und Mittel=Italien als Ziele oft scharfer
Witze dienen. (Jedes italienische Infanterie=Regiment hat vier Rekrutirungsbezirke,
je einen aus Ober=, Mittel=, Unter=Italien und den Inseln; nach dem neuen
Rekrutirungsgesetz, wenn dies erst einmal in Kraft getreten ist, wird es anders
werden.) Aus kleinen Ursachen entstehen dann schwere Folgen. Würden,
was ja nun endlich geschehen soll, die scharfen Patronen wie bei uns auf=
bewahrt werden, so könnte wohl kaum mehr ein derartiger Exzeß vorkommen.
Die Attentäter wurden jedesmal durch das Kriegsgericht zur fucilazione
nella schiena — Erschießen von hinten — verurtheilt, und ohne Gnade
wurden die Urtheile prompt vollstreckt, man fackelt hier nicht lange damit.
„Un bel fuggire salva la vita“ — „eine schöne Flucht rettet das Leben“
sagt ein italienisches Sprichwort. Das mag Anwendung gefunden haben
auf die italienischen, nicht schweizerischen Truppen des Königs von Neapel
und beider Sizilien und auf die Seiner Heiligkeit des Papstes. Auf die
Soldaten des alten Königreichs Sardinien und Piemont fand es nie An=
wendung. Besiegt durch österreichische Uebermacht sind diese zwar oft, aber
geflohen sind sie nie, ihre Waffen= und Fahnen=Ehre ist immer rein und
unbefleckt geblieben. Wer zu sterben weiß wie die Offiziere und Matrosen
der Italia in der Schlacht bei Lissa, wer mit dem Rufe: „Evviva il Re!“
nachdem die letzte Patrone verschossen, mit Kolben und Bajonett noch kämpfend,
wie es jene Tapferen gegen 25fache Uebermacht bei Dogali in Afrika thaten,
stirbt, der ist nicht feige, das sind Verleumdungen. Sie haben es gezeigt,
die italienischen Truppen, und werden es zeigen wenn es gilt, daß sie, wie es
tapferen und ehrliebenden Soldaten geziemt, furchtlos und treu kämpfen und
sterben können. Diese Betrachtungen sind vom Schreiber dieser Zeilen, der

die italienische Armee seit Jahren genau kennt, vorausgeschickt worden, um unbegründete Vorurtheile gegen die brave italienische Armee aus den Reihen der Kameraden zu bekämpfen.

Betrachten wir jetzt ein wenig näher die neuesten wichtigsten Ereignisse auf dem Gebiete des italienischen Heerwesens. Der gegenwärtige Kriegsminister Generallieutenant Mocenni ist ein Mann von eiserner Energie und unermüdlicher Arbeitskraft, dabei von einnehmenden Formen, der hoffentlich noch lange zum Wohle des Ganzen in seiner ebenso verantwortungsvollen als einflußreichen Stellung verbleiben wird. Im Juli vorigen Jahres wurde unter dem Vorsitze des früheren langjährigen Chefs des italienischen Generalstabs, Generallieutenant Cosenz, eine Kommission von neun Generälen eingesetzt, um eingehend über in der Heeresverwaltung möglich zu machende Ersparnisse zu berathen, durch die aber keinesfalls die Schlagfertigkeit beeinträchtigt werden dürfte. Nach langen Berathungen hat man am Budget 7½ Millionen Ersparnisse erzielt, die aber als solche nach dem Wunsche des Kriegsministers nicht dem Staatsschatze zu gute kommen sollen, sondern für die Armee nutzbringend verwandt zu werden bestimmt sind. In Folge der Berathungen erschienen am 1. Dezember 1894 verschiedene königliche Dekrete, die mehrere äußerst wichtige Veränderungen in der italienischen Heeres-Ordnung im Gefolge hatten.

Obgleich diese Dekrete nach der Verfassung, um Gesetzeskraft zu haben, erst der Sanction des Parlamentes und Senates bedürfen, so wird doch an deren Durchführung schon jetzt eifrig gearbeitet. Die Dekrete beziehen sich auf Veränderungen besonders in der Organisation der Truppentheile und militärischen Institute, der Territorial-Behörden, Veränderungen in der Besoldung der Offiziere und Mannschaften, Veränderungen in der Zusammensetzung des Kriegsministeriums 2c. Die bedeutendsten Neuerungen, die zum Theil mehr Einschränkungen repräsentiren, aber größtentheils sehr gerechtfertigte und praktische, sind folgende:

1. Verminderung des Offizierskorps und der Militär-Beamten (die übrigens in Italien Offizierrang haben) um 303 Offiziere, darunter 8 Generäle, 107 Sanitäts-Offiziere, 641 Offiziere der Kontabilität und Kommissariate, unsern Zahlmeistern und Intendanturbeamten entsprechend.

2. Fortfall der Inspektion der Bersaglieri, diese stehen von jetzt ab unter dem Generalkommando in dessen Korpsbezirk sie garnisoniren.

3. Neuordnung der distretti militari, unsern Bezirkskommandos entsprechend. Bisher lag diesen nicht allein die ganze Ein- und Auskleidung der Rekruten, entlassenen und eingezogenen Mannschaften im Frieden wie im Kriege ob, sondern sie hatten auch die Gesammt-Aushebungs-Angelegenheiten, Einziehungen in Friedens- und Kriegszeiten, Verwaltung ungeheurer Montirungs- und Ausrüstungs-Gegenstände, ferner die ganze Pferde-Aushebung unter sich. Nach der Neu-Organisation geht das gesammte Bekleidungs-

wesen auf die Truppentheile des aktiven Heeres über und gehören in den Geschäftsbereich der distretti militari nur noch die Ersatzangelegenheiten für Leute und Pferde, in Folge dessen heißen dieselben von jetzt ab „distretti di reclutamento". Es wird hierdurch der größere Theil der bei den distretti befindlichen Offiziere und Mannschaften disponibel, sie sollen auf die Infanterie-Regimenter vertheilt werden. Dies bietet den großen Vortheil, daß schon im Frieden für jedes bei der Mobilmachung sofort aufzustellende Regiment der Mobilmiliz ein fester Stamm an aktiven Offizieren, 8 Kapitäns und 12 Lieutenants, vorhanden sind.

4. Die Aufhebung zweier Remontedepots, wodurch die Zahl dieser von sechs auf vier herabgesetzt wird. Die Anzahl der Pferde und Wärter bleibt dieselbe wie bisher, nur das obere Personal wird verringert.

5. Folgende Neuerungen treten bei der Artillerie und dem Genie ein:

a) Aufhebung der Generalinspektion der Artillerie und des Genie. Die obersten Behörden dieser technischen Waffen stehen von jetzt ab direkt unter dem Kriegsminister und setzen sich zusammen aus je einer Inspektion der Feldartillerie, der Fußartillerie, des Genie, der Artillerie und der Genie-konstruktionen, und endlich einer Inspektion der Waffen und des in den Händen der Truppen befindlichen Materials.

b) Umwandlung von sechs Feld- in ebensoviel Gebirgs-Batterien, dadurch werden letztere von neuem auf 15 Batterien gebracht. Es betrifft diese Umwandlung die bisherigen mit Feld- und Gebirgsmaterial ausgerüsteten sogenannten batterie tram formabili. Die Zahl der Feld-Batterien vermindert sich um 6, von 192 auf 186, dagegen vermehrt sich die der Batterien der Mobilmiliz von 56 auf 62, sowie die Mittel es erlauben, werden sechs neue Feld-Batterien aufgestellt.

c) Die bisherigen 5 Festungs- und Küstenartillerie-Regimenter Nr. 25—29 werden ebenso wie die 14 Territorialdirektionen der Artillerie aufgelöst. An ihre Stelle treten 12 Artillerie-Lokalkommandos, jedem derselben werden zwischen 6 bis 9 Kompagnien Festungs- oder Küstenartillerie und ein technisches Bureau für das gesammte Material unterstellt. Die Festungs- und Küstenartillerie-Kompagnien werden um 8 vermehrt und tragen die Nummern von 1—76. Sie werden eingetheilt in 22 Abtheilungen (brigate) zu 3 bis 4 Kompagnien.

d) Die Territorialdirektionen des Genie werden von achtzehn auf fünfzehn herabgesetzt, von denen dreien und zwar diejenigen von Spezia, Venedig und Taranto in Verbindung mit den Marinebehörden gleichzeitig die Küsten-vertheidigung unterstellt ist.

e) Die Genietruppe theilt sich in fünf Regimenter und eine Eisenbahn-Brigade von sechs Kompagnien, von denen zwei jetzt neu errichtet sind. Das 1 und 2 Genie-Regiment (Zappatori-Sappeurs) sind stark je ein Regiments-stab, vier Abtheilungen (brigate) à drei Kompagnien, zwei Kompagnien Train, ein Depot. Das 3. Genie-Regiment setzt sich zusammen aus Regimentsstab, vier Abtheilungen à 3 Kompagnien Telegraphisten, einer Abtheilung à 2 Kompagnien Luftschiffer, zwei Train=Kompagnien und einem Depot. Das 4. Genie=Regiment (Pontonieri) besteht aus dem Regimentsstabe, drei Abtheilungen à drei Kompagnien und einer Abtheilung (lagunari) à zwei Kompagnien in Venedig in Garnison, drei Kompagnien Train und ein Depot, und endlich das 5. Genie = Regiment (minatori - mineurs) vier Abtheilungen à drei Kompagnien je eine Train= und Depot=Kompagnie.

6) Verminderung der Militärärzte bei den Truppentheilen um 107, namentlich in den unteren Chargen, dagegen reichlichere Dotirung der Laza=rethe mit Aerzten.

7. Aufhebung der Unteroffizierschule zu Caserta, durch Aufgehen der=selben in die Militärschule zu Modena. Aufhebung der fünf collegi militari, entsprechend unsern Kadettenhäusern; letztere Maßregel geht erst grabatim vor sich, so lange aber soll der Lehrplan dieser Anstalten dem der Real=gymnasien entsprechend eingerichtet werden.

8. Verminderung der Militärgerichte von 10 auf 14 und der Invaliden=kompagnien von 4 auf 2.

9. Verminderung der technischen Institute von 15 auf 10, sie bestehen hinfort aus einer Waffenfabrik, drei Constructionsarsenalen, vier Laboratorien (drei Feuerwerks= und ein Präzisionslaboratorium), zwei Pulverfabriken, je einer Artillerie= und Geniekonstruktionswerkstätte, drei Militärmagazinen und einer Zentralmilitärapotheke.

10. Verminderung resp. Festsetzung der Rationsbezüge der Offiziere der verschiedenen Grade und Waffen.

11. Neugestaltung der Verwaltungsbehörden. Das Revisionsbureau wird aufgehoben, dafür wird das Kriegsministerium und die einzelnen General=kommandos mit der Leitung und Beaufsichtigung der Militärverwaltung be=traut. Den Dienst der Intendantur versahen in Italien zwei mit Offizier=rang versehene Beamtenklassen, die contabili und die comissari, erstere für das Rechnungs= letztere für das Verpflegungswesen. Diese Eintheilung führte oft zu Mißhelligkeiten; nach der neuen Organisation werden den zwölf Verpflegungskompagnien nur Offiziere der Kommissariate überwiesen. Offiziere der Kontabilität werden zum Kriegsministerium und zu den Generalkommandos in größerer Zahl kommandirt. In Summa sollen 615 Offiziere contabili verabschiedet werden.

12. Näheres über die Neueintheilung des Kriegsministeriums ist noch nicht bekannt, doch treten auch hier große Vereinfachungen ein, da 400 diesem Ministerium zugehörige Zivilbeamte nach und nach entlassen werden sollen.

In Zukunft wird sich die Stärke der einzelnen Waffengattungen und Beamtenkategorien wie folgt gestalten:

I. Die Infanterie zählt:

a) eine Inspektion der Alpini (Alpenjäger) und 7 Regimenter Alpini,

b) 48 Infanterie=Brigaden und 96 Infanterie=Regimenter, von denen
 Nr. 1 und 2 Grenadier=Regimenter sind,

c) 12 Bersaglieri-Regimenter,

d) Inspektion des Militär-Gefängnißwesens, 7 Disziplinar-Kompagnien, je 2 Kompagnien Festungsgefangene und Militärsträflinge, sowie ein Militär-Zuchthaus.

Das Offizierkorps der Infanterie zält 119 Obersten, 236 Oberstlieutenants, 405 Majors, 2034 Hauptleute, 3990 Premier- und Sekondlieutenants, 96 Musikmeister (capi musica) mit Offiziersrang, zusammen 6880 Offiziere. Bei Manquements der Sekondlieutenants können diese bis zu einem Fünftel durch Reserveoffiziere (ufficiale di complemento) dieses Grades gedeckt werden. Die Betreffenden beziehen die vollen Kompetenzen der aktiven Offiziere ihrer Charge. Die Infanterie-Kompagnien haben eine Stärke von 100, die Alpini-Kompagnien von 140 Köpfen.

II. Die Kavallerie zählt:

a) eine Generalinspektion,

b) 9 Brigadekommandos,

c) 24 Regimenter à 6 Schwadronen und ein Depot,

d) 4 Remontedepots.

Jede Schwadron ist stark: 165 Mann und 142 Dienstpferde. Das Offizierkorps zählt 25 Obersten, 24 Oberstlieutenants, 52 Majors, 239 Rittmeister und 594 Premier- und Sekondlieutenants, zusammen 937 Offiziere. Ueber die Manquements der Sekondlieutenants gilt das für die Infanterie Gesagte.

III. Die Artillerie wird eingetheilt:

a) in die vorher erwähnten verschiedenen Inspektionen,

b) in 4 Brigadekommandos der Feld- und 2 der Festungs- u. Küstenartillerie,

c) 12 Lokal-Artilleriekommandos,

d) 24 Feldartillerie-Regimenter,

e) 1 reitendes Artillerie-Regiment,

f) 1 Gebirgsartillerie-Regiment,

g) 22 Festungs- und Küstenartillerie-Abtheilungen in 76 Kompagnien,

h) 5 Kompagnien Artillerie-Handwerker.

Jedes Feldartillerie-Regiment besteht aus Regimentsstab und 2 Abtheilungen à 4 Batterien, das reitende Artillerie-Regiment aus Regimentsstab und 2 Abtheilungen à 4 Batterien, das Gebirgsartillerie-Regiment aus Regimentsstab und 5 Abtheilungen à 3 Batterien, zusammen 209 Batterien und 36 Kompagnien Artillerietrain. Die reitende Batterie zählt 120 Mann und 95 Pferde, die 9 cm-Batterie 90 Mann und 48 Pferde, die 7 cm-Batterie 90 Mann und 42 Pferde, die Gebirgs-Batterie 120 Mann und 90 Thiere (Pferde und Maulthiere). Das Offizierkorps der Artillerie besteht aus 33 Obersten, 37 Oberstlieutenants, 112 Majors, 454 Hauptleuten, 924 Premier- und Sekondlieutenants, zusammen 1560. Für manquirende Sekondlieutenants gilt das schon Erwähnte.

IV. Der Eintheilung der Genietruppe ist schon Eingangs gedacht worden. Die Kompagnien derselben sind 110 Köpfe stark. Das Offizierkorps setzt sich zusammen aus 17 Obersten, 20 Oberstlieutenants, 44 Majors, 171 Hauptleuten, 280 Premier= und Sekondelieutenants, zusammen 541 Offizieren. Für die fehlenden Sekondlieutenants gilt in Bezug auf Manquements das schon bei den anderen Waffen Erwähnte.

V. An der Spitze des Sanitätsoffizierkorps steht ein Generalinspekteur (Arzt mit Generalsrang), zwei Inspekteure mit Oberstenrang und ein Inspekteur sämmtlicher Militärapotheken. Das ganze Sanitätswesen setzt sich zusammen wie folgt: 12 Territorial=Sanitätsdirektionen, an denen und bei der Truppe im Ganzen wirken: 13 Obersten, 26 Oberstlieutenants, 55 Majors, 283 Hauptleute und 288 Premier= und Sekondlieutenants der Sanität.

VI. Intendantur (commissariato militare ed ufficiali contabili). Dies Korps ist eingetheilt in 12 Territorial=Intendanturdirektionen und in ebenso viel Verpflegungs=Kompagnien. Die Contabili mit Sekondlieutenantsrang rekrutiren sich aus den dazu geeigneten Unteroffizieren aller Waffen, die Premierlieutenants zu zwei Dritteln aus den Contabili=Sekondlieutenants und zu einem Drittel aus Lieutenants der vier Waffen. Kommissariats= Offiziere sind vorhanden: 8 mit Obersten=, 11 mit Oberstlieutenants=, 22 mit Majors=, 100 mit Hauptmanns= und 183 mit Premier= und Sekondlieutenants= rang. Rechnungsoffiziere giebt es 1 mit Oberst=, 11 mit Oberstlieutenants=, 34 mit Majors=, 270 mit Hauptmanns= und 558 mit Premier= und Sekond= lieutenantsrang.

VII. Das Personal der Bezirkskommandos (distretti di reclutamento) besteht von jetzt ab zum größten Theil nur aus inaktiven Offizieren, Schreibern und Ordonnanzen und werden von der Truppe ablommandirt.

Die Anzahl der Generalstabs=Offiziere und der von der Armee beträgt 363, und zwar 25 Obersten, 29 Oberstlieutenants, 32 Majors, 284 Haupt= leute und 64 Premier= und Sekondlieutenants.

Nach der neuen Heerordnung wird die Stärke der italienischen Armee in Zukunft auf dem Kriegsfuß, ohne Offiziere und Freiwillige und ohne die Truppen in Afrika, rund 246 300 Mann mit 34 150 Dienstpferden betragen. Auf die verschiedenen Waffengattungen wie folgt vertheilt:

Carabinieri Reali a piedi ed a cavallo (Fuß= und reitende Gendarmen	24 500,
Infanterie	121 000,
Alpini	10 900,
Bersaglieri	15 000,
Disziplinar=Kompagnien	400,
Kavallerie	25 700,
Feldartillerie	21 500,
Reitende Artillerie	1 170,

Gebirgsartillerie 2220,

Festungs= und Küstenartillerie 8680,

Artilleriehandwerker 500,

Genie 8660,

Sanitäts= und Verpflegungs=Kompagnien . . . 4850.

In Bezug auf den Rationsempfang ist Nachstehendes bestimmt worden: fünf Rationen empfangen der Kriegsminister, der Chef des Generalstabes, die kommandirenden Generale und der erste Generaladjutant des Königs; vier Rationen die Generallieutenants, die Generalmajors als Divisionskommandeure, die Inspekteure in verschiedenen Stellungen, die Brigadekommandeure der Kavallerie, die älteren Flügel= und persönlichen Adjutanten; drei Rationen die Generalmajors, die übrigen Flügel= und persönlichen Adjutanten, die sämmtlichen Offiziere des Generalstabes und die Stabsoffiziere und Rittmeister der Kavallerie und reitenden Artillerie; zwei Rationen die Obersten der Infanterie, Artillerie und Carabinieri, die Ordonnanzoffiziere, Korps=, Divisions=, Brigade=Adjutanten, die Lieutenants der Kavallerie, Hauptleute und Lieutenants der Carabinieri; Stabsoffiziere der Infanterie, des Genie, Hauptleute und Lieutenants der Artillerie erhalten je eine Ration; ferner sind noch 940 Offiziere der Armee Rationsempfänger einer Ration, und zwar sind dies die berittenen Hauptleute der Fußtruppen ꝛc.

In Italien besteht seit November 1886 ein Offizier=Verein für Heer und Flotte, unione militare genannt, nach deutschem Muster eingerichtet, mit Sitz in Rom und Filialen in Neapel, Mailand, Turin, Spezia, Florenz, Palermo und Modena. Der Umsatz desselben betrug im Dezember 1893: 331219 Lire 84 Centesimi, im Dezember 1894: 345079 Lire 14 Cent., folglich ein Plus von 13859 Lire 30 Cent. zu Gunsten des Dezember 1894. Der tägliche Durchschnittsverkauf in Rom und Filialen im Monat November 1894 bezifferte sich auf 13272 Lire 25 Cent. gegen 12789 Lire im November des Jahres 1893.

Auf die letzten genial angelegten und glorreich durchgeführten Kämpfe der Italiener bei Halai, Coatit und Senafa gegen Bata Agos und Ras Mangaccia näher einzugehen, wird einem besonderen Berichte vorbehalten bleiben, nur soviel sei gesagt, daß die Siege des Generals Baratieri nicht allein vom militärischen, sondern namentlich auch vom moralischen Standpunkt aus von ganz eminenter Bedeutung gewesen sind. Den beiden geschlagenen wortbrüchigen Rebellen wird es vorerst unmöglich sein, Truppen zu sammeln, um etwaige Revanchegedanken durchführen zu können. Sollten der Negus und die Derwische gleichzeitig gegen die Italiener zu Felde ziehen, was immerhin nicht zu den Unmöglichkeiten gehören dürfte, dann allerdings würde der Weizen der beiden Genannten blühen, dann gäbe es etwas im Trüben zu fischen. Aber selbst in diesem Falle würden die Italiener im Stande sein, dem vereinten Feinde erfolgreich Widerstand leisten zu können.

Gegenwärtig verfügt der Gouverneur Excellenz Baratieri mit Einschluß der aus Italien angelangten Verstärkungen über eine Truppenmacht von ca. 15000 Mann, die wie folgt eingetheilt ist: a) in rein italienische, b) in gemischte und c) in rein eingeborene Truppen.

Zu a gehören: 1) 5 Bataillone italienische Infanterie je 4 Kompagnien à 150 Köpfe stark; 2) je 1 Verpflegungs= und Sanitätskompagnie, zusammen 3300 Mann ohne Offiziere; zu b je 2 Kompagnien Karabinieri, Festungs= artillerie und Genie, zusammen 1200 Mann; zu c 1) 6 Bataillone einge= borene Infanterie je 5 Kompagnien à 220 Mann stark; zwei Drittel der Offiziere und ein Viertel der Unteroffiziere sind Italiener, alles übrige Ein= geborene, zusammen 6600 Mann; 2) 2 Schwadronen Kavallerie à 200 Pferde. Die Offiziere sind sämmtlich Italiener, von den Unteroffizieren die Hälfte, die andere Hälfte Eingeborene wie die ganze Mannschaft, zusammen 400 Mann. 3) 4 Batterien Gebirgsartillerie à 6 Geschütze, à 125 Mann und 95 Trag= und Reitthiere. In Bezug auf Chargen gilt das Vorerwähnte, zusammen 500 Köpfe. Ferner stehen zur Disposition des Gouverneurs 9 Kompagnien eingeborene Mobilmiliz aus gedienten und beurlaubten eingeborenen Soldaten (ascaris) in der Stärke von je 250 Mann gebildet, sie repräsentiren ca. 2200 ausgebildete Soldaten. Endlich ist noch eine milizia territoriale (Landsturm) aus den in der Kolonie ansässigen Italienern formirt, die durch italienische Offiziere und Unteroffiziere ausgebildet 1200 Mann stark sind. Es stehen also außer den besoldeten und militärisch ausgebildeten Banden und der Territorialmiliz dem Gouverneur, wie Eingangs erwähnt, ca. 15000 Mann zur Verfügung von denen etwa 3000 Mann zu Besatzungs= und Etappenzwecken abgehen würden. 12000 Mann kriegs= und siegesgewöhnte Soldaten, vorzüglich ausgebildet und disziplinirt wie sie es sind, genügen in der Hand eines Führers wie Baratieri es ist, für alle Eventualitäten. Binnen Kurzem wird der General Agamie, Adua und Adigrat definitiv okkupiren, diese Orte sind von bedeutender Wichtigkeit in militärischer und kommerzieller Beziehung, nachdem dieselben, wie es sofort geschehen wird, befestigt worden sind, eine ständige Besatzung und telegraphische Verbindung mit den andern Centren der Kolonie haben, bilden sie wichtige Stützpunkte auf dem Marsch in das Tigré, erst wenn dieses einmal italienischer Seits besetzt sein wird und die Feinde aus dem Sudan geschlagen sind, wird Italien sich endgiltig seiner schönen Siege und der afrikanischen Besitzungen überhaupt erfreuen können. Vorerst ist die Freude noch keine ungetrübte, denn die Kosten sind sehr bedeutend, die Einnahmen gering und die italie= nischen Finanzen noch ziemlich ungeordnet. Doch wer A gesagt muß auch B sagen, und hoffen wir daß soviel Genie, Energie, Muth und Ausdauer, wie sie die tapferen italienischen Truppen und ihre Führer so glänzend ge= zeigt haben, nicht umsonst verausgabt worden sind.

Die diesjährigen Rekruten wurden, entgegen den letzten Jahren anstatt im März dieses Jahres, im Anfang Dezember vorigen Jahres eingestellt. Es ist dies, namentlich bei den in Italien aus Ersparnißgründen üblichen vorzeitigen größeren Beurlaubungen und dem schwachen Friedensstande der Kompagnie, von großer Wichtigkeit für die ganze Ausbildung der Leute. Es gelangten zur diesmaligen Einstellung die Mannschaften der ersten Kategorie des Jahrganges 1874 und diejenigen des Jahrganges 1873, die bis jetzt zur Disposition der Ersatzbehörde beurlaubt waren, ferner die aus verschiedenen Gründen aus früheren Jahrgängen zurückgestellten Leute. Von den Mannschaften des Jahrganges 1874 dienen 20 pCt. nur zweijährig, werden also bis zur nächsten Einberufung, Dezember des Jahres, beurlaubt, ferner werden 10 pCt. von denen im Dezember vorigen Jahres eingestellten Leuten des Jahrganges 1874 schon nach 2 Dienstjahren zur Reserve beurlaubt. In der That dienen also nur 70 pCt. wirklich 3 Jahre resp. 32 Monate.

Das italienische Heeresbudget 1895—96 beträgt 216 654 000 Lire im Ordinarium, 15 825 000 Lire im Extraordinarium, zusammen 232 479 00 Lire — 521 000 Lire weniger als im Vorjahre. Von der im Ordinarium eingestellten Summe sind aber 29 724 100 Lire Ausgaben für die Karabinieri und das nationale Scheibenschießen, das im Heeresbudget figurirt, in Abzug zu bringen, es würde also das Ordinarium für die Armee rund 177 Millionen betragen. In dem diesjährigen Budget sind die vorigen Jahres wegfallenden Kosten für die großen Manöver und die Uebungen der Mannschaften des Beurlaubtenstandes in größerem Umfange wieder eingestellt worden. Im Extraordinarium fernere 5 500 000 Lire für die beschleunigtere Anfertigung und Ausgabe des Repetirgewehrs System Carcuno M./92. mit dem jetzt schon die sämmtlichen Alpinikompagnien der Linienreserve und Landwehr, die gesammten Bersaglieri, die Grenadiere und die Infanterie-Regimenter von 4 Armeekorps bewaffnet sind. Die gesammte Kavallerie wird im Herbst des Jahres im Besitz des gleichnamigen Karabiners sein.

Auf Befehl des Kriegsministers werden bei nachfolgenden Regimentern a) die plotoni allieri ufficiali, b) die plotoni allieri sergenti — Offiziers- und Unteroffiziers-Lehrzüge, aufgehoben. a) bei dem Infanterie = Regiment No. 8 Piacenza und Nr. 35 Alessandria, b) bei dem 2. Grenadier-Regiment Foggia, bei den Infanterie-Regimentern Nr. 26 Udine, Nr. 34 Nocera, Nr. 54 Viterbo, Nr. 57 Girgenti, Nr. 64 Savona, Nr. 78 Ravenna, Nr. 79 Tortona, Nr. 82 Cuneo, Nr. 90 Brezia, Nr. 92 Novara, bei dem Bersaglieri-Regiment Nr. 2 Cremona, bei den Alpini-Regimentern Nr. 1 Mondovi, Nr. 2 Bra, Nr. 4 Jorea, bei dem Kavallerie-Regiment Nr. 20 Vercelli, bei den Feldartillerie-Regimentern Nr. 11 Alessandria, Nr. 20 Padua, und endlich bei dem Genie-Regiment Nr. 1 Pavia. Die Lehrzüge unter a) dienen zur Heranbildung junger Leute zu Reserveoffizieren, die unter b) zur Heranbildung geeigneten Unteroffizierpersonals.

An der Militärschule zu Modena beginnt am 1. Oktober dieses Jahres ein Spezialkursus für Unteroffiziere, behufs Beförderung zu Offizieren, an welchem 100 Aspiranten Theil nehmen können, von denen 80 den vier Waffen angehören. Diese Aspiranten sind Unteroffiziere, die sich der Offizierskarriere widmen wollen; diejenigen, die das Reifezeugniß eines Realgymnasiums oder technischen Institutes vorweisen können, sind von einem Aufnahmeexamen befreit. Ausgeschlossen sind von diesem Kursus Aspiranten, die schon einen derselben ohne Erfolg absolvirt haben. Die Dauer des Kursus beträgt ein Jahr. — —   v. S.

Weitere Erfolge der Italiener in Afrika.

Das Kriegsglück bleibt den Italienern in ihrer afrikanischen Kolonie treu. Es war kaum vorauszusehen, daß fünf Monate nach der Einnahme von Kassala der Besitz der Kolonie gegen die Abessinier zu vertheidigen sein würde. Im Gegentheil: die im Juli 1894 in Kassala zurückgelassene Besatzung — ein Eingeborenen-Bataillon und ein Zug Artillerie unter dem Major Turitto — war es, die den nächsten Strauß auszufechten berufen schien. Denn es war nicht anzunehmen, daß die bei Kassala geschlagenen Mahdisten diese ihre Operationsbasis nicht mit allen Mitteln und bald wieder in ihre Hände zu bringen trachten sollten. Die kurz nach der Aufgabe Kassala's am Atbara erschienenen Mahdistenhaufen, die nach und nach zu drei „Korps" anschwollen, mußten diese Ansicht bestärken. Jene Korps stehen jetzt noch am Atbara und zwar im Land Gabaref unter Achmed Fadil mit 7000, bei El Fascher unter Achmed Ali mit 8000 und bei Gos Radjeb unter Osman Digma mit 4000 Mann. Die Entfernung dieser feindlichen Korps von Kassala ist etwa 200 (Gabaref), 60 (El Fascher) und 120 km (Gos Radjeb). Sofort nach der Besitzergreifung von Kassala wurde deshalb hier mit dem Bau eines Forts begonnen, dem der König von Italien den Namen Baratieri, des kühnen und glücklichen Generals und Kolonialgouverneurs, beizulegen befahl. Außerdem wurden Sperren an der Straße Keren—Kassala angelegt, um Streifereien gegen Agordat und Keren zu wehren, und diese Sperren mit kleinen Detachements besetzt. Das vom Kalifen Abdullah schon gleich nach der Niederlage von Agordat im Dezember 1893 seinen Emiren anempfohlene und befohlene System des Kampfes gegen die Italiener besteht namentlich darin, diesen zunächst keine eigentliche Schlacht zu liefern, sondern in kleineren und zahlreichen Streifereien auf italienischem Gebiet einzufallen und dort nach Möglichkeit zu rauben und zu morden. Die am Atbara stehenden Korps bilden deshalb außer für Kassala eine Beunruhigung für die friedlichen, unter italienischem Schutz stehenden Stämme, die östlich von Kassala zwischen hier und Keren und nördlich und südlich dieser Linie wohnen. Die Lust zu solchen Unternehmungen ist den Derwischen seit Juli 1894 allerdings bedeutend geschwunden und im Ganzen erfreuen sich jetzt die erwähnten Tribus hinreichender Ruhe, um ihre Ländereien gehörig

stoßen; Ras Mangascha war ausgewichen; die Bevölkerung verhielt sich völlig ruhig und ergeben. Am 1. Januar marschirte Baratieri wieder an die Grenze zurück und blieb hier, am Mareb, zunächst stehen, während Mangascha der Grenze auf der genannten Linie sich näherte. Nun beschloß am 12. Januar Baratieri, dem Feind entgegenzugehen und griff am 13. das etwa 19000 Mann starke Korps Mangaschas bei Koatit an. Das Gefecht dauerte den ganzen Tag. Die Entscheidung schien an jenem Tag nicht gefallen, die mit Vetterli= gewehren bewaffneten und reichlich mit Munition versehenen Abessinier konnten erst am 14., dann aber gründlich, zum Rückzug in südöstlicher Richtung ge= nöthigt werden.

Aus dem Bericht des Generals Baratieri an die Regierung können wir uns nicht versagen, hier einiges aufzunehmen: „Bald nach 6 Uhr haben die beiden Bataillone des Vortreffens ihre Kompagnien auseinandergezogen und beim ersten Sonnenstrahl wirft die Batterie ihren ersten Schrapnel auf 1900 m gegen das Lager der Rebellen. Es herrscht dort eine sichtliche Bewegung. Trotz der Ueberraschung formiren sich die feindlichen Abtheilungen unter dem Schutz des Geländes und bieten nur kleine Ziele. Das Gewehrfeuer beginnt auf der ganzen Linie des 3. und 4. Bataillons, die bei aller Angriffslust in der Hand ihrer Führer bleiben, was die häufigen Salven und Bajonett= angriffe in dem so durchschnittenen Terrain beweisen. Während das Gefecht in der Front im Gang ist, lassen hinter den tigrinischen Zelten aufsteigende Staubwolken erkennen, daß eine feindliche Kolonne eine Umgehung um unfern linken Flügel zu machen sich anschickt. Sofort befahl ich den Banden, sich nach links gegen die kleine Höhe von Abi Auei zu wenden, während die noch nicht engagirten Kompagnien des 3 Bataillons gegen die vorliegenden Höhen sich wenden sollten, um die Umgehungsbewegung womöglich zu unter= brechen. Einige Banden mußten ihr gegenüber schon die Rückzugsbewegung gegen Koatit antreten. In der ursprünglichen Front ging das Gefecht trotz der Ueberlegenheit des Feindes an Zahl, trotz seiner Zähigkeit und Geschick= lichkeit glücklich vorwärts und um 10 Uhr war hier der Sieg errungen. Dagegen machte sich die Umgehung immer fühlbarer. Der Major Galliano verlangte Verstärkungen. Der Sieg in der Front machte es uns jetzt leichter an Koatit zu denken, dessen Verlust für uns empfindlich gewesen wäre, sofern dort unser Gepäck, unsere Verwundeten, das Ende unserer Operationslinie war. Den Majoren Toselli und Hidalgo befahl ich deshalb, das Vorrücken gegen das feindliche Lager aufzugeben und· die nicht in vorderster Linie ver= wendeten Kompagnien nach Norden und Nordosten gegen die Umgehung zu birigiren, dabei aber dem Gegner die Wiederaufnahme der Offensive nicht zu gestatten. Das Geschütz wurde gleichfalls gegen Koatit in Bewegung ge= setzt, wohin auch ich mich begab. Um 10³/₄ konnte ich bei Koatit die Ver= theidigung organisiren. Von einer dominirenden Höhe nördlich von diesem Dorfe unterhielt der Feind ein lebhaftes aber ziemlich unschädliches Feuer

vereinzelt zur Attake überzugehen. Die Batterie warf hin und wieder einen Schuß gegen die Höhe im Norden und entzündete dadurch das trockene Gras in weiter Ausdehnung. Die auf der Straße vorgedrungenen Haufen wandten sich zum Rückzug. Der Grasbrand verbreitete sich immer mehr und das Gewehrfeuer, das uns geringe Verluste verursacht hatte, hörte nach und nach auf.

Für den 15. beschloß ich den Angriff auf die Höhe. Während der Nacht berichtete jedoch ein aus dem Lager des Ras entkommener Gefangener, daß noch am Abend zum Rückzug geblasen worden sei, daß die Verluste groß und daß Entbehrungen, Unzufriedenheit und Furcht eingetreten seien. Nach Mitternacht kam ein Priester, der schon Abends Friedensunterhandlungen versucht hatte, und meldete mir, daß er den Ras nicht mehr gefunden habe und daß dieser nach Mondaufgang mit all' seinen Kriegern gegen Digsa ab= gezogen sei."

Die Verluste der Italiener betrugen 95 Todte, 280 Verwundete, unter ersteren 3 weiße Offiziere, dabei der kurz zuvor gefangen gewesene und wieder befreite Offizier. Die Verluste der Tigriner sind nach der Zahl nicht festzustellen, gefunden wurden noch mehr· als 1000 Todte. Im Bericht wird auch die humane Behandlung der in Feindes Hand gerathenen Verwundeten erwähnt.

Der Rückzug der Tigriner artete in Flucht aus und wurde so rasch, daß Baratieri ihnen kaum zu folgen vermochte. Erst nach elfstündigem Gewaltmarsch war der Feind am 15. Abends bei Senafe eingeholt und wurde sein Lager, als er sich dessen nicht versah, von der italienischen Artillerie beschossen. Mangasche floh jetzt vollends in die Berge von Agame, seine Streitmacht löste sich fast ganz auf. Eine Menge Waffen, Munition, Lebensmittel, Thiere fielen den Italienern in die Hände. Nach einem Ruhetag führte Baratieri seine Truppen in die Kolonie zurück und war am 20. iu Asmara. Am 25. kehrte er in die Hauptstadt Massauah zurück, wo dem Sieger ein feierlicher Empfang bereitet wurde. Der neue apostolische Präfekt stimmte selbst das Tedeum an.

Damit — mit diesem neuen Präfekten — kommen wir zur Frage nach der Ursache der Gefahr, die über der jungen Kolonie geschwebt hat. Das vom 28. Januar datirte Dekret Baratieri's mag zur Beantwortung beitragen. Es lautet: „Der Gouverneur der Kolonie beschließt in Anbetracht, daß die Anwesenheit der Lazaristenpatres des apostolischen Vikariats von Abessinien in Erythräa geeignet ist, die Autorität und das Ansehen der italienischen Regierung in der Kolonie zu schmälern und unvereinbar mit der öffentlichen Ordnung ist: Art. 1. Die Lazaristen europäischer Nationalität werden aus der Kolonie ausgewiesen. Art. 2. Die ausgewiesenen Patres werden von Massauah spätestens am 4. Februar abreisen." Diese Lazaristen waren Franzosen. Der Ersatz für die Herren war zur Zeit ihrer unfreiwilligen

Abreise schon angekommen. Der heilige Stuhl hat italienische Kapuziner
dazu bestimmt, denen auch der oben erwähnte Präfekt angehört. Also ein=
trächtiges Zusammenwirken von heiligem Stuhl und italienischer Regierung
hier in Erythräa! Das Dekret Baratieri's war ein Gebot der Selbst=
erhaltung. Allgemein waren die Franzosen der Mitwissenschaft bei den
abessinischen Kriegsvorbereitungen beschuldigt und zum Theil der Unter=
stützung durch Zufuhr von Waffen und Munition überwiesen. Der Vorschlag
des Militärblattes „Esercito", das Eigenthum der französischen Lazaristen
einfach als Kriegsbeute zu betrachten, ist zwar nicht ausgeführt worden, aber
sehr begreiflich. Ein Lazarist — Eingeborener — ist wegen Theilnahme am
Aufruhr zu Galeerenstrafe verurtheilt worden.

„Einen verdächtigen Auftrag" nannten dann die Italiener den Auftrag
des französischen Kriegsschiffes „Shamrock", das auf seiner Fahrt von Toulon
nach Madagaskar mit 1000 Mann und allerlei Kriegsmaterial in Obock
Aufenthalt nehmen mußte, während zugleich der „Troube" zur Verstärkung
der französischen Flottenstation ebendahin abging. Obock ist seit 1862 fran=
zösische Besitzung südlich der Straße von Bab el Mandeb an der Bai von
Tadschera und wurde 1885, zur Zeit als die Italiener nach Massauah gingen,
von den Franzosen befestigt und mit Garnison versehen. Das französische
Küstengebiet hat dort eine Länge von etwa 250 km. Von hier aus steht
den Franzosen der Zutritt nach Abessinien ziemlich offen. Der Abfahrt des
„Shamrock" ging in der Kammer die Interpellation Flourens voraus über
die Wahrung der Rechte Frankreichs in Harrar, die vom Minister Hanotaux
dahin beantwortet wurde, daß die französische Regierung immer und mit
allen Mitteln über die Wahrung der französischen Interessen in Afrika wachen
würde. Die italienischerseits ertheilte Antwort besteht in der Entsendung
zweier Kriegsschiffe in's Rothe Meer und in der Anordnung, daß außerdem
ein größeres Kriegsschiff von Zeit zu Zeit die italienischen Besitzungen be=
führt. „Die Italiener," ließ sich das „Wiener Fremdenblatt" vernehmen,
„werden in Afrika immer offene und versteckte Feinde haben. Politische
und militärische Erfolge von solcher Wichtigkeit erreicht man nicht, ohne die
Eifersucht Derjenigen zu erregen, die eine Gefahr für ihre Interessensphäre
darin erblicken."

Um aber den Abessiniern Kriegszüge, wie ein solcher im Januar ge=
plant und theilweise ausgeführt war, zu verleiden, mußte auch irgend etwas
geschehen. Man hat in Rom keinen Hofkriegsrath etabliren wollen und mußte
deßhalb dem Kolonialgouverneur schon einige Freiheit lassen. Aehnlich wie
im Osten Kassala für die Derwische, nur nicht so entfernt von den Grenzen
der Kolonie (150 km), bildet im Süden Abigrat für kriegslustige und auf=
gestachelte Abessinier eine Operationsbasis, weil hier Straßen aus verschiedenen
Gebieten zusammenlaufen und Wasser und Lebensmittel sich finden. Trotz
Kasala und Mahdisten hat es auch nie an Stimmen gefehlt, die für die

hauptſächlichſten Feinde der Kolonie die ſüdlichen Nachbarn halten. Nur waren bei dieſen Krankheiten, Hunger, Uneinigkeit zwiſchen den beiden Feudal= fürſten, Ras Alula und Ras Mangaſcha, ſtetes Hinderniß für die Bethätigung ihrer Feindſchaft gegen die Italiener. So iſt es nun zur Beſetzung von Abigrat durch die Italiener gekommen. Allerdings iſt dadurch eine Vermehrung der Kolonialtruppen bedingt. Die iſt aber durch die derzeitige Lage der Dinge überhaupt geboten und ſo ſind 3 Bataillone und eine Gebirgsbatterie neben verſchiedenem Kriegsmaterial und dem Erſatz für die Verluſte nach Erythräa abgegangen. Ueberdies hat der Gouverneur kraft ſeiner Vollmachten auch die Eingeborenentruppen vermehrt. Er hat eine Mobilmiliz geſchaffen, die aus allen Eingeborenen beſteht, die in der regulären Truppe gedient haben. Alle acht bis Januar organiſirten Kompagnieen, 1700 Mann, waren auf= geboten und die Hälfte davon auch bei den Gefechten bei Koatit verwendet; ſie haben ſich unter ihren italieniſchen Offizieren vortrefflich gehalten. Un= mittelbar nach dem Sieg wurden ſie wieder entlaſſen.

Die derzeitige Kriegsmacht der Italiener in Erythräa beſteht jetzt aus 3 Bataillonen italieniſcher Infanterie, 1 italieniſchen Jäger=Bataillon, je zu rund 640 Mann; an Eingeborenen unter italieniſchen Offizieren und zum Theil Unteroffizieren: 6 Bataillone Infanterie, 2 Schwadronen Kavallerie, 3 Gebirgs= Batterieen, 1 Feſtungsartillerie=Kompagnie, 1 Genie=Kompagnie mit Tele= graphiſtenabtheilung und 8 Kompagnien Mobilmiliz, d. i. etwa 7200 Mann, ohne die zum Theil gelöhnten, theils nicht gelöhnten Banden — dieſe zu= ſammen wieder etwa 2000 Mann. Zwei freiwillige Miliz=Kompagnien ſind für den Garniſondienſt aus den in Maſſauah und Asmara wohnenden Europäern gebildet worden. Ueber die Diſpoſition dieſer Truppen iſt im Band XXXXIV S. 432 der „N. Mil. Bl.“ berichtet worden. In Folge der neueſten Ereigniſſe iſt jetzt Einiges nachzutragen. In Kaſſala ſtehen 1 Bataillon und 1 Zug Gebirgsartillerie; Saganaiti wird befeſtigt und eine Beſatzung von 2 Kompagnien italieniſcher Jäger und 3 Eingeborenen-Kompagnien erhalten; an der Straße von Abigrat nach Halai werden 2 Kompagnien in Abi Kaie Standort nehmen. Abigrat wird befeſtigt und wahrſcheinlich mit mehreren Bataillonen beſetzt werden. Außerdem haben einige Plätze ſtärkere Beſatzungen erhalten als ſie vorher hatten.

Die Ruhe in Italieniſch=Afrika iſt alſo wieder hergeſtellt. Man muß aber nicht glauben, daß es die Ruhe des Kirchhofes iſt; nein, als ganz tüchtige Koloniſatoren erweiſen ſich die italieniſchen Offiziere. Mit großer Sicherheit verſtehen ſie Handel und Wandel in den Gegenden, die kurz zuvor noch im Kriegszuſtand ſich befanden, wieder zu beleben, den Karawanen= verkehr in Fluß zu bringen und den Eingeborenen Vertrauen einzuflößen. Das bezeugt ihnen mehrfach Schweinfurth, ein gewiß kompetenter Beurtheiler. Unermüdlich werden Straßen angelegt; die Verlängerung der Eiſenbahn, die von Maſſauah längſt nach Saati führt, nach Weſten bis Kaſſala iſt be=

Stämme beibehalten zu sehen. Auch für das Sattelzeug sind drei Proben eingeführt. Jeder Dienstpflichtige der 1. und 2. Kategorie muß ein vollständig ausgerüstetes Pferd bereit halten, die Leute der 3. Kategorie dürfen dieselben sich erst im Mobilmachungsfall beschaffen. Verlust an Pferden im Kriege ersetzt der Staat. Gegenwärtig werden in der Türkei weitgehende Maßnahmen getroffen, um das Material der Pferde bez. der Rasse und der Zahl zu erhöhen. Zu diesen gehört auch, daß die Regierung denjenigen Stämmen, welche im Besitz von guten Stuten sind, unentgeltlich rassige Zuchthengste abgiebt zur Züchtung kräftiger Rassen.

Die Offiziere der Kavallerie Hamidié beziehen Gehalt, ähnlich demjenigen der entsprechenden Rangklassen des Heeres, jedoch nur für die Zeit, während welcher sie außerhalb ihres Wohnsitzes zum Dienst verwendet werden; in diesem Falle werden auch die Pferde vom Staate verpflegt. Zur Zeit der Uebungen in der Umgebung ihrer Garnison erhalten die Offiziere $^1/_4$ ihrer Bezüge.

Interessant sind die Bestimmungen, welche für die Ergänzung des Standes an Offizieren getroffen sind.

Alle Divisions- und Brigade-Generale werden der regulären Kavallerie entnommen; die Regiments- und Eskadrons-Kommandeure sind bisher ebenfalls von dieser abgegeben worden; die übrigen Offiziere als Oberstlieutenants, Majore, Kapitäne und Lieutenants wurden aus der Mitte der Stämme gewählt, wobei angesehene und geachtete Männer berücksichtigt wurden. Bestimmungsgemäß müssen sich außerdem bei den Regimentern eine Anzahl jüngerer Offiziere der regulären Kavallerie als Instruktoren befinden.

Um die Rechte eines Offiziers der regulären Kavallerie zu erhalten, werden die von den Stämmen ausgewählten Offiziere auf 3 Jahre zu einem regulären Kavallerie-Regimente abkommandirt. Wenn die Betreffenden nach Ablauf ihres Kommandos mit einem guten Dienstleistungszeugniß zu ihrem früheren Regimente zurückkehren, so erhalten sie für ihre Dienstzeit von da an vollen Offiziersgehalt und die Aussicht, bei entstehenden Vakanzen befördert zu werden. Diese Einrichtung hat ganz besonders den Vortheil, daß die Hamidié-Regimenter disziplinirt werden und daß es der türkischen Regierung möglich wird, an die Spitze dieser Regimenter Personen zu stellen, welche von großem moralischen Einflusse auf dieselben sein können.

Ferner ist noch zu demselben Zwecke festgesetzt worden, daß von jedem Regimente Hamidié 1) 2 gut beurtheilte Unteroffiziere auf ·6 Monate alljährlich in eine Ausbildungsanstalt der regulären Armee und nach Beendigung dieser Zeit auf 2 Jahre nach Konstantinopel befehligt, dann zu Lieutenants befördert und ihren Regimentern wieder zugetheilt werden und 2) alljährlich ein gut beurtheilter Mann nach der Kavallerieschule in Konstantinopel zu seiner Ausbildung geschickt wird, welcher nach Absolvirung des Kursus zum Lieutenant ernannt wird.

Es bilden augenscheinlich die Offiziere dieser beiden letztgenannten Kategorien eine Art Lehr-Kadre, welcher zur Beförderung der militärischen Ausbildung und der Disziplin der Hamidié-Regimenter dienen soll.

Die eintretenden Vakanzen in Stabsoffizier-Stellen werden auf Vortrag des das betr. Regiment unter sich habenden Generals entweder durch Stabsoffiziere der regulären Armee oder durch Offiziere der Hamidié-Kavallerie besetzt.

Die Beförderung der Ober-Offiziere geht innerhalb jeden Stammes gesondert vor sich; wenn auch trotzdem eine solche Vakanz je nach Ansicht der höheren Kommandobehörden durch Ober-Offiziere der regulären Armee, die dann mit einem Range höher in die Hamidié eintreten, besetzt werden kann.

Sowohl bei Uebungen, als im Falle eines Krieges unterstehen die Hamidié-Regimenter den für die reguläre Armee geltenden Militär-Gesetzen, im Uebrigen sind für sie die bürgerlichen Straf-Gesetze maßgebend und nur für einzelne Fälle das Militär-Gesetz.

Die Ausbildung erfolgt in jedem Stamme gesondert, um Reibereien der Mannschaften verschiedener derselben zu vermeiden. Nur zu den Manövern, Regiments- und Eskabrons-Uebungen werden die einzelnen Stämme zusammengestellt.

Die Mannschaften der 1. Kategorie (17—20 Jahre), die Rekruten üben jedes Jahr 3 Monate lang, während welcher ihnen Disziplin und Verständniß des militärischen Dienstes beigebracht werden. Die Mannschaften der Dienstthuer (20—32 Jahr) üben jährlich 2 Monate lang und werden jedes dritte Jahr zu den allgemeinen Exerzir-Uebungen und den Manövern außerdem noch eingezogen. Die Reservisten (32—40 Jahre) sind von allen Uebungen befreit. Die Mannschaften der beiden ersteren Kategorien werden fortgesetzt von den Regimentern kontrolirt und können ihren Aufenthaltsort nur mit Genehmigung ihrer Kommandeure verändern.

Die Zusammenziehung der Regimenter zu den gemeinschaftlichen Uebungen und zu den Manövern wird wie bei einer Mobilmachung vorgenommen. Die Zusammenziehungen zu den Manövern finden alle 3 Jahre statt und dauern gewöhnlich 2 Monate. Die Regiments-Kommandeure rufen durch Befehl die Offiziere und Mannschaften zu diesen Uebungen und im Mobilmachungsfall ein. Die Waffen und Munition empfangen die Regimenter aus dem Depot, ebenso die Fahne, von deren Uebernahme an das Regiment als formirt gilt und die Kriegsgesetze gelten. Während der großen Uebungen werden Lazarethe und Krankenstuben eröffnet, zu welchen die reguläre Armee Personal und Material abgiebt

Während der großen Zusammenziehungen werden die Mannschaften im Gefecht in der geschlossenen Ordnung, im Kundschafts- und Felddienst, im Transport von Infanteristen auf der Kruppe der Pferde, im Fußdienst u. s. f. ausgebildet. Außerdem werden Besichtigungen der Waffen, Munition und

anderen Stücke bez deren Kriegstüchtigkeit während der Uebungszeit vorgenommen.

Bis zum 1. Januar 1893 bestand die Kavallerie Hamibié aus 33 Regimentern zu 4 bis 6 Eskabrons, im Ganzen aus 136 Eskabrons. In demselben Jahre wurden noch 17 Regimenter zu 72 Eskabrons neu gebildet,
welche ihre Fahnen erhielten und vom Kommandeur des IV. Armeekorps
besichtigt wurden. Dieselben bestehen aus Kurden und Arabern der Bezirke
Bajazit, Wan, Sinvas, Diabekir, Orfa und Mossul. Sie sind mit Lanzen
und Mauser-Karabiner bewaffnet. Man hat seit dieser Zeit weitere 5 neue
Regimenter zu 21 Eskabrons aus der Umgebung der Stadt Orfa formirt.
Die Kavallerie Hamibié ist nunmehr 55 Regimenter mit 229 Eskabrons stark
zu rechnen.

Jede Eskabron zerfällt in 4 Züge zu 16 bis 24 Rotten und zählt
demnach 128 bis 192 Reiter, das Regiment aber 512 bis 1152. Aus
den Regimentern werden Brigaden, aus diesen Divisionen gebildet. Den
Pferdebestand der gesammten Hamibié kann man zu 34450 annehmen.
Jeder Brigade soll eine Batterie zugetheilt werden; wegen Mangels an
Geschützen hat man aber bis jetzt davon absehen müssen.

Ueber die militärische Brauchbarkeit der Regimenter läßt sich schwer ein
Urtheil fällen. Jedenfalls sind dieselben sowohl an Mannschaften wie Pferden
von sehr verschiedenem Werthe, je nach den Eigenthümlichkeiten der Stämme.
Manche derselben besitzen gutes Pferdematerial und haben schöne Leute. Die
Regierung rechnet darauf, mit der Zeit 100 Regimenter Hamibié zu formiren,
ob aber mit diesen Maßregeln der Feldarmee eine wirkliche Verstärkung geschaffen wird, erscheint mindestens zweifelhaft. Die Hamibié wird auch in
der Zukunft eine schlecht disziplinirte asiatische Reiterei bleiben, die sich ausschließlich zur Führung des kleinen Krieges eignet. Andererseits muß man
anerkennen, daß die Formirung derselben einen bedeutenden Schritt vorwärts
in der Zivilisation der Bevölkerung Kleinasiens darstellt. Die Nomaden und
halbnomadisirenden Völkerstämme gewöhnen sich an Ordnung und Disziplin;
es wird ihnen Achtung vor Gesetz und Regierung beigebracht. Auf diese
Weise befestigt sich der Einfluß der Türkei in den entlegenen Bezirken Kleinasiens.　　　　　　　(Nach dem „Russischen Invaliden".) 100.

diesem Gurte geht unten an der Bauchseite ein Kettchen nach unten, welches mit dem anderen Ende einer Holzstange angeschlossen ist, die ziemlich auf dem Erdboden aufliegend, am entgegengesetzten Ende mit dem Pfahl verbunden ist. Macht das Thier einen Versuch, die beabsichtigte Entfernung zu übertreten, so zieht es die Stange hoch, die sich dann zwischen die Hinterschenkel drückt und durch den verursachten Druck das Thier am kräftigen Ziehen verhindert; die Lage der Stange zwischen den Beinen ist stets, da das Thier beim etwaigen Versuch, die Stange seitlich zu schleppen, am Gehen verhindert wurde.

— Durch die leichte und bequeme Handhabung der Revolver ist leider schon sehr viel Unheil angerichtet worden, und ein Glück möchte man es nennen, daß nicht jede Kugel die beabsichtigte Wirkung hat. Mit Schrecken muß man jedoch von einer französischen Erfindung, einer Taschen-Mitrailleuse, hören, die im Stande ist in kürzester Zeit einen Kugelregen von 25 Schuß herbeizuführen, sodaß selbst, wenn in der größten Aufregung geschossen wird, einige Kugeln das Ziel treffen müssen. Wie uns das Patent- und technische Bureau von Richard Lüders in Görlitz mittheilt, ist unter der Patronentrommel ein Gehäuse angebracht in dem die auf einem Band in bestimmten unveränderlichen Entfernungen befestigten Patronen auf einem Zapfen aufgewickelt und aufbewahrt werden, und zwar derart, daß sich das freie Ende mit einer oder den ersten beiden Patronen schon in den Höhlungen der Trommel befindet. Beim Schießen dreht sich die Trommel wie bekannt selbstständig und zieht das Band mit den Patronen nach, wodurch kurz hintereinander 25 Schuß abgegeben werden können.

— Kanonen aus Papier. Es klingt unglaublich, aber doch ist es Thatsache, daß man sich jetzt in Amerika damit befaßt hat, Geschützrohre für die schwersten Geschosse und Ladungen aus Papier herzustellen. Dies geschieht, wie das Patent- und technische Bureau von Richard Lüders in Görlitz mittheilt, in der Weise, daß besonders langfaserige Papierpülpe mit Bleiglätte, Wachs, Talg und sonstigen Stoffen gehärtet und zähe gemacht und sodann in geeignete Formen gegossen wird. Diesen Gußstücken wird nun innen ein stählerner Kern eingefügt, während sie außen mit Draht umwunden und das Ganze mit festen Messing- oder Stahlbändern beschlagen wird, worauf die Parallelstangen angebracht werden. Diese Stangen sind aus Stahl und sind in hohem Grade federnd, so daß nach deren Befestigung an den Bändern eine Kanone erhalten wird, welche bei dem Abfeuern nachgiebt, ohne irgend welche Gefahr von Zerspringen zu bieten. Die Hauptvorzüge der papiernen Geschütze bestehen in ihrer Elastizität und ihrem geringen Gewicht, welches Letztere den Transport bedeutend erleichtert und die Beförderung mittelst leichtgebauter Wagen ermöglicht, während ein metallenes Geschütz gleicher Größe zur Fortschaffung eine Lokomotive benöthigen würde.

— Die elektrische Uebertragung von Photographien auf weite Entfernungen. (Mitgetheilt vom Internationalen Patentbureau Carl Fr. Reichelt, Berlin NW.) Die neuere Naturwissenschaft hat den Beweis erbracht, daß nur eine einzige Urkraft angenommen werden kann und daß Licht, Wärme, Elektrizität und Magnetismus nur als Modifikationen derselben anzusehen sind; besonders durch die Dynamo-Maschine ist der handgreiflichste Beweis geliefert, daß jede mechanische Kraft — sei es nun die Spannkraft von Gasen und Dämpfen, die menschliche oder thierische Muskelkraft oder auch die Anziehungskraft der Erde, wie sie bei fallenden Wassermassen durch Turbinen und Wasserräder nutzbar gemacht wird — in Elektrizität und Magnetismus umgesetzt, dadurch Licht und Wärme erzeugt und hieraus wieder die ursprüngliche Kraft reproducirt werden kann, wie wir diese Thatsache täglich bei den elektrischen Zentralen praktisch angewandt sehen. Durch die Erfindung des Telephons wurde es möglich, die Schallschwingungen zur Erregung elektrischer Ströme zu benutzen und diese wiederum zur Erzeugung genau derselben Schallschwingungen am anderen Ende der Leitung zwingen; auch der Phonograph stellt eine Kraftübertragung, wenn auch nicht streng nach diesem Prinzip, dar; die Akkumulatoren können in Amerika mit der Kraft des Niagara geladen und nach Europa versandt werden, gerade wie jede andere käufliche Waare, um daselbst in oben erwähnter Weise die Wasserkraft des Flusses zur Beleuchtung oder zur Verrichtung mechanischer Arbeit zu erzeugen; und so gehen wir mit dem uns eigentlich unbekannten Agens um, und so zwingt der menschliche Geist die sonst kaum bezähmbaren Kräfte, nach seinem Willen die verschiedensten Gestalten anzunehmen, wie dies die Phantasie der früheren Zeiten nur den Zauberern und Göttern andichtete. Wie aber ein Erfolg zum andern anspornt und auf der andern Seite die Menschen durch die modernen geistigen Errungenschaften im hohen Grade verwöhnt werden und vielen die Eisenbahnen, Telegraphie, Dampfschiffe noch lange nicht rasch genug arbeiten, denen Gas und elektrische Beleuchtung noch lange nicht hell genug sind, denen die Telephone des noch nothwendigen Anschlusses wegen kläglich erscheinen, so giebt es auch solche, die da meinen, daß es nun doch auch nur noch eine Kleinigkeit sein müsse, einen Apparat zu bauen, mit dem man, ebenso wie mit dem Telephon auf weite Entfernungen hören, durch elektrische Uebertragung auch mit leiblichen Augen sehen müsse, was irgend an einem Ende der Welt passire, so daß z. B. die Besichtigung des chinesisch-japanischen Kriegsschauplatzes gemüthlich daheim möglich wäre und man von seinem Zimmer aus sehen könnte, „wie hinten weit in der Türkei die Völker aufeinanderschlagen". So ganz unberechtigt ist dieser Apell an das Vermögen der modernen Physiker nicht und sind auch in der That die größten Koryphäen der Naturwissenschaft an dieses Problem gegangen, nämlich die Lichtstrahlen einer Kamera etwa in Elektrizität umzusetzen und diese am anderen Ende der Leitung wieder zur Reproduktion des Bildes zu zwingen. Wenn nun auch dies noch nicht gelungen ist, so liegt uns doch als Neuestes ein von einem Amerikaner erfundener Apparat vor, der die Prinzipien des Telephones und des Phonographen in sich zu dem Zwecke und Resultate vereinigt, daß damit die telegraphische Uebertragung photographischer Negative auf eine beliebige Entfernung in der Weise möglich wird, daß am anderen Ende sofort das Bild auf eine Platte eingravirt wird, die zur Vervielfältigung durch Druck benutzt werden kann. Die vorangeschickte längere einleitende Betrachtung möge ihre Entschuldigung darin finden, daß dieselbe das Folgende um so verständlicher macht. Der Erfinder des interessanten Apparates verfährt in der Weise, daß das photographische Negativ welches telegraphisch übertragen werden soll, zunächst einer Platte aufgelegt wird, die eine durch chromsaures Kali lichtempfindlich gemachte Leimschicht als Oberfläche besitzt. Wird diese Platte dem Licht ausgesetzt, so werden die vom Licht getroffenen Stellen der Leimschicht in Wasser unlöslich, so daß beim nachherigen Auswaschen der Gelatinplatte ein reliefartiges Bild entsteht, bei welchem die schwarzen Stellen hoch, die weißen tief erscheinen. Diese Platte wird um eine Walze gebogen, die ähnlich wie jene der Phonographen eingerichtet ist, d. h. in rotirende und dabei aber gleichzeitig seitlich fortschreitende Bewegung versetzt wird. Diese Walze resp. die darüber gebogene präparirte Platte berührt eine an einem Hebel befestigte Nadel, die also beim Drehen der Walze jeden Punkt derselben einmal berührt, in ihre Vertiefungen eindringt und auf die Erhöhungen aufsteigt; das andere Ende des Hebels dagegen bildet eine breite linealartige Fläche, auf der einzelne hammerartige Hebel aufliegen, deren Enden wiederum gegen eine elektrische Stromleitung sich anlegen, jedoch nicht direkt, sondern jedes Ende gegen eine Nebenleitung, die sich von der Hauptleitung abzweigt und einen Leitungswiderstand eingeschaltet enthält. Dreht sich die Walze wie beschrieben, so kommt das Ende des den Stift tragenden Hebels dann am höchsten zu stehen, wenn der Stift in den am tiefsten ausgewaschenen Stellen des Gelatinebezuges liegt, infolge wovon sämmtliche Hebel gegen alle Nebenleitungskontakte gedrückt, mithin der Strom in der Leitung am kräftigsten wird, während umgekehrt bei den hohen Punkten nur ein oder wenige Kontakte den Schluß der Leitung herstellen und nur einen schwachen Strom in der Fernleitung erzeugen. Diese letztere führt nun zum Aufnahme-Apparat, der aus eben einer solchen Walze führt, auf deren Umfang jedoch ein Gravirstichel gedrückt wird, der sich an einem Hebel befindet, dessen and·res Ende einem in der Fernleitung eingeschlossenen Elektro-Magneten gegenüberliegt. Die Wirkung des Apparates wird nun dem Leser sofort klar sein: Liegt der Stichel der Aufgabe-Walze in einer Vertiefuug des Ueberzuges, so wird, wie gezeigt, ein starker Strom erzeugt, mithin der Elektromagnet der Empfangsstation stark angezogen und der Stichel tief in den Walzenumfang des Empfangs-Apparates gedrückt, so daß dessen Arbeit genau der wechselnden Stromstärke entsprechend eine getreue Gravur des in weiter Entfernung befindlichen Originals liefert. Wie ersichtlich hängt die getreue Copie von der wechselnden Stromstärke, dieser aber wieder von der Zahl der Widerstände ab; wie der Erfinder behauptet, sollen jedoch zehn Stück derselben genügen, um alle Nüanzen und Schattirungen wiederzugeben. Abdrücke solcher Gravuren zeigen ein von vielen feinen parallelen Linien, ähnlich wie beim Holzschnitt, durchzogenes Bild, bei dem sich die Schatten als Verbreiterungen der einzelnen Linien genau wie beim Holzstich repräsentiren. Wenn nun auch das System der

Militär-Zeitung. Nr. 21 u. ff.: Umschau auf dem Gebiete des Waffen-wesens. — Nr. 24: Ueber Feuerwirkung der Infanterie. — Nr. 25: Die Belastung des Soldaten auf Märschen. —

B. Ausländische.

Oesterreich-Ungarn. Streffleur's österreichische militärische Zeit-schrift. Heft 6: Paradoxen in der Verwendung der Feldartillerie. Von Artillerie-Hauptmann A. Dolleizel. — Durchführung eines Reisemarsches. —

Minerva. Illustrirte militärwissenschaftliche Zeitschrift. Mai: Jahresbericht über die Neuerungen im Heerwesen Rußlands im Jahre 1894. — Unsere Feld-artillerie der Zukunft. — Beschreibung und Gebrauch des Distanzmessers Souchier. — Ueber die Technik der Befehlgebung und Befehlvermittelung. — Das neue fran-zösische Feldgeschütz. — Strategische Grundsätze in ihrer Anwendung auf den Feldzug in Italien 1866. —

Mittheilungen aus dem Gebiete des Seewesens. Nr. 7: Die kriegsmaritimen Ereignisse in Ostasien bis einschließlich der Einnahme von Port Arthur. — Ueber den Einfluß des Meßverfahrens auf den Rennyacht-Typus. — Submarine Torpedoboote. — Der nächste europäische Krieg.

Organ der militärwissenschaftlichen Vereine. Heft 6: Die Kasaken und ihre spezielle Kampfweise „Lawa". — Technische Neuerungen auf dem Gebiete der Schiffsartillerie. — Ueber flüchtige Feldlager im Schnee. —

Mittheilungen über Gegenstände des Artillerie- und Genie-wesens. Heft 5: Ueber eine Pendelvorrichtung zur Prüfung ballistischer Chrono-graphen. — Zur Quadrantenfrage. — Das schnellfeuernde 7,5 cm-Feldgeschütz der Firma Maxim-Nordenfeldt. (Mit Abbildung.) —

Frankreich. L'Avenir militaire. Nr. 1999: Inconvenients de l'arbitraire. — Nr. 2000: Les écoles militaires. — Nr. 2002: Les officiers territoriaux et les bureaux de la guerre. — Politique coloniale. — Nr. 2003: Organisation du Génie. — Notre marine de guerre. — Destruction des obstacles du champ de bataille. — Nr. 2004: Les derniers progrès de l'armée française. — Nr. 2005: La tactique à la bataille du Yalu. — Nr. 2006: Le droit de punir. — Regle-ment de manoeuvres de l'artillerie. — La publication du traité de la triple alliance. — Nr. 2008: La bataille de Yalu. —

Le Progrès militaire. Nr. 1520: Le service de deux ans et les effectifs. — Nr. 1522: La forme de la critique. — Nr. 1527: Les troupes de réserve. — Nr. 1528: Experimentez les boucliers! —

La France militaire. Nr. 3341: Souvenirs retrospectifs. — Nr. 3342: Paris en cas de guerre. — Nr. 3343: Les chants dans l'armée. — Nr. 3345: La justice militaire. — Nr. 3349: Sous-officiers de carrière. — Nr. 3350: Grandes chevauchées. — Nr. 3355: Les depots territoriaux. — Nr. 3356: Le nombre des officiers brevetés. — Nr. 3357: En cas de guerre. — Nr. 3363: Paris port militaire. —

La Marine française. Nr. 14: Les régates de Kiel et les progrès du Yachting allemand. —

Journal des sciences militaires. Juni: Stratégie de combat. — L'attaque décisive. — L'encadrement de la nation armée. — Encore un mot sur le rôle sociale des officiers. — La campagne de 1814. La cavalerie des armées alliées pendant la campagne de 1814. —

Revue du cercle militaire. Nr. 20: L'artillerie en liaison avec les autres armes. — Nr. 21: Les „Meldereiter" de l'armée allemande. — Nr. 22: Les troupes coloniales de la Hollande. Notes sur l'armée indonéerlandaise. — Nr. 24: Les préliminaires de la campagne de Madagascar. — Nr. 25: L'annaire militaire italien de 1895. —

Revue de cavalerie. Mai: Observations sur l'armée française de 1792 à 1808. — Instruction et conduite de la cavalerie. Testament d'un cavalier. Par le général-lieutenant G. von Pelet-Narbonne. Traduit de l'allemand. (Suite.) [Avec 2 croquis.] — Un rapport du général Nansouty, commandant la 1re division de grosse cavalerie (janvier 1808). Par P. F. — Faire un cavalier en aussi peu de temps que possible. 2e partie (fin). — La remonte et ses achats. — L'affaire du Texel, d'après les „Mémoires" du général Baron Lahure.

England. Army and Navy Gazette. Nr. 1844: The „Naval Annual". — Cavalry Reconnaissance. — Nr. 1845: Naval ordnance. — The navies of the world. — Nr. 1846: National naval education. — The Japanese Soldier. — Nr. 1847: Naval architects in Paris. — The Russians in the Pacific. — Nr. 1848: Cavalry and machine guns. —

United service Gazette. Nr. 3255: War Kites. – Nr. 3256: Physical training in the American army. — Nr. 3258: Commerce protection in war time. — Nr. 3259: The mountain artillerie of France and Italy. —

Italien. Rivista militare. X: Della leva sui giovanni nati nel 1873 e della vicende del R. esercito dal 1 luglio 1893 al 30 giugno 1894. — Dello spirito di corpo. — XI: La questione de canoni da campo dell'avvenire. L'esercito Italiano vicende del suo sviluppo organico. — La questione ciclo militare considerata nella primavera del 1895. —

Schweiz. Schweizerische Monatsschrift für Offiziere aller Waffen. Nr. 5: Gedanken über die heutige und zukünftige Ausbildung unserer Truppen. —

Schweizerische Zeitschrift für Artillerie und Genie. Nr. 5: Mittheilungen über unsere Artillerie. -- Erfahrungen mit Torfstreu. —

Blätter für Kriegsverwaltung. Nr. 6: Zur Frage der Rekrutirung der Verwaltungsoffiziere — Das Eisenbahnwesen im Kriegsfalle. — Die Konserven, deren Werth für die Verpflegung operirender Armeen.

Literatur.

De Saint-Louis à Tripoli, par le lac Tschad, voyage au travers du Soudan et du Sahara, accompli pendant les années 1890—92. Par le Lieutenant-Colonel Monteil, de l'infanterie de marine. 1 beau volume grand in-8. Précédé d'une préface de M le Vicomte Melchior de Vogüé, de l'Academie française. Avec illustrations de Riou et cartes gravées par Erhard. Paris, Felix Alcan, éditeur.

Der vorliegende, einen starken, reich mit vorzüglichen Illustrationen versehenen Band füllende Bericht des Oberstlieutenants Monteil, des bekannten französischen Afrikaforschers, über seine in den Jahren 1890 bis 1892 ausgeführte Expedition quer durch den Sudan bietet auch dem deutschen Leser eine Fülle von Belehrung und anregender Unterhaltung. Der Verfasser galt während dieser Reise in Frankreich bereits als todt und verschollen, und die Begeisterung, die ihn nach dreijähriger Abwesenheit bei der Heimkehr in seinem Vaterlande begrüßte, war, wie die jetzt vorliegenden wichtigen Resultate in politischer, kommerzieller und geographisch-wissenschaftlicher Beziehung darthun, eine wohlverdiente.

Das Abkommen vom 5. August 1890 zwischen England und Frankreich hatte die Grenzlinien der beiderseitigen Interessensphären für den Zentral-Sudan auf der Karte festgelegt und damit Frankreich Gebiete zugewiesen, welche seit Barth und Nachtigall der Fuß keines europäischen Forschers betreten hatte. Diese Gebiete kennen zu lernen und mit den Häuptlingen und Sultanen der eingeborenen Stämme freundschaftliche und handelspolitische Beziehungen anzuknüpfen, war der Zweck der mit großer Kühnheit und erfolgreich ausgeführten Expedition Monteil's.

Die wenigen Europäer, welche den geheimnißvollen Tschad-See erblickten, sind vom Tripolitaner Gebiet aus zu ihm hinabgezogen, Oberstlieutenant Monteil ist der erste, der vom Atlantischen Ozean aus zu ihm vordrang. Die Schilderung des an Abenteuern und Gefahren reichen Zuges ist frisch und lebendig, ganz dem thatkräftigen, von einer unerschütterlichen Zuversicht zu seiner Mission erfüllten Charakter des Verfassers entsprechend, die auch in den kritischsten Situationen Stand hält. Der natürliche ungekünstelte Stil erleichtert den Lesern, welche die französische Sprache nicht vollkommen beherrschen, das Verständniß und macht ihnen das Buch zugleich zu einem fördernden sprachlichen Uebungsmittel.

Warmes Lob verdienen auch die künstlerisch ausgeführten zahlreichen bildlichen Darstellungen (charakteristische Typen von Eingeborenen, Szenen, Landschaften), welche zum Theil nach an Ort und Stelle aufgenommenen Photographien hergestellt sind. Auch die Ausstattung in Druck und Papier ist eine höchst gediegene, vornehme und des höchsten Lobes würdig. Alles in Allem: ein interessantes Werk, welches sicher zahlreiche Freunde finden wird.

E. Debes' neuer Hand-Atlas über alle Theile der Erde. In 59 Haupt und
über 100 Nebenkarten mit alphabetischen Namensverzeichnissen zu
den einzelnen Karten. 17 Lieferungen à 1,80 Mark. Leipzig,
Verlag von H. Wagner und E. Debes.

Neue Atlanten, neue Karten drängen sich auf den Markt; da heißt es sichten
und Anpreisungen nicht blindlings zu vertrauen. Wenn es wahr ist, und es ist wahr,
daß heute mehr denn je für den Politiker der Satz „Initium scientiae politicae
geographia" und für den Militär der andere gilt: „Die Geographie, die Topo-
graphie sind die Grundlagen der militärischen Wissenschaft", dann erachten wir nach
der ersten, uns vorliegenden Lieferung obigen Werkes zu urtheilen, dasselbe für besonders geeignet, aus seinen Blättern heraus zu lesen. Sind die nachfolgenden
Lieferungen, über die wir berichten werden, in Rücksicht auf Maßstab, Zeichnung,
geschmackvolle Ausstattung u. s. w von gleicher Güte wie die erste, dann können
wir unserem Leserkreis kein besseres und zugleich billiges, geographisches Werk
empfehlen. Dem Umstande zum Trotz, daß in den Karten Nordost-Frankreich
(1:1090000) und Westrußland (1:2750000) massenhaftes Material aufgehäuft
ist, erzeugen sie dennoch keine Unruhe, da das Detail in höchst anerkennenswerther
Weise der Uebersichtlichkeit und charakteristischen Darstellung untergeordnet ist; sie
unterstützen den Militär bei dem Studium der betreffenden Territorien und lassen
auf den ersten Blick in hier zuerst angewandter Manier die Festungen und Festungs-
systeme erkennen. Die letzte Karte der Lieferung, Südost-Asien (1:10000000) mit
fünf Nebenkarten, ermöglicht schnelles Verständniß für die Vorgänge in Hinterindien
(Siam) und einem wichtigen Gebiet der Südsee (Straße von Malacca, Singapore u. s. w.).

Wir bestätigen die Behauptung der Verlagsanstalt, daß dieselbe bei Herstellung
der Karten einen neuen Weg betreten hat, einen Weg, der, um es mit einem Worte
zu sagen, die graphische Darstellung möglichst dem Urbilde, d. i. der Natur nähert
und die todte Materie mit einem lebendigen Geist zu beseelen scheint.   X.

Universum. Illustrirte Familienzeitschrift. Verlag des „Universum", Dresden.

Vor uns liegen die Hefte 20 und 21, Jahrg. XI, dieser vorzüglich redigirten
Zeitschrift, beide mit einer Fülle des werthvollsten textlichen wie illustrativen Inhalts
ausgestattet. Um aus der Anzahl der Beiträge nur Einiges hervorzuheben, nennen
wir außer den Fortsetzungen der spannenden Romane: L. Ganghofer, Schloß Hubertus,
und v. Adlersfeld-Ballestrem, Die Rosen von Ravensberg, die reizende Novelle: Joachim
v. Dürow, Vom Onkel aus Amerika, ferner die Artikel Max Haushofer: Der Hohentwiel,
mit Illustrationen von O. Ubbelohde, und Claus Zehren: Der Dresdner Korso am
22. Mai 1895, illustrirt von O. Gerlach. Neben verschiedenen Aufsätzen belehrenden
wie unterhaltenden Inhalts, Gedichten, Miszellen ꝛc. finden wir in den Heften noch
die mit Porträts geschmückten Biographien von Graf Gustav Kalnoky und Hubert
Herkomer. Von den Kunstbeilagen verdienen namentlich die Bilder: J. Kleinschmidt:
Bedenkliche Lage, und O. Lari: Florentinisches Rosenmädchen, Erwähnung. Wir
können ein Abonnement auf die vornehme Zeitschrift nur wiederholt empfehlen. Der
Preis des Heftes beträgt bei jeder Buchhandlung nur 50 Pfg.

Verzeichniß eingegangener neuer Werke.

Aus dem Verlage von E. S. Mittler u. Sohn, Kgl. Hofbuchhandlung:

Russisches Lese- und Uebungsbuch unter besonderer Berücksichtigung des Kriegswesens. Von Dr. Palm. Erste Lieferung. Preis 1,20 M.

Geschichte des Anhaltischen Infanterie-Regiments Nr. 93. Auf Veranlassung des Kgl. Regiments bearbeitet von Küster, Hauptmann und Kompagnie-Chef im Regt. Preis 7,50 M.

Geschichte des Infanterie-Regiments Vogel von Falckenstein (7 Westfälisches) Nr. 56. Auf Veranlassung des Regiments in kurzer Darstellung bearbeitet für die Unteroffiziere und Mannschaften. Preis 1 M.

Das Magdeburgische Füsilier-Regiment Nr. 36 seit seiner Entstehung bis zum Jahre 1886. Im Auftrage des Regiments bearbeitet von Daliß, Hauptmann à la suite des Regiments und Kompagnieführer bei der Unteroffizierschule Ettlingen. Preis 7,50 M.

Dislokationskarten der gesammten russischen Armee (2 Blatt) und tabellarische Uebersichten der Eintheilung der russischen Armee in Europa und Asien. Entworfen von Bober, Hauptm. u. Komp.-Chef im Inf.-Regt. Nr. 59.

Kriegslehren in kriegsgeschichtlichen Beispielen der Neuzeit. Von W. v. Scherff, General d. Inf. z. D. 3. Heft: Betrachtungen über die Schlacht von Gravelotte—St. Privat. Preis 6,50 M.

Studien über den Felddienst. Neu bearbeitet auf Grund der Felddienst-Ordnung vom 20. Juli 1894 von J. v. Verdy du Vernois, General der Infanterie. 1. Heft. Preis 2,50 M.

General-Feldmarschall Friedrich Leopold Graf v. Geßler. Ein Lebensbild. Verfaßt von Dr. phil. H. Gruber. Preis — ,40 M.

Geschichte der Explosivstoffe. Von S. J. v. Romocki. I. Geschichte der Sprengstoffchemie, der Sprengtechnik und des Torpedowesens bis zum Beginn der neuesten Zeit. Mit einer Einführung von Dr. Max Jähns, Oberstlieutenant a. D. Berlin 1895. Robert Oppenheim (Gustav Schmidt). Brosch. 12,—; geb. 14,50 M.

Bibliotheca historico-militaris. Systematische Uebersicht der Erscheinungen aller Sprachen auf dem Gebiete der Geschichte der Kriege und Kriegswissenschaften seit Erfindung der Buchdruckerkunst bis zum Schluß des Jahres 1880. Von Dr. Joh Pohler. III. Band. Schlußlieferung. Cassel, Ferd. Keßler's Verlag i. L. Preis 8 M.

Taschenbuch für k. u. k. Artillerie-Offiziere. Von Anton Korzen, k. u. k. Hauptmann des Artillerie-Stabes. Wien, L. W. Seidel u. Sohn.

Braumüller's militärische Taschenbücher. Band 4. Schule der Schwimmkunst. Von Joh. Himmel. Wien und Leipzig, Wilhelm Braumüller, k. u. k. Hof- und Univ.-Buchhdlg.

Beitrag zur Instruktion über Verhaftungen und Waffengebrauch. Von Kruge, Hauptmann und Komp.-Führer an der Unteroffizierschule in Potsdam. Leipzig, Zuckschwerdt u. Möschke.

Die Vortheile der Unteroffizier-Laufbahn. Ein zeitgemäßer Beitrag zur Berufswahl. Von L. W. Kießling. Berlin, Verlag der Liebel'schen Buchhandlung. Preis — ,30 M.

Taktische Eigenthümlichkeiten der russischen Armee. Von Max Csicserics v. Bacsány, k. u. k. Hauptmann im Generalstabskorps. Wien, Kreisel u. Gröger.

Leçons d'artillerie conformes au programme de l'école militaire de l'Artillerie et du Genie de Versailles. Par E. Girardon, capitaine d'artillerie. Paris, Nancy, Berger-Levrault & Cie.

Notes on Tactics. Rishworth & Sichel. London, Edward Stanford.

Bibliographie 1894.

Erstes Quartal.

Adreßbuch der Offiziere und Beamten des XIV. Armeekorps. Hrsg. von Hauptmann a. D. F. Berendt. Ausg. 1894. gr. 8. Straßburg, Rattentidt. 1,50 M.

Alaunek, Militär-Oberbauverwalter Lehrer Joh., die Verwaltung, Berechnung und Controle der Anstalten des Bauwesens im k. und k. Heere. Mit Rücksicht auf die Bedürfnisse des Studiums dargestellt. gr. 8. Wien, Seidel u. Sohn. 5,— M.

Almanach für die k. k. Gendarmerie der im Reichsrathe vertretenen Königreiche und Länder für das Jahr 1894. Hrsg. von Rittmstr. Edg v. Felsenberg. VI. Jahrg. 16. Mit Abbildungen und 4 Bildnissen. Wien, Seidel u. Sohn.
Geb. in Leinw. 3,70 M.

Armee-Eintheilung, neueste. Vollständige Uebersicht der gesammten deutschen Reichs-Armee. Für die Mannschaften. 29. Jahrg. 1. Ausg. 8. Potsdam, Döring. — ,30 M.

Armee-Zeitung, deutsche. Garnisonblatt für das gesammte deutsche Heer. Red. von Oberstlieutenant a. D. S. v. Sanden. 5. Jahrg. 1894. 52 Nrn. gr. Fol. Charlottenburg, Krahl. Vierteljährlich 2,— M.

Behrendts-Wirth, R., Frauenarbeit im Kriege. Selbsterlebtes aus den J. 1870/71. Neue (Titel-)Ausg. 8. Berlin (1892), Fontane u. Co. 2,— M.

Beiheft zum Militär-Wochenblatt. Hrsg. von General-Major z. D. v. Estorff. 1894. 1—4. Heft. gr. 8. Berlin, Mittler u. Sohn.

1., 2. und 4. Heft à 1,—; 3. Heft —,50 M.

Berg, Mor. v., Ulanen-Briefe von der I. Armee. 3 Theile in 1 Bd. Nebst 1 Karte des Kriegsschauplatzes v. Amiens. Lex.-8. Bielefeld, Siedhoff. 5,— M.

Bestimmungen, neueste, über den freiwilligen Dienst im Heere. Auszüglich aus der Wehr- und Heerordnung vom 22. November 1888 unter Berücksichtigung der bis Januar 1894 ergangenen Abänderungen. gr. 8. Berlin, Mittler u. Sohn. —,50 M.

Blätter, militärisch-politische. Monatsschrift, hrsg. in Verbindung mit der militär. und polit. Korrespondenz. Red.: Hauptmann d. L. H. v. Gersdorff. 2. Jahrgang 1894. 12 Hefte. gr. 8. Leipzig, Friedrich. Vierteljährlich 2,50 M.

Capitaine, E., u. Ph. v. Hertling, Kriegswaffen. 6. Bde. 5. Hft. Rathenow, Babenzien. 1,50 M.

Crammon, Premier-Lieutenant Adj. A. v., Geschichte des Leib-Kürassier-Regiments Großer Kurfürst (Schlesisches) Nr. 1, fortgeführt vom Jahre 1843 bis zur Gegenwart. Mit Bildnissen, farb. Uniformbildern und Uebersichtskarten. Lex.-8. Berlin, Mittler u. Sohn. 10,— M.

Dittrich, Max, die Feier des 50 jährigen Militär-Dienst Jubiläums Sr. Maj. des Königs Albert v. Sachsen in Dresden am 22./23. Oktober 1893. Eine Gedenkschrift für Sachsens Volk und Heer. 2. Aufl. gr. 8. Dresden, Tittel Nachfolger. —,50 M.

Eintheilung und Quartierliste des deutschen Heeres. Nach dem Stande vom 1. November 1893. 71. Aufl. 8. Berlin, Liebel. —,35 M.

Einzelschriften, kriegsgeschichtliche. Herausgegeben vom Großen Generalstabe, Abtheilung für Kriegsgeschichte. 16. Heft. gr. 8. Mit 1 Karte, 3 Plänen und 2 Skizzen. Berlin, Mittler u. Sohn. 3,— M.

Eisenschmidt's Büchersammlung für Unteroffiziere und Mannschaften der Armee u. Marine. III. 6. 12. Berlin, Eisenschmidt. Kart. Subscr.-Pr. —,50; Einzelpr. —,60 M.

Elpons, P. v., Krieg 1870/71. 18—32. Lfg. Saarbrücken, Klingebeil. à —,20 M.

Elsass, militärische. V. gr. 8. Berlin, Dümmlers Verlag. 1,20 M.

Estoppey, D., die schweizerische Armee. Vorwort von Oberst Frey. Text von General Herzog, Obersten Fleiß, Wille, Lochmann, Keller, Oberfeldarzt Dr. Ziegler, Ober-Kriegskommissär v. Grenus, Ober-Pferdearzt Potterat. 1. und 2. Lfg. gr. Fol. 5 farb. Tafeln mit 3 Blatt Text. Genf, Eggimann u. Co. à 1,60; auch in französischer Sprache à 1,60 M.

Geschichte Brandenburg-Preußens, bearbeitet auf Grund der Direktiven der königl. Inspektion der Infanterie-Schulen für den Unterricht auf den Unteroffizier-Schulen. gr. 8. Berlin, Mittler u. Sohn. Kart. —,80 M

— des großherzoglich badischen Leib-Grenadier-Regiments 1803 bis 1871

8*

2 Theile in 1 Bande. gr. 8. Mit Tafeln, Plänen und Abbildungen. Karlsruhe, Müller.   6, — ; geb. 7,50 M.

Gottschalk, Major, kurzgefaßte Geschichte des Feld-Artillerie-Regiments General-
feldzeugmeister (1. Brandenburgisches) Nr. 3 und seiner Stammtruppentheile. Für
die Unteroffiziere und Mannschaften des Regiments zusammengestellt. 8. Berlin,
Liebel.   Kartonnirt 1, — M.

Grohmann, Major a. D. Dr. h., über den Nutzen statistischer, volkswirthschaftlicher
und völkerrechtlicher Kenntnisse für den Berufsoffizier. gr. 8. München, Schweitzer.
                                                       —,80 M.

Hager, Premier-Lieutenant v., Geschichte des 5. Thüringischen Infanterie-Regiments
Nr. 94 (Großherzog v. Sachsen). Nach den Regimentsgeschichten von v. Heyne
u. Franke und nach anderen Quellen zusammengestellt. gr. 8. Mit 2 Bildnissen und 4 Skizzen im Text. Berlin, Mittler u. Sohn.   —,60; kartonnirt
                                                       —,75 M.

Heeres-Zeitung, deutsche. Blatt für Offiziere aller Waffen des deutschen Heeres
und der Flotte. Leiter: Hauptmann a. D. F. Hoenig. 19. Jahrgang 1894.
Berlin, Militär-Verlag, Felix.   Vierteljährlich 6, — M

Heerführer, die deutschen, der Gegenwart. Nach Original-Aufnahmen in feinstem
Lichtdruck ausgeführt. Mit biographischem Text vom Major z. D. Just Scheibert.
gr. Fol. Leipzig, Pfau. In Leinw.-Mappe 40, — ; Fürstenausg. 75, — M.

Heinke, Hauptmann F., Kaiser Wilhelm II. als Soldat. Den Mannschaften von
Heer und Marine erzählt. 5. Aufl. Mit einem Anhang, enthaltend Prokla-
mationen, Reden u. s. w. Sr. Majestät. 8. Mit Bildniß. Berlin, Liebel.
                                                       —,40 M.

Hengst, Herm., unser Kaiser Wilhelm 25 Jahre Soldat. 8. Mit Bildniß. Berlin,
Mittler u. Sohn.   —,40 M.

Hiller, Oberst Fritz v., Geschichte des Feldzuges 1814 gegen Frankreich unter besonderer Berücksichtigung der Antheilnahme der königl. württembergischen Truppen.
gr. 8. Mit 4 Karten und 13 Plänen. Stuttgart, Kohlhammer. 6, — M.

Hubl, Major Ant., Le Mans. Vorträge und applikatorische Besprechungen 2.
Aufl. gr. 8. Mit 4 Kartenbeilagen. Graz, Pechel.   2,50 M.

Junk, Rittmeister a. D., die Bewegungen und das Entkommen des XIII. französischen Korps (Vinoy) 1870. gr. 8. Mit 1 Karte. Berlin, Eisenschmidt.
                                                       2, — M.

Kandelsdorfer, Hauptmann Karl, auf immerwährende Zeiten. Biographien und
Porträts kaiserl. und königl. Regiments-Inhaber. Mit 1 Photograv. und 39
Porträts im Texte. gr. 8. Wien, Braumüller.   5, — M.

Knötel, Rich., Uniformenkunde. Lose Blätter zur Geschichte der Entwickelung der
militärischen Tracht. Herausgegeben, gezeichnet und mit kurzem Texte versehen.
5. Bd. 12 Hefte. Leg.-8. (à 5 farbige Tafeln und Mittheilungen zur Geschichte der militärischen Tracht à 4 S.) Rathenow, Babenzien. à 1,50; einzelne Blatt à —,40; Leinwandmappe dazu 3, — M.

von dem Ober-Kommando der Marine. Dezember 1893. gr. 8. Berlin, Mittler
u. Sohn.   4,25; gebunden 5,— M.

Reiter-Zeitung, deutsche. Allen Angelegenheiten der Kavallerie gewidmete Zeitschrift Red.: Oberst-Lieutenant a. D. S. v. Sanden. Jahrgang 1894. 24 Nrn.
Fol. Mit Illustration. Charlottenburg, Krahl. Vierteljährlich 1,50 M.

Sacken, Feldmarschall-Lieutenant Adf Frhr., das österreichische Corps Schwarzenberg-
Legeditsch. Beitrag zur Geschichte der politischen Wirren in Deutschland 1849—51.
Mit 3 Beilagen und 1 Planskizze. [Aus: „Mittheilungen des k. und k. Kriegs-
Archivs".] gr. 8. Wien, Seidel u. Sohn.   8,— M.

Sann, Hans v. der, mit Gott für Kaiser und Vaterland. Lorbeerblätter aus der
Ruhmesgeschichte steirischer Truppenkörper. gr. 8. Mit Abbildungen und
Kartenskizzen. Graz, Styria.   Kartonnirt 3,50 M.

Schematismus für das k. und k. Heer und [für die k. und k. Kriegs-Marine
für 1894 Amtliche Ausgabe. gr. 8. Mit 1 farb. Karte Wien, Hof- und
Staatsdruckerei.   Gebunden in Leinwand 3,60 M.

— der k. k. Landwehr und der k. k. Gendarmerie der im Reichsrathe vertretenen Königs-
reiche und Länder für 1894. gr. 8. Ebd. Gebunden in Leinw. 3,60 M.

Soldaten-Bibliothek, kleine. Herausgegeben von Hauptmann a. D. Jürgen Root.
I. Nr 1 4. 12. Berlin, Evangel Vereins-Buchh. à —,40; kart. à —,60 M.

Soldatenbuch, öster.-ungarisches. Vaterländische Denkwürdigkeiten für Unteroffiziere
und Mannschaften des k. und k. Heeres. Handbuch f. das k. und k Heer. 16.
Mit 16 Bildnissen. Teschen, Prochaska.   —,40 M.

Soldatenfreund. Nothwendiges Nachschlagebuch für den deutschen Soldaten auf
das Jahr 1894. 16. Mit Bildnissen. Leipzig, Lang kart. —,20 M.

Sonntagsblatt für das deutsche Heer. Red.: Hülle. Jahrg. 1894. 52 Nrn.
gr. 4. Berlin, Leipzig, Wallmann.   1,25 M.

Stenzel, Kapitän z. S. a. D, die Flotte der Nordstaaten im Sezessionskriege.
Vortrag. [Aus: „Beiheft zum Militär-Wochenblatt".] gr. 8 Mit 3 Skizzen.
Berlin, Mittler u Sohn.   1,— M.

Verzeichniß der königlich sächsischen Offiziere, Sanitätsoffiziere, Oberapotheker,
Oberroßärzte und Roßärzte des Beurlaubtenstandes nach ihren Patenten bezw.
Bestallungen. 1894. 8. Dresden, Heinrich.   —,80 M.

Vierteljahrskatalog der Neuigkeiten des deutschen Buchhandels. Kriegswissenschaft, Pferdekunde und Karten. 1893. 4. Heft. Oktober bis Dezember. gr. 8.
Leipzig, Hinrichs.   —,15; 10 Exemplare 1,20 M.

Von Lüneburg bis Langensalza. Erinnerungen eines hannoverschen Infanteristen.
gr. 8. Bremen, Schünemann.   2,— M.

Wilckens, Pfr. R., Kriegsfahrten eines freiwilligen badischen Dragoners anno
1870/71. 3. und 4. Aufl. 8. Mit 1 Karte. Karlsruhe, Reiff. 1,20 M.

Woide, Generallieutenant, die Ursachen der Siege und Niederlagen im Kriege 1870.
Versuch einer kritischen Darstellung des deutsch-französischen Krieges bis zur
Schlacht bei Sedan. Aus dem Russischen übersetzt von Hauptmann Klingender.

(In 2 Bbn.) 1. Band. Mit 7 Skizzen in Steindruck und 1 Uebersichtskarte. gr. 8. Berlin, Mittler u. Sohn. 7,50 M.

Anleitung zur praktischen Instruktion der Doppelposten. Von Hauptmann v. R. 12. Berlin, Liebel. —,20 M.

Ausbildung der Kompagnie vom Eintreffen der Rekruten bis zu den Herbstübungen. In Wochen-Zetteln. Von einem Kompagniechef. 16. Berlin, Eisenschmidt. In Ledertuch kartonnirt —,80 M.

Bataillon, Regiment und Brigade auf dem Exerzirplatz und ihre Ausbildung für das Gefecht. Im Sinne des neuen Reglements praktisch dargestellt von H Freiherr v. G.-R. 2. Aufl Mit Abbildungen. Mainz, Militär-Verlagsanstalt. Gebunden in Leinwand 4,— M.

Befestigung, die beständige, und der Festungskrieg. Nach den neuesten Quellen bearb. 2 Bde. gr. 8. Wien, v. Waldheim. 30,— M.

Bestimmungen für die Uebungen des Beurlaubtenstandes im Etatsjahre 1894/95. Berlin, Mittler u. Sohn. —,30 M.

Bindewald, Hauptmann, Anhalt für den Unterricht der Einjährig-Freiwilligen und des Reserve-Offizier-Aspiranten der Infanterie. Zum Gebrauch für den Offizier des Beurlaubtenstandes mit eingehender Behandlung des II Theils „Gefecht" des Exerzir-Reglements (Abdruck 1889) u. Berücksichtigung des Gewehrs 88. 3. Aufl. 12. Potsdam, Döring. Gebunden in Leinwand 2,50 M.

Buschek, Hauptm. Wilh, Taktik. 1. Theorie. gr. 8. Teschen, Prochaska 3,-- M

Cardinal v Widdern, Oberst a. D, das Nachtgefecht im Feld- und Festungskrieg. Kriegsgeschichtliche und taktische Studie. Mit 10 Planskizzen und 8 in den Text gedruckten Skizzen. 3. Aufl gr. 8 Berlin, Eisenschmidt 5,— M.

Compagnie-Notizen (Innerer Dienst, Notizbuch und Schießübersicht mit Taschenkalender für 1893/94. 16 Wesel, Kühler. Gebunden in Leder 2,50 M.

Entwurf vom 1. Februar 1894 zur Kassenordnung für die Truppen. (K. O.) gr. 8. Berlin, Mittler u. Sohn. 1,20; kartonnirt 1,50 M.

Geschütz-Exerzir-Reglement für die Fußartillerie. Entwurf. 12 Berlin, Mittler u Sohn. 1,—; kartonnirt 1,20 M.

Gewehr-Schießvorschrift für die (bayerische) Fußartillerie. Nach der gleichnamigen kgl. preußischen Vorschrift. 16. Mit Abbildungen. München, Ackermann. Kartonnirt 1,— M.

Glaser, Db.-Lieutenant Osc. v., Pferdewesen für Infanterie-Equitation. gr. 8. Mit 4 Taf. Wien, Seidel u. Sohn. 1,20 M.

Handtasel für den Schießlehrer. 2. und 3 Aufl. Nach der Schießvorschrift von 1893. 16. Mit Figuren auf Karton. Berlin, Liebel. —,40 M.

Hauschka, Feldmarschall-Lieutenant Alois, die Schule der Führung für Offiziere der Fußtruppen. Mit 16 Beispielen. 2. Aufl. gr. 8. Mit Figuren und 11 Taf. Wien, Seidel u. Sohn. 4,— M.

Henke, Jos., kurzgefaßte Anleitung für den Unterricht im Säbelfechten. gr. 8. Wr.-Neustadt. Wien, Seidel u. Sohn. 1,60 M.

von Hauptmann Hans Maudry. 3. Aufl. 5 Heft. 8 Abschn.: Ballistik. gr. 8. Mit 1 Tabelle und 1 lith. Taf. Wien, Seidel u. Sohn. 4,60 M.

Menzel, Hauptmann Max, der deutsche Infanterist als Lehrer im Dienst-Unterricht. 4. Aufl. gr. 8 Mit Abbildungen und 1 Bildniß in Buntdruck. Hofgeismar. Reseberg. Leipzig, Schneider. (Geb in Leinwand 3,25 M.

Musterung, die ökonomische. Praktische Winke für den Kompagniechef von einem älteren Hauptmann. 3. Aufl gr. 16. Berlin, Mittler u. Sohn. —,50 M.

Oelhafen, Oberstlieut a. D. Frbr. v, Bestimmungen über den militärischen Schriftenverkehr, nebst Bestimmungen über den Anzug der Offiziere, Bestimmgn. über das Anlegen der Offiziers-Uniform im Auslande, die Uniformirg. der Landwehr-Offiziere, die Betheiligung der Zivilstaatsdiener, welche zugleich Offiziere des Beurlaubtenstandes sind, bei politischen Festen, die Heranziehung der Offiziere des Beurlaubtenstandes zu den Uebungen, Anzugsbestimmungen für München. 3. Aufl. 12. Kitzingen, Bedacht. —,50 M.

Otto, Oberstlieutenant z. D. Abf., Dienst bei den Bezirkskommandos der deutschen Armee. 8. Berlin, Militär-Verlag Felix 3,— M.

Schießvorschrift, kleine, für Offiziere, Unteroffiziere und Mannschaften. Auf Grund der Schießvorschrift 1893 und des Exerzier-Reglement für die Infanterie 1889. 5 und 6. Aufl gr. 16. Mit 10 Abbildgn. Berlin, Liebel —,20 M.

Schußtafel für die schwere Feld-Kanone C/73 bezw. Feld-Kanone C/73/88 mit Feldgranaten C/82, Sprenggranaten und Feldschrapnels C/82 mit 0,64 kg Geschütz-Blättchenpulver bezw. 1,5 kg grabkörnigem Pulver Ladung. Die Schußtafel ist im Sommer 1886 erschossen, im Herbst 1888 geprüft und im Frühjahr 1890 für Geschütz-Blättchenpulver umgeändert worden. Dieselbe gilt für ein Luftgewicht von 1,22 kg für das Kubikmeter. schmal gr. 16. Berlin, Mittler u. Sohn. Kart. —,85 M.

Simon, Premier-Lieutenant, der Unteroffiziers-Felddienst der Infanterie. gr. 8. Mit 1 Karte. Ulm, Frey —, 80 M

Tettau, Prem.-Lieut Frhr. v, die russische Schießvorschrift vom J. 1893 für das Drei-Linien-Gewehr. gr. 8. Hannover, Helwing. 1,60 M.

— Zeichenschlüssel zum Lesen russischer Karten. Zum Gebrauch für Offiziere, Unteroffiziere und Patrouillenführer. 12. Mit 1 Steintafel. Ebd. —,40.

Unterricht, technischer, für die k. und k. Infanterie- und Jägertruppe. gr. 8. Mit Figuren. Wien, Hof- und Staatsdruckerei. —,40 M.

Wiebe, Major, Zeichentafel für das Schulschießen. 43×53 cm Wesel, Kühler. —,40; ein- oder 2seitig auf Pappe —,60; und lackirt —,75; auf Leinwand zum Zusammenlegen —,75 M.

Wille, General-Major z. D R., die kommenden Feldgeschütze. gr. 8. Mit Abbildg. Berlin, Eisenschmidt. 3,50 M.

Zasdloba, Oberlieut. Rud., Anleitung zur Ausführung sämmtlicher flüchtigen Befestigungen, Lagerarbeiten und der Feldbacköfen, dann für die Anwendung der neuen tragbaren Zelt-Ausrüstg. Bearb. nach den neuesten Dienstvorschriften für den Gebrauch an den Unteroffiziers- und Mannschaftsschulen. (Handbuch für das k. und k. Heer). 16. Teschen, Prochaska. —,40 M.

Zweythurm, Regts.-Arzt Dr. L., Militär-Gesundheitspflege. Dargestellt für den Gebrauch der Unteroffiziere der k u k. Armee. (Handbuch f. das k. u. k. Heer). 16 Teschen, Prochaska. —,40 M.

Album berühmter Deckhengste. qu. gr. 4. 22 Photographien mit 22 Blatt Text. Berlin, Schnaebeli u. Co. Gebunden in Leinwand 30,— M.

— berühmter Rennpferde 1893. qu. gr. 4. 20 Photographien mit 20 Blatt Text. Ebd. Gebunden in Leinwand 25,— M.

Dichtl, Oberst-Lieutenant Herm., der Distanzreiter. Erläuterung selbstgemachter Erfahrungen auf dem Gebiete des Distanzreitens und Besprechung einschläg. Fragen. gr. 8. Belovar. Wien, Seidel u. Sohn. 2,50 M.

Flaum, Fritz, das Gestüt Walterkehmen (Ostpreußen) des Rittergutsbesitzers William Gerlach. Eine Gestütsskizze. [Aus: „Das Pferd".] gr. 8. Mit Abbildungen. Dresden, Friese u. v. Puttkammer. 1,50 M.

Gestüt-Buch, allgemeines deutsches, für Vollblut. X. Band. Suppl. 1893. Herausgegeben von der Gestüt-Buch-Kommission des Union-Klubs. gr. 8, Berlin, Kühl. Gebunden in Leinwand 8,— M.

Pferd, das. Illustrirte Zeitschrift für fachgemäße Anwendung, Haltg. u Züchtg. des Gebrauchspferdes. Chef-Redakteur; Major a. D. Rich. Schoenbeck. 10. Jahrg. 1894. 52 Nrn. Fol. Mit der Beilage: Der Traber. Unabhängiges Organ der Gesammtinteressen der deutschen Traberzucht und des Trabrennsports. Red.: Karl Jahnke 1. Jahrg. 52 Nrn. Berlin, Paulis Nachf. Vierteljährlich 3,— M

Plinzner, Leibstallmeister Paul, wie ist die Beizäumung des Pferdes zu gewinnen und zu erhalten? 2. Aufl. Mit 4 Augenblicksbildern. gr. 8. Berlin, Mittler u. Sohn. 1,60 M.

Plinzner, Rittmeister der Landwehr Leibstallmeister Paul, System der Pferde-Gymnastik. Den Offizieren der deutschen Reiterei gewidmet. 3. Aufl. 8. Potsdam, Döring 3,50; gebunden in Halbfranz 5,— M.

Renn-Kalender für Deutschland Herausgegeben vom General-Sekretariat des Union-Klubs. Jahrg. 1893. 8. Berlin, Kühl. 12,— M.

Rennwetten, Anglomanie oder Pferdezucht und Reitkunst. Ein Beitrag zum Spielerprozeß in Hannover. gr 8. Leipzig, Beyer. —,80 M.

Schritt-Sport gr. 4 Wien, Seidel u. Sohn. 3,60 M.

Spohr, Oberst a. D, die Bein- und Hufleiden der Pferde, ihre Entstehung. Verhütung und arzneilose Heilg Nebst einem Anh. über arzneilose Heilg. von Druckschäden und Wunden. 5. Aufl. gr. 8 Berlin, Wilhelmi. Geb. in Leinw. 3,— M.

WochenRennkalender für Deutschland. Offizielles Bulletin des Union-Klubs. Bearb. und herausgegeben vom General-Sekretariat des Union-Klubs. Jahrg. 1894. 52 Nrn. 8. Berlin, Kühl. 40,— M.

Wrangel, C. G., Ungarns Pferdezucht. 20 Lfg Stuttgart, Schickhardt u E. 2,— M.

Zeitschrift f. Pferdekunde u. Pferdezucht. Red.: Bez.-Thierarzt Bossert. gr. 4.
Erlangen, Junge. Halbjährlich 1,50 M.

Karten.

Engelhardt, F. B., Karte des Reg.-Bez. Cöslin. 1:325 000. Neue Ausg. 1894.
58,5×59,5 cm. Kpfrst. u. kolor. Berlin, Schropp. 2,— M.

Garnisonkarte der französischen Armee 1894. 44×55,5 cm. Farbendr. Leipzig.
Ruhl. 1,25 M.

Karte des Deutschen Reiches. 1:100 000. Abth.: Königr. Preußen. Hrsg. v.
der kartogr. Abtheilg. der königl. preuß. Landes-Aufnahme. Nr. 123. Greifen-
berg i. Pom. 29×34 cm. Kpfrst. u. kolor. Berlin, Eisenschmidt. 1,50 M.

— dasselbe. Abth.: Königreich Sachsen. Nr. 471. Fürstenau. Vorläufige Ausg.,
das nichtsächs. Gebiet ohne Bergzeichng. wiedergebend. 29,5×36,5 cm. Kpfrst.
u. kolor. Dresden, Leipzig, Hinrichs' Sort. 1,50; auf Leinw. 2,— M.

— der Umgebung v. Madonna di Campiglio. 1:25 000. Hrsg. vom Förderungs-
Verein Campiglio. 58×53 cm. Farbendr. Campiglio, Arco, Georgi 3,— M.

— topographische, des Königr. Sachsen. 1:25 000. Herausg. durch das königl.
Finanzministerium. Bearb. im topograph. Bureau des königl. Generalstabes.
Sect. 51, 80, 81, 87, 134 u. 186. Currentgestellt. à 44×45 cm. Kpfrst. u.
Farbendr. Dresden, Leipzig, Engelmann. 1,50 M.

— der Zugspitze. Aufnahme (bayr. Gebiet) unter Anwendg. der Photogrammetrie,
Aug. 1892. Bearb. im topograph. Bureau des k. b. Generalstabes. 1:10 000.
59×36 cm. Farbendr. München, Liter.-artist. Anstalt. 1,50 M.

Meßtischblätter des preußischen Staates. 1:25 000. Nr. 1849, 2265, 2336,
2360, 2424, 2427, 2434, 2499, 2500, 2501, 2505, 2556 und 2718.
à 46×45,5 cm. Lith. u. kolor. Berlin, Eisenschmidt. à 1,— M.

Seekarten der kaiserl. deutschen Admiralität. Hrsg. vom hydrograph. Amt des
Reichs-Marine-Amtes. Nr. 60. Berlin, Reimer. Auf Leinewandpapier. 4,— M.

— dasselbe. Nr. 110, 120 und 121. Farbendr. Ebd. 1,50 M.

Specialkarte, topographische, v. Mittel-Europa (Reymann). 1:200 000. Hrsg.
v. der kartograph. Abtheilg. der kgl. preuß. Landes-Aufnahme. Nr. 136, 137,
156, 198, 332, 368, 418, 419, 445 u. 715. à 25×36 cm. Kpfrst. u. kolor.
Berlin, Eisenschmidt. à 1,— M.

— v. Oesterreich-Ungarn. 1:75 000. Neu reambulirte Ausg. 1—4. Lfg. 26
Blatt à 38,5×53 cm. Lith. Wien, Lechner. à Blatt 1,— M.

Uebersichts-Karte der Standorte der kgl. bayerischen Armee. Bearb. im k. b.
Generalstab. Nach dem Stande vom 1. Oktbr. 1893. 1:800 000. 51×67 cm.
Farbendr. München, literar.-artist. Anstalt, Riedel. 1,80 M.

Zweites Quartal.

Armee-Eintheilung und Quartier-Liste des deutschen Reichs-Heeres und der
kaiserl. Marine. 1894. 35. Jahrg. 318. Gesammt-Aufl. Abgeschlossen am
1. April 1894. gr. 8. Mit Abbildgn. Berlin, Gerstmann. —,60 M.

1809. Nach amtlichen Unterlagen bearb. gr. 8. Mit 6 zum Theil farbigen Taf. Dresden, Baensch. 4,50; geb. 5,50 M.

Forrer, R., die Waffensammlung des Herrn Stadtrath Richard Zschille in Grossenhain (Sachsen). 286 Tafeln in Lichtdruck mit Text von R. F. Fol. Berlin, Dr. Mertens u. Co In 2 Halblederbänden 160,— M.

Garnisonorte, die, des deutschen Reichsheeres, alphabetisch geordnet, nebst Verzeichniß sämmtlicher Regimenter bezw. Bataillone der deutschen Armee, mit Bezeichnung ihrer Garnisonorte, sowie der Armeekorps, welchen sie angehören. gr. 8. Leipzig, Berger. —,25 M.

Geyso, Premierlieutenant A. v., Feldhauptmann Seyfried Schweppermann. Eine biographische Studie. [Aus: „Deutsche Armee-Zeitung".] gr. 8. Berlin, Müller u. Sohn. —,50 M.

— Taschenbuch für Offiziere und Offizieraspiranten des Beurlaubtenstandes der Armee. 12. Ebd. —,75 M.

Gottschalck, Generalmajor z. D. Max, Geschichte des 1. Thüringischen Infanterie-Regiments Nr. 31. Nebst einem Verzeichniß sämmtlicher Offiziere, Aerzte und Zahlmeister, welche seit der Gründung in demselben gedient haben. Zusammengestellt von Lieut. Adjut. Hans v. Ahlefeld. gr. 8. Mit 9 zum Theil farbigen Plänen. Berlin, Mittler u. Sohn. 12,50 M.

Hallart, General v., Tagebuch über die Belagerung und Schlacht von Narva 1700. Herausgegeben von Dr. Fr. Bienemann jun. [Aus: „Beiträge zur Kunde Ehst-, Liv- und Kurlands".] gr. 8. Mit 1 Karte. Reval, Kluge. 2,— M.

Hoenig, Fritz, der Volkskrieg an der Loire im Herbst 1870. Nach amtl. Quellen und handschriftlichen Aufzeichnungen von Mitkämpfern dargestellt. 1. Band. 2. Aufl. gr. 8. Mit 3 Karten und 1 lith. Skizze. Berlin, Mittler u. Sohn. 10,—; gebunden in Leinwand 12,— M.

Horsetzky, Generalmajor Adf. v., kriegsgeschichtliche Ueberficht der wichtigsten Feldzüge der letzten 100 Jahre. Mit einem Atlas von 33 Tafeln (in Mappe). 4. Aufl. gr. 8. Wien, Seidel u. Sohn. 14,40 M.

Hubl, Major Ant., Militärerziehung. Studie. gr. 8. Graz, Pechel. 1,80 M.

Hußsen, Militär-Oberpfr. Konsift.-R. G., Bilder aus dem Kriegsleben eines Militärgeistlichen. Ein Beitrag zur Kulturgeschichte des deutsch-französischen Krieges von 1870/71. 7. Aufl. gr. 8. Berlin, Maurer-Greiner. 6,—; gebunden 7,50; in Liebhaberband 10,— M.

Jaenicke, Oberstlt. W., militärischer Begleiter für schweizerische Offfiziere. 3. Aufl. 12. Mit Fig. Zürich, Art. Inftitut Drell Füßli. 3,50 M.

Kriegsbilder aus der Geschichte des k. k. Schlesischen Infanterie-Regiments Kaiser Franz Josef Nr. 1. (Kaiser-Infanterie.) Von Oberft Alb. Edler v. Mayer. 8. Teschen, Prochaska. 1,20 M.

Kunz, Major a. D., Einzeldarstellungen von Schlachten aus dem Kriege Deutschlands gegen die französische Republik vom September 1870 bis Februar 1871. 5. Heft. gr. 8. Berlin, Mittler u. Sohn. 5,— M.

Sammlung militärwissenschaftlicher Vorträge und Aufsätze. 9. und 10. Heft (mit
1 Karte). gr. 8. Mainz, Militär-Verlagsanstalt. à —,80 M.

Sandreuter, Hans, Skizzen aus schweiz. Truppenzusammenzügen 1890 u. 1893.
schmal qu. Fol. 30 Lichtdruck-Tafeln mit 1 Blatt Text. Basel, Schwabe.
In Mappe 3,20 M.

Sarlotis, Hauptmann Stef., das russische Kriegstheater. Strategische u. geograph.
Studie. Aus dem Russischen von S. S. 2. Aufl. [Aus: „Streffleur's österr.
militärische Zeitschrift."] gr. 8. Wien, Braumüller. 2.— M.

Schmidt, General-Major z. D. Paul v., deutsche Kriegertugend in alter und neuer
Zeit. 12. Berlin, Liebel. 2,50; in Pappbd. 2,70; in Leinwbd. 3,— M.

Schmitthenner, Pfr. H., Erlebnisse eines freiwilligen badischen Grenadiers im Feldzuge 1870/71. 3. und 4. Aufl. gr. 8. Mit 1 Karte. Karlsruhe, Reiff. 1,20 M.

Seudier, Feldzeugmeister a. D. Ant. Freiherr v., Betrachtungen über den Feldzug
1866 in Italien. 1. Thl. Mit 8 Beilagen und 1 Planskizze. gr. 8. Wien,
Seidel u. Sohn. 4,— M.

Seidel's kleines Armee-Schema. Dislokation und Eintheilung des k. u. k. Heeres,
der k. und k. Kriegsmarine, der k. k. Landwehr und königlich ungarischen Landwehr.
Nr. 35. 1894. Mai. 12. Wien, Seidel u. Sohn. 1,— M.

Selbstmorde, die, in der preußischen Armee. [Aus: „Beiheft zum Militär-
Wochenblatt."] gr. 8. Mit 1 Karte. Berlin, Mittler u. Sohn. —,35 M.

Soldatenbibliothek. 5. Heft. 12. Rathenow, Babenzien. à —,30 M.

Strombeck, General-Major z. D. Rich. Freiherr v., 50 Jahre aus meinem Leben.
8. Leipzig, Grunow. 1,60 M.

Tanera, Hauptmann a. D. Carl, Deutschlands Kriege von Fehrbellin bis König-
grätz. Eine vaterländische Bibliothek für das deutsche Volk und Heer. 8. und
9. Band. 8. München, Beck. à 2,—; kart. à 2,50 M.

Vierteljahrs-Katalog der Neuigkeiten des deutschen Buchhandels. Kriegswissenschaft, Pferdekunde und Karten. Jahrgang 1894. 1. Hft. Januar—März.
gr. 8. Leipzig, Hinrichs. —,15 M.

Wedel, Hauptmann a. D. M. v., Handbuch für die wissenschaftliche Beschäftigung
des deutschen Offiziers. 4. Aufl. gr. 8. Mit Holzschnitten und 1 lithographirten
Plan. Berlin, Eisenschmidt. 9,—; Einband 1,— M.

Wenckstern, v., der Kapitulant. Ein Hand- und Nachschlagebuch für jüngere Unteroffiziere, Einjährig-Freiwillige und Kapitulanten aller Waffen und Solche, die
es werden wollen. 2. Auflage, bearbeitet von Premierlieutenant v. Scriba. 12.
Mit Figuren und 2 Plänen. Minden, Köhler. Gebunden in Leinwand 1,50 M.

Wohnungs-Verzeichniß der Offiziere und Beamten der Garnison Königsberg i. Pr.
Sommer-Ausgabe 1894. gr. 8. Königsberg, Braun u. Weber. —,40 M.

Zaiß, J., aus dem Tagebuch eines badischen Pioniers. Schilderung der Belagerungen von Straßburg, Schlettstadt, Neu-Breisach und Belfort, sowie der
dreitägigen Schlacht bei Belfort im Kriege 1870/71. 2. und 3. Aufl. gr. 8. Mit
1 Karte. Karlsruhe, Reiff. 1,20 M.

Exler, Hauptmann Carl, die elektrische Vorfeldbeleuchtung und deren Anwendung im Festungskriege. gr. 8. Mit 3 Figuren und 16 Tafeln. Wien, Seidel u. Sohn. 8,50 M.

Glückmann, Oberstlieut. Carl, das Heerwesen der österr.-ungar. Monarchie. Ergänzungen zur 3. Aufl. gr. 8. Wien, Seidel u. Sohn. 1,— M.

Haller, Rittmstr. Max, Reit-Handbuch für den Nichtkavalleristen. 2. Auflage des „Handbuchs f. den berittenen Offizier der k. k. Fußtruppen". Mit 1 Lichtdruck-Bilde, 2 Tafeln und 6 Illustrationen im Texte. 12. Wien, C. v. Hölzl. Gebunden in Leinewand 4,— M.

Jerabek, Lieut.-Rechnungsf. i. R. Jos., Handbuch über Gebüren und deren Verrechnung zur Geschäftsführung bei den Unterabtheilungen des k. u. k. Heeres in der Mobilität u. im Kriege. Durchgesehen vom k. u. k. Reichs-Kriegs-Ministerium. gr. 16. Wien, Seidel u. Sohn. Gebunden in Leinewand 4,— M.

Instruktion für den Unterricht über die Gesundheitspflege zum Gebrauche in den Unteroffiziers- und Mannschaftsschulen. 3. Aufl. 8. Wien, Hof- und Staatsdruckerei. —,24 M.

Karabiner 88, der, und seine Munition. Mit Anhang, enthält Auszug aus der Schießvorschrift von 1890. Für den Unterricht der Mannschaften. 2. Auflage. gr. 16. Berlin, Liebel. —,15 M.

Lanzette, v., unsere Artillerie! gr. 8. Hannover, Helwing's Verl. 1,— M.

Leitfaden für den Unterricht im militärischen Geschäftsstil und in der Geschäftskenntniß an der königl. Kriegsschule. Auf Veranlassung der Inspektion der Militär-Bildungs-Anstalten ausgearbeitet. 2. Aufl. 4. München, Literarisch-artistische Anstalt, Riedel. 1,20 M.

Leitfaden, betr. das Gewehr 88 und seine Munition. 12. Berlin, Mittler u. Sohn. —,30; kartonnirt —,40 M.

— für den Unterricht in der russischen Sprache an den königl. Kriegsschulen. Auf Veranlassg. der königl. General-Inspektion des Militär-Erziehungs- u. Bildungswesens verf. 3. Aufl. gr. 8. Ebd. 1,60; gebunden 2,— M.

— für den Unterricht in der Taktik auf den königl. Kriegsschulen. Auf Veranlassung der General-Inspektion des Militär-Erziehungs- u. Bildungswesens ausgearbeitet. 8. Aufl. Berichtigungen und Ergänzg. zur 1. Lfg. 4. Ebd. —,30 M.

Litzmann, Oberstlieutenant, Beiträge zur taktischen Ausbildung unserer Offiziere. I. Offizier-Feldienst-Uebungen. Anlage und Leitung. Besprechung durch den Leitenden. Bearbeitung durch den Führer. Mit 1 Kroki, 1 Skizze und Blatt Cosel der Karte des Deutschen Reiches, 1:100000. 2. Aufl. gr. 8. Leipzig, Lang. 3,—; geb. 4,— M.

Manöver, die größeren, in Ungarn 1893. Nach den Befehlen der Manöver-Oberleitung auf Grund der Manöver-Relationen, dann der Meldungen der Schiedsrichter und Berichterstatter im operativen Bureau bearbeitet. Lex.-8. Mit Tabellen und 12 Karten. Wien, Seidel u. Sohn. 5,40 M.

Militär-Verwaltung, die, in ihrem Verhältniß zu Landespferdezucht. gr. 8.
Mit 5 Lichtdr. Dresden, Höckner. 1,— M.

Mühlenfels, E. v., der Unteiricht im Patrouillengang. 12. Berlin, Mittler
u. Sohn. —,60; 2 Pläne dazu. 1:3,000. à 60,5 × 91 cm. Lith. Mit
1 Blatt Text und 1 Namentafel à 2,50 M.

Müller, E. Th., und Th. v. Zwehl, Handbuch für den Einjährig-Freiwilligen,
den Unteroffizier, Offiziersaspiranten und Offizier des Beurlaubtenstandes der
kgl. bayerischen Infanterie. Aus Reglements, Verordnungen etc. zusammengestellt.
6. Auflage, vollständig durchgesehen und ergänzt von Major Th. v. Zwehl. 3 Thle.
gr. 8. München, Oldenbourg. 7,—; in 1 Leinwand-Band 8. M.

Münzenmaier, Major, Gesichtspunkte und Beispiele für die Abhaltung von
taktischen Uebungsritten. 2. (Titel-)Ausg. Mit 2 Generalstabskarten. gr. 8.
Berlin (1890), Mittler u. Sohn. 2,80 M.

Nissen, Bezirks-Feldwebel a. D. Otto, die Militär-Kontrolbehörden des Deutschen
Reiches, nebst Armee- und Marine-Eintheilung. Handbuch für Militär-, Orts- und
Gemeindebehörden und Rathgeber für Wehrleute, Reservisten, Ersatzreservisten
und Rekruten. gr. 8. Kiel, Leipzig, Wigand. 1,— M.

Normen für die Feldausrüstung der k. und k. Eisenbahn-Kompagnien. 1. Thl. 8.
Mit 22 Taf. Wien, Hof- und Staatsdruckerei. 4,80 M.

Omnia mecum porto. Manöver-Kalender für die Infanterie, zugleich für Uebungs-
reisen, Uebungsritte, Kriegsspiel und taktische Arbeiten. XI. Jahrg. 1894. 16.
Metz, Scriba. Mit Tasche. Subskr.-Pr. Kart. 2—; Ladenpreis 2,50; ohne
Tasche Subskr.-Preis 1,25; Ladenpreis 1,75 M.

Otto-Kreckwitz, Ernst v., der Kriegshund, dessen Dressur und Verwendung. 8.
Mit Abbildungen. München, Schön. 2,— M.

Rau, Major, Handbuch für den Kavallerie-Unteroffizier im Felddienst. Mit Skizzen
im Text. 12. Berlin, Mittler u. Sohn. 1,— M.

— Winke über die Ausbildung der Eskadron im Felddienst. Nebst zahlreichen Beispielen
für takt. Aufgaben und Uebungsritte. 12. Mit 1 Karte. Ebd. 2,— M.

Remontirungsordnung. (Rem. O.) 8 Berlin, Mittler u. Sohn. —,60;
kartonnirt —,80 M.

Rohr, Major Frz., Taschenbuch, zum Gebrauche bei taktischen Ausarbeitungen,
Kriegspielen, taktischen Uebungsritten, Manövern und im Felde. 2. Aufl. 12.
Mit Figuren, 3 Beilagen und 4 Skizzentafeln. Wien, Braumüller. Gebunden
in Leinwand 3,60 M.

Salzmann, Korps-Stabsapotheker Dr., der Dienst des deutschen Apothekers im
Heere und in der Marine. gr. 8. Berlin, Mittler u. Sohn. 3,—; geb. 3,50 M.

Scherff, General z. D. W. v., Kriegslehren in kriegsgeschichtlichen Beispielen der
Neuzeit. 1. Heft. gr. 8. Berlin, Mittler u. Sohn. Mit 2 lith. Plänen 3,25 M.

Schießtafeln für die k. und k. Festungs-Artillerie. 8. Mit Figuren. Wien,
Hof- und Staatsdruckerei. In Leinwand-Decke 3,60 M.

Schmidt, General-Major z. D. Paul v., die Erziehung des Soldaten. gr. 8. Berlin, Liebel. 2,50; gebunden in Leinwand 3,25 M.

Schußtafel (Nr. 2) f. die schwere Feld-Kanone C/73 bzw. Feld-Kanone C/73/88 mit Feldgranaten C/82, Sprenggranaten und Feldschrapnels C/82 mit 0,64 kg Geschütz-Blättchenpulver bezw. 1,5 kg grobkörnigem Pulver Ladung. Die Schußtafel ist im Sommer 1886 erschossen, im Herbst 1888 geprüft und im Frühjahr 1890 für Geschütz-Blättchenpulver umgeändert worden. Dieselbe gilt f. e. Luftgewicht v. 1,22 kg f. das Kubikm. 16. Berlin, Mittler u. Sohn. Auf Leinw. u. lackirt —,85 M.

— (Nr. 2a) für die schwere Feld-Kanone C/73, die Feld-Kanone C/73/88 und die Feld-Kanone C/73/91 mit Feldschrapnels C/91 und Sprenggranaten mit 0,64 kg Geschütz-Blättchenpulver Ladung. Die Schußtafel ist im Sommer 1893 aufgestellt worden. 16. Ebd. Auf Leinw. und lackirt —,85 M.

Slugarewski, Gen.-Maj. Arcadius, der Angriff der Infanterie. Autoris. Uebersetzg. der 2. Aufl. von Major Valerian Mikulicz. Mit einer Beilage. gr. 8. Wien, C. Konegen. 3,— M.

Tettau, Prem.-Lieut Frhr. v., das russische Drei-Linien-Gewehr u. seine Schußleistungen. 2. Aufl. mit Zeichngn. im Text u. 1 Zeichentaf. gr. 8. Hannover, Helwing. 1,20 M.

Uniformen und Fahnen, die, der deutschen Armee. 2. Abth. 8. Leipzig, Kahl. 23 farbige Tafeln. 1,50; geb. 2,— M.

Vischer, Hauptmann Kriegsschul-Lehrer, taktische Uebungen am Fuße der Vogesen. gr. 8. Mit Skizzen. Berlin, Mittler u. Sohn. 2,— M.

Vorschrift für die Erweisung von Ehrenbezeigungen. Ehrenbezeigungs-Vorschrift. 8. München, Literarisch-artistische Anstalt. —,65 M.

— für den Geldanweisungs- und Rechnungscontroldienst im k. und k. Heere. Anh. Bestimmungen für die Contier. der in der Gebarg. der Heeresverwaltg. vorkomm. Einnahmen und Ausgaben. hoch 4. Wien, Hof- und Staatsdruckerei. 1,60 M.

— über die Versendung von Sprengstoffen und Munitionsgegenständen der Militär- und Marineverwaltung auf Land- und Wasserwegen, Sprengstoffversendungsvorschrift, nebst militärischen Ausführungsbestimmungen. 8. Berlin, Mittler u. Sohn. —,40; kartonnirt —,60 M

Vorwerg, Hauptmann a. D. O., die Organisation der technischen Waffe. gr. 8. Herischdorf bei Warmbrunn, O. Vorwerg. 2,— M.

Weißhun, Gen.-Lieut. z. D., Instruktionsbuch für den Infanterie-Unteroffizier. Anknüpfend an den „Dienst-Unterricht des Infanterie-Gemeinen". Mit 3 Anlagen: „Kommando-Tabelle", „Berechtigung der Unteroffiziere zur Civilversorgung" und „alphabetisches Register". 7. Aufl. 12. Potsdam, Döring's Erben. 2,—; geb. in Leinw. 2,50 M.

Werftdienstordnung. (Kapitel III, Titel 3.) Beschaffungsbetrieb. Entwurf. gr. 8. Berlin, Mittler u. Sohn. 1,75 M.

———

Carroussel, das, zu Wien 1894. Festblatt, hrsg. vom Komitee des Carroussels. Programm zum Carroussel in der k. k. Hof-Reitschule am 21., 23., 24. und

9*

25. April 1894. Fol. Mit Abbildungen und 1 Tafel. Wien, Gerold's Sohn. 1,— M.

Consignation derjenigen Privathengste, welche in den im Reichsrathe vertretenen Königreichen und Ländern für die Beschälperiode 1894 auf Grund der Körungsbestimmungen die Licenz zur Belegung fremder Stuten ertheilt worden ist. gr. 4. Wien, Beck. 1,— M.

— der Staatshengste, welche in den im Reichsrathe vertretenen Königreichen und Ländern während der Beschälperiode 1894 in den Beschälstationen, in Privatpflege und in Miethe, und in den k. k. Staatsgestüten Radautz und Piber aufgestellt sind. Nebst einem Verzeichnisse aller engl. Vollblut-Staatshengste und ihrer Standorte, e. Ausweise über die Zahl und Verwendung der während der Beschälperiode 1893 aufgestellt gewesenen Staatshengste und lizenzirten Privathengste und e. Ausweise über das Resultat der Belegung im J. 1892., gr. 4. Ebd. 1,— M.

Fillis, James, Grundsätze der Dressur (Principes de Dressage) und (et) über die Reitkunst (d'équitation) Auf Wunsch des Verfassers ins Deutsche übertragen von Major a. D. M. v. Jansen genannt v. der Osten. gr. 8. Mit 35 Tafeln. Berlin, Militär-Verlag Felix. Gebunden in Leinwand 15,— M.

Flaum, Fritz, Walterkehmen stud in East Prussia (Germany) (owner: Mr. William Gerlach). An essay. With illustrations. Translated by Capitän E. v. Heuser. gr. 8. Mit 9 Tafeln. Berlin, Pauli's Nachf. 1,50 M.

Gedanken, hippologische, von einem Freunde des Vollblutpferdes. gr. 8. Berlin, Mittler u. Sohn. —,40 M.

Henning, Major a. D. Richard, die Rennfrage im Hause der Abgeordneten des österreichischen Reichsrathes zu Wien unter Berücksichtigung der Totalisateur- und Buchmacher-Bewilligung. gr. 8. Wien, Fromme. 2,— M.

Mayerhofer, Lieut. der Reserve Robert, ein Distanzritt Agram—Wien. 8. Mit Titelbild. Wien, Seidel u. Sohn. 1,20 M.

Militärverwaltung, die, in ihrem Verhältniß zur Landespferdezucht. gr. 8. Mit Lichtdr. Dresden, Höckner. 1,— M.

Oettingen, Landstallmeister Burchard v., über die Pferdezucht in den Vereinigten Staaten von Amerika. gr. 8. Berlin, Mittler u. Sohn. 1,— M.

Petersen, fr. Sekr. J. A., Pferde, Pferdezucht und Sport in Ostindien. Mit 8 Vollbildern und vielen Textillustrationen noch Originalzeichnungen des Verf. 2. (Titel-) Ausg. gr. 8. Neudamm 1892, Neumann. 6,— M.

Silberer, Victor, das Training des Trabers. 2. Aufl. 12. Wien, Verlag der Allgemeinen Sport-Zeitung. Gebunden in Leinwand 10,80 M.

— Turfbuch für 1894. 16. Ebd. Gebunden in Leinwand 9,— M.

Stop, hippologische Erbsen an die Wand. gr. 8. Mit 1 Lichtdr. Wien, Beck. 1,20 M.

Wilckens, Professor Dr. M., Arbeitspferd gegen Spielpferd, die Mechanik verschiedener Pferdeformen und die Reform des Staats-Pferdezuchtwesens in Oesterreich. gr. 8. Mit 5 Fig. Wien, Fromme. 2,— M.

Wrangel; Graf C. G., das Buch vom Pferde. Ein Handbuch für jeden Besitzer
und Liebhaber von Pferden. 3. Aufl. (In 30 Lfgn.) 1. Lfg. gr. 8. Mit Ab=
bildungen und 1 Taf. Stuttgart, Schickhardt u. Ebner. 1,— M.
— Ungarn's Pferdezucht. 21. und 22. Lfg. Ebd. à 2,— M.

Karten.

Artaria's Generalkarten der österreichischen und ungarischen Länder. Nr. 11. Wien,
Artaria u. Co. In Karton 4,— M.
Atlas des côtes du Congo français en 22 feuilles. Sous-Secrétariat d'état
des colonies, service géographique. 1 : 80 000. à 49,5×32 cm. Lith. Paris,
Le Soudier. 8, —; einzelne Blatt —,40 M.
Garnisonumgebungskarte Leipzig. Hrsg. vom topogr. Bureau des kgl. sächs.
Generalstabes. 1 : 100 000. 54×40,5 cm. Kpfrst. Dresden, Leipzig, Hinrichs.
2, —; Kpfrst. und Farbendruck 3, —; Aufzug auf Leinwand 1,— M.
Generalkarte, neue, von Mitteleuropa. 1 : 200 000. Hrsg. vom k. k. militär=
geographischen Institut in Wien. 10. bis 12. Lfg. 25 Blatt à 57 × 35,5 cm.
Farbendr. Wien, Lechner. à Blatt 1,20 M.
Herrich, A., Generalkarte von Afrika. 1 : 14 500 000. 4. Aufl. 66 × 81 cm.
Farbendr Glogau, Flemming. 1,— M.
— Weltverkehrskarte. 1 : 50 000 000. 62×83 cm. Farbendr. Ebd. 1,— M.
Hickmann's, Prof. A. L., geographisch=statistischer Taschenatlas. 12. (40 farbige
Karten mit 47 S. Text.) Wien, Freitag u. Berndt. Geb. in Leinw. 3,— M.
Höhenkurvenkarte des Königreich Württemberg. 1 : 25 000. Hrsg. von dem k.
württ. statistischen Landesamt. Blatt 79. Simmersfeld. 46,5×52 cm. Kpfrst.
und Farbendr. Stuttgart, Lindemann. 2,— M.
Karte des Deutschen Reiches. 1 : 100 000. Abtheilung: Königreich Preußen. Hrsg.
von der kartographischen Abtheilung der königlich preußischen Landesaufnahme.
Nr. 45, 124. 125, 220, 300, 644. à ca. 29×34 cm. Kupferstich und kolor.
Berlin, Eisenschmidt. à 1,50 M.
— des Kreises Jarotschin, Regierungsbezirk Posen. Herausgegeben von der karto=
graphischen Abtheilung der königlich preußischen Landesaufnahme. 1 : 100 000.
45,5×51 cm. Kupferstich und kolor. Berlin, Eisenschmidt. 2,— M.
— topographische, des Königreich Sachsen. 1 : 25 000. Hrsg. durch das königliche
Finanzministerium. Bearbeitet im topographischen Bureau des königl. General=
stabes. Sektion 10, 11, 72, 73 und 98. Kurrentgestellt. à 44×45 cm. Kupfer=
stich und Farbendr. Dresden. Leipzig, Engelmann. à 1.50 M.
Meßtischblätter des preußischen Staates. 1 : 25 000. Nr. 1848, 1850, 2263,
2264, 2338, 2361, 2426, 2432, 2484, 2503, 2572, 2574, 2575, 2578,
2647, 2648, 2653, 2716, 2717 und 2721. à ca. 46 × 45,5 cm. Lith. und
kolor. Berlin, Eisenschmidt. à 1,— M.

Schlachten-Atlas des 19. Jahrhunderts, vom Jahre 1828 bis 1885. Pläne aller wichtigeren Schlachten, Gefechte, Treffen und Belagerungen in Europa, Asien und Amerika, mit Kartenskizzen und begleitendem Texte, nebst Uebersichtskarten und Skizzen mit kompendiösen Darstellungen des Verlaufes der Feldzüge. Nach authentischen Quellen bearb. 38. bis 41. Lfg. Fol. Iglau, Bäuerle.

Subskriptionspreis à 2,65; Ladenpreis à 5,25 M.

Seekarten der kaiserlich deutschen Admiralität. Hrsg. vom hydrographischen Amt des Reichs-Marineamts. Nr. 124. Berlin, Reimer.   1,50 M.

Skizze der Kolonie Kamerun zur Uebersicht der Abkommen zwischen dem Deutschen Reiche, Großbritannien und Frankreich, sowie der deutschen Expeditionen in das Hinterland. 1 : 4 500 000. 35×26 cm. Lith. Berlin, Reimer. —,50 M.

Uebersichtskarte von der Stadt Dar-es-Salām und deren nächster Umgebung. Nach den Originalaufnahmen der Vermessungsabtheilung des kaiss. Gouvernements für Deutsch-Ostafrika gefertigt im Jahre 1892/93. 1 : 5000. 62 × 94 cm. Farbendr. Berlin, Reimer.   2,— M.

Umgebungskarte von Klagenfurt. Hrsg. vom k. k. militär-geographischen Institut in Wien. 1 : 75 000. 38,5×57 cm. Farbendr. Wien, Lechner. 2,80 M.

Drittes Quartal.

Anleitung zum Studium der Kriegsgeschichte. Von Generallieutenants z. D. J. v. H(ardegg) und Th. Freiherrn v. Troschke. A. u. d. T.: Geschichte der Kriege der Neuzeit. Als Anleitung zu deren Studium bearb. Ergänzungsbd. (4. Hauptabschnitt, von 1866 bis 1880.) 1. Heft. gr. 8. Mit Figuren, Plänen und Karten. Darmstadt, Zernin.   4,80 M.

Arke, Bernh., im Felde. Kriegserinnerungen eines Freiwilligen vom Grenadier-Regiment König Friedrich II. (3. Ostpreußischen) Nr. 4. gr. 8. Mit Abbildgn. Berlin, Mittler u. Sohn.   1,— M.

Armee, die englische, in ihrer gegenwärtigen Uniformirung. 17 Tafeln in lith. Farbendruck mit 190 Abbildungen von Offizieren und Soldaten aller Truppengattungen, genauen Farbentafeln ꝛc. Nebst Erläutergn. zu denselben und Mittheilgn. über Eintheilung, Organisation ꝛc. der engl. Armee, sowie mit einer Liste der sämmtl. regulären Regimenter. 8. Leipzig, Ruhl. 2,50; geb. 3,— M.

Beiheft zum Militär-Wochenblatt. Hrsg. von Generalmajor z. D. v. Estorff. 1894. 7. und 8. Heft. gr. 8. Berlin, Mittler u. Sohn.   1,80 M.

Bestimmungen über die Ablegung der Kadettenprüfung ohne vorhergegangene Absolvirung einer Kadettenschule. (Zusammengestellt nach den diesbezügl. mit dem Verordnungsblatt für das k. k. Heer, XIII. Stück vom Jahre 1894, ausgegebenen Vorschriften und nach den Wehrvorschriften, I. Theil vom Jahre 1889.) gr. 8. Wien, Seidel u. Sohn.   —,60 M.

Beß, Oberst z. D. E., aus den Erlebnissen und Erinnerungen eines alten Offiziers. 8. Karlsruhe, Reiff.   2,—; gebunden in Leinwand 3,— M.

Neuabdruck unter Einfügung der bis Mai 1894 erschienenen Deckblätter Nr. 1 bis 54 und der handschriftlich auszuführenden Berichtigungen Nr. 1 bis 47 in den Text. gr. 8. Berlin, Mittler u. Sohn.   1,60; geb. in Halbleinw. 1,85; in Leinwand 2,— M.

Heuser, Bahnbeamter Hauptmann a. D. E., die Belagerungen von Landau in den Jahren 1702 und 1703. gr. 8. Mit 6 Lichtdrucktafeln, 1 Lith. und Text-abbildgn. Landau, Kaußler.   4,— M.

Hopp, s Z. Einjährig-Freiw. Frdr., das Grenadier-Regiment Kronprinz (1. Ost-preußisches) Nr. 1, jetzt Grenadier-Regiment König Friedrich III. (1. Ostpreuß.) Nr. 1 im Kriege gegen Frankreich 1870/71. Nach dem Tagebuch und den ge-sammelten Feldpostkarten und Briefen von H. 1. Theil. gr. 8. Mit 4 Skizzen. Königsberg, Hartung.   1,— M.

Kandelsdorfer, Hauptm. Karl, der Heldenberg, Radetzky's letzte Ruhestätte und Schloß Wetzdorf. 3. Aufl. 12. Mit 15 Autotyp. Wien, Braumüller. 1,— M.

Kleemann, Generalmajor a. D., die Linien (Linien-Verschanzungen) in Mittel-Europa im 17. und 18. Jahrh. [Aus: „Allgemeine Militär-Zeitung".] gr. 8. Darmstadt, Zernin.   1,80 M.

Koschwitz, Professor Dr. E., französische Volksstimmungen während des Krieges 1870/71. 8. Heilbronn, Salzer.   1,50; geb. 2,— M.

Kretschman, General z. D. v., für den deutschen Soldaten. [Aus: „Deutscher Soldatenhort"] 12. Berlin, Siegismund.   —,40 M.

May, Emil, Mobil! Erinnerungen eines Veteranen aus dem Kriege 1870/71. 12. Zittau, Oliva.   1,— M.

Militär-Vorschriften. Taschen-Ausg. (Zusammengestellt für den Feldgebrauch.) 85. u. 86. Heft. 12. Wien, Hof- u. Staatsdruckerei. 85. Heft —,50; 86. —,40 M.

Natzmer, Gneomar Ernst v., bei der Landwehr, vor Metz und die Schlacht v. Beaune la Rolande. gr. 8. Mit 3 Karten. Gotha, Perthes.   4,— M.

Neuwirth, Victor Ritter v., Geschichte des k. u. k. Infanterie-Regiments Alt-Starhemberg Nr. 54. 2. Aufl. gr. 8. Mit Abbildungen und 10 farbigen Taf. Olmütz, Hölzel.   6,50 M.

Question, la, d'orient et la défense de Constantinople (Avec 2 croquis.) [Aus: „Internationale Revue über die gesammten Armeen und Flotten". gr. 8. Dresden, Friese u. v. Puttkamer.   1,— M.

Rangliste von Beamten der kaiserlich deutschen Marine. 2. Jahrg. 1894. Ab-geschlossen im Mai 1894. Zusammengestellt nach amtlichen Quellen. gr. 8. Berlin, Mittler u. Sohn.   2,—; geb. 2,50 M.

Rang- u. Quartier-Liste der königl. preuß. Armee u. des XIII. (königl. württem-bergischen) Armeekorps für 1894. Mit den Anciennetäts-Listen der Generalität und der Stabsoffiziere. Nach dem Stande vom 20. Mai 1894. Auf Befehl Sr. Maj. des Kaisers u. Königs. Red.: die königl. Geheime Kriegs-Kanzlei. gr. 8. Mit 1 Tab. Berlin, Mittler u. Sohn. 7,50; in Pappband 8,50; durchsch. 10,50; geb. in Leinwand 9,— M.

Ranglisten der königlich preußischen Marine aus dem Jahre 1848 bis 1864. Anhang: Abdruck der in dem vorbezeichneten Zeitraum erschienenen geschriebenen „Listen der königlich preußischen Marine" für die Jahre 1854, 1855, 1857 und 1858. Herausgegeben von dem Oberkommando der Marine. Dezember 1893. 2 Aufl. gr. 8. Berlin, Mittler u. Sohn. 4,25; gebunden 5,— M.

Renzell, Major v., Geschichte des Garde-Jäger-Bataillons 1744 bis 1894. Nebst einem Anhang: Die 1. Kompagnie des 1. Reserve-Jäger-Bataillons im Feldzug 1870/71. Im Auftrage des Bataillons bearbeitet. 2 Aufl. Mit 2 Bildnissen, 6 Uniformbildern, Karten und Plänen. Lex.-8. Berlin, Mittler u. Sohn. 11,—; gebunden in Leinwand 13,— M.

Reuß, Major a. D. L. v., Begebnisse und Erlebnisse im deutsch-französischen Kriege 1870/71. Vom Beginn des Kriegs bis zum Friedensschluß und der Rückkehr in die Heimath. gr. 8. Landsberg a. L., Verza. 2,— M.

Sarkotić, Hauptmann Stefan, das russische Kriegstheater. Strategische und geographische Studie. Aus dem Russischen von S. 3 Aufl. [Aus: „Streffleur's österreichische militärische Zeitschrift"] gr. 8 Wien, Braumüller. 2,— M.

Schneider, Hauptm. Lehrer Adb., Gedenkschrift an die Enthüllung des Denkmals für die gefallenen ehemaligen Angehörigen der k. k. Infanterie-Kadettenschule zu Liebenau bei Graz. Im Auftrage des k. k. Schulkommandos verf. gr. 8. Mit 2 Abbildungen und 1 Plan. Graz, Pechel. 2,— M.

Soldaten-Bibliothek, kleine. Hrsg. v. Hauptmann a. D. Jürgen Roor. 12. Bd. 12. Berlin, Evangelische Vereins-Buchh. Kart. —,40; geh. —,30 M.

Tabellen, militär-statistische, aller souveränen Länder der Erde. 4. Aufl. 8. Leipzig, Ruhl. 1,50 M.

Uniformes de l'armée belge. Uniformen des belg. Heeres. Uniforms of the Belgian army. gr. 8. Mit 12 farb Taf. Brüssel, Kießling u. Co. Geb. in Leinw. 5,20 M.

Verfassung und Verwaltung der österreichisch-ungarischen Monarchie. [Aus: „Leitfaden der Geographie für die k. k. Militär-Oberrealschule und die k. k. Kadettenschulen".] gr. 8. Wien, Seidel u. Sohn. —,75 M.

Vierteljahrs-Katalog der Neuigkeiten des deutschen Buchhandels. Kriegswissenschaft, Pferdekunde und Karten. Jahrgang 1894. 2. Heft. April—Juni. gr. 8. Leipzig, Hinrichs. —,15 M.

Warrentin, Bruno J, die Seeschlacht bei Helgoland. Ein Zukunftsgemälde. gr. 8. Leipzig, Friedrich. 1,— M.

Warum ich fahnenflüchtig wurde. Apologie eines deutschen Einjährigen. Von ihm selbst. 8. Zürich, Verlags-Magazin. —,50 M.

Wehrordnung, deutsche. Neuabdruck unter Einfügung der bis April 1894 erschien. Deckblätter Nr. 1 bis 70 und der handschriftlich auszuführ. Berichtigungen Nr. I bis XXIX sowie 1 bis 50 in den Text. gr. 8. Berlin, Mittler u. Sohn. 1,60; gebunden in Halbleinwand 1,85; in Leinwand 2,— M.

Werner, Kontreadmiral a. D. B., die Kriegsmarine, ihr Personal und ihre Organisation. gr. 8. Leipzig, Friedrich. 4,— M.

Werner-Ehrenfeucht, Hauptm., polnisch-deutsches Handbuch f. den deutschen Offizier, Sanitätsoffizier und Militärbeamten. 12. Rastatt, Greiser. Geb. 2,50 M.

Windeck, Hauptmann, Geschichte der ersten 25 Jahre des königlich preußischen Füsilier-Regiments Königin (Schleswig-Holsteinisches) Nr. 86. Im Auftrage des Regiments bearbeitet. Mit Abbildungen, Karten und Plänen. gr. 8. Berlin, Mittler u. Sohn. 7,--; geb. 8,75 M.

Zeiß, R., Kriegserinnergn. 2. Aufl 2. bis 8.Lfg. Altenburg, Geibel. à —,50 M.

———

Anforderungen, die, der Strategie und Taktik an die Eisenbahnen. 2 Vorträge von Miles Ferrarius. gr. 8. Berlin, Eisenschmidt. —,80 M.

Anleitung für die Darstellung gefechtsmäßiger Ziele f. die Feld- u. Fußartillerie 12. Mit 1 Taf. u. 89 Bildern. Berlin, Mittler u. Sohn. —,70; kart. —,90 M.

Bancalari, Oberst d. R. Gust., Studien über die österreich-ungarische Militär-Kartographie. [Aus: „Organ der militär-wissenschaftlichen Vereine".] gr. 8. Wien, Lechner. 1,60 M.

Bataillon, Regiment und Brigade auf dem Exerzierplatz und ihre Ausbildung für das Gefecht. Im Sinne der neuen Reglements praktisch dargestellt von H. Frhr. v. d. G.-R. 2. Theil. 8. Mainz, Militär-Verlagsanstalt. 2,— M.

Beköstigungsvorschriften für die Friedenslazarethe, nebst Anleitung zur Aufstellung der Beköstigungsverordnungen. Sonderabdruck der Beilage 14 und 17 der F. S. A. gr. 8. Berlin, Mittler u. Sohn. —,15 M.

Bestimmungen über die Beschwerdeführung der Personen des Soldatenstandes des Heeres vom Feldwebel abwärts. 8. Berlin, Mittler u. Sohn. —,10 M.

— für den Dienst an Bord. Entwurf. 1. Theil. gr. 8. Ebd.
1,60; kart. 1,85; geb. in Leinw. 2,— M.

— für die Fußartillerie-Schießschule. 8. Ebd. —,20; kart. —,35 M.

— betreffend die Militär-Bäckerabtheilungen. 8. Ebd. —,10 M.

— Ueber die Beförderung der Unteroffiziere im Frieden. Vom 14. Juni 1894. 8. Ebd. —,15 M.

Boltet, Hauptmann Mathias, Instruktions-Behelf im Sicherungs- und Aufklärungs-dienst. Zum Gebrauche bei der Ausbildung in den Unteroffiziers- und Mannschafts-schulen, mit Beispielen und Zeichnungen im Texte; dann mit einem „Ausbildungs-Programm". gr. 8. Wien, Seidel u. Sohn. 1,20 M.

Cleinow, General-Major z. D., zur Frage des Militär-Strafverfahrens in Deutsch-land und Oesterreich-Ungarn. gr. 8. Berlin, Eisenschmidt. 1,— M.

Czerlien, General-Major Marcus v., die Friedens-Arbeit der öst.-ung. Kavallerie, besprochen an der Hand des Exerzier-Reglements und nach eigenen Erlebnissen. Mit 5 Beilagen und 6 Taf. gr. 8. Wien. Seidel u. Sohn. 9,— M.

Dienst-Reglement f. das kaiserl. u. königl. Heer. 3. Theil. Pionier-Truppe und Anstalten des Pionier-Zeugwesens. 8. Wien, Hof- u. Staatsdruckerei. —,80 M.

Eberstein, Alfr. Freiherr v., Erfahrungen eines Truppenführers. [Aus: „Allg. Militär-Zeitung".] gr. 8. Darmstadt, Zernin. 1,25 M.

2. März 1893. Vorschriften über den Dienstweg und die Behandlung von Beschwerden der Militärpersonen des Heeres und der Marine, sowie der Zivilbeamten der Militär- und Marineverwaltung. Vom 6. März 1878. Nachtrag vom 14. Juni 1894. 8. Berlin, Mittler u. Sohn.

—,25; kplt. mit Nachträgen —,90; kartonnirt 1,20 M.

Nachrichten über Annahme und Einstellung als Freiwilliger bei der kais. Marine. (Auszug aus der Marineordng.) gr. 8. Berlin, Mittler u. Sohn. —,20 M.

— über freiwilligen Eintritt in die Schiffsjungenabtheilung der kaiserlichen Marine. (Auszug aus der Marineordnung.) gr. 8. Ebd. —,20 M.

Orofino, Hauptmann d. R. Carl Edler v., Schwimmen als Kunst und Sport. Uebersicht der bekannten Methoden, insbesondere der im k. k. Heere eingeführten Lehrmethode „Himmel". Mit hoher Genehmigung des k. k. Kriegsministeriums, Abtheilung 5 Nr. 574 ex 1892 verf. Mit 13 Figuren und Bildniß. Wien, Seidel u. Sohn. 1,60 M.

Preisbuch über die wesentlichsten Gegenstände des k. k. Artilleriematerials. 8. Wien, Hof- und Staatsdruckerei. 2,40 M.

Puttkamer, Premierlieutenant Frhr. v., das Radfahren. Die militärische Brauchbarkeit des Rades und seine Verwendung in den Militärstaaten. gr. 8. Mit 12 Abbildgn. Berlin, Mittler u. Sohn. 1,25 M.

Rohr, Oberstlieutenant Franz, Taschenbuch zum Gebrauch bei taktischen Ausarbeitungen, Kriegsspielen, taktischen Uebungsritten, Manövern und im Felde. 3. Aufl. Mit 3 Beilagen, 4 Skizzen-Tafeln und zahlreichen Figuren im Texte. 12. Wien, Braumüller. Gebunden in Leinwand 3,60 M.

Salm, Major, die sämmtlichen Frei- und Gewehrübungen. In Gruppen und Zetteln stufenweise zusammengestellt. 10. Aufl. gr. 16. Berlin, Mittler u. Sohn. —,15 M.

Schießvorschrift für die Infanterie. Anhang I. Für Jäger und Schützen. Nachtrag. 12. Berlin, Mittler u. Sohn. —,10 M.

— dasselbe. Anhang II. Abänderungen bz. Ergänzungen für die Pioniere und Eisenbahntruppen. 12. Ebd. —,10 M.

— für die Kavallerie (vom 14. Juni 1894). 12. Mit 2 Abbildgn. Ebd.

—,75; kartonnirt 1 M.

Sprengvorschrift für die Pioniere. Entwurf. 12. Mit 22 Bildern. Berlin, Mittler u. Sohn. —,80; kartonnirt 1,— M.

Springer, Oberstlieut. Ant., Handbuch für Offiziere des Generalstabes (mit besond. Rücksicht auf deren Dienst im Felde). Nach Dienstvorschriften, Reglements ꝛc. unter Mitwirkung mehrerer Kameraden bearb. und hrsg. 7. Aufl. 12. Mit 12 Taf. Wien, Seidel u. Sohn. Gebunden in Leinwand 6,— M.

Truszkowski, Kämmerer Hauptmann Alexander Ritter v., polnische Militärsprache. Ein Handbuch für den Vorgesetzten im Verkehr mit der Mannschaft. Ueber dienstl. Auftrag und bei Benützung der „Ungarischen Militärsprache" von Frdr. Beszédes bearb. 12. Wien, Seidel u. Sohn. 1,60 M.

Geſetz vom 10. Mai 1894 betr. die Meldepflicht von Landſturmpflichtigen der im Reichsrathe vertretenen Königreiche und Länder mit Ausnahme von Tirol und Vorarlberg und die Verordnung des k. k. Miniſteriums für Landesvertheidigung vom 20. Aug. 1894 Praes. Nr. 1744 bezüglich Durchführung des Geſetzes vom 10. Mai 1894, betr. die Meldepflicht von Landſturmpflichtigen der im Reichsrathe vertretenen Königreiche und Länder mit Ausnahme von Tirol und Vorarlberg. 8. Wien, Hof- und Staatsdruckerei. —,60 M.

Glaſenapp, Prem.-Lieut. v., Geſchichte des Schleswig-Holſteinſchen Ulanen-Regiments Nr. 15 von ſeiner Stiftung bis zum Tage des 25jährigen Beſtehens. Auf Befehl des königl. Regiments zuſammengeſtellt. Mit Abbildgn. u. Karten in Steindr. Lex.-8. Berlin, Mittler u. Sohn. 9,—; geb. in Halbleder 11,— M.

Handbüchlein, geographiſches, für den Soldaten. gr. 8. Mit 1 Bildniß und 3 farbigen Karten. Leipzig, Lang. —,85 M.

Heinke, Hauptmann Mil.-Lehr. J., zur Sedanfeier 1894. Feſtrede, geh. im Feldmarſchallſaale der königl. Haupt-Kadettenanſtalt. gr. 8. Berlin, Liebel —,30 M.

Hirſchberg, Korv.-Kapit., 19 Monate Kommandant S. M. Kreuzer „Schwalbe" während der militäriſchen Aktion 1889/90 in Deutſch-Oſtafrika. Aus den hinterlaſſenen Papieren. Hrsg. von ſeiner Wittwe. Mit 1 Kupferdr. u. zahlreichen Abbildgn. u. Karten im Text. gr. 8. Kiel, Lipſius u. Tiſcher. 3,—; geb. in Leinw. 4,— M.

Hoenig, Fritz, Gefechtsbilder aus dem Kriege 1870/71. III. Bd. 8. Mit 1 Plan. Berlin, Militär-Verlag Felix. 3,— M.

— zur Geſchichte der Vertheidigung des Kirchhofes von Beaune la Rolande. Ergänzungs-Heft zum „Volkskrieg an der Loire". Nach amtlichen Quellen und handſchriftl. Aufzeichngn. von Mitkämpfern. gr. 8. Ebd. 1,20 M.

— die Scharnhorſt'ſche Heeresreform u. die Sozialdemokratie. gr. 8. Ebd. 1,50 M.

Hymmen, Hauptm. v., Prinz Louis Ferdinand v. Preußen. Hiſtoriſch-biograph. Skizze. Mit 1 Bildniß u. 1 Gefechtsplan. gr. 8. Berlin, Eiſenſchmidt. 1,— M.

Jahrbuch, militär.-ſtatiſtiſches f. d. J. 1893. Ueber Anordng. des k. u. k. Reichs-Kriegs-Miniſteriums bearb. u. hrsg. v. der 3. Sektion des techn. u. adminiſtrativen Militär-Comité. Imp.-4. Wien, Hof- und Staatsdruckerei. 3,— M.

Kadettenkorps, unſere, v. *⸱* 1. u. 2. Aufl. gr. 8. Leipzig, Friedrich. 1,— M.

Keeſer, Stadtpfr. Unteroff. d. Ldw. Karl, Soldatenſpiegel. Im Anſchluß an das Neue Teſtament für deutſche Soldaten zuſammengeſtellt. 4. Aufl. 8. Stuttgart, Buchhandlung der Evangeliſchen Geſellſchaft. —,15 M.

Kleiſt, Oberſt z. D. Bogislav v., die Generale der preußiſchen Armee von 1840 bis 1800, im Anſchluß an: Die Generale der churbrandenburg. und königl. preuß. Armee von 1640—1840 von Kurt Wolfg. v. Schöning zuſammengeſtellt. 2 Hälften, nebſt erſte Folge u. Nachträge für die Jahre 1891 u. 92. 2. (Titel-)Ausg. Lex.-8. Leipzig 1891, 93. Zuckſchwerdt u. Möſchke. 23,—; geb. 27,50 M.

Kortfleiſch, Hauptm. à la suite Eiſenbahn-Kommiſſ. v., des Herzogs Friedrich Wil-

und der Wiedergabe der Schlußworte in Moltke's eigener Handschrift. gr. 8. Berlin, Mittler u. Sohn. 3,—; geb. 3,60; auch in 6 Lieferungen à —,50 M.

Nagelung und Weihe, die, der Fahnen am 17. und 18. Oktober 1894 zu Berlin. Mit 2 Abbildungen. Hrsg. v. *⁎* gr. 8. Minden, Köhler. —,30 M.

Promberger, Hauptm. Militär-Akad. Lehr. Emil, Atlas zum Studium der Militär-Geographie von Mitteleuropa. gr. Fol. Wien, Hölzel. Geb. 8,— M.

Rangliste der kais. deutschen Marine für das Jahr 1895. (Abgeschlossen am 30. November 1894.) Auf Befehl Sr. Maj. des Kaisers u. Königs. Red. im Marine-Kabinet. gr. 8. Berlin, Mittler u. Sohn. 2,50; geb. in Leinw. 3,20 M.

Rang- und Anciennetäts-Liste des Offizierkorps der Inspektion der Jäger und Schützen (einschl. Reserve- u. Landwehroffiziere, sowie Portepeefähnriche) und des Reitenden Feldjägerkorps. 1894. Zusammengestellt im Geschäftszimmer der Inspektion. Geschlossen am 25. Sept. 1894. gr. 8. Berlin, Mittler u. Sohn. 1,— M.

Rangs- und Eintheilungs-Liste der k. u. k. Kriegsmarine. Richtig gestellt bis 1. Sept. 1894. 8. Wien, Hof- und Staatsdruckerei. 1,— M.

Rindfleisch, Geo. Heinr., Feldbriefe. 1870/71. Herausgegeben von Ed. Ornold. 4. Aufl. gr. 8. Mit Bildniß und 5 Karten. Göttingen, Vandenhoeck u. Ruprecht. 3,60; in Geschenkband 4,60 M.

Sachsen's Militärvereins-Kalender auf das Jahr 1895. 32. Jahrg. Hrsg. von der Red. des „Kamerad". 4. (Mit 1 farb. und Textabbildungen und Abreißkalender.) Dresden, Expedition des „Kamerad". —,50 M.

Scheven, Hauptmann P. v., Offizier-Stammrollen und Ranglisten des königlich preußischen Kaiser Franz-Garde-Grenadier-Regiments Nr. 2. 1814—1894. Auf Befehl des Regiments bearbeitet. gr. 8. Berlin, Mittler u. Sohn. 12,—; geb. 13,50; mit Goldschnitt 14,50 M.

Schiler, Gendarmerie-Wachtmstr. Frdr., die Schreckenstage von Wörth im Kriege 1870/71. Rückblicke e. Elsässers auf 22 Jahre. 4.A. 8. Straßburg, Bull. 1,— M.

Schimpff, Oberst z. D. Geo. v., 1813. Napoleon in Sachsen. Nach des Kaisers Korrespondenz bearb. gr. 8. (Mit 2 Kartenskizzen.) Dresden, Baensch. 6,—; geb. 7,— M.

Schlachtenatlas des 19. Jahrh. 42. u. 43. Lfg. Iglau, Bäuerle. à 2,65 M.

Schlachtfelder, die, um Metz in 18 photographischen Aufnahmen. Ausgeführt von dem Hofphotographen E. Jacobi in Metz. Hrsg. auf Veranlassung der königl. General-Inspektion des Militär-Erziehungs- und Bildungswesens. qu.-Fol. Berlin, Mittler u. Sohn. 12,50; in Leinwandmappe 15,— M.

— dasselbe. Erläuternder Text: Taktische Wanderungen über die Schlachtfelder um Metz vom 14., 16. und 18. August 1870. Bearb. v. Hauptm. vorm. Kriegssch.-Lehrer Liebach. 12. (Mit 1 Karte.) Ebd. 1,60; geb. in Halbleinw. 1,80 M.

Schutztruppe, die deutsche, für Südwestafrika. 4 Tafeln in lith. Farbendruck mit 44 Abbildungen von Offizieren und Soldaten, sowie der verschiedenen Grad- und sonstigen Abzeichen derselben. Nebst ausführlichen Erläutergn. 8. Leipzig, Ruhl. 1,50; geb. 2,— M.

Wille, General-Major z. D. R., vor dreißig Jahren. Lose Tagebuchblätter aus dem Feldzug gegen Dänemark. gr. 8. Berlin, R. Siegismund. 6,— M.

Wille, Oberst z. D. W., Fortschritte und Veränderungen im Gebiete des Waffenwesens in der neuesten Zeit. (Als Ergänzung und Fortsetzung der gemeinfaßl. Waffenlehre.) Mit Abbildungen im Text. (In 3 Theilen.) 1. Theil. gr. 8. Berlin, Liebel. 1,60 M.

Wohnungsliste der Offiziere und Beamten der Garnison Danzig und Winter-Ausgabe 1894. gr. 8. Danzig, A. W. Kasemann. —,25 M.

Wohnungs-Verzeichniß d. Offiziere u. Beamten d. Garnison Königsberg i. Pr. Winter-Ausg. 1894/95. gr. 8. Königsberg, Braun u. Weber. —,40 M.

dasselbe der Garnison Mainz-Kastel. Winter-Ausgabe 1894, abgeschlossen am 30. Oktober 1894. Bearbeitet nach amtlichen Materialien. gr. 8. Mainz, H. v. Zabern. —,50 M.

Help, R., Kriegserinnerungen. 2. Auflage. 9. bis 14. Lieferung. Altenburg, Geibel. à —,50 M.

Jummach, Lehrer R., Leitfaden für den Unterricht an Kapitulantenschulen und zugleich Hilfsbuch für Militäranwärter. gr. 8. Leipzig, A. Berger. —,60 M.

Arlow, Hauptm. Ritter v., u. Ob.-Lieut. Litomyski, Mil.-Fecht- u. Turnlehrer, systematisches Lehrbuch für den Unterricht im Säbelfechten aus der Hoch-Tierce-Auslage. gr. 8. (Mit 16 Lichtdr.-Bildern.) Wien, W. Braumüller. 3,60 M.

Balthasar's Leitfaden bei dem Dienstunterricht des Kavalleristen. Auf Grund der neuesten Vorschriften bearb. von Oberst-Lieut. Heinr. v. Dewall. 20. Aufl. gr. 16. (Mit 123 Abbildungen und 1 Kroki.) Berlin, Liebel. —,65; kart. —,75 M.

Batsch' Leitfaden für den theoretischen Unterricht des Kanoniers der Feldartillerie. Nach den neuesten Bestimmungen bearbeitet von Hauptm. Zwenger. 24. Aufl. gr. 16. (Mit 32 Abbildungen.) Berlin, Liebel. —,75; kart. —,85 M.

Berittbuch. [Aus „Unteroffizierkalender" Ausg. B.] gr. 16. Berlin, Liebel. Kart. —,40 M.

Bestimmungen über die Beschwerdeführung der Personen des Soldatenstandes der kaiserl. Marine vom Deckoffizier abwärts. gr. 8. Berlin, Mittler u. Sohn. —,15 M.

— über die Gewährung von freier Fahrt und Fahrpreis-Ermäßigungen auf der königlichen Militär-Eisenbahn. gr. 8. Ebd. —,10 M.

Brunn, Oberst v., die Ausbildung der Infanterie im Schießen im Anschluß an die „Schießvorschrift 1893" und den Neudruck des „Exerzir-Reglements 1889". 5. Aufl. gr. 8. (Mit 22 Fig.) Berlin, Liebel. 3,—; geb. in Leinw. 3,60 M.

Bucher, Oberst a. D., Dienst-Unterricht der Infanteristen des XII. (königl. sächs.) Armee-Korps. 12. Aufl. gr. 8. (Mit Abbildungen.) Dresden, Höckner. Kartonnirt 1,20 M.

Buhrle, Rechn.-R. Geh. expedir. Sekr., Bestimmungen über die Versorgung der

gesetzt mit Genehmigung des königl. Kriegsministeriums. 4. Aufl. 11. Th. Innere Dienst. Garnisondienst. Bureaudienst. 4. Abth. gr. 8. Berlin, Bath. 4,20 M.

— dasselbe. 4. Aufl. III. Thl. Militärökonomie. 1. u. 2. Abth. gr. 8. Ebd. 1. Abtheilung 1,—; 2. 4,— M.

Herbstmanöver, die, des IV. Armeekorps (4. und 8. Division) in der Ostschweiz 1894. [Aus: „Zürcher. Freitagszeitg."] gr. 8. Mit Abbildungen, 1 Tafel und 1 farbigen Karte. Zürich, Hofer u. Burger. 1,— M.

Hillen, Hauptm. z. D., die Erziehung der Einjährig-Freiwilligen aller Waffen zum Reserveoffizier-Aspiranten. Feldartillerie-Ausg., bearb. v. Hauptm. Zwenger. 2. Aufl. 8. Mit Abbildungen und 3 Tafeln. Berlin, Liebel. 2,50; geb. 3,25 M.

— aus der Praxis für die Praxis. Exerzirhülfen für die Einzelausbildung und das Exerziren im Trupp. Für jüngere Vorgesetzte aller Waffengattungen. 8. Ebd. —,75; kartonnirt —,90 M.

Hoenig, Fritz, Beispiele zu Dispositionen für kleinere felddienstliche Uebgn. 3. Aufl. gr. 8. Mit 3 Plänen. Berlin, Militär-Verlag R. Felix. 1,20 M.

Hurt, Hauptmann à la suite Brig.-Adj. Fritz, der Mannschaftsunterricht der deutschen Infanterie. Für die bayerischen Truppentheile bearb. 9. Aufl. 8. Mit Abbildgn. Leipzig, Zuckschwerdt u. Möschle. —,50 M.

Instruktion f. den Kavalleristen über sein Verhalten in u. außer dem Dienste. Von e. Stabsoffiz. Mit e. Bildniß Er. Maj. Kaiser Wilhelms II., 2 bunten Uniformtaf. und 47 Abbildgn. 46. Aufl. 12. Berlin, Eisenschmidt. —,60 M.

Instruktionsbuch f. die Einjährig-Freiwilligen des k. k. Heeres. 8 Theile und Beihefte I—IV zum 7. Thl. 6. Aufl. gr. 8. Wien, Hof- u. Staatsdruckerei. 10,20 M.

Köhler's Leitfaden für den Dienstunterricht des Infanteristen. 48. Aufl. 12. Mit Abbildgn. Straßburg, Straßburger Druckerei u. Verlagsanstalt. Kart. —,50 M.

Kriegsartikel, die Besprechung u. Erläuterung derselben, nebst e. Anleitg. f. den Unterricht v. Hauptmann S. K. 12. Berlin, Liebel. 1,—; kart. 1,15 M.

Kuhn, Maj. a. D. A., die Aufnahme-Prüfung f. die Kriegs-Akademie. Ein Hülfsmittel zur Vorbereitg. f. die Kriegs-Akademie und für militär. Uebungs-Reisen. II. Nachtrag (1894) m. 3 Generalstabskarten Sect. Prenzlau, Woldegl u. Friedland i. Westpr. 1 : 100 000. gr. 8. Berlin, Liebel. 1,— M.

Kunowski, Lieut. X. v., die Ausbildung der Rekruten der Infanterie nach dem Exerzir-Reglement v. 1889. Nach prakt. Erfahrgn. in Wochenzetteln zusammengestellt. 6. Auflage bearbeitet von Lieutenant F. v. Kunowski. 12. Leipzig, Zuckschwerdt u. Möschle. —,60 M.

Leitfaden f. den Unterricht in der Dienstkenntniß auf den königl. Kriegsschulen. Auf Veranlassg. der General-Inspektion des Militär-Erziehungs- u. Bildungs-Wesens ausgearb. 6. Aufl. 4. Berlin, Mittler u. Sohn. 1,60 M.

— für den Unterricht in der Feldkunde (Terrainlehre, Planzeichnen u. Aufnehmen) auf den königl. Kriegsschulen. Auf Veranlassung der General-Inspektion des Militär-Erziehungs- und Bildungswesens bearb. 8. Aufl. Mit Abbildungen in Holzschnitt und in Steindruck. 4. Ebd. 3,80 M.

Leitfaden für den Unterricht der Kanoniere der Fußartillerie. Zusammengestellt auf
Veranlassung der General-Inspektion der Fußartillerie. 8. Aufl. Mit e. Bildniß
Sr. Maj. Kaiser Wilhelms II. und 136 Abbildgn. 12. Berlin, Eisenschmidt.
—,60 M.

— betr. den Karabiner 88, das Gewehr 91 und deren Munition. 12. Berlin,
Mittler u. Sohn. —,30; kart. —,40 M.

— für den Unterricht in der Taktik auf den königl. Kriegsschulen. Auf Veranlassung
der General-Inspektion des Militär-Erziehungs- und Bildungswesens ausgearb.
Neuabdr. der 8. Aufl. 1. Lfg. 4. (Mit 35 Abbildgn.) Ebd.
1,60 (Kplt.; 4,40; kart. und durchsch. 5,60) M.

— für den Unterricht in der Waffenlehre auf den königl. Kriegsschulen. Auf Veranlassg.
der General-Inspektion des Militär-Erziehungs- und Bildungswesens ausgearb.
7. Aufl. Mit Abbildgn. im Text und in Steindr. 4. Ebd. 3,— M.

Leithner, Oberstlieutenant Ernst Frhr. v., die Hauptgrundsätze der modernen beständigen Befestigung. [Aus: „Mittheilungen über Gegenstände des Artillerie-
und Geniewesens".] gr. 8. Wien, v. Waldheim. —,60 M.

— die Küstenbefestigung. [Aus: „Mittheilungen über Gegenstände des Artillerie- und
Geniewesens".] gr. 8. (Mit 8 Fig. u. 4 Taf.) Ebd. 2,40 M.

Litzmann, Oberstlieutenant, Beiträge zur taktischen Ausbildung unserer Offiziere.
II. Gefechts-Uebungen mit kriegsstarken Zügen, Kompagnien und Bataillonen, zur
Schulg. der Unterführer für den Kampf im größeren Rahmen. gr. 8. (Mit
3 farbigen Skizzen.) Leipzig, G. Long. à 3,—; geb. in Leinw. à 4,— M.

Menzel, Hauptm. Max, der Dienst-Unterricht f. den deutschen Infanteristen. Ein
Lern- u. Lesebuch f. den Soldaten. Auf Grund der neuesten Vorschriften bearb.
Mit buntem Bildniß Sr. Maj. des Kaisers, ferner mit 1 bunten Uniform- und
7 bunten Ordens-Taf., sowie m. zahlreichen in den Text gedr. Federzeichngn. und
sonst. Abbildgn. 1.—3. Aufl. (1.—28. Taus.) gr. 8. Berlin, Eisenschmidt.
—,60 M.

— der Einjährig-Freiwillige u. Offizier des Beurlaubtenstandes der Infanterie. Seine
Ausbildung und Doppelstellg. im Heer und Staat. Ein Lehr- und Lernbuch.
Für Einjährige, Reserve- und Landwehr-Offiziere, für jüngere Linien-Offiziere,
sowie f. Avantageure u. Fähnriche. Nach den neuesten Vorschriften behandelt. Mit
16 Taf. in Federzeichng. u. 4 Anlagen. gr. 8. Ebd. 2,50; Einbd. -,50 M.

Merkl's Leitfaden für den Unterricht des Kanoniers und fahrenden Artilleristen der
königl. bayerischen Feldartillerie. 6. Auflage von Hauptmann Hans Pöllmann.
8. (Mit Abbildgn.) München, Oldenbourg. —,75 M.

Mitsch, Major Alfr., die applikatorischen Uebungen der Feld- und Festungs-Artillerie.
Eine Studie. gr. 8. Wien, Seidel u. Sohn. 2,— M.

Militär-Eisenbahn-Ordnung. I. Theil. (Kr. Tr. O.) Aenderungen der
§ 9, „ ‚ und ‚„ § 48 und der Anlage XI, sowie der militär. Ausführungs-
Bestimmungen zu § 48. I. Thl. 8. Berlin, Mittler u. Sohn. —,10; I. Theil
mit den Deckblättern und der Aenderung: 1,80; kart. 2,10 M.

Militär-Eisenbahn-Ordnung. III. Th. (F. Tr. O.) Aenderg. des § 34, „bis„ des
§ 35 u. des Verzeichnisses der Sprengstoffe u. Munitionsgegenstände (G). 8. Ebd.
—,15; III. Thl. mit den Deckblättern und der Aenderg.: 1,20; kart. 1,85 M.

Mirus', v., Leitf den f. den Kavalleristen bei seinem Verhalten in und außer dem
Dienste. Bearbeitet und hrsg. von Gen.-Lieut. z. D. G. v. Pelet-Narbonne.
21. Aufl. 12. (Mit 30 Holzschn.) Berlin, Mittler u. Sohn. —,80 M.

Müller, Gen.-Lieut. a. D. H., die Entwickelung der Feldartillerie in Bezug auf
Material, Organisation u. Taktik von 1815 bis 1892. Mit besond. Berücksicht.
der preuß. u. deutschen Artillerie u. m. Benutzg. dienstl. Materials dargestellt.
3. Bd. gr. 8. Berlin, Mittler u. Sohn.
13,—; geb. in Leinw., die Skizzen in Mappe 15,— M.

Parseval, General-Adjutant General Otto -v., Leitfaden für den Unterricht des
Infanteristen u. Jägers der königl. bayerischen Armee. 29. u. 30. Aufl. (Im Auf-
trage des Herrn Herausgebers vollständig durchgesehen und ergänzt von Major
Th. v. Zwehl. 8. (Mit 84 Fig.) München, Oldenbourg. —,60 M.

Pelet-Narbonne, Gen.-Lieut. z. D. G. v., über Erziehung und Führung von
Kavallerie, sowie Uebungen gemischter Truppen im Gelände. Eine Denkschrift.
Mit 16 Skizzen im Text. gr. 8. Berlin, Mittler u. Sohn. 3,75 M.

Pfeiffer, Lieut., Dienstunterricht der königl. bayerischen Kavallerie. Leitfaden bei
Ertheilung des Unterrichts und Handbuch für den Kavalleristen. 5. Aufl. 8.
(Mit 6 Tafeln und 1 Bildniß.) Bamberg, Schmidt. —,50 M.

Preiß, Major z. D., der Feld-Kanonier. Hoffmann's Handbuch für die Kanoniere
der Feld-Artillerie. Auf Grund der neuesten Bestimmungen bearb. 16. Aufl.
8. (Mit Bildniß und 58 Holzschn.) Berlin, Voss'sche Buchh. 1,— M.

Rantzan, Lieutenant Heine. Graf zu, zur Organisation des Militär-Radfahrwesens.
8. Berlin, Liebel. —,80 M.

Rohne, General-Major H., Studie über den Schrapnelschuß der Feld-Artillerie.
Mit 8 Beilagen in Steindr. [Aus: „Archiv für Artillerie- und Ingenieuroffiziere".]
gr. 8. Berlin, Mittler u. Sohn. 1,60 M.

Scherff, General z. D. W. v., Kriegslehren in kriegsgeschichtlichen Beispielen der
Neuzeit. 2. Heft. gr. 8. Berlin, Mittler u. Sohn. 6,50 M.

Schießvorschrift für den Train. 12. (Mit Fig.) Berlin, Mittler u. Sohn.
—,75; kart. 1,— M.

Schütz, Oberst-Lieutenant Aug., Vademecum für die Ausbildung der Cavalleristen
zu Fuß. Auszugsweise im Sinne des bestehenden Reglements verf. gr. 16.
Wien, Seidel u. Sohn. 1,20 M.

Schwarzkoppen, Hauptmann v., Stichworte für Offiziere und Unteroffiziere der
Infanterie bei Ertheilung des Dienstunterrichts. 2. Aufl. 16. Berlin, Eisenschmidt. In Ledertuch kart. —,60 M.

Siber, Hauptmann Direktions-Assistent, Tafel für den Unterricht über das Gewehr 88,
den Karabiner 88 und das Gewehr 91. 2. Aufl. 57×74,5 cm. Farbendr. Berlin,
Liebel. 1,— M.

brauchspferdes. Red.: Maj. a. D. Rich. Schoenbeck. 10. Jahrg. 1894. 4. Quartal.
13 Nrn. Fol. Mit der Beilage: Allgemeine deutsche Kutscher-Zeitung. 1. Jahrg.
52 Nrn. gr. 4. (M. Abbildgn.) Berlin, A. W. Hayn's Erben.

Vierteljährlich 3. — M.

Silberer, Vict., September-Kalender 1894 der Allgemeinen Sport-Zeitung. 16.
·Wien, Verlag der Allgemeinen Sport-Zeitung. 2, – M.

Széchényi, Graf Dénes, Beitrag zum Reitunterrichte. 3. Auflage. 8. Wien.
J. Beck. Gebunden in Leinwand 3.40 M.

Wachtler, G. Ritter v., zur Abwehr gegen die Broschüre des Herrn Prof. Dr.
Wilkens „Arbeitspferd gegen Spielpferd". gr. 8. Wien, J. Beck. 1, — M.

Wrangel, Graf C. G., das Buch vom Pferde. Ein Handbuch für jeden Besitzer
und Liebhaber von Pferden. 3. Aufl. Mit 875 Abbildungen in Holzschnitt, 20
Kunstbeilagen und dem Portr. des Verf. 2 Bde. gr. 8. Stuttgart, Schickhardt
u. Ebner. 20, —; geb. in Leinwand 25, — M.

— Ungarn's Pferdezucht. 24. Lfg. Ebd. 2, — M.

Karten.

Atlas, topographischer, der Schweiz, im Maßstab der Orig.-Aufnahmen nach dem
Bundesgesetze vom 18. Dezember 1868 durch das eidg. topoge. Bureau gemäß
den Direktionen v. Oberst Siegfried veröffentlicht. 1 : 25 000. 42. u. 43. Lfg.
28×38,5 cm. (à 12 farbige Karten in Kpfrst.) Bern, Schmid, Francke & Co.

à 9,60; à Blatt —.80 M.

Debes', E., Handatlas. 12. u. 13. Lfg. Leipzig, Wagner & Debes. à 1,80 M.

Gerhard, Prem.-Lieut. d. L., russische Lehr-Karte. Auf das Dreifache vergrößerter
Ausschnitt aus der russ. Haupt-Stabskarte 1 : 126 000 m allen gebräuchl. Signa-
turen, Abkürzungen und Bezeichnungen im Gelände. 44×46,5 cm. Steindruck.
Leipzig, R. Gerhard. 1, —; auf Leinewand 1,50 M.

Herrich, A., neue Specialkarte v Madagaskar, 1 : 4 000 000 m polit. Uebersichtskarte
von Afrika, 1 : 90 000 000. Nach französischen, deutschen und englischen Quellen
· bearbeitet. 43×35,5 cm. Farbendruck. Glogau, C. Flemming. —.50 M.

Höhenkurvenkarte vom Königr. Württemberg m. Gebirgstönen. Hrsg. v. dem
k. württ. statistischen Landesamt. 1 : 25 000. Bl. 66. Wildbad. 47×52 cm.
Kupferstich und Farbendruck. Stuttgart, H. Lindemann. 2,40 M.

Karte des Deutschen Reiches. 1 : 500 000, unter Red. v. Dr. C. Vogel ausgeführt
in Justus Perthes' geograph. Anstalt in Gotha. 27 Blätter [u. Titelblatt] in
Kpfrst. Neue Ausg. (In 14 Lfgn.) 1. Lfg. Ausg. A. m. polit. Kolorit.
Ausg. B. m. grünem [Flächen-]Waldkolorit. 2 Blatt. à 44,5×33 cm. Gotha.
J. Perthes. à 3 —; Einzelpr. à Blatt 2 —; auf Leinw. 2,40 M.

— dasselbe. 1 : 100 000. Abth.: Königr. Bayern. Hrsg. vom topogr. Bureau
des k. bayr. Generalstabes. Nr. 612. Landau a/Isar. 29,5×38,5 cm.
Kpfrst. und koloriert. München, Liter.-artist. Anstalt. 1,50 M.

— dasselbe. Abth.: Königr. Preußen. Hrsg. v. der kartogr. Abtheilg. der Kngl.

Aufnahme. Nr. 140, 157, 172, 188, 250, 411, 413, 437, 438.
cm. Kpfrst. u. kolor. Berlin, R. Eisenschmidt.   à 1,50 M.
100 000. Abth.: Königr. Württemberg. Hrsg. vom k. württ.
amt. Nr. 592, 632, 634 und 635, 29×38 cm. Kupferstich.
Lindemann.   à 1,50; auf Leinw. à 2,— M.
ische, des Königr. Sachsen. 1 : 25 000. Hrsg. durch das königl.
rium. Bearb. im topograph. Bureau des königl. Generalstabes.
, 60, 69, 86, 116, und 140. Currentgestellt. à 44×45 cm.
ebendr. Dresden, L., W. Engelmann.   à 1,50 M.
Königreich Serbien. Hrsg. vom kgl. serb. großen Generalstab.
Bl. B 1, G 2, Z 3 und V 2. à 35,5×39 cm. Photolith. und
elgrab, Wien, Artaria u. Co.   à 1,20 M.
, Signaturen zum Planzeichnen. Nach den für die Aufnahmen
euß. Generalstabes gelt. Bestimmgn. m. Berücksicht. des früheren
 Meter-Maßes zusammengestellt. Neue Ausg. 1895. 41×40,5 cm.
rlin, S. Schropp.   2,— M.
r des preußischen Staates. 1 : 25 000. Nr. 1922, 2352, 2412,
 2433, 2498, 2502, 2557, 2558, 2573, 2576, 2644/45, 2646,
 2652, 2654, 2722—2724, 2905, 3032, 3090, 3205, 3207.
,5 cm. Lith. u. kolor. Berlin, R. Eisenschmidt.   à 1,— M.
., See-Atlas. Eine Ergänzg. zu Just. Perthes' Taschen-Atlas,
bearb. v. Herm. Habenicht. 24 koloc. Korten in Kpfrst. m. 127
 Mit raut. Notizen u. Tabellen v. Erwin Knipping. qu. Kl. 4.
rthes.   Geb. in Leinw., in gr. 16. 2,40 M.
er Halbinsel Korea. Mit Plänen v. Seoul u. den Häfen Duensan,
mulpo. (Auf Grund der neuesten Vermeßgn. entworfen u. ausgearb.
Möllendorff u. A. Nomenklatur in chinef. u. s. alle wichtigeren
 Sprache.) 2 Blatt. 90×62 cm. Farbendr. u. kolor. Shanghai,
, Koehlers's Antiqu.)   4,— M.
, v. Mittel-Europa, Reymann. 1 : 200 000. Hrsg. v. der kartograph.
kgl. preuß. Landes-Aufnahme. Nr. 155, 157, 158, 263, 312,
 36 cm. Kpfrst. u. kolor. Berlin, R. Eisenschmidt.   1,— M.
ialkarte des Laufes der Oberspree. 1 : 60 000. 48,5×45 cm. Mit
rte: Uebersicht der Wasserläufe zwischen Schmöckwitz-Fürstenwalde-
kruusterhausen. 1 : 20 000. 26,5×44 cm. Berlin, J. Straube.
    1,— M.

Preisliste kostenfrei!

Sempert & Krieghoff, Suhl 21ᵈ
Waffenfabrik mit Dampfbetrieb.
Lieferanten des Reichskommissars Major von Wissmann.

Vortheilhafter Bezug von besten Jagdgewehren, Büchsen aller Systeme zuver-lässigen Stockflinten, Revolvern, Teschings, Ladegeräth und Wildlocken.

Neuheit! Pulver-Mikromass, Neuheit!

pat. Flachvisirung ohne Kimme (für schwache Augen unentbehrlich).

Krieghoff's patentirte Präcisionssicherung für Doppelflinten.

Specialität: **Dreiläufer und Gewehre**
für grosse Raubthiere und Dickhäuter.

Bei Bestellungen bitten wir die Nummer 21 D hinzuzufügen.

en, welche sich in England, der Vormacht zur See, unter
der neuen Kampfmittel des Sporns, des Torpedos, ver=
e und neuer Schiffskonstruktionen über die heutige Seetaktik
n nicht nur das Interesse der Fachleute, sondern auch das=
für diesen Gegenstand interessirenden Theils des größeren
spruchen, welcher den dabei in Betracht kommenden Fragen
sehr seltenes ausreichendes Verständniß entgegenbringt. Diese
en an bemerkenswerthester Stelle in den Publikationen der
Service Institution" zum Ausdruck und sei ihre Dar=
sknüpfung an eine besonders bemerkenswerthe im Mai=Heft
lgenden gestattet.

itt in den Kreisen der englischen Marine mit vollstem Recht
daß die Grundzüge der Kriegführung, auf denen die See=
allen Zeiten dieselben sind und bleiben, und daß nur die
er Anwendung dieser Prinzipien mit jeder Veränderung des
wechseln. Das Studium der Kriegsgeschichte sei daher auch
ohem Maße lehrreich; denn die Seeschlachten der früheren
der Regel gewonnen oder verloren, je nachdem sie in
g mit den Grundsätzen der Kriegskunst geschlagen wurden
n Grundsätzen müsse jedoch auch die heutige taktische Ver=
chiffe und Waffen angepaßt werden. Es ist daher über=
it die Ansichten der Seetaktiker der Jetztzeit auseinandergehen
tral einander gegenüberstehen. So sind z. B. nur Wenige
formation, in der zum Gefecht an den Feind heranzugehen
wohl die Kiellinie wie die Linie nebeneinander und Ver=
elben, ferner die Gruppenformation u. a. haben ihre An=
e, und darunter hervorragende Autoritäten, legen sogar fast
th auf die Formation einer Flotte vor dem Gefecht, da
n ein mêlée übergehen werde, und unter ihnen ist der viel=
ische Admiral Aube der Hauptvertreter dieser Anschauung.
wollen die Formation zum Gefecht nach derjenigen des
andere verlangen einen Geschützkampf auf weite Entfernung.
hr oder weniger günstige Argumente für ihre Ansicht an,
ige Methode hat die praktische Probe in einem Kriege der

Jetztzeit bestanden, und diese divergirenden Ansichten finden sich in den heutigen Systemen der Flottentaktik bei der Beurtheilung von Gefechten ganzer Flotten wie auch bei derjenigen von Engagements einzelner Schiffe vertreten. Als ein Fundamentalsatz wird jedoch englischerseits anerkannt, daß die Seetaktik einfach sein und eine nur kleine Anzahl allgemeiner Regeln aufstellen müsse, sowie daß sie die Zahl der Formationen soviel wie möglich beschränken und sich mit einem Minimum von Evolutionen und Signalen begnügen müsse. Die englischen Fachmänner sind unausgesetzt mit der Abwägung der verschiedenartigen taktischen Systeme und der Ermittelung der besten Formationen und Anordnungen für die Ueberwältigung des Gegners beschäftigt und haben in erster Linie die Gefechtseigenschaften der Geschütze, der Torpedos und des Sporns in's Auge gefaßt, um aus ihnen eine Gefechtstaktik abzuleiten, welche das Maximum der Gefechtsleistung dieser Kampfmittel zu erzielen gestattet.

Was die Verwendung der Geschütze in der Aktion einer Flotte betrifft, so unterliegt dieselbe den besonderen Anforderungen der verschiedenen Geschützarten und ihrer verschiedenartigen Aufstellung, sowie den Bedingungen des verschiedenartigen Schutzes der feindlichen Schiffe, und der Moment der Verwendung der Geschütze, ihrer Ladung und ihr Ziel sind in Einklang miteinander zu bringen. Als Ziel des Geschützkampfes gilt vornehmlich das Außergefechtsetzen und die Demoralisation der feindlichen Mannschaften und alsdann das Außergefechtsetzen des gegnerischen Schiffes als Kampfmaschine. Der Granatschuß, welcher die Panzerplatten durchschlägt, tritt damit in den Vordergrund, da Schießversuche mit ihm bewiesen haben, daß eine in einer Batterie krepirende große Granate dort buchstäblich Alles niederwirft. Der Rauch und Dunst jeder Explosion, die das Schiff in Brand setzt, verhindert überdies auf Zeiträume, die bis zu 20 Minuten Zeitdauer beobachtet wurden, das Betreten der Explosionsstätte. In kasemattirten Schiffen wird der Effekt jedoch etwas geringer sein. Als eine zweite wichtige Frage gilt diejenige, in welcher Ausdehnung das panzerdurchbohrende Feuer vermindert werden könne, da gewöhnliche Granaten gegen schwere Panzer wirkungslos sind. Dies hängt von der Kenntniß der Zusammensetzung der Flotte des Gegners ab. Wenn die größere Anzahl ihrer Schiffe solche sind, die in ihren ungepanzerten Theilen ernstlich beschädigt werden können, wie z. B. Schiffe, deren Stabilität von ungepanzerten Enden abhängt, oder welche große Batterien voller Leute besitzen, so sollen alle Geschütze, schwere wie leichte, von Anfang an mit Granaten geladen werden. Wenn jedoch, wie höchst wahrscheinlich, Schiffe mit ihrer ganzen Gefechtskraft hinter Panzer darunter sind, wird der Admiral zu entscheiden haben, ob die schwersten Geschütze seiner Schlachtschiffe nicht mit voller Ladung von panzerdurchbrechenden Geschossen zu laden sind, unter Berücksichtigung des Umstandes, daß die Beschädigung des Inneren sehr großer Geschütze bei der Verwendung voller

Pulver groß und beim Cordit noch beträchtlicher ist. Hier
mmte Regel aufgestellt werden. Alles hängt von den Typen
fe der feindlichen Flotte ab, und es empfiehlt sich nur für's
zlichst starke Verwendung von Granaten. Hinsichtlich des
nts zu„ Beginn des Feuers wird es als offene Frage be=
: Flotten sofort nahe aneinander herangehen oder zur Ge=
vortheilhaften Position manövriren sollen, indem sie sich
mit Granaten beschießen. Die Vortheile und Nachtheile
n werden später eingehende Erörterung finden. Allein für
aus der Entfernung gilt als wahrscheinlich, daß unabhängiges
schüße mit Granaten das Beste ist. Wenn dagegen die Ge=
Schnelligkeit und in der Absicht, sich nahe zu engagiren,
ngehen, ist zu berücksichtigen, daß die verschiedenen Stellungen
jen sehr rasch wechseln werden und daß, da das Wiederladen
i eines schweren Geschützes einige Minuten Zeit erfordert, es
ist, die schweren Kaliber nicht zu entladen, bis die Nähe des
hancen zum Feuern bietet, ganz besonders gilt dies für paar=
reren Geschützen armirte Schiffe. Die erwähnte Gelegenheit
zehen, wenn die feuernden Schiffe in den Pulverdampf ihrer
dicht eingehüllt sind. Es ist dagegen stets möglich, daß der
rr Deckung des Rauches Torpedoschiffe, nicht unbedingt Tor=
endet, indem er sie dicht an den Hintertheilen seiner führenden
i irgend einer verhältnißmäßig schützenden Position hält und
ünstigen Moment, bevor das Nachgefecht beginnt, rasch vor=
Möglichkeit verdient um so mehr Berücksichtigung, da mehrere
seetüchtigen Torpedoboote bei längeren Kreuzfahrten im Frieden
. Was das Feuer mit Geschützen eines Geschwaders, bevor
gefecht gelangt, betrifft, so soll dasselbe nicht über 4000 Yards
folgen und sollen alsdann nur die unterstützenden und kleinen
idt werden und den Befehl erhalten, das Feuer einzustellen
laden und vorgebracht zu werden, während die Bemannung
vor dem Zusammentreffen mit dem führenden Schiffe des
rlegt; da dies jederzeit der Moment ist, in welchem ein
Gefechtsfeld unerläßlich ist, so sollen alle Geschütze, wenn sie
Schiffe des Feindes passiren, abgefeuert werden und dann im
ein Schiff nach dem anderen selbstständig feuern.
nglische Fachmänner sind der Ansicht, beim Zusammentreffen mit
Flotte das gesammte Feuer aufzusparen, bis der Feind vorbei=
denn, daß die Torpedofahrzeuge seiner Flotte durch die Reihen
atsandt werden, in welchem Falle dieselben mit allen Kräften
en müssen. Die kleinen Schnellfeuer= und Maschinengeschütze
Gegners auf nahe Entfernungen bekämpfen, indem zugleich

11*

seine Torpedo-Stückpforten besonders in's Auge gefaßt werden. Die Geschütze auf den Masten sollen die gleichen Geschütze des Gegners bekämpfen und zugleich seine Docks unter Feuer nehmen. Was die Feuerleitung und die Aufrechterhaltung der Feuerdisziplin betrifft, so sollen Hinterdeckoffiziere die Hauptverantwortlichkeit für dieselbe auf Grund bestimmter Instruktionen über- nehmen. Dieselben müssen völlig vertraut mit den verschiedenen Geschütz- arten der feindlichen Schlachtschiffe sein und dieselben zu beobachten und zu beurtheilen verstehen. Für die modernen Schlachtschiffe gilt gut kontrollirtes selbstständiges Feuer als voraussichtlich stets das beste. Schiffe älterer Art mit ausgedehnten Breitseiten können, besonders beim ersten Angriff, geleitetes Breitseitenfeuer anwenden. Durch einen einzigen Befehlshaber geleitetes Feuer wird im Uebrigen bei einer Flottenaktion für völlig unzulässig gehalten, da dasselbe zu langsam ist und den Schwierigkeiten der beständig aufrecht zu erhaltenden Verbindung unterliegt. Die Hinterdeckoffiziere und die Artillerie- offiziere sollen den Geschützkampf eines Schiffes leiten, da der Kapitän mit der Ueberwachung seines Steuers und seiner Maschinen vollauf beschäftigt ist und ihm überdies die allgemeine Kontrolle und die Beherrschung der ganzen Situation obliegt. Die letztere aber ist unter einem Hagel von Geschossen und Dampfwolken beim Manövriren eines Schiffes kein leichtes Ding. Schon bei in Kiellinie an Zielen vorbeidampfenden Schiffen wird das führende Schiff, wenn es sein Feuer eröffnet, dasselbe zuweilen von seinen Gefährten wenigstens vorübergehend maskirt sehen, so daß das Innehalten der richtigen Stelle sofort schwieriger wird. Eine komplizirtere Form und das Erforderniß, die Front rasch zu ändern, erhöht diese Schwierigkeit noch. Die Einführung eines genügend rauchlosen Pulvers würde den Gang des Gefechts sehr vereinfachen. Unter den heutigen Umständen wird jedoch das möglichste Aufsparen des Feuers bis zur nahen Berührung mit dem Gegner für erforderlich erachtet. Eine feindliche Flotte könne vielleicht unter diesem Verfahren günstigen Umständen auf weite Entfernung beschossen werden, allein sobald ein Vortheil erlangt und der Admiral entschlossen sei, nahe an den Feind heranzugehen, müsse das Feuer gestopft und wieder geladen werden und Alles sich niederlegen. Als Regeln für den Artilleriekampf zwischen zwei einzelnen Schiffen gelten mit geringen Modifikationen im All- gemeinen dieselben. Ein seetüchtiges Schlachtschiff soll jedoch bei der Be- kämpfung eines Monitors anders verfahren wie bei derjenigen eines Schiffes gleicher Gattung. Bei besser geschützter Haupt- und Hülfsarmirung soll es den Kampf auf weite Entfernungen, welche die Chancen eines Unfalls ver- mindern, führen. Ist dasselbe jedoch weniger geschützt, so soll es so rasch als möglich an den Gegner herangehen, um die entscheidende Zone so bald wie möglich zu erreichen. Betreffs der verschiedenen Arten der Schutz- maßregeln gegen Brand und Sprengstücke wird auf die Sprengstückschutznetze,

… und die wassergefüllten Schaufeln der französischen Flotte

e Verwendung und Bedeutung des Sporns gehen die Ansichten vielfach auseinander, allein man neigt sich im Allgemeinen daß sein Werth als Faktor bei Beginn eines Gefechts über= … Die Gewalt eines richtig geführten Rammstoßes sei aller= rstehlich; allein derselbe bilde eine der schwierigsten Aufgaben. immen die feindliche Linie durchbrechende Schiff setzt sich selbst h eines anderen, vielleicht viel minderwerthigeren Schiffes von des angegriffenen her aus. Wenn das Schiff eines Gegners laffiren durch seine Flotte, wie dies besonders für führende gerammt wird, so sind dem rammenden Schiffe die Hände es wieder frei vom Gegner ist, und die eigene Formation , daß Schiffe in unmittelbarer Nachbarschaft in Unordnung m, durchbrochen. Wenn ein Gegner sich bemüht, zu rammen, eine Weg, ihm zu begegnen, darin, ihm mit dem Schiffs= on" entgegen zu gehen, und der bessere Kapitän wird bei Verhältnissen den Sieg davon tragen oder beide Schiffe kollidiren ng und schrammen aneinander vorbei. Man bezweifelt jedoch, in einer derartigen Lage rammen werde, da die Schiffe mit schwindigkeit einander treffen und beide Schiffe völlig gefechts= hi werden würden. Der Untergang der „Victoria" biete einen he Beschädigung des rammenden Schiffes, in jenem Falle des wo beide Schiffe mit nur 9 Knoten Geschwindigkeit und em Steuer und rückwärts gehenden Maschinen und nicht mit der Spitze einander trafen. für eine richtige Taktik, sich zu bestreben, in Masse durch die zu dringen, d. h. in konzentrirter Formation, um unter hen, ihn „end ou" zu treffen, und dann zu wenden, sich sofort Führern zu formiren mit der Absicht, womöglich gegen eine des Feindes vorzugehen, bevor derselbe selbst Zeit hat zu Ausführung eines derartigen Gefechtsplanes schließt jedoch beim ersten Angriff aus. In den meisten Fällen werden nach Wiederformiren und Wiederzusammentreffen die beiderseitigen etwas in Unordnung gerathen sein, und die Partei, der es Ueberlegenheit an einer schwachen Stelle des Gegners zu ver= bedeutend im Vortheil sein. Man ist der Ansicht, daß nur rüstung und ein überlegenes moralisches Element der Geschütz= sie besitzenden Theil den Vortheil einer verhältnißmäßigen Erfolges bieten, während die Rammtaktik in unmittelbarer Schiffe zu viel dem Zufall überläßt. Man weist darauf hin, Fällen ein Schiff, dem es gelungen ist, den Gegner zum

Sinken zu bringen und sich von ihm frei zu machen, am Bug schwer beschädigt ist, vielleicht in einem Grade ziemlicher Bewegungsunfähigkeit, eine Kalamität, die alle folgenden Bewegungen der Flotte hindern werde, und es sei höchst schwierig, mit einer Masse von 10 000 t zu rammen und dabei nicht zu „überrammen". Eine besonders rasche Wendung könne unter Umständen absolut erforderlich werden, um den Rammstoß eines Gegners zu vermeiden, es solle daher im Gefecht mit halber Geschwindigkeit gedampft werden mit der bestimmten Weisung an die Maschinisten, daß beim Ueber= gange zur vollen Geschwindigkeit derselbe als ein Befehl, die Geschwindigkeit so rasch als möglich um wenigstens 2 bis 3 Knoten zu erhöhen, auszu= führen sei. Auf alle Fälle könne eine sehr starke Vermehrung der Ge= schwindigkeit nur verhältnißmäßig langsam erzielt werden, wenn gefährlicher Dampfdruck und Ueberhitzung der arbeitenden Theile vermieden werden solle; allein es sei von Wichtigkeit, daß ein Schiff durch eine rasche Geschwindigkeits= verstärkung um wenig Knoten einer Gefahr zu entkommen vermag. Im Allgemeinen wird in den maßgebenden englischen Fachkreisen der Ramm= stoß nur als der Gnadenstoß für einen Gegner betrachtet, der erst gegen Ende eines Gefechts zu geben sei; auch findet die Konstruktion besonderer Rammschiffe viele Anhänger.

Hinsichtlich der Verwendung der Torpedos, der Schlachtschiffe und Kreuzer bei Flottenaktionen sind folgende Ansichten besonders vertreten: Der Whitehead=Torpedo ist heut außerordentlich vervollkommnet und ein wichtiger Faktor bei Kämpfen der Flotte. Derselbe hat jedoch in Folge der Fort= schritte der Schnellfeuergeschütze Schutz unter der Wasserlinie suchen müssen. Versuche haben gezeigt, daß Schießbaumwolle nicht zum Explodiren neigt, selbst wenn sie von den kleinen Kugeln der Schnellfeuergeschütze durchsiebt wird, wenn der Detonator nicht selbst getroffen wird. Die Wirkung der explodirenden Granate eines Schnellfeuergeschützes würde jedoch voraussichtlich größer sein; wenn hingegen der Torpedo explodirt, würde er zweifellos die schwersten Beschädigungen hervorrufen und der moralische Eindruck bei der Mannschaft verhängnißvoll sein. Es wird angenommen, daß das Feuer bei Beginn einer Flottenaktion naturgemäß ein besonders schweres ist, und man hält es daher für zweifelhaft, ob Torpedobechargen, die über Wasser ab= gegeben werden, so wirksam geschützt sind, um als unverwundbar zu gelten. Es scheint daher, daß an die Verwendung der Torpedos über der Wasser= linie in den ersten Stadien eines allgemeinen Gefechts ein gefährliches Risiko geknüpft sei, besonders für die Schiffe, wo der Abfeuerapparat völlig un= geschützt ist. Die Frage verdiene daher sorgfältige Erwägung, ob die An= wendung einer Ueber=Wasser=Decharge besonders in dem Falle gerechtfertigt ist, daß ein Schiff auf beiden Breitseiten untertauchende Abfeuervorrichtungen besitzt, wie in großer Nähe der feindlichen Schiffe, während die Hülfsarmirung noch intakt ist. Nur sehr wenige englische Fachmänner sind noch der Ansicht,

in einer Flottenaction aus dem Grunde gar nicht verwandt
da sie ebenso gefährlich für Freund wie Feind sind. Dies
sollen werden, wenn sie ohne Ueberlegung abgefeuert werden.
Sollen, z. B. beim ersten Beginn des Gefechtes in schmaler
jedes Schiff Torpedoschüsse mit völliger Sicherheit für seine
Kiel abzugeben, indem es den Feind passirt. Hier
Gelegenheit für die Benutzung unter Wasser liegender Lancir-
rirts erwähnten bedenklichen Einwände verschwinden hier völlig.
Lancirrohr wird daher für eins der wichtigsten, wenn
Zerstörungsmittel eines Schiffes gehalten. Ein Schiff
schlägt, sein Steuer weggeschossen, seine Maschinen unbrauchbar
seiner Geschütze demontirt oder sonst außer Gefecht gesetzt
thatsächlich in einem halben Zustande des Sinkens befinden
jeder Breitseite eine Waffe behalten, welche die zerstörende
200 Pfund Schießbaumwolle repräsentirt. Die Verwendung
us versenkten Lancirrohren hat sich im Ganzen, mit Ausnahme
lichen Geschwindigkeiten, in jeder Hinsicht bewährt, und bei
n bis zu 15 Knoten kann auf das Feuer derselben mit Zu-
rechnet werden, eine Geschwindigkeit, die von großen, in enger
manövrirenden Geschwadern voraussichtlich nicht überschritten
Wenn man einräumt, daß die Gefahr, Whitehead-Torpedos
ersten kräftigen Feuers der leichten Geschütze zu verwenden,
kann es vielleicht wünschenswerth erscheinen, die Torpedos
und ajustirt und bereit, jeden Moment nach Belieben des
bracht und in die Rohre gelassen zu werden, zu halten, wenn
da, daß die zu ihrer völligen Bereitstellung erforderliche Zeit
Fällen diejenige, die zum Laden eines schweren Geschützes
nicht übertrifft. Wenn sich das Nahgefecht entwickelt, so ist
als das Feuer der leichten Geschütze erheblich an Intensität
ge Geschütze werden in dieser Periode außer Gefecht gesetzt
Bedienung wird gelitten haben und die Munitionsergänzung
tig wie im Anfange sein, die Gefahr der Verwendung von
der Wasserlinie wird daher entsprechend verringert sein. Im
Torpedo geladen ist, muß derselbe, bevor man auf nahe Ent-
Gegner und zur Gelegenheit, den Sporn zu verwenden,
tirt werden. In manchen Fällen kann allerdings der Tor-
hr als eine Verlängerung des Sporns betrachtet werden, mit
, wenn der Gegner sich gerade vor uns befindet, kann er
Bugrohr abgefeuerten Torpedo getroffen werden, während
in einiger Entfernung von einander sind, oder er kann
, von seinem Kurse abzuweichen, um den Torpedo zu ver-
sichtlich der Verwendung der Torpedos des Gegners wird es

Richtigkeit der Ansicht zugiebt, daß Torpedoboote nur bei völlig gutem Wetter gleiche Geschwindigkeit mit großen Flotten halten können, ist man doch davon überzeugt, daß es geboten sei, die größeren Torpedofahrzeuge, wie Torpedo= jäger und Torpedobootzerstörer, in See mitzuführen, oder andernfalls einem sehr ernsten Nachtheil unterworfen zu sein   Beim Kreuzen auf hoher See müsse dann die Fahrtgeschwindigkeit der Flotte eine mäßige sein, wenn sie sich nicht nahe an einer Kohlenbasis befinde, in welchem Falle die Torpedo= fahrzeuge im Stande sein würden, die gleiche Geschwindigkeit mit ihr zu halten.   Selbst wenn sie dies jedoch bei schlechtem Wetter nicht mehr ver= möchten, und da die eigene Flotte, wenn sie zum Gefecht schreite, ihre Fahrt= geschwindigkeit sehr steigern werde, sei es angängig, daß dieselbe ihre vielleicht eine Stunde später auf dem Schlachtfelde eintreffenden Torpedoboote mit höchst vernichtender Wirkung gegen halb kampfunfähige Schiffe mit dezimirter und erschöpfter Bemannung verwende.   Torpedojäger und Torpedobootzerstörer müßten daher einer in See gehenden Flotte erforderlichenfalls unter einem Deckungs=Konvoi zugetheilt werden, dieselben müßten unter Wind des Rumpfes der Schlachtschiffe nahe an den Feind herangehen und in erster Linie, je nach ihrer besonderen Funktion, die Torpedofahrzeuge und Boote des Gegners angreifen und in zweiter Linie versuchen, die feindlichen Panzerschiffe durch ihre Torpedos kampfunfähig zu machen.   Die sie befehligenden Offiziere müßten daher die Weisung erhalten, den eigenen Schiffen aus dem Wege zu gehen und in keiner Weise ihre Bewegungen zu hemmen.   Betreffs der neuen Torpedobootzerstörer wird die Ansicht vertreten, daß ihre auf 26 bis 27 Knoten angegebene Geschwindigkeit für einen kurzen energischen Vorstoß auf 22 Knoten angenommen werden könne, und daß beim letzten nahen Herangehen an den Feind ihre Geschwindigkeit noch höher angenommen werden könne.   Es entstehe daher die Frage, ob sie vor dem Abfeuern eines einzigen ihrer zahlreichen Torpedos sämmtlich, so sicher zum Sinken gebracht werden würden, wie Einige annähmen, wenn sie bis zum letzten Moment gedeckt blieben.

Admiral Hornby bezeichnet das Verhältniß, in welchem Panzerschiffe und Torpedoboote zu einander stehen sollen, treffend, indem er sagt: Panzer= schiffe und Torpedoboote müssen einander als Kameraden betrachten, das eine schützt das andere vor dem Feuer des Feindes, und das kleine Boot schützt das Panzerschiff vor der tödtlichen Waffe, welche wir zweifellos sehr respektiren müssen.

Betreffs der Zusammensetzung einer Flotte und ihrer Organisation findet die Ansicht Vertretung, daß dieselbe so sehr von dem in dem Moment, wenn der Krieg drohe, verwendbaren und zur Hand befindlichen Material abhänge, daß nur ganz allgemeine Grundsätze für die Gruppirung der verschiedenen Schiffstypen je nach Bedarf, anstatt solcher für die Auswahl der geeignetsten zu vereinigenden Schiffsarten, um homogene Schlachtkörper herzustellen,

Feind zufallen und derselbe den Angriff zu vollenden haben, bis die feind=
lichen Schiffe genommen oder vernichtet sind." Die beiden Geschwader sollen
daher selbstständig agiren, d. h. der Höchstkommandirende mit dem führenden
Geschwader soll gewiß sein, daß, während er völlige Freiheit zu raschen
Bewegungen besitzt, der Zweite im Oberbefehl seiner Führung mit dem
Arrieregarde=Geschwader folgt, in der festen Absicht, seine Taktik aufs Aeußerste
zu unterstützen und gleichzeitig womöglich Vortheil aus irgend einer unvorher=
gesehenen Entwickelung der Dinge zu ziehen, die nach dem ersten Kontakt
der Gefechtslinie mit der des Feindes eintreten kann. Viel werde bei dieser
Anordnung von der Bereitschaft der Unterstützung des das Arrieregarde=
Geschwader befehligenden Admirals abhängen. Wenn man z. B. annehme,
daß die feindliche Flotte „end on" entgegentritt und daß das führende Ge=
schwader der eigenen durch die feindlichen Linien passirt, so sei es nicht
unwahrscheinlich, daß das erstere zwischen zwei Feuer genommen werde;
denn während das führende Geschwader wende und sich wieder formire,
werde der Feind möglicherweise mit der zweiten Linie engagirt sein, oder
dasselbe sei so nahe an ihn herangekommen, daß es nicht möglich wird, zu
wenden, um dem ursprünglichen Gegner, ohne Gefahr, von den Schiffen des
herankommenden Arrieregarde=Geschwaders gerammt zu werden, entgegen zu
treten. Der das zweite Geschwader kommandirende Admiral müsse daher
freie Hand haben, mit gehöriger Rücksicht auf die Absichten des Höchst=
kommandirenden und auf die Unterstützung desselben, seine Schiffe in jeder
die feindlichen Dispositionen möglichst durchkreuzenden Richtung zu führen.
Das Ziel dieser Taktik sei, daß das erste Geschwader den ersten Stoß gegen
den Feind oder einen Theil desselben mit großer Schnelligkeit und einem
homogenen Schlachtkörper rascher und mächtiger Schiffe führe. Dieser Stoß
müsse ferner fast unmittelbar darauf von einem frischen Gefechtskörper in
guter Ordnung unterstützt werden.

Wenn jedoch die Flotte zu klein sei, um die Theilung in zwei getrennte
Geschwader zu gestatten, müsse ihre Beweglichkeit darunter leiden und alle
Schlachtschiffe müßten als ein Ganzes zusammen agiren. In diesem Falle
wird im Allgemeinen vorgeschlagen, die stärksten Schiffe in die Avantgarde
und Arrieregarde und die vorhandenen älteren und schwächeren Typen in
das Zentrum zu nehmen.

Hinsichtlich der Kreuzer und leichten Fahrzeuge gilt ein Verhältniß, wie
es in dem angegebenen Beispiel von 16 Schlachtschiffen mit je 6 großen
Kreuzern der „Edgar"= oder „Aurora"=Klasse, 10 kleinen Kreuzern der „Apollo"=
Klasse und 10 Torpedojägern und Zerstörern ausgedrückt ist, als das richtige.
Von den Leistungen ihrer Rekognoszirungen und Beobachtungen hänge die Zeit
ab, welche der eigenen Flotte für ihre Formation und die Dampfergänzung
für die volle Geschwindigkeit gewährt werde. Für die Beobachtung werden
folgende Regeln aufgestellt: Die Beobachtung nach vorn sei die wichtigste,

selbe entschlossen sei, sofort an den Gegner heranzugehen, werde es schwierig sein, ihm auszuweichen, ohne, indem man vereint in diesem Moment abzieht, einen gefährlichen Kurs einzuschlagen und einen solchen, der fast stets für den Zurückgehenden maritime Nachtheile in sich schließt, es sei denn, daß es aus strategischen Rücksichten nothwendig ist, ein entscheidendes Engagement zu vermeiden. · In der Entfernung vom Feinde zu halten, um den möglichsten Gebrauch vom eigenen Geschützfeuer zu machen, setze jedoch entweder eine schwerere Armirung oder sehr gutes Schießen auf Seiten Desjenigen voraus, der diese Taktik zu befolgen wünsche. Wenn diese Vortheile vorhanden seien, seien allerdings die Chancen, die sich dann bei einem Nahgefecht böten, beträchtlich vermindert. Einige höhere englische Marineoffiziere halten jedoch diese Taktik der Beschießung für eine sehr gefährliche, da die in Entfernung haltenden Schiffe dem Feuer des Feindes länger ausgesetzt sein würden. Wenn man jedoch annimmt, daß die eigene Armirung derjenigen des Gegners an Schwere und Kaliber überlegen ist und das eigene Feuer nicht im Mindesten hinter dem des Gegners zurücksteht, so könne das In-der-Entfernung-bleiben in manchen Fällen einigen Vortheil bringen. Nicht eher gingen Flotten nahe aneinander heran, als bis die Vorbedingungen des Erfolges außerordentlich gewachsen sind, und zwar auf Grund der Thatsache, daß gewaltige Maschinen sich in nächster Nachbarschaft von einander, möglicherweise in dichtem Rauche, zu bewegen haben und dabei dem Angriff des Sporns und des Torpedos ausgesetzt sind. Kapitän Mahan bemerkt: Eine Melée zwischen numerisch gleich starken Flotten, bei der die Geschicklichkeit auf ein Minimum reduzirt ist, ist nicht das Beste, was mit der hoch entwickelten und wichtigen Waffe unseres Zeitalters geschehen kann. Je sicherer ein Admiral seiner selbst ist, je besser die taktische Entwickelung seiner Flotte ist, je besser seine Kapitäns sind, desto abgeneigter muß derselbe naturgemäß sein, sich in eine Melée mit alsdann ziemlich gleichen Kräften einzulassen, in welcher alle diese Vortheile verschwinden, der Zufall herrscht und seine Flotte auf dasselbe Niveau mit einer Ansammlung von Schiffen gestellt wird, die nie vorher zusammen agirt haben. Der erwähnte Fachmann ist der Ansicht, daß eine Flotte, die ein entscheidendes Resultat sucht, zwar nahe an den Feind herangehen muß, jedoch nicht eher, bis sie sich einigen Vortheil für den Zusammenstoß gesichert hat, der in der Regel durch Manövriren erreicht wird und der best ausgebildeten und gehandhabten Flotte zu theil werden wird. Diese Grundsätze werden auch in den höheren britischen Marinekreisen für sehr richtig gehalten. man solle, meint man, versuchen, den Gegner auszumanövriren und ihn mit den Geschützen bekämpfen, indem man außer dem Bereich seiner Rammstöße und Torpedos bleibt, bis man im Vortheil ist, und dann möglichst an seiner schwächsten Stelle über ihn herfallen. Um dies ausführen zu können, müsse die Flotte in guter Formation für den Geschützkampf sein, um die Leistungsfähigkeit ihrer Geschütze aufs

Lage sein, in dem Gewirr des Nahgefechts die Position zu erfassen. Einmal im Getümmel des Gefechts, könne nicht mehr durch Signale nach Instruktionen angefragt, und Unterstützung und Hülfe könne nach einem vorher festgestellten Plane gegeben werden. Wie begabt auch ein Führer sein möge, so habe die Kriegsgeschichte immer wieder gezeigt, daß seine Aktion durch Mangel an gehöriger Unterstützung gehemmt, wenn nicht völlig vergeblich gemacht werden könne. Es sei daher von der größten Wichtigkeit, daß der Admiral die aus dem Bewußtsein, gut unterstützt zu werden, hervorgehende Zuversicht besitze, und je weniger Formationsveränderungen in zwölfter Stunde stattfänden, um so sicherer könne er sein, daß Schiffskapitäne die Obliegenheiten ihrer speziellen Position richtig erfassen würden.

Die Gefechtsformationen für Schlachtschiffe rubriziren sämmtlich unter die folgenden, von Admiral Colomb aufgestellten Kategorien: 1) schmale Front und große Tiefe; 2) breite Front und geringe Tiefe; 3) gleiche Front und Tiefe; 4) Gruppen. Die Extreme von 1 und 2 sind Kiellinie und Linie neben einander. Was die einfache Kiellinie betrifft, so gilt dieselbe für die leichteste Formation, in welcher die Stationen gehalten werden und manövrirt werden kann, sowie für außerordentlich lenksam und diejenige, bei der alle Schiffe demselben Führer zu folgen haben; auch sei sie leicht wieder zu bilden. Andererseits sei die Formation so vorspringend, daß das führende Schiff zweifellos ein äußerst schweres Feuer auf sich ziehen würde, und das erwidernde Feuer könne anfangs sehr maskirt werden. Die Linie sei zu ausgedehnt für eine wechselseitige Unterstützung und in der Queue besonders schwach. Ueber Flotten-Divisionen in Kiellinie neben einander wird bemerkt, daß auch diese vortreffliche Segelformation dieselben Mängel wie die einfache Linie, zwar in beschränkterem Maße, jedoch ohne entsprechende Vortheile besitze. Sie sei zu schwerfällig für rasche Frontveränderungen. Die unterbrochene Kiellinie (in Kolonnen, 2 Kabellängen von einander, die Schiffe in Kolonnen 2½ Kabel von einander) gilt als eine starke Formation. Das Positionhalten in ihr sei leicht, da sich die Schiffe stets in Kiellinie hinter den führenden Schiffen befinden könnten, wenn diese Formation gewählt ist, um zwei Kolonnen einander zu nähern. Sie sei recht kompakt, gestatte ununterbrochenes Breitseitenfeuer und die Verwendung der Torpedos auf den äußeren Breitseiten aller sie bildenden Schiffe bei Sicherheit der eigenen Schiffe und sei gut lenksam, jedoch schwach in der Queue. In manchen Fällen könne eine Flotte mit schmaler Front ihre Stärke verbergen.

Ueber die Linie neben einander wird bemerkt, daß dieselbe eine gute Rammformation, jedoch äußerst schwerfällig für Frontveränderungen sei. Die führenden Schiffe träten nicht genug hervor und weder Breitseitengeschütze noch Torpedos vermöchten mit derselben Sicherheit verwandt zu werden; sie sei in Folge ihrer Unhandlichkeit gegenüber einem konzentrirten Angriff schwach, und besonders auf den Flanken. Die Formation in Divisionen

führenden Schiffe des herankommenden zweiten Geschwaders unterstützt werden. An der unterbrochenen Kiellinie, wird bemerkt, sei der Mangel an Lenksamkeit ausgesetzt worden, allein voraussichtlich würden bei ihren zwei Kabellängen von einander entfernten Kolonnen keine Schwierigkeiten bei einer Schwenkung hervortreten, wenn klar bestimmt werde, daß die äußere Linie ihre Geschwindigkeit in einem bestimmten Maße verstärke, die innere sie verringere, wie Sir George Tryon dies empfohlen und bei der Mittelmeer=Flotte durchgeführt habe. Ein Vergleich dieser Formation mit der in einer Linie neben einander ergäbe, daß beim Passiren durch die feindliche Linie das ganze Feuer der Flotte nacheinander auf die zwei oder drei nächsten Schiffe gerichtet sein werde und daß dieselben ohne Durchbrechung der ganzen Formation von ihren Gefährten nicht gehörig unterstützt werden könnten. Die Formation in einer Linie neben einander sei dagegen eine gute zum Rammen, da man der Ansicht sei, daß der Versuch zu rammen bei einem Angriff für das rammende Schiff fast ebenso verhängnißvoll wie für das gerammte ist. Beim Angriff einer tieferen Formation, wie etwa Divisionen in Quarter=Linie hinter einander, werde vielleicht der Versuch gerathen sein, eine der Flanken der feindlichen Queue=Kolonne anzugreifen und womöglich die ganze Kolonne zu überwältigen, bevor die anderen Kolonnen Zeit haben, umzukehren und sich zu nähern. Dies weise auf die wichtige Thatsache hin, daß in den meisten Fällen die führenden Schiffe, sobald sie die feindliche Linie passirt haben, machtlos sind, ihre rückwärtigen Gefährten bis auf ihr Geschützfeuer zu unterstützen, solange sie nicht umgekehrt sind, was einige Zeit erfordert. In der vorher erwähnten Formation aber liege nichts, was den Admiral hindere, noch im letzten Moment jede beliebige Wendung auszuführen, indem er nur mit einer oder zwei Flaggen signalisirt, wenn er voraussieht, vor dem Naheherangehen in Folge seiner Position flankirt zu werden.

Die Ansichten über den Platz des Höchstkommandirenden in der Schlacht und seine Signale sind nicht so getheilt, wie die über andere erwähnte seetaktische Fragen. Die allgemeine Ansicht geht zur Zeit dahin, dem Höchstkommandirenden die Führung der Avantgarde zuzuweisen. Der mehrfach erwähnte Kapitän Mahan sagt mit Bezug hierauf; „Die Leichtigkeit und Schnelligkeit, mit der eine Dampferflotte ihre Formation ändern kann, mache es sehr wahrscheinlich, daß eine den Angriff planende Flotte fast im Moment des Zusammentreffens durch Etwas für die Kombination Unvorhergesehenes bedroht werden könne, und es frage sich, wo dann der geeignetste Platz für den Admiral sein werde; zweifellos in demjenigen Theil seiner Gefechtsordnung, wo er am leichtesten seine Schiffe in die neue Richtung lenken könne, durch die er den veränderten Verhältnissen begegne, nämlich in der Position des führenden Schiffes. Natürlich könne das Feuer mancher Schiffe auf sein Flaggenschiff gerichtet werden und dieses Schiff werde als führendes in der hervortretendsten und daher exponirtesten Position der Flotte sein.

wenig Signalen gewidmet. Admiral Tryon hat diesen Punkt zum Gegen=
stand einer sorgfältigen Studie gemacht, die das bekannte T. A.=System
ergab. Es liegt auf der Hand, daß die Absichten und Bewegungen eines
Admirals stets gehemmt werden können, wenn nicht ein System mit äußerst
einfachen Signalen angenommen ist. Eine Absicht muß oft durch eine einzige
Flagge mitgetheilt werden, so daß wenig zum Signalbuch gegriffen werden
muß, und solange der Admiral die Flotte führe, werde eine Menge einfacher
Manöver gar keine Signale erfordern. Im vorigen Sommer wurden bei dem
chinesischen Kreuzergeschwader unter Admiral Fremantle Kursveränderungen
bis zu 16 Graden, indem die Schiffe wandten, ausgeführt und die Signale
dabei nur durch drei Wimpel und zwei Flaggen bezeichnet, und dies bei
einem Geschwader in Kiellinie neben einander, dessen Kolonnen nur 1½ Kabeln
von einander abstanden. Es wird für ausführbar gehalten, daß eine Flotte
in unterbrochener Kiellinie durch wenig Flaggen zu lenken ist. Es müsse
mit Verwendung derselben möglich sein, nach einander, die führenden Schiffe
zuerst, um jede Anzahl von Punkten, bis zu 16, zusammen nach Steuerbord
oder Backbord zu wenden und sich wieder in Kiellinie auf die Führer zu
formiren.

Für das Engagement mit einer feindlichen Flotte wird als Beispiel der
folgende Gefechtsplan bei der Gefechtsformation in unterbrochener Kiellinie
entworfen. Es wird eine große Flotte in ein Avantgarde=Geschwader von
schnellen modernen Schiffen unter dem Höchstkommandirenden und eine
Arrieregarde älterer Schlachtschiffe unter dem Nächstkommandirenden formirt,
angenommen jedes Geschwader zu 8 Schlachtschiffen, unterstützt von einem
Kreuzergeschwader von 16 Schiffen, außer den Torpedofahrzeugen. Die
Signalordnung ist: Divisionen in Kiellinie, die Kreuzer befinden sich in ihren
Auslugpositionen und die Torpedofahrzeuge formiren eine dritte Linie auf
der Außenseite des Admiralschiffes Ein Kreuzer nähert sich dem Admiral=
schiff mit dem Signal: „Feind in Sicht". Die Flotte formirt sich sofort
in Gefechtsformation, indem eine Kolonne jedes Geschwaders sich der anderen
auf 2 Kabel Distanz nähert. Schiffe in Kolonne öffnen sich zu einem Drittel
größerer Distanz, wie in geschlossener Ordnung, und die genaue Position in
unterbrochener Kiellinie wird angenommen. Die Torpedoboote erhalten Befehl,
sich entsprechend den erwähnten Anordnungen des Admirals zu placiren, als
Hauptziel gilt, sie zuerst soviel als möglich zu decken, ohne die Bewegungen
der größeren Schiffe zu behindern. Die bei der Meldung von der An=
näherung des Feindes zurückgerufenen Kreuzer nehmen an jeder Seite als
Avantgarde=Geschwader auf ihre Führer Stellung Nachdem sie über die
allgemeinen Absichten des Admirals genau instruirt sind, soll ihnen große
Freiheit gelassen werden, ihre Kräfte unter der Führung der führenden
Schiffe des Kreuzergeschwaders möglichst zu verwenden, indem ihr erstes Ziel
die feindlichen Kreuzer sind. Die Flotte wird nun formirt sein und ihren

gerade auf den Gegner los, während sich die Leute auf Deck niederlegen und die Geschütze geladen sind. Die einzelnen Positionen sind hierbei verhältnißmäßig leicht zu halten, da die Schiffe in Kiellinie hinter ihren Führern sind. Wenn die führenden Schiffe durch die feindliche Formation hindurch passiren, sollen sie die gesammte Kraft ihres Feuers aus den horizontal gestellten und vorgebrachten Geschützen nach beiden Seiten entwickeln. Die Thurm= und Barbettegeschütze sollen von der benachbarten Kolonne der eigenen Schiffe abgewandt werden, um zu verhindern, daß ihr Feuer maskirt wird, wenn die Schiffe aus irgend einer Veranlassung nicht an ihrer richtigen Stelle sind, und Torpedos sollen nur von der dem Feinde völlig zugewandten Seite verfeuert werden. Die übrige Flotte verführt ebenso und folgt unter dem Schutze ihrer führenden Schiffe. In dem Moment, wo die führenden Schiffe klar vom Feinde in ihrem Rücken sind, sollen sie das Steuer beidrehen und nach auswärts von einander wenden, nach einander gefolgt von den übrigen Schiffen ihrer respektiven Kolonnen. Der Admiral könne dann nahe an das führende Schiff der gegnerischen Seite herangehen oder signalisiren, nahe an ihn heranzukommen, wie es am wünschenswerthesten ist. Es ist für die führenden Schiffe, während sie die rückwärtigen Schiffe des Gegners passiren, geboten, sofort zu wenden, wenn irgend ein Vortheil zu erreichen ist, und ihr Hauptziel muß darin bestehen, den Gegner wieder anzufallen, während er sich wieder formirt. Die schweren Geschütze jedes Schiffes sollen während der Wendung wieder geladen werden. Wenn das Avantgarde=Geschwader im Schutze der Avantgarde sehr nahe folgt, wird es für vielleicht sicherer gehalten, nach einander, die führenden Schiffe zuerst, nach Steuerbord oder Backbord, anstatt nach auswärts zu wenden, um so die Möglichkeit auszuschließen, das Arrieregarde=Geschwader in Unordnung zu bringen oder seine Bewegungen zu behindern. Soweit als angängig soll der Kampf in diesen Linien durchgeführt werden, und die Schiffe der Flotte sollen stetig bestrebt sein, sich wieder in Linie auf ihre führenden Schiffe zu formiren, und alles eine Melée Herbeiführende soll vermieden werden. Eine Melée ist nach Admiral Colomb's Ansicht eine Abnormität, ein Ding, von dem kein englischer Offizier zu träumen oder daran zu denken habe. Weder könne dabei wechselseitige Unterstützung erzielt werden, noch würde der Admiral die Kontrolle über seine Schiffe behalten, wenn die Gefechtsformation völlig durchbrochen werde.

In der vorstehenden Skizze wurde ein Gegner mit verhältnißmäßig breiter Front angenommen, weil viele Fachmänner außerhalb Englands derartige Formationen verlangen und Antagonisten der Kiellinie sind. Die Ansicht findet jedoch britischerseits Vertretung, daß die unterbrochene Kiellinie jeder anderen Formation unter mindestens gleichen Verhältnissen gegenüber zu treten vermag, da sie verhältnißmäßig leicht zu handhaben ist. Was das Rammen betrifft, so sei es wahrscheinlich, daß die Flotten, um sich in taktischem Vortheil für den Geschützkampf zu setzen, manövriren und in der Folge mit hoher Geschwindigkeit zum Nahgefecht übergehen werden; wenn dies jedoch der Fall sei, so werde es sehr gefährlich, ein Schiff zu rammen zu versuchen, wenn man demselben etwa „end on" oder mit dem Bug begegne. Admiral Long bemerkt in dieser Hinsicht: „Irgend ein wichtiges Ereigniß werde früher oder später auf der einen oder anderen Seite eintreten, welches den Verlauf des Engagements bestimmen werde, in dem es die Unterstützung eines kampfunfähig gemachten Schiffes gebieterisch erheische, und es werde dann vergeblich sein, die Bewegungen weiter durchzuführen. Dann könne der Sporn angewandt werden." Die einzige Periode in den Stadien einer Seeschlacht, in denen das Rammen völlig zulässig sei, ist, wird bemerkt, diejenige, im Falle man im Stande ist, nach dem Wenden sich so rasch wieder zu formiren, daß man den Gegner, während er im Begriff ist, ebenso zu verfahren, faßt. Dieser große Vortheil könne jedoch nur mit einer außerordentlich gut gehandhabten und erfolgreichen Flotte erzielt werden. Von größter Bedeutung sei die gehörige wechselseitige Unterstützung und Rücksichtnahme auf die eigenen Schiffe und man ist der Hoffnung, daß die englische Marine den edelmüthigen und hingebungsvollen Geist nicht eingebüßt habe, der die Kapitäne Nelson's auszeichnete und durch beständige gemeinsame Gefechte herangebildet wurde. Das Manövriren in unterbrochener Kiellinie wird für die wechselseitige Unterstützung für sehr vortheilhaft gehalten. Die korresponbirende Nummer in der Nebenformation werde dabei den Kampfgefährten eines jeden Schiffes bilden und dasselbe durch Geschützfeuer und auf andere Weise, soweit dies mit dem Innehalten der eigenen Position hinter dem Führer der Kolonne verträglich sei, unterstützen. Allein in keinem Falle solle ein Schiff seine Position in der Flotte ohne genügende Nothwendigkeit völlig verlassen, falls ihm nicht signalisirt wird, dies zu thun. Admiral Hornby bemerkte in dieser Hinsicht: „Das, was die Hauptstärke eines Geschwaders ausmacht, ist das gegenseitige Vertrauen, welches der Kapitän und die Mannschaften eines jeden Schiffes in ihren Gefährten setzen."

Die russischen Eisenbahnen in den Jahren 1892 und 1893 bis auf die Gegenwart.

Nicht mit Unrecht ist seit länger als einem Jahrzehnt der Entwickelung des russischen Eisenbahnwesens und dem Ausbau seines Schienennetzes eine erhöhte Aufmerksamkeit von Seiten seiner westlichen Nachbarn zugewandt worden, beruht doch in Anbetracht der Raumverhältnisse des ungeheuren russischen Reiches seine Kriegsbereitschaft ungleich mehr noch auf der Leistungs= fähigkeit seiner Eisenbahnen, als bei seinen westeuropäischen Nachbarn. Hierin hat selbst die Versetzung des weitaus größten Theiles der Truppen seiner Friedensformationen in die drei Militärgouvernements der Westgrenze nur wenig zu ändern vermocht, bleiben doch ihre Kriegsaugmentation und die Truppen zweiter Linie nach wie vor auf die Eisenbahnen angewiesen.

Dieser Einsicht hat sich auch die russische Regierung nach den trüben Erfahrungen der letzten orientalischen Kriege nicht zu verschließen vermocht, sie hat im Gegentheil Alles daran gesetzt, Versäumtes nachzuholen und den bestehenden Mängeln abzuhelfen.

Es liegt nun nahe, daß unter diesen Umständen, speziell unter dem Drucke der politischen Lage Europas, zunächst rein militärische Rücksichten in den Vordergrund treten, der Schwerpunkt auf den Bau und Ausbau der strategischen Ausmarschlinien zur Westgrenze, ferner auf die Entwickelung des Schienennetzes der südwestlichen Theile des Reiches im Südwesten der Duna und des Dnjepr, vorzugsweise in die Militärgouvernements Wilna, Warschau und Kiew, verlegt und erst später, als diese Aufgabe nahezu erfüllt, selbst die Hauptaufmarschlinien entweder durchgehends mit zweiten Geleisen aus= gestattet waren oder doch deren Vollendung in absehbarer Zeit entgegensehen konnten, in 90er Jahren — nach dem Nothstandsjahre — begonnen wurde, auch die östlichen Gouvernements in das Verkehrsleben des Westens hinein= zuziehen.

Mit welch' rastloser Energie auf diesem Gebiete geschafft ist und auch jetzt noch unausgesetzt weiter gearbeitet wird, das beweist die Thatsache, daß Rußland bei Ausbruch des russisch=türkischen Krieges im Jahre 1877 nicht mehr als etwa 20 000 km Schienenwege besaß, bis 1. Januar 1892, wo der Ausbau des strategischen Bahnnetzes in der Hauptsache als nahezu beendet angesehen werden konnte, dieselben auf 31 554 km vermehrt hatte und in den beiden folgenden Jahren, bis 1. August 1894, abermals einen Zuwachs von 2380 km erhielt, daß endlich im Budget des Verkehrsministeriums die Ausgaben für Eisenbahnzwecke die folgenden waren:

	Gewöhnliche Ausgaben	Außergewöhnliche Ausgaben
	Rubel	Rubel
1891 . . .	57 367 310	42 913 500
1892 . . .	41 796 938	33 495 000
1893 . . .	48 277 159	92 768 000
1894 . . .	61 921 473	66 678 576

Wenn nun der Zuwachs an neuen Schienenwegen in den letzten Jahren in keinem Verhältniß zu den ungeheuren Summen steht, die für Bahnzwecke verausgabt sind, so ist dies darauf zurückzuführen, daß einerseits, wie schon angedeutet wurde, alle großen durchgehenden Aufmarschlinien mit zweiten Geleisen versehen wurden, von denen ein Theil bereits fertig ist, ein anderer sich noch im Bau befindet, andererseits sehr bedeutende Summen für die Verstaatlichung einer größeren Zahl von strategisch wichtigen Bahnen Verwendung gefunden haben, welche sich bisher im Betriebe von Privatgesellschaften befanden.

Bis zum Schlusse des Jahres 1890 befanden sich nämlich nicht mehr als 8543 km Bahnstrecke in der Verwaltung der Regierung, 22 396 km dagegen im Betrieb von 34 Privatgesellschaften, unter denen sich sogar ausländische befanden. Es trat nun in dieser Richtung in den letzten Jahren ein gewaltiger Umschwung ein, insofern bis zum Schlusse des Jahres 1893 eine größere Zahl von Privatbahnen, von denen wir nur die wichtigeren wie die Linien St. Petersburg—Moskau, St. Petersburg—Warschau, Moskau—Nischnji-Nowgorod, Moskau—Kursk, Riga—Mitawa—Mozeiki, Riga—Bolderaja, Riga—Dünaburg, Witebsk—Orel nennen wollen, durch Ankauf in die Hände der Regierung gelangten. Dadurch vermehrte sich die Länge der in ihrer Verwaltung befindlichen Strecken auf 18 203 km, zu denen im Laufe des Jahres 1894 noch die Bahnen Lozewo—Sebastopol und die einer englischen Gesellschaft gehörige Eisenbahn Dünaburg—Witebsk hinzugetreten sind. Ferner ist noch im Juli des Jahres 1894 eine Verordnung veröffentlicht worden, wonach mit dem 1. Januar 1895 alle Linien des südwestlichen Rußlands, welche zur österreichischen Grenze führen, verstaatlicht werden sollen, so daß demnächst nur noch eine geringe Zahl von meist strategisch weniger werthvollen Bahnen sich in der Verwaltung von Privatgesellschaften befinden wird, zumal auch alle im asiatischen Rußland liegenden Linien auf Staatskosten gebaut und vom Staat verwaltet werden

Gehen wir nun des Näheren auf unser Thema selbst ein, so haben wir uns ausschließlich mit denjenigen Linien zu beschäftigen, welche im Laufe der Jahre 1892 und 93 bis zum 1. August 1894

    1. in den Betrieb neu eingestellt wurden,

    2. zweite Geleise erhielten oder

    3. sich noch im Bau bezw. in Vorbereitung befinden.

Wir beginnen im Norden des uns naturgemäß näher angehenden westlichen Rußlands, um demnächst zu den östlichen und asiatischen Gouvernements überzugehen und nennen als erste:

die Eisenbahn Wyborg—Serdobal am Ladoga-See, welcher zwar ein militärischer Werth nicht zugesprochen werden kann, die darum aber nicht ohne Bedeutung ist, weil die Weiterführung nach Joenson und dem 363 km entfernten, am Weißen Meere gelegenen Kern in Aussicht genommen ist.

Militärisch wichtiger sind die zu gleicher Zeit eröffnete 35 km lange Schmalspurbahn von Ochta nach Irinowka, weil sie diese durch großartige technische Etablissements ausgezeichneten beiden Orte unter einander verbindet, und ganz besonders die beiden Linien Lapy—Ostrolenka und Malkin—Ostrolenka. Die beiden letzteren, 51 bezw. 91 km, sind durch die Befestigungsanlagen der Narew-Linie, deren Anschluß an die Hauptaufmarschlinie St. Petersburg—Warschau und die drei großen militärischen Zentren des westlichen Rußlands: Wilna, Warschau und Brest-Litewski sie vermitteln, von besonderer strategischer Bedeutung für die Sicherung der rechten Straße der Weichsel-Linie.

Gleich werthvoll ist die ebenfalls schon in den Verkehr eingestellte Linie Schmerinka—Mogilew—Noroselitza, nicht allein, weil sie die wichtigste Aufmarschlinie des südlichen Rußlands Woronesch—Kursk—Kiew—Schmerinka bis unmittelbar an die österreichische Grenze verlängert, sondern auch bei Nowoselitza den Anschluß an die galizischen und rumänischen Bahnen herstellt und dadurch wichtige Verkehrsinteressen fördert. Durch die bei Oknitza sich abzweigende Linie über Bielten nach Birsula erreicht sie die Verbindung mit der Linie Odessa—Schmerinka und der der Küste des Schwarzen Meeres nächsten Aufmarschlinie Petrowsk—Rostow—Jekaterinoslaw—Balta und bietet daher die Möglichkeit, die Truppen des Militärbezirks Odessa im Bedarfsfalle mit denjenigen des Militärbezirks Kiew auf der Linie Mogilew—Rowno vereinigen zu können, während die Bahnstrecken Mogilew—Nowoselitza mit der im Bau befindlichen Zweiglinie Mogilew—Kamenez—Podolsk—Proskurow und Schmerinka—Proskurow ein Ausladen der Truppen sogar in unmittelbarer Nähe der Grenze in Aussicht stellen.

Die vier Zufuhrbahnen der Haupt-Aufmarschlinie Kursk—Kiew: Krnty—Pirjatin (117 km), Krnty—Tschernigow (85 km), Krnatow—Pirigowka (106 km) und Norenewo—Ssudsha sind nur insofern von Bedeutung, als sie einzelne wichtige Ortschaften an die erstgenannte Hauptlinie anschließen.

Die Bahn Kursk—Woronesch, 256 km lang, ist die Verlängerung der vorgenannten, für den Militärbezirk Kiew wichtigen Linie und verbindet die beiden großen Bahnen Moskau—Rostow und Moskau—Sebastopol. Sie erspart denjenigen Kasaken-Regimentern des donischen Gebietes, welche nicht mit den südlicheren Bahnen befördert werden können und daher auf der Bahn Kursk—Kiew transportirt werden müssen, den erheblichen Umweg

über Grjasi—Orel, was um so wichtiger ist, als es darauf ankommt, den
Transport der Kasaken-Regimenter zweiten und dritten Aufgebots in das
Grenzgebiet nach Möglichkeit zu beschleunigen, weil die Infanterie-Divisionen
im Frieden keine Divisionskavallerie besitzen und die genannten Neuformationen,
obgleich ihre Mobilmachung nahezu vier Wochen in Anspruch nimmt, hierzu
in Aussicht genommen sind.

Die Bahn Rjäsan—Kasan (640 km) ist ihrer Vollendung nahe, d. h.
sie ist bis zu der Kasan gegenüber auf dem rechten Wolga-Ufer liegenden
Station Swijashk dem Verkehr übergeben, dagegen ist die Brücke über die
Wolga noch nicht fertig. Für die Erschließung des kornreichen östlichen
Rußlands und westlichen Sibiriens ist sie n e b e n der sibirischen Bahn und
deren Fortsetzung Slatonit—Lamasa von unberechenbarem Werthe, denn ein
großer Theil der Produkte Westsibiriens. wird mit Hülfe der Wasserstraßen
des Landes nach Thumen verschifft und geht von hier aus über die Ural-
bahn nach Perm, um auf der Kama und Wolga in das Innere des Landes
weitergeführt zu werden, doch sind diese Wasserstraßen während eines großen
Theiles des Jahres für den Verkehr nicht offen. Gegenwärtig wird dieser
Verkehr durch die Eisenbahn Rjäsan—Kasan wesentlich erleichtert und vor
allen Dingen beschleunigt.

Noch werthvoller, namentlich aus strategischen Gründen, ist die Eisen-
bahn Beslau—Petrowsk, welche, eine Fortsetzung der großen Linie Moskau—
Rostow—Wladikawkas. von der Nachbarstation Beslau des letztgenannten
Ortes ausgehend, 266 km weiter östlich bei Petrowsk die Küste des Kaspischen
Meeres erreicht, von wo ihre Weiterführung als Küstenbahn über Derbent
nach Baku geplant wird. Sie stellt die direkteste und bequemste Verbindung
zwischen dem europäischen Rußland und Innerasien her, ist also für den
Transport europäischer Truppen nach Turkestan und umgekehrt für denjenigen
kaukasischer Truppen nach der Westgrenze in dem Falle von unberechenbarem
Werthe, wo aus militärisch-politischen Gründen der Transport zur See von
Batum nach Sebastopol oder Odessa ausgeschlossen sein sollte. Bisher waren
für ähnliche Zwecke nur der letztere Weg in Verbindung mit dem Bahntransport nach Baku und abermaliger Verschiffung nach Usan Ada oder der
Wassertransport auf der Wolga und dem Kaspischen Meere direkt nach
Usan Ada möglich, doch nur in guter Jahreszeit, solange die Wolga eisfrei,
ausführbar. Die genannte Bahn verbessert Rußlands Stellung in Zentralasien daher um ein Bedeutendes.

Eine kurze Zufuhrbahn von 65 km Länge zweigt sich auf der Strecke
Rostow—Wladikawkas bei Mineralnyja—Woda nach Kislowodsk ab.

Neben der Bestimmung, die wirthschaftliche Entwickelung der östlichen
Gouvernements zu fördern und dieselben dem Verkehr anzuschließen, erhält
die Eisenbahn Saratow—Uralsk mit ihren verschiedenen Zufuhrlinien eine
besondere Bedeutung dadurch, daß sie allem Anschein nach die Anfangsstrecke

einer neuen hochwichtigen Aufmarschlinie nach Zentralasien sein wird, insofern nämlich umfassende Terrainaufnahmen und Untersuchungen im Gebiet zwischen den Flüssen Ural und Amu stattgefunden haben behufs Baues einer Eisenbahn von Uralsk über Gurjew und den Ust Urd nach Wungrab am schiffbaren Amu Darja.

Nachdem bereits früher die Eisenbahn Ufa—Slatonst, eine Verlängerung der Linie Moskau—Samara, bis zur sibirischen Grenze vollendet worden, ist zunächst auch die erste Strecke Slatonst—Tscheljabinsk und gegenwärtig auch ihre 267 km lange Fortsetzung bis Kargan der sibirischen Bahn in den Betrieb eingestellt. Zugleich melden neuere russische Blätter, daß bereits am 25. August des laufenden Jahres der erste Arbeiterzug auf der 800 km langen Strecke Tscheljabinsk—Omsk abgesandt wurde und daß man hofft, die Bahn im Laufe des Jahres 1895 bis Krasnojarsk weiterführen zu können, obgleich die großen eisernen Brücken über die Flüsse Tobol, Jschim, Jotysch und Ob keinesfalls vor Ende des Jahres 1896 geliefert werden können. Man beabsichtigt in Folge dessen sich interimistisch mit Holzbrücken zu behelfen, weil eine möglichst frühzeitige Inbetriebstellung der Linie durch Rücksichten des Bahnbaues selbst und der russischen Einwanderung nach Sibirien geboten erscheint. Hat sich das Bahntarif=Komitee auf dem russischen Eisenbahnkongreß, aus Anlaß der letzteren Forderung, doch sogar veranlaßt gesehen, den Tarif für die Beförderung von Auswanderern und ihrer Habe aus dem europäischen nach dem asiatischen Rußland auf sämmtlichen russischen Bahnen ganz erheblich, d. h. auf 1 Rubel pro Person und 360 km bezw. auf 1 Kopeken für 100 kg ihrer Habe und 15 km der Entfernung herabzusetzen.

Thatsächlich wird es allerdings noch auf lange Jahre hinaus die Hauptaufgabe der sibirischen Bahn sein, die wirthschaftliche Entwickelung des spärlich bevölkerten Landes vor allen Dingen durch eine gesteigerte Einwanderung zu fördern. Da ferner die Bahn nur eingeleisig gebaut wird, die Stationen im Durchschnitt mehr als 50 km von einander entfernt liegen, auch die Anlagen für die Wasserversorgung derselben nur für die äußerste Steigerung des Verkehrs auf täglich sieben Züge in jeder Richtung, der Vorrath an rollendem Material dagegen nur auf täglich drei Züge in jeder Richtung berechnet ist, so kann auch ihre Leistungsfähigkeit nur eine dementsprechend geringe sein, wodurch ihre strategische Bedeutung auf ein sehr geringes Maß herabgedrückt wird. Ihre Wirksamkeit wird sich daher vorzugsweise auf die früher angeführten Aufgaben einschließlich der Einfuhr der im Osten des Baikal=Sees unentbehrlichen Subsistenzmittel beschränken müssen. Die Produktion der Baikal=Länder ist nämlich vorläufig noch eine so geringe, daß sie den eigenen Bedarf nicht zu decken vermögen und in dieser Richtung auf die Einfuhr aus Europa, China und Japan angewiesen sind, von denen die erstere zum größeren Theil durch die freiwillige Flotte vermittelt wird. Wenn dieses im Friedensverhältniß auch zweifellos möglich ist, so könnten im Falle eines Krieges mit einer Seemacht ersten Ranges oder schwieriger Verhältnisse mit seinen Nachbarstaaten China und Japan ernstliche Komplikationen dadurch herbeigeführt werden. Die Bedeutung der sibirischen Bahn wird mithin noch auf lange Jahre hinaus mehr auf wirthschaftlichem als auf strategischem Gebiete zu suchen sein.

Hand in Hand mit den Fortschritten in ihrem westlichen Theile gingen die durch den Arbeitermangel allerdings sehr erschwerten Bauten im Küstengebiet des pazifischen Ozeans, wo bis jetzt 213 km Bahnstrecke von Wladiwostok bis zu der Station Newelskaja dem Verkehr übergeben werden konnten.

Sobald die am meisten westlich und östlich gelegenen Bahnstrecken bis Irkutzk und Grafskaja fertiggestellt sein werden, sollen die Strecken vom östlichen Ufer des Baikal-Sees bis Stretinsk und von Grafskaja bis Chaborowka folgen, dagegen die Bauten um das Südufer des genannten Sees und von Chaborowka bis Stretinsk bis zuletzt bleiben, weil hier durch die Wasserstraßen des Baikal-Sees, der Schilka und des Amur, wo bereits Dampferverbindung vorhanden ist, bedingungsweise Ersatz geboten wird.

Wir wenden uns nunmehr dem Bau zweiter Geleise zu, insofern solche bis zum 2. August 1894 vollendet und in den Betrieb eingestellt werden konnten. Es sind dies die Strecken:

1. Brest-Litewski—Bielostok und Bielostok - Lapy. Die Weiterführung des zweiten Geleises von Lapy nach Malkin ist noch nicht beendet. Zweck desselben ist die verbesserte Verbindung der Befestigungen der Narew-Linie mit dem großen Waffenplatz Brest-Litewski.

2. Kiew—Fastow, Rowno—Roschischtsché, Kasatin—Schmerinka—Proskurow und Zdolbunowo—Dubno der russischen Südwest-Eisenbahn. Sie dienen sämmtlich zur Beschleunigung des Truppenaufmarsches zur galizischen Grenze.

3. Wiazma—Kubinka der Eisenbahn Moskau—Warschau. Die genannte Linie, eine der wichtigsten Aufmarschlinien, ist die erste, welche auf der ganzen Strecke, von Kowrow im Osten Moskau's bis Dombrowa an der galizisch-preußischen Grenze, durchgehends mit zweitem Geleise versehen ist. Ihr fällt unter Umständen der Transport der Mehrzahl aller Truppen des Grenadier-, XVII., XIII., XVI. und XIX. Korps, der Augmentationsmannschaften und Pferde vieler im Grenzgebiet stehender Truppentheile, ebenso vieler Truppen zweiter Linie zu, wodurch die Anlage vollauf begründet erscheint.

Neben den voraufgeführten, bereits dem Verkehr übergebenen neuen Bahnen und zweiten Geleisen befindet sich, wie Eingangs bemerkt, noch eine größere Zahl von anderen Linien theils im Bau, theils ist derselbe endgültig beschlossen, die Ausführung daher nur noch eine Frage der nächsten Zeit. Es sind dies die Bahnen:

1. Wologda—Archangel (720 km lang). Sie ist die Fortsetzung der

Schmalspurbahn Jaroslaw—Wologda und dient seit der Verlegung der bis=
her in Jaroslaw dislozirten Division des XVII. Armeekorps vorzugsweise
wirthschaftlichen und Verkehrsinteressen. An ihre Fertigstellung knüpfen sich
mit Rücksicht auf den ebenfalls bevorstehenden Bau einer Bahn von Pskow
nach Bologaje zur direkten Verbindung der beiden Linien Warschau—St.
Petersburg und Moskau—St. Petersburg und zum Anschluß an die Linie
Bologaje—Jaroslaw, große Erwartungen für den Handel Riga's, weil sie
die direkte Verbindung desselben mit dem Meere herstellen würde. Sie soll
bis 1. Januar 1898 fertiggestellt werden.

2. Die vorgenannte Eisenbahn Pskow—Bologaje soll über Waldai,
L'taraje Rahsa und Pockhow geführt und bereits im kommenden Frühling
in Angriff genommen werden. Sie wird eine Länge von 388 km erhalten.

3. Warschau—Ostrolenka, 34 km von Warschau entfernt, wird sie sich
bei der Station Tluszcz der Warschau—St. Petersburger Bahn nach Ostrolenka
abzweigen, diese Stadt direkt mit Warschau verbinden, dem System der
Narewbahnen eine weitere strategisch wichtige Vervollständigung zuführen.

4. Berdischew—Schiternir. Sie soll bis zum Jahre 1896 beendet
werden. Um die strategisch hochwichtige direkte Verbindung St. Petersburg's
mit dem südwestlichen Grenzgebiet bezw. mit dessen militärischem Centrum,
mit Bair, herzustellen, deren Nothwendigkeit schon lange erkannt wurde, ist
ihre Weiterführung über Mohilew nach Orscha, im Militärbezirk Wilna,
im Verkehrsministerium beschlossen worden. Man hatte sich lange Zeit nicht
darüber schlüssig machen können, ob diese Linie über Mohilew und Mitebsk
auf dem rechten, oder über Smolensk auf dem linken Ufer des Dnjepr zu
führen sei. Nachdem diese Wege jedoch in neuerer Zeit durch Annahme des
Projektes einer Regulirung des Fahrwassers des Dnjepr durch Beseitigung
seiner die Schifffahrt hindernden Stromschnellen und der die Mündung
sperrenden Versenkung, wie dies bei der Donau geschehen, in ein anderes
Stadium getreten ist, hat man sich für die erstere Richtung entschieden, wohl
weil Smolensk nunmehr die Wasserverbindung mit Kiew und dem Meere
erhalten würde. Wie ein Telegramm des Jnrod vom 6. Februar dieses
Jahres meldet, hat die Regierung auch den Bau der Fortsetzung der genannten
Linie über Witebsk nach Staraja—Russa, wo sie den Anschluß an die Bahn
Staraja - Russa—Nowgorod—Pawlowsk—St. Petersburg erreicht, definitiv
beschlossen.

5. Brjansk—Lgow. Sie ist die Fortsetzung der Transversallinie Riga—
Smolensk—Brjansk zur Linie Woronesch—Kursk—Kiew und bietet im Verein
mit der Linie Wilna—Bagmatsch—Krementschag der Heeresleitung die Mög=
lichkeit die am weitesten östlich dislozirten Korps des Militärbezirks Kiew
ebenso leicht nach der ostpreußischen wie nach der galizischen Grenze werfen
zu können. Ihre weitere Verlängerung gegen Südosten über die Bahnen
Kursk—Kiew und Moskau—Kursk—Sewastopol hinaus bis zur Eisenbahn

Moskau—Rostow möchte nur eine Frage der Zeit sein, da sie hier das militärisch wichtige donische Gebiet durchschneidet, zugleich auch militärische wie handelspolitische Rücksichten eine direkte Verbindung zwischen den Wüsten des Baltischen und Kaspischen Meeres wünschenswerth erscheinen lassen.

6. Balaschow—Charkow. Diese Linie ist die östliche Verlängerung der Eisenbahn Balta—Charkow und führt über Waluiki durch das donische Gebiet ins Flußgebiet der Wolga zur neugebauten Eisenbahn Tambow—Kamyschin, wobei sie die Linien Moskau—Rostow und Grjasi—Zarzin kreuzt. Sie ist wie die Linie Tambow—Kamyschin ein Produkt der Nothstandsjahre und soll wie diese der wirthschaftlichen Entwickelung des Wolgagebietes dienen, zugleich aber auch im militärischen Interesse Verkehrsmängel beseitigen.

7. Tambow—Kamyschin. Die Verpflichtung zu diesem Bahnbau wurde vor 3 Jahren der Eisenbahngesellschaft Rjäsan—Uralsk zugleich mit einer Anzahl anderer Linien wie Saratow—Uralsk, Lebedjan—Delez, Atkarsk—Petrowsk-Wolsk, Atkarsk—Serdobsk, Atkarsk—Balanda, Nikolajewsk und Alexandrow—Zai zur Linie Saratow—Uralsk übertragen. Gegenwärtig ist die 206 km lange erste Strecke bis zur Station Balaschow, wo sie mit den unter 6 aufgeführten Linien sich vereinigt, fertig gestellt. Ihre ganze Länge bis Kamyschin würde 426 km messen.

8. Nikolajew-Cherson schließt die bisher bestandene Lücke in der bei Odesa beginnenden und die Küsten des Schwarzen und Asowschen Meeres bis Noworoßisk. Die hohe strategische Bedeutung dieser Küstenbahn ist nicht zu verkennen, eine weitere Begründung daher unnöthig. Ein weiteres werthvolles Glied derselben wird die Linie Noworoßisk—Luchum Kale—Poti bilden. Nachdem schon längere Zeit an der Herstellung einer Küstenstraße zwischen den genannten Orten gearbeitet worden, wird hier der Bau einer Eisenbahn von 314 km Länge beabsichtigt, um Transkaukasien an das Eisenbahnnetz des europäischen Rußlands anzuschließen, nachdem technische Schwierigkeiten die Verwirklichung des Projektes einer Eisenbahn Wladikawkas—Tiflis fortgesetzt verzögert, erst neuerdings wieder einen Aufschub bedingt haben! Da andrerseits die beiden beabsichtigten Küstenbahnen Noworoßisk—Luchum Well—Poti und Petrowsk—Derbew-Bake vorerst dem dringenden Bedürfniß einer gesicherten Verbindung Cis-Kaukasiens mit Trans-Kaukasien abhelfen, so ist nicht ausgeschlossen daß man in Anbetracht der gewaltigen Kosten, welche der Bahnbau über den Gebirgskamm bedingen würde, gänzlich Abstand hiervon nimmt.

Von größter politischer wie strategischer Bedeutung sind endlich die Eisenbahnbauten in Transkaspien und Turkestan. Die wichtigste dieser Bauten ist die Fortsetzung der transkaspischen Bahn von Samarkand über Dohisaß auf dem linke Ufer des Syr Darja nach Chodjend und weiter über Kokand nach Marpellan und Andibjan am Nordfuße des Pamirhochlandes, um von hieraus auf dem rechten Ufer des Flusses Taschkurs zu erreichen. Daß bei der Wahl dieser Linien strategische Rücksichten ein gewichtiges Wort in die Wagschale geworfen haben, ist angesichts der politischen Lage in Zentralasien wohl nicht zu bezweifeln, dagegen dürfte auch feststehen, daß der rasch sich entwickelnde Baumwollenbau in der äußerst produktiven Provinz Ferghana nicht ohne Einfluß auf dieselbe geblieben ist. Wie es sich darum gehandelt hat sich in der Bahn eine neue Operationsbasis zu schaffen, vor allen Dingen alle militärisch wichtigen Zentren durch dieselbe zu verbinden, so kam es auch darauf an, das europäische Rußland, welches sich von dem amerikanischen Baumwollenmarkt schon fast vollständig unabhängig gemacht hat, mit den einheimischen Produkten zu versorgen und dieserhalb die wichtigsten Produktions= orte an die Bahn anzuschließen.

Resumiren wir, so ergiebt sich aus unseren Ausführungen, daß die Bauthätigkeit auf dem Gebiete des Eisenbahnwesens, welche sich in früheren Jahren fast ausschließlich der weiteren Entwickelung der strategischen Linien des südwestlichen Rußlands zugewandt hatte, in den letzten Jahren mehr friedliche Ziele verfolgt und sich mehr und mehr auch auf die bisher mehr oder weniger unberührt gebliebenen Landestheile, den Norden und Osten, selbst die asiatischen Besitzungen erstreckt hat, um auch diese an den Wohlthaten eines verbesserten Verkehrswesen theilnehmen zu lassen, sie der westlichen Kultur allmählig zu erschließen. Es ergiebt sich ferner eine Thatsache daraus, welche uns sehr nahe angeht, daß nämlich trotz der außergewöhnlich bedeutenden für Eisenbahnzwecke verausgabten Geldmittel, die Aufmarschlinien mit wenigen Ausnahmen doch noch nicht zu dem Zweck von Leistungsfähigkeit entwickelt sind, wie sie eine solche im westlichen Europa ziemlich ausnahmslos besitzen.

Von den 6 Bahnlinien, welche man wohl als durchgehende Aufmarsch= linien zur russischen Südwestgrenze zu bezeichnen berechtigt ist, haben nämlich nur 2 Linien:

1. Vorrow—Moskau—Warschau—Dombrowa und
2. Odesa—Balta—Schmerinka—Proskurow durchgehends ein zweites Geleise. Dagegen fehlt dasselbe noch auf den Strecken St. Petersburg—Dünaburg, Wilna—Lapy und Warschau—Thorn, der Linie:
3. St. Petersburg—Dünaburg—Warschau—Thorn bezw. der Strecken Woronesch—Kiew und Koschischtsché—Brest Litewski, der Linie:
4. Woronesch—Kiew—Brest Litewski, doch wird das Fehlen der zweiten Geleise auf den Strecken Wilna—Lapy und Koschischtsché—Brest weniger schwer empfunden, weil die Bahnen Wilna—Baranowitschi—Bialystock und Koschischtsché—Cholm - Brest im Bedarfsfalle Ersatz leisten und die einglei= sigen Strecken entlasten können. Gänzlich eingleisig sind dagegen immer noch die Bahnen:
5. Jargzin—Orel—Gomel—Brest—Litewski und
6. Petrowsk—Wladikawkas—Rostow—Jekatorinoslaw—Balta—Mogi= lew. Dagegen ist auf dem Gebiete der inneren Verwaltung mancherlei zur

Regelung des militärischen Eisenbahnbetriebes durch Neueintheilung der Be-
fehlskommandanturen, Einsetzung von Linienkommissionen nach deutschem Vor-
bilde, Bereitstellung des Materials zur Einrichtung der Güterwagen für die
Truppentransporte geschehen, ob aber angesichts des geringen Verkehrs auf
den russischen Bahnen und der dadurch bedingten ungenügenden Vorbildung
des Personals zur äußersten Leistung für einen gesteigerten Verkehr dieses letzte
im Stande sein wird, diesen Anforderungen zu genügen, darf man wohl
mit Recht anzweifeln, mindestens sind die Vorkommnisse in den letzten Kriegen,
selbst während des Nothstandsjahres nicht geeignet, diese Zweifel zu wider-
legen. Dazu kommt noch ein bei der ungeheuren Zahl der zu transportirenden
Truppen, der Ausdehnung des russischen Reiches und den durch klimatische
Verhältnisse unter Umständen bedingten Transportschwierigkeiten im Verhältniß zu anderen westeuropäischen Staaten bestehender, nicht zu unter-
schätzender Mangel an rollendem Material, dessen Qualität nach früheren
Erfahrungen ebenso wenig zweifellos ist, wie die Beschaffenheit der Schienenwege.

Nach Miles Ferrarius (Studien über die heutigen Eisenbahnen im
Kriegsfalle besaßen nämlich:

	Kilometer des Eisenbahnnetz's	Loko- motiven	Personen- wagen	Güter- und Gepäckwagen
das deutsche Reich 1891 . . .	42 930	14 402	26 913	299 079
Oesterreich-Ungarn 1891 . . .	27 616	4 864	9 277	105 403
Italien 1889/90	13 063	2 267	6 575	42 154
Frankreich 1889	36 348	9 544	22 071	249 524
Rußland 1891	32 372	6 659	7 516	135 910

Wenn nun auch seit dem Jahre 1891, wie das Budget nachweist,
bedeutende Beschaffungen an rollendem Material stattgefunden haben, so hat
sich doch in derselben Zeit nicht nur eine Vergrößerung des Schienennetzes
vollzogen, sondern es haben gleiche Veränderungen auch bei den übrigen
Staaten platzgegriffen, so daß man kaum fehl gehen dürfte, wenn das
damalige Verhältniß als annähernd auch noch jetzt als zu Recht bestehend
angenommen wird.

Daß endlich die Qualität des rollenden Materials nicht die gleiche ist,
wie in den meisten westeuropäischen Staaten, findet in dem nicht ebenbürtigen
Stande der russischen Technik seine natürliche Begründung, zugleich aber
werden der allgemeinen Verwendung der Lokomotiven durch die Verschiedenheit des Heizmaterials, für welches sie eingerichtet sind: Steinkohlen,
Holz, Torf und Petroleum-Rückstände, gewisse Schranken gesetzt, welche sich
in dem ausgedehnten Verkehr einer allgemeinen Mobilmachung und des Aufmarsches zur Westgrenze nothgedrungen nachtheilig fühlbar machen müssen.

Der „Angriff der Infanterie" — im russischen Heere.*)

„Wie soll der Angriff über die freie Ebene hinweg heute geführt werden?" — Ja, wer die Frage so beantworten könnte, daß er nicht in vielen und gerade in den wesentlichsten Punkten Widerspruch fände von Autoritäten!! Man bringe einmal unseres Infanterie=Reglements II. Theil in Uebereinstimmung mit Scherff!

Es darf mit ziemlicher Bestimmtheit angenommen werden, daß in An= betracht aller seit 1870/71 neu aufgenommenen oder im Grunde veränderten Waffen, Kriegsmittel aller Art u. s. w. durch die verständigsten und licht= vollsten theoretischen Erwägungen und Darlegungen keine Einstimmigkeit der Meinungen darüber erzielt werden wird, wie der Kampf in Zukunft im Großen und im Einzelnen zu führen sei, wie er verlaufen werde. Unausgeglichen vielmehr und unausgleichbar allem Anschein nach stehen die Ansichten neben und gegen einander: die Lösung ist offenbar erst von dem Kriege selbst zu erwarten — und die Lösung wird Manchem manche Ueberraschung bringen!

„Es irrt der Mensch, so lang' er strebt" —; sollten wir darum das Streben aufgeben? Gewiß nicht! Und so werden wir in Deutschland, gleichwie unsere Freunde und unsere vermuthlichen Gegner allerorten fort= fahren, über die taktischen und strategischen Probleme der Zukunft nachzu= denken und zu verhandeln.

Eine gar prächtige, klare und verständige Schrift — die des Generals Skugarewski — giebt uns Auskunft, wie es zur Zeit mit den Ansichten über den Infanterie=Angriff im russischen Heere bestellt ist. Wenngleich es selbstverständlich von vornherein sein dürfte, daß wir von der persönlichen Meinung des Verfassers in wichtigen Stücken weit abweichen, so können wir es nur durchaus als lohnend ansehen, Kenntniß zu nehmen von der „Ver= wirrung" jenseits unserer Ostgrenze, von den Strömungen, von dem Geiste im Heere!

Wir folgen dem General Skugarewski bei seinen Ausführungen Schritt für Schritt, dieselben oft in wenige Worte zusammenfassend. Er will das Feld der abstrakten Taktik gänzlich vermeiden und die Thätigkeit der In= fanterie beim Angriff von ihrer rein technischen Seite untersuchen.

---

*) „Der Angriff der Infanterie. Von Generalmajor Arcadius Skugarewski, General= stabschef des kaiserl. russischen Gardekorps." Autorisirte Uebersetzung der zweiten Auflage von Major Valerian Mikulicz des k. u. k. Generalstabskorps. Mit einer Beilage. Wien 1894. Verlag von Carl Konegen.

Daß die deutsche Uebersetzung eine sehr gelungene ist, die das „Armee=deutsch" des Oesterreichers vermeidet, sei ganz besonders hervorgehoben. Man wird von der eigentlichen Lektüre durch sprachliche Ungeheuerlichkeiten nicht abgezogen. . . .

Was von Anfang an in's Auge springt, was uns deutsche Offiziere eigenthümlich berührt, das ist die ganz schrankenlose Kritik, die von dem russischen Generalstabschef an den Reglements seiner Armee geübt wird, der Freimuth, mit dem er seine Ansichten ausspricht, mögen sie genehm sein oder nicht, die unbedingte Neigung, die Sache zu fördern, Klarheit zu schaffen oder anzubahnen, Widerspruch, der dem Zweck nützt, hervorzulocken. . . .

„Ich warf mir die Frage auf, was man sich in der russischen Armee unter dem Angriff eigentlich vorstelle; ich kam zu dem traurigen Ergebnisse, daß man weder im Reglement noch in offiziellen Instruktionen oder bei Schriftstellern eine bestimmte Antwort darauf erhält. Diese Frage ist bisher ungelöst!"

Die Beispiele, die angeführt werden, zeigen die Unbestimmtheit und Vieldeutigkeit des Wortes „Angriff" bei den Russen. Da sind alle Ansichten vertreten: die Vorwärtsbewegung von 3000 Schritten an, die von 800 an, die von 200, 150 Schritten an, auch der eigentliche Sturm oder Bajonetteinbruch. . . . .

Positive Erfolge lassen sich nur durch den Angriff erringen; das ist bei den Russen, auch in Vertheidigungskriegen, als Anhalt genommen; „wir haben sozusagen den Angriff sogar mißbraucht und dafür oft genug fürchterlich gebüßt".

Es werden nun aus Schriften bedeutender Militärs und Reglements Ansichten aufgeführt, welche eine Verworrenheit in den offiziellen Bestimmungen wie bei den einzelnen Autoren hinsichtlich des Infanterie=Angriffs ergeben, die sich natürlich auch in dem praktischen Verfahren geltend machen muß.

Dies Kapitel: „Das gegenwärtig gebräuchliche Verfahren beim Angriff" ist, unseres Erachtens, das werthvollste des Buches, denn es giebt dem Fremden auf wenigen Seiten Kenntniß von dem, was die Russen als Angreifer vornehmen, ohne daß man solches aus der weitschichtigen Literatur zusammenzusuchen brauchte. Wohl bemerkt: der General Skugarewski sieht von Einzelheiten ab und berührt nur jene Momente, welche den Bedingungen der modernen Kampfesführung nicht entsprechen oder den Forderungen der Schriftsteller zuwider laufen.

Sehr bedenklich ist gleich der erste Vorwurf, daß nämlich bei den Russen heutzutage die Form und Durchführung des Angriffes allemal die gleiche ist, ob es sich dabei um eine nackte Höhe, um eine starke Oertlichkeit oder um eine Befestigung handelt, ob der Angriff unvermittelt oder planmäßig, ob er in bedecktem oder unbedecktem Gelände erfolgt.

„In unserer Formation hat weder der Kommandeur des Ganzen noch seine Unterkommandanten eine Reserve; die Truppen sind verausgabt."

Abgesehen von der schwerwiegenden „Schablonenhaftigkeit" sind aus den Darlegungen noch folgende Mängel dem russischen Angriffsverfahren vorzuwerfen:

1. die Planlosigkeit der Handlung, zuweilen auch unklare Feststellung der Absicht;

2. zu schwaches Feuertreffen, daher matte Vorbereitung des Angriffes und große Verluste des Angreifers;

3. die Nothwendigkeit, die schwache Schützenlinie zu verstärken, führt zur Vermengung der Verbände, was die Führung des Kampftreffens außerordentlich erschwert; dies führt wieder zur Unmöglichkeit, die Abtheilungen vorwärts zu bringen;

4. das sprungweise Vorgehen mit kleinen Theilen der Schwarmlinie ist in Wirklichkeit schwer anwendbar und bildet die Ursache, weshalb Abtheilungen unter dem eigenen Feuer zu leiden haben.

Im folgenden (4.) Kapitel wird „der offene (ungedeckte) Angriff und das Feuer bei den russischen Schiftstellern" besprochen. Als Anhänger desselben, d. h. der ungedeckten, unaufhaltsamen Vorwärtsbewegung, gelten u. A. die Generale Dragomirow, Sacharow und Puzyrewski.

Andere empfehlen das sprungweise Vorgehen, jedoch ohne Anwendung des Feuers. Z. B. verlangt Baikow, daß man die Entfernung von 3000 Schritt bis 600 Schritt in Sprüngen à 200 Schritt mit kurzen Ruhepausen (bis zu 2 Minuten), jedoch ohne Feuer zurücklege und letzteres erst von der Grenze der Bahnrasanz des neuen Gewehres, d. i. auf 600 Schritt, beginne.

Solches sprungweise Vorgehen ohne Feuer schlägt unter den deutschen Schriftstellern nur Hoenig vor, wie der Verfasser hier vorgreifend bemerkt.

Wir erfahren hier, daß bei den offenen Angriffen auf Plewna am 11. und 12. September 1877 von sieben russischen Infanterie=Regimentern verloren haben je eins 22, 25, 35, 37, 48, 57 und 62 Prozent ihres Mannschaftsbestandes.

In den „Beobachtungen über den Angriff in der fremdländischen Literatur" des nächsten Kapitels wird gesagt, daß, während bei den Russen Viele dem kühnen Vorgehen beim Angriff den Vorzug geben und gegen die Feuervorbereitung Geringschätzung zeigen, die Mehrzahl der deutschen Fachmänner dem Feuer eine große Bedeutung beilegt.

Die im 6. Kapitel aufgeworfene Frage: „Wie soll man also angreifen?" wird kurzweg beantwortet mit den Sätzen: „Man muß den Umständen nach angreifen. Ein Rezept für alle Fälle kann es nicht geben!" —

Dies im Allgemeinen. Es folgt die Besprechung der wesentlichsten Theile des Angriffs selbst: die Rekognoszirung, der Gefechtsplan, die Vor=

13*

bereitung, die Bewegung und der Stoß, d. h. der eigentliche Angriff
wird der Frage des Feuergefechts die meiste Beachtung geschenkt.

Die Bedeutung der Rekognoszirung und die Thätigke
Jagdkommandos wird im 7. Kapitel abgehandelt.

Es wird in Zukunft unabweislich sein, daß der höchste Führe
mindestens sein Generalstabschef im Ballon aufsteige vor der Schlach

Die Jagdkommanden, kleine Fußabtheilungen, sollen auf dem F
selbe einerseits die eigene Haupttruppe gegen feindliche Aufklärung
und alle feindlichen Beobachtungspatrouillen aus Hinterhalten bes
andererseits den Gegner mit eigenen Beobachtungspatrouillen umschw
Sie müssen wie zudringliche Fliegen am Feinde haften, Alles an ihn
forschen und rasch melden; namentlich das letztere ist von großer Wich
Das Jagdkommando mag mit noch so großer Selbstverleugnung sein
gabe während des Gefechts obliegen, wenn es die Ergebnisse seiner
nicht zur rechten Zeit meldet, so sind sie werthlos!

Die Jagdkommandos werden zuweilen auch ganz abgetrennt v
Haupttruppe ein selbstständiges Feuergefecht mit dem Gegner eröffnen
um dadurch seine Aufmerksamkeit vom eigenen Gros abzulenken. E
Hand voll Wagehälse kann aus einer unsichtbaren oder unzugänglichen
mit wohlgezieltem Feuer eine ganze Schwarmlinie des Gegners hinder
offene Terrainstrecke zu passiren, eine Batterie zum Verlassen ihrer S
zwingen, ein besetztes Objekt vom Feinde säubern u. dgl. m.

Daraus folgt, daß die Jagdkommanden für ihren wichtigen Die
Gefecht wohl vorbereitet werden sollen. . . . Wir werden eintretenden
mit diesen stark zu rechnen haben!

Das Kapitel 8 ist dem „Angriffsplan" gewidmet, der Nothwen
und der Eigenthümlichkeit desselben, dessen in den russischen Instruktion
nebenbei Erwähnung gethan wird, während die taktischen Lehrbüch
begreiflicher Weise ihn gänzlich unberücksichtigt lassen.

Das 9. Kapitel beantwortet die Frage: „Kann der Angreife
Vertheidiger durch Infanteriefeuer überwinden?" in bejah
Sinne. Mit dem Ergebniß können wir uns einverstanden erkläre
Betrachtung und Beweisführung ist theilweise zu gekünstelt, zu „stati

Die Irrlehre vom Unwerthe des Infanteriefeuers ist auch in
Vorschriften gedrungen, — klagt Skugarewski — eine derselben en
dem Angreifer, keine Munition aufzuwenden, wenn der Vertheidiger
ist. Die Folgerung führt zu dem Widersinn: ist der Vertheidiger un
so mag man ihn beschießen, ist er aber gedeckt, d. h. ist er schwer
zugreifen, so greife man ihn ohne Anwendung des Feuers an! . . .

Ueber das „Weitfeuer und das Schnellfeuer", im nächsten K
wird mit voraussichtlich großem und scharfem Widerspruch der Gr
aufgestellt; „Wenn es die Umstände erlauben, oder besser gesagt, w

, wird es um so vortheilhafter sein, je weiter vom Gegner
r begonnen wird; dadurch werden dem Gegner mehr Ver=
nd die Führer ergreifen von allem Anfange an mit Ruhe
Feuerleitung, welche sie dann mit großer Wahrscheinlichkeit
n Entfernungen in Händen behalten."

ter wird manchmal dazu angewendet werden müssen, um
lertheidigers zu locken, damit er seine Stellung offenbare,
Pausen anzuwenden, in der Regel ein langsames sein. . . .
11 wird ausgeführt, daß die „Gewehre mit Selbst=
kunft für sich haben, daß für den Stahl ein leichteres
der erfunden werden muß, etwa eine Aluminiumkomposition,
der durchaus erforderlichen Gewichtsentlastung, alle gegen=
standtheile und sogar die Patronenhülsen durch Aluminium
Hälfte des Tornisterinhaltes als überflüssiger Ballast ab=
nuß.

Deutschen diese Gedanken so vertraut vorkommen! Und
russische Offizier hinzu: „Man hört immer die schönen
eheimniß des Sieges ruht in den Beinen' . . ,Eine Armee,
kann nicht geschlagen werden', — und die dies am meisten
l, beladen selbst den Mann wie ein ordinäres Lastthier!"
Schriftsteller legen der Vorbereitung des Angriffes durch
derartige Wichtigkeit bei, daß sie hierzu besondere In=
zen wünschen, welche in vier Gliedern schießen und so die
sollen. Solche Abtheilungen werden im französischen Regle=
s de fusils" genannt.
12 verwirft diese „batteries de fusils" grundsätzlich und
enfeuer nur dann für anwendbar, wenn die schießenden
hintereinander oder so hoch übereinander etablirt sind, daß
Klungen durchaus nicht getroffen werden können; beispiels=
g von stufenförmigen Hängen, wenn die untere Abtheilung
cht gesehen wird, bei Stockwerkfeuer aus Gebäuden, beim
rme und der Brustwehr u. s. w.

g, der Infanterie besondere Kartätschgeschütze beizugeben,
Jahrhundert zurück.

n Kapitel werden die besonderen, durch Einführung des
wers und der Mantelgeschosse bedingten Eigenthümlichkeiten
eit im Allgemeinen und besonders des Angriffes besprochen;
folgende:
irung des Gegners ist jetzt wichtiger als vordem; die persön=
g durch den Oberbefehlshaber ist erst recht unerläßlich (?); die
ions und Beobachtungsstände nimmt zu. 2) Die Thätigkeit
r erleichtert. 3) Besondere Wichtigkeit erlangen jetzt die

aber nie diejenigen zwischen den einzelnen Schützen vergrößert. Die Zu=
sammensetzung der Schwärme soll niemals wechseln, die Schwärme niemals
untereinander vermengt werden.

Auch darüber fehlt, wie im nächsten Kapitel „Der Angriff" gesagt
wird, in den russischen Vorschriften eine bestimmte Angabe, wie man eine
Truppe zum Angriff ansetzen soll; für die verschiedenen Arten der Vorrückung
indeß sind Normen, freilich sehr einseitige, gegeben. Gegenwärtig zerfällt
die Angriffsbewegung in drei Stufen:

1. bis 800 Schritt vom Gegner geschieht die Vorrückung offen;
2. von 800 bis 300 Schritt wird sprungweise von Deckung zu Deckung
   vorgegangen;
3. von 300 bis 150 Schritt an — zum Bajonett=Anlauf — erfolgt
   die Bewegung abermals offen.

Das wird meist buchstäblich ausgeführt, auch wenn die Verhältnisse
ganz dagegen sprechen; und doch: tausend verschiedene Verhältnisse, tausend
Angriffsarten!

Man muß, je nachdem, die gebotenen Deckungen benutzen. Beim Laufe
müssen die Leute jedes Schwarmes daran gewöhnt werden, eng aneinander
zu schließen — entgegen dem Reglement, aus welchem die Befürchtung
spricht, daß die Leute sich zu sehr aneinanderpressen, wahrscheinlich weil da=
durch die Verluste vergrößert werden könnten.

Das sprungweise Vorrücken ohne Feuer verwirft Skugarewski, ohne zu
leugnen, daß es in gewissen Fällen von Vortheil sein kann. „Ich war und
bin nur gegen das blinde Darauflosgehen, gegen den offenen Angriff um
jeden Preis. ‚Vorwärts!' Dieses große Wort war und bleibt ewig die
Losung des Angriffs; heutzutage muß man aber mehr denn je mit Kunst
und Verständniß vorwärts gehen. Ich sage geflissentlich nicht: vorsichtig, denn
manchmal kann und muß man dreist und offen losgehen; bevor man aber
den verzweifelten Entschluß dazu faßt, muß man sich's stark überlegen; in
einer solchen Minute durchlebt man ein ganzes Leben."

Das dürfte stimmen!

Das 16. Kapitel untersucht, wie dicht die Schwarmlinie zu halten
und wie sie zu verstärken sei.

In Rußland ist die Ansicht bei den Truppen festgewurzelt, daß man
im Beginn des Gefechtes eine schwache Schützenkette ausscheiden und starke
Reserven zurückbehalten müsse, aus denen nach Maßgabe der Klärung der
Verhältnisse Verstärkungen vorzuschieben seien.

Skugarewski ist der Meinung, daß es in der großen Mehrzahl der
Fälle von Vortheil sei, von vornherein eine starke Schwarmlinie zu bilden
und zwar nicht allein, um Vermengungen der Abtheilungen zu vermeiden,
sondern um gleich zu Anfang die Feuerüberlegenheit über den Gegner zu
erlangen.

Schwarmlinie in der Bewegung nach vorwärts zu erhalten. Der General verwirft dieses Mittel als ein Gift: Morphium; nach einer künstlichen Er=regung des Organismus tritt eine große Abspannung ein. Man muß fort=während neue Gaben des Mittels anwenden, sonst versagt der Organismus gänzlich. „Zur Verstärkung der Schwarmlinie als Anstoß zu ihrem weiteren Vorrücken darf erst dann geschritten werden, wenn alle übrigen Mittel erschöpft sind!"

Der „eigentliche Angriff oder Bajonett=Anlauf", welchem das nächste Kapitel gewidmet ist, beginnt nach dem russischen Reglement von 300 bis 150 Schritt „oder näher". Das richtet sich nach ben Verhältnissen: es kann von viel weiter her schon zum Sturm angesetzt werden, darin kann man dem General nur beipflichten. Darum ist das Festsetzen einer be=stimmten Grenze durch Zahlenangaben zwecklos oder gar schädlich; denn die Masse der Kommandanten hält sich, ohne Prüfung der jedesmal obwaltenden Verhältnisse, einfach an die Zahl. Beweis: fast jede Friedensübung!

Die Frage: „wann soll der Angriff begonnen werden?" ist dahin zu beantworten: der Angriff ist vorbereitet, sobald der höchste Kommandant zu demselben bereit ist und wenn er es versteht, seinen Entschluß auf die Unter=führer und Truppen zu übertragen.

Selbst darüber herrscht bei uns (b. h. bei den Russen) Streit, wer das Signal zum Angriff zu geben hat, was nach unserem jetzigen Reglement soviel als das Signal zum Bajonett=Anlauf bedeutet. Skugarewski kennt keinen Zweifel; „wer anders kann denn dieses Signal geben als, der Kom=mandant des Ganzen?" Ueber das Verhalten nach gelungenem oder miß=lungenem Angriff stellt der russische General Betrachtungen an, weil für den ersteren Fall das Reglement „einige recht läppische Anhaltspunkte giebt", — über ben zweiten Fall aber kein Wort sagt und somit ganz unklaren Anschauungen die Herrschaft einräumt.

„Eines unserer Lehrbücher sagt, daß der Angreifer bei einem Mißerfolge möglichst rasch aus dem Feuerbereiche des Gegners zu gelangen trachten müsse. Also fliehen? Um keinen Preis. Man muß sich dort zu behaupten trachten, wo der Angriff ins Stocken gerathen ist; im schlimmsten Falle geht man bis zur Abgangssituation zurück, um die Schlappe wieder gut zu machen." Die Kommandanten aller Grade müssen von der Ueberzeugung durchdrungen sein, daß ein begonnener Angriff mit dem Siege enden muß, ob nun die Hälfte liegen bleibt oder man 1000 Schritte vorwärts auch in mehreren Tagen zurücklegen müßte. Falsch ist es auch, über Nacht zurückzugehen; im äußersten Falle verschanzt man sich knapp vor dem Gegner.... Was ein=mal blutig errungen ist, muß im Besitze des Angreifers bleiben und wenn die weitere Vorrückung absolut nicht mehr möglich ist, durch Verschanzungen gesichert werden.... Bei Friedensübungen kann man es öfter sehen, daß eine Kompagnie aus Besorgniß, umfaßt zu werden, allmählich den freiwilligen

Auf Anregung des unvergeßlichen Generals Guillaume Henri Dufour von Genf (geb. 17. September 1787, gest. 14. Juli 1875) begannen noch im Sonderbunds-Kriegsjahre 1847 die Arbeiten, welche in dem Bundes- beschluß vom 27. August 1851 ihr vorläufiges Ergebniß fanden, da die Neubewaffnung, wenigstens der leichten Infanterie, hierdurch geregelt wurde. Die Scharfschützen erhielten den kleinkalibrigen (10,45 mm) Pflasterstutzen M/1851, welcher nachmals auch zur „Deutschen Schützenbüchse" auf dem Gothaer Tage von 1861 erhoben ward. Die Jäger sollten bis längstens 1857 ihr glattes Rollgewehr an einen gezogenen Präzisions-Vorderlader vom nämlichen kleinen Kaliber eintauschen. Das hierfür aufgestellte erste Modell von 1854 fand jedoch keine Gnade vor der dazu bestellten Kommission; erst am 26. September 1856 erfolgte der endgiltige zustimmende Beschluß der Bundesversammlung. Aber die keineswegs glänzende Finanzlage, welche die Eidgenossenschaft damals beherrschte, erlaubte nur eine ganz allmählich vor sich gehende Durchführung der Neubewaffnung. Dazu kam, daß unter dem Eindrucke der Miniébewaffnung in Frankreich, am 26. Januar 1859, der Entscheid fiel, sämmtliche großkalibrigen Perkussionsgewehre nach dem Systeme Prélaz-Burnand (Expansionsgeschoß ohne Treibspiegel) mit leichten Zügen zu versehen.

Und ferner beschloß die Bundesversammlung am 31. Januar 1860, die Gewehrfrage von neuem aufzunehmen. Der Feldzug in der Lombardei lud freilich dazu ein, diesem Thema die genaueste Beachtung zu schenken. Es sollte ein Einheits-Modell oder doch wenigstens ein gemeinsames Kaliber für die Bewaffnung der Fußtruppen gefunden werden. Unter dem Vorsitze des Chefs des Militär-Departements trat eine Kommission, aus wirklichen Sachverständigen gebildet, zusammen und zugleich erging ein Preisausschreiben an die Interessenten.

Drei Jahre später, am 26. und 28. Januar 1863, beschloß die Bundes- versammlung die Einführung eines Gewehres für die gesammte Infanterie, das im Allgemeinen der Jägerwaffe von 1856 entsprechen sollte. Als Geschoß ward dasjenige des Luzerner Zeugwarts Buholzer (Kal. 10,2. Expansion ohne Treibspiegel) gewählt und 1864 sogar noch die Ordonnanz für eine neue Scharfschützenwaffe aufgestellt.

So hatte der Präzisions-Vorlader in diesen Schweizer Modellen die höchste Vervollkommnung erfahren. Aber schon war das Todesurtheil über ihn ge- sprochen und fast unvermittelt that die Eidgenossenschaft den kühnen Sprung vom Vorderlader zum völlig durchgebildeten Repetirgewehr.

Der Krieg von 1864 hatte die höheren Führer der Schweizer Armee, welche noch kurz zuvor höchst absprechend über das Zündnadelgewehr ge- urtheilt, überzeugt, daß dem Hinterlader die Zukunft gehöre. Der bekannte Militär-Schriftsteller W. Rüstow mag ganz besonders dazu beigetragen haben, diese Wahrheit zu verbreiten. Genug, die Eidgenossenschaft erließ

Der Nachfolger des Erfinders auf dem Direktorposten, O. F. Winchester, brachte die nöthigen Verbesserungen an, welche hauptsächlich darin bestehen, daß das Magazin von der Seite des Verschlusses ausgefüllt werden kann, indeß das Gewehr selbst auch als Einlader zu dienen vermag.

Im Jahre 1867 kam das Henry-Winchester-Gewehr in die Hände der zu Aarau thätigen Kommission. Unzweifelhaft wäre auch dieses System mit einigen Abänderungen als Modell für die Neubewaffnung der Schweizer Infanterie ausgewählt worden, soferne sich nicht in diesem Augenblicke der Mehrlader von Friedrich Vetterli vorgestellt hätte. Es ist wohl erklärlich, daß die Eidgenossenschaft die bessere Waffe, die auch zugleich nationalen Ursprungs war, für den genannten Zweck auswählte.*)

Die Schweiz, das klassische Land des nationalen Schießsportes, ist von jeher wohl bedacht gewesen mit tüchtigen Kräften auf dem Gebiete der Büchsenmacherei. Besonders lebhaft blühte dieses Gewerbe seit 1825 etwa, bedingt durch den Aufschwung, welchen das Schießwesen in Folge des Entstehens der Eidgenössischen Schützenfeste nahm. Von 1840 ab begannen die eigentlichen praktischen und theoretischen Studien über das Wesen der Schußwaffe, unternommen von Männern wie Wurstenberger, Merian, Wieland, Schwarz, von Schumacher, Burnand, Delageraz, Buholzer, Amsler u. a. m.

In diese Zeit fällt auch die Entwickelungsperiode von Friedrich Vetterli. Geboren am 21. August 1822 zu Wagenhausen, dem thurgauischen Dörfchen gegenüber Stein am Ausflusse des Rheins aus dem Bodensee, lernte er bei dem seinerzeit wohl bekannten, erst in den achtziger Jahren dieses Jahrhunderts verstorbenen Büchsenmacher Schalch in Schaffhausen das Handwerk, dessen Kunstgriffe die Meister ängstlich bewahrt wissen wollten. Als junger Geselle arbeitete Vetterli auch bei dem in jenen Tagen in ganz Süddeutschland berühmten Schneevogt zu Lahr i. B. Immerhin scheinen die kleinen Verhältnisse, in denen er sich nothgedrungen bewegen mußte, dem jungen Manne nicht sonderlich behagt zu haben. Schon 1842 wanderte er nach Paris und 1845 nach St. Etienne, um die ersten Begriffe vom Großbetriebe und der Massenerzeugung von Luxuswaffen zu erhalten. Das Sturmjahr von 1848, in dem die Büchsenmacher des Kontinents alle ihre alten minderwerthigen Ladenhüter zu höchsten Preisen absetzten, sah Vetterli in London. Hier in England machte sich bald der Einfluß des anglo-amerikanischen industriellen Betriebes auf den jungen Mann geltend, ihm jene großartigen Bahnen vorzeichnend, denen er nachmals folgte. Bereits

*) Während des Krieges 1870/71 erwarb die „Nationale Regierung“ Frankreichs eine gewisse Anzahl Henry-Winchester-Waffen (Kal. 10,7 mm, Magazin für 16 Patronen), die später der Gensdarmerie in Korsika dienten. Zu größerer Verwendung gelangte jedoch das System bei der Vertheidigung von Plewna (1877) und in dem Kriege, welchen Chile gegen Peru und Bolivia führte (1879). Die Waffe ist noch heute stark in der Sportwelt der Vereinigten Staaten verbreitet.

1849 konstruirte er — große, zeitlich reife Ideen liegen in der Luft und werden von den verschiedensten Köpfen aufgegriffen — einen Keilverschluß für Hinterlader-Geschütze.

In sehr angenehmer Stellung befindlich, deren Befugnisse stetig wuchsen, hatte Vetterli mehrfach die Heimath besucht und bei solcher Gelegenheit die Bekanntschaft des Nationalrathes Peyer im Hof von Schaffhausen gemacht, welcher damals der Direktion der Schweizer Industriegesellschaft in Neuhausen vorstand. Die waffentechnische Abtheilung dieses Etablissements war seit 1859 fortbauernd mit Aufträgen für die Eidgenossenschaft betraut worden. Da als Modell für das Infanteriegewehr M/63 das englische Eufield-Bajonett (♦ M/53) zur Annahme gelangte, ging Peyer im Jahre 1865 nach England, um die Erzeugung dieser blanken Waffen genau kennen zu lernen. Vetterli diente ihm ganz natürlich als fachmännischer Führer und Berather, und als sich Peyer bewundernd über die maschinellen Einrichtungen der kgl. Manufakturen von Eufield aussprach, erklärte der praktische Mann, daß es ihm wohl möglich sei, für Neuhausen noch leistungsfähigere Maschinen zu schaffen. Peyer erkannte den gebotenen Vortheil und gewann Vetterli für das heimathliche Unternehmen; 1866 trat Vetterli in Neuhausen als technischer Direktor der Waffenabtheilung ein.

„Bei seinen Versuchen — sagt eine spätere Ueberlieferung — mit neuen Waffenmodellen war Vetterli anfangs minder glücklich, denn, obschon ein durchaus tüchtiger Techniker, ausgestattet mit einem imposanten Aeußern und im Besitze von Sprachkenntnissen, fehlte ihm doch die Gabe der Rede und der Mann, der einen so gewaltigen Eindruck machte, war wie ein Kind befangen, wenn es galt, seine Sachen offen vorzutragen und zu erklären."

Vetterli hatte sich zunächst an der Konkurrenz mit einem Umänderungssystem für die bisherigen Vorderlader (Stutzer M/51 und M/64, Jägergewehr M/56, großkal. Préluz-Burnaud-Gewehr M/44/59, Infanteriegewehr M/63) betheiligt. In Folge eines Materialfehlers sprang die Verschlußhülse und der Erfinder verließ fast entmuthigt den Kampfplatz.*) Dieses Sichselbstaufgeben dauerte jedoch nur kurze Zeit. Bereits 1867 lag das Repetirgewehr in einem ursprünglichen Modell vor, das fast alle Theile des nachmaligen endgiltig festgestellten enthielt.

Der Verschluß gab sich als ein Kolbenverschluß, welcher durch Aufschlagen eines am hintern Ende angebrachten Hebels geöffnet ward. Beim

---

*) Am 1. Mai 1867 erfolgte der Bundesbeschluß, nach welchem der Klappenverschluß (Vertikalbewegung) des Professors Jakob Amsler von Schaffhausen unter der Bezeichnung „Milbaue-Amsler" für etwa 90 000 Vorderlader (vom Kaliber 10,45 mm und 18 mm) als Umänderungssystem ausgewählt wurde.

Eben den nämlichen Verschluß adoptirte Württemberg 1867 für die Handfeuerwaffen vom Kaliber 13,6 mm. Die begonnene Fabrikation wurde jedoch, kaum begonnen, wieder eingestellt, da sich der Gedanke durchrang, ein deutsches Einheitsgewehr, vorläufig die Zündnadelwaffe Preußens, führen zu wollen.

Zurückgehen des Zylinders spannte sich der Hahn eines Perkussionsschlosses, um bei geschlossenem Laufe die Entzündung durch Vorwärtsschnellen hervor= zurufen. Das Magazin faßte 11, der Zubringer eine Patrone, eine drei= zehnte befand sich im Lager. Magazin und Zubringer lehnten sich in der Idee ihrer Konstruktion an die bezüglichen Vorrichtungen des Henry=Winchester= Systems an. Dieses erste Modell war nicht als Einlader zu verwenden und das Oeffnen des Verschlusses erforderte neben dem gleichzeitigen Spannen des Hahnes eine' zu große Kraftanstrengung.

Wilhelm v. Ploennies, der auf die Entscheidung der Aarauer Kommission großen Einfluß besaß, sprach sich von Anfang an für Vetterli aus. Dieser ward nun durch die Behörde ermuthigt, weiter zu arbeiten, und 1868 legte er denn auch das vollendete Modell vor. Dieses System sicherte ihm nicht nur die Ehre, einen Mehrlader konstruirt zu haben, der ballistisch jedes Infanteriegewehr damaliger Zeit (und bis 1886) übertraf, sondern auch den Ruhm, der Erfinder des ersten Selbstspanners mit Doppelgriff und Zylinder= verschluß zu sein.

Das Vetterli=Repetirgewehr (Patrone M/71) übertraf alle Ein= und Mehrlader dieser Periode an Feuergeschwindigkeit. Es war jedenfalls die vollkommenste Handfeuerwaffe, welche vor dem Auftreten der Kleinkaliber erstellt ward. Die Eidgenossenschaft hat folgende Modelle des Mehrladers nach System Vetterli in Gebrauch genommen: Gewehr M/69/71 (Visir 225 bis 1000 m); (das schweizer Kadettengewehr M/70 ist ein Einlader); Stutzer M/71 (das Magazin faßt anstatt 11 nur 10 Patronen, Stecher nach Angabe von Lieutenant Abel Thury); Karabiner M/71 (Visir 225 bis 600 m, Magazin faßt 6 Patronen); Gewehr M/78 (Elevation auf 1200 m erhöht, Verringerung der Zahl der Einzeltheile, Säbelbajonett mit Säge= rücken); Stutzer M/78; Gewehr M/81 (Visir nach Angabe von Oberst Schmidt mit Elevation auf 1600 m); Stutzer M/81 (Stecher nach der Kon= struktion von Oberst Schmidt).*)

Am 27. Februar 1868 erfolgte der Beschluß der Bundesversammlung, 80 000 Vetterli=Gewehre anzuschaffen. Die Bereinigungen des Modells ver= zögerten jedoch die schleunige Inangriffnahme der Erzeugung. Als die Juli=Ereignisse von 1870 die mobilgemachten schweizer Divisionen an die Grenze riefen, besaß nur das von der Stadt Basel gestellte Bataillon die neue Waffe. Jene Truppen, die im kalten Winter von 1871 (am 1. und 2. Februar) die französische Ost=Armee unter General Bourbaki und Clinchaut

---

*) Man sieht, daß die Eidgenossenschaft es nicht verabsäumte, allen Neuerungen auf dem Gebiete der Waffentechnik zu folgen. Zähle ich die seit 1851 und bis 1893 ent= standenen eidg. Modelle von schweizer Handfeuerwaffen, welche sich in meiner vollständigen Sammlung befinden, so komme ich auf nicht weniger als 28. Es giebt wohl keinen Staat, der solche fortdauernden Veränderungen, theilweise unter Aufgebot großer finanzieller Mittel, traf.

an der Grenze bei Verrières-Suiffes entwaffneten, führten sämmtlich nach Milbauc-Amsler umgeänderte ursprüngliche Vorderlader.*)

Dennoch ist das System Vetterli im Kriege erprobt worden. Das junge Königreich Italien, welches von 1867 bis 1868 die vorhandenen großkalibrigen Minié-Gewehre nach dem System Carcano in einen Zylinderverschluß mit Zündnadel (Rückwärtsspannung wie bei Chassepot) umwandelte, nahm 1870 das Vetterli-Gewehr als Einlader vom Kaliber 10,35 mm an. Erst in jüngster Zeit wird die Waffe durch das neue Modell 91 (Carcano-Mannlicher, Kal. 6,5 mm) ersetzt. Sie war 1887/88 mit dem Kastenmagazin (für 5 Patronen) nach der Angabe von Oberst Vitali ausgestattet und dergestalt in einen Mehrlader umgewandelt worden, welcher in Abessinien den braven Soldaten König Umberto's die besten Dienste geleistet hat. Wie in der Schweiz, so hat auch in Italien das „Vetterli" die Bedeutung einer nationalen Waffe erlangt, und als es sich um Annahme des neuen Kleinkalibers handelte, erhob man auf der Halbinsel aus den verschiedensten Kreisen nicht wenige Stimmen, die das bewährte System beibehalten wissen wollten.**)

Doch, das Bessere ist des Guten Feind! — Mit dem Beginne der Fabrikation seines Mehrladers, also seit 1868, war Vetterli an die Spitze des ganzen Betriebes in Neuhausen getreten. Seine Erfindung brachte ihm auch einen großen finanziellen Erfolg. Doch soll es hier gesagt werden: der dem Volke entsprossene und durch eigene Kraft emporgewachsene Mann gab sich stetsfort als ein stiller Wohlthäter der Armen.

Die vierzehn Jahre, welche Vetterli noch vergönnt blieben, verwendete er zunächst zu einer gründlichen Ausgestaltung der maschinellen Einrichtung des Neuhauser Etablissements. Später trat er auch an Verbesserungen seines Gewehrsystems heran, die so weit gediehen, daß Frankreich 1875 bis 1877 damit Versuche unternahm. Diese führten freilich zur Annahme des damit konkurrirenden Marinegewehrs des k. k. Generalmajors Kropatschek.

Um diese Zeit hat auch Vetterli an den praktischen Prüfungen Theil genommen, welche in der Schweiz in Rücksicht auf die Mantelgeschosse stattstattfanden und deren Ergebniß das jetzt im Gebrauch befindliche Stahlkappen-Projektil M/90 ist.

Mittwoch, den 17. Mai 1882 erkrankte der rüstige Sechsziger. Eine

---

*) Die Eidgenossenschaft veräußert jetzt die Vorräthe an Modellen 1869/71. Dagegen dienen die Waffen M/78 und M/81 dem Landsturm, welcher demnach ein vorzügliches Gewehr besitzt.

**) Aehnliches geschah in der Schweiz. Es war interessant genug, zu beobachten, wie unwillig eigentlich die Leute das bewährte „Vetterli" gegen die neue „Schießmaschine" eintauschten. Jedem jüngeren Zuhörer wurde recht augenfällig der große moralische Einfluß dargethan, den eine gute und wohlbekannte Waffe auf den Mann ausübt.

überraschend schnell verlaufende Lungenentzündung hatte ihn befallen, und als am 21. Mai die Sonntagsglocken im Dorfe Neuhausen läuteten, hauchte Friedrich Vetterli den letzten Seufzer aus.

Die schweizerische Armee wird ihm immerdar das ehrenvollste Gedächtniß bewahren.

(Fortsetzung folgt.)

Militärische Plaudereien.*)

Von

General Dragomirow,

Kijew.

Mit Genehmigung des Verfassers und der Redaktion der Pariser Revue „La Vie contemporaine"

übersetzt

von

Otto Simon.

XVII.

Die Schlacht bei Arcole legt von Bonaparte's Können beredtes Zeugniß ab. Sie zeigt uns aber auch, in wie hohem Grade derselbe auf die Phantasie der Masse nicht nur bei den Seinigen, sondern auch besonders bei seinen Gegnern einzuwirken verstand, und zwar ebenso bei den Soldaten wie bei der übrigen Bevölkerung. Endlich sehen wir ihn in einem Gelände, dessen Wahl zum Kampfplatz ein gewöhnliches Menschenauge für baaren Wahnsinn halten würde, unerwartete Hülfsquellen entdecken. Stellen wir uns einen großen Morast vor, welcher südlich von Verona zwischen der Etsch und ihrem Nebenflusse Alpone liegt und nur mittels zweier, 5 bis 6 m breiten Dämme überschritten werden kann. Auf diesen beiden Dämmen will sich Bonaparte schlagen. Man kann sich dort weder drehen noch wenden; aber gerade deshalb hat er diesen Platz ausgewählt.

Bei jeder Schlacht muß man zweierlei in Betracht ziehen:

1. Die rein technische Seite. Dieselbe besteht in den Fragen: Wo und in welcher Reihenfolge traf der Feldherr seine Anordnungen? Wo und

---

*) Siehe Juli-August-Heft der „Neuen Militärischen Blätter."

wann griff er ein? Welches Ziel hatte sich derselbe gesteckt? Mit welchen
Opfern hat er dasselbe erreicht oder wie ging es zu, daß er dabei scheiterte?

2. Die psychologische Seite, das heißt: Welchen Eindruck hat die
Schlacht auf Laien — mögen sie mitgekämpft oder nur zugeschaut haben —
hervorgebracht? —

Die technische Seite ist schon derartig verwickelt, daß sich die zunft=
mäßigen Geschichtschreiber nicht darüber hinauswagen und die psychologische
Seite mit Stillschweigen übergehen. Und doch bedeutet gerade letztere Alles!
Trotz aller gegentheiligen Behauptungen spielen sich alle großen und wichtigen
Handlungen doch nur durch und für die Masse ab. Dieselbe ist unser Sklave
oder unser Gebieter, je nachdem wir uns in ihre Seele einzuschmeicheln und
ihre Phantasie zu beherrschen wissen oder von dieser Kunst nichts verstehen.

Was mich persönlich anbetrifft, so bin ich mehr oder weniger in den
genannten Fehler der zunftmäßigen Geschichtschreiber bis zu dem Tage ver=
fallen, wo ich mich zur Wallfahrt nach Austerlitz entschloß. Dies geschah
im Jahre 1866 bei meiner Rückkehr aus dem böhmischen Feldzuge. Ich
näherte mich dem Schlachtfelde von Süden her, das heißt vom Satschaner
Teich aus, welcher übrigens nicht mehr vorhanden ist und an dessen Stelle
jetzt prächtige Wiesen liegen. Einen Bauer, welchen ich unterwegs traf,
fragte ich, ob er wüßte, daß hier einst eine Schlacht stattgefunden hätte.
„Ei, versteht sich!" rief er aus. „Mein Großvater hat mir oftmals davon
erzählt. Sehen Sie, mein Herr, dort hat er gewohnt (er zeigte nach Aujezd)
und hat Alles mit angesehen. Zuerst standen die Franzosen links, die
Unsrigen und die Russen hingegen rechts. Plötzlich aber — der Himmel
weiß. wie das zuging! — befanden sich die Franzosen auf der rechten Seite,
während die Russen nach links geriethen und im Satschaner Teiche haufen=
weise ertranken." Nicht wahr, das ist eine sehr naive und schmucklose Er=
zählung, ganz entsprechend dem Laienverstande dieses ungeschliffenen Bauern?
Und gleichwohl waren seine Worte für mich eine Offenbarung. Was hat
mir der gute Bursche von der Schlacht erzählt? Weiter nichts, als was
davon sein Großvater vom Satschaner Teiche aus gesehen hatte. Aber das
Merkwürdigste hierbei ist die Thatsache, daß er mir noch 60 Jahre nach dem
Ereigniß dasselbe als etwas Unglaubliches, Wunderbares berichtete. Von
diesem Augenblick an wurde mir klar, daß, um ein Ereigniß in seiner ganzen
Tragweite zu ermessen und um seine wahre innere Bedeutung zu ergründen,
es wenig verschlägt zu wissen, wer sein Urheber gewesen, wo und wie der=
selbe dabei verfuhr, sondern daß es vielmehr darauf ankommt, den Eindruck
zu erforschen, welchen dasselbe auf die Phantasie Derjenigen hervorbrachte,
die bloß einen Theil davon und zwar nur von einem einzelnen Punkte aus
gesehen haben.

Uebertragen wir dieses System auf die Arcoler Episode und stellen wir
uns auf den Standpunkt des Laien. Napoleon selbst hat uns das erstere

mit unnachahmlicher Kunst erklärt, er, der die Wichtigkeit und Bedeutung des Laienpublikums sowie dessen, was dasselbe denkt und empfindet, aus Erfahrung so gut kannte.

Der kommandirende österreichische General Alvinzy marschirt von Osten auf Verona; ein anderes Armeekorps (Davidovich) rückt von Norden auf dieselbe Stadt los. In Folge Vereinigung dieser beiden Korps wäre die Ueberzahl der Oesterreicher zu unheildrohender Stärke angeschwollen. Deshalb entschließt sich Bonaparte trotz seiner geringen Truppenzahl, Alvinzy in seiner starken Stellung bei Caldiero am 4 November 1796 anzugreifen. Dieser Angriff mißlingt und Bonaparte zieht sich, von Alvinzy verfolgt, auf Verona zurück. Letzterer General verfügt über ein Heer von 28 000 Mann, während Bonaparte nur 18 000 Streiter besitzt. Die Lage wird derartig kritisch, daß er am 13. November dem Direktorium unter Anderem Folgendes schreibt: „Ich habe Ihnen über die Operationen, welche seit dem 12. b. M. (Brumaire) stattgefunden haben, Bericht zu erstatten. Wenn derselbe nicht befriedigend ausfällt, so werden Sie dies nicht der Armee zuschreiben; ihre geringe Zahl und der Verlust der tapfersten Männer lassen mich Alles befürchten. Vielleicht stehen wir auf dem Punkte, Italien zu verlieren. . . Meine Seele ist zerrissen. . . Truppen! Truppen! . . . Ich verzweifle, die Entsetzung von Mantua nicht hindern zu können, das in acht Tagen unser war. Wenn sich dieses Unglück ereignet, so werden wir bald hinter der Abba sein und noch weiter, wenn keine Hülfstruppen anlangen."

Wie wird sich nun Bonaparte aus dieser Schlinge ziehen? — Am 13. November hat er diesen Bericht dem Direktorium gesendet; am 14. Abends zieht er sich nach Zurücklassung einer sehr schwachen Besatzung in Verona gegen Westen, das heißt in der Richtung nach Frankreich zurück. In Folge dessen herrscht in Verona unter dem den Franzosen feindlichen Theile der Bevölkerung eitel Jubel und Frohlocken. Das Gespräch dreht sich einzig und allein um das Thema: „In Italien haben die Franzosen stets ihren Untergang gefunden." Das französische Heer zieht mißmuthig dahin, das Herz voll düsterer Ahnungen. Der Kommandant der Garnison von Verona, General Kilmaine, sieht seinen sicheren Untergang vor Augen.

Aber in der Frühe des folgenden Tages erblicken die Truppen, welche gestern Verona verlassen haben, plötzlich mit Erstaunen die Thürme dieser Stadt zu ihrer Linken. Sie hatten sich zurückzuziehen geglaubt, aber dies war keineswegs der Fall gewesen.*) Die Veroneser hören an diesen und

---

*) Napoleon sagt in seinen „Denkwürdigkeiten" hierüber Folgendes: „Am 14. November mit einbrechender Nacht griff das Lager von Verona zu den Waffen Drei Kolonnen setzten sich unter tiefstem Stillschweigen in Marsch, gingen über die Etsch und formirten sich auf dem rechten Ufer. Die Stunde des Aufbruchs, die Richtung, welche die des Rückzugs ist, das Stillschweigen, welches der Tagesbefehl gegen seine sonstige Gewohnheit, eine Schlacht vorher zu verkündigen, beobachtet, die Lage der Verhältnisse, kurz Alles zeigt

den beiden folgenden Tagen von den Sümpfen her Kanonendonner und Gewehrknattern, und endlich am vierten Tage — o Wunder! — kehren die Franzosen nach Verona zurück, aber diesmal von der anderen Seite, nämlich von dort, wo die Oesterreicher gestanden hatten. •

Sollte man da nicht auf der Stelle den Verstand verlieren? . . . Man kann sich leicht vorstellen, was nach einer solchen Ueberraschung die Veroneser von Bonaparte denken mußten. Freunde wie Feinde konnten in ihm nichts Anderes als eine Art Teufel sehen. Es schien die menschlichen Kräfte zu übersteigen, mit einem solchen Menschen fertig zu werden; denn es gab Nichts, was er nicht hätte erreichen können, sobald ihn die Lust dazu anwandelte. Beifolgende Zeichnung zeigt, welchen Eindruck dieses Ereigniß auf die Veroneser machen mußte:

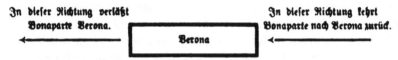

Also: er ist ein Hexenmeister, ein Zauberer. Sicherlich gleicht er nicht uns armen Teufeln, und wir vermögen nichts gegen ihn.

Gleichwohl lassen sich die beiden Enden seiner Marschroute ganz natürlich durch eine sehr einfache Linie, von welcher die Veroneser nichts ahnten, verbinden:

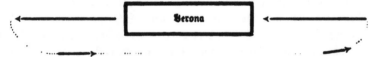

Die Geschichtschreiber gewöhnlichen Schlages finden hierbei nichts Bemerkenswerthes. Hat man doch schon seit langer Zeit die Beobachtung gemacht, daß nichts einfacher ist als die gestrige und nichts schwieriger als die morgige Erfindung. Es handelt sich eben um die alte Geschichte vom Ei des Columbus!

Auf diese Weise entsteht und erklärt sich der Zauber, welchen die vom Schicksal auserlesenen Männer ausüben. Der Ruf mit seinen hundert Zungen sorgt dafür, daß dieser Zauber um so fabelhaftere Ausdehnung gewinnt, je

an, daß man sich zurückzieht. Dieser erste rückgängige Schritt zieht nothwendigerweise die Aufhebung der Belagerung von Mantua nach sich und weissagt den Verlust Italiens. . . . Indeß, anstatt den Weg nach Peschiera einzuschlagen, wendet sich die Armee auf einmal links, zieht die Etsch entlang und kommt vor Tage bei Ronco an. Bei den ersten Sonnenstrahlen erblickt sie sich mit Erstaunen durch eine bloße Wendung links auf dem anderen Ufer. Nun begannen Offiziere und Soldaten, die früher bei der Verfolgung Wurmsers diese Gegend durchzogen hatten, die Absicht ihres Generals zu errathen: er will Caldiero umgehen, weil er es in der Front nicht hat nehmen können.“

Anmerkung des Uebersetzers.

weiter sich ersterer vom Orte der That entfernt. Der Erfolg von gestern bahnt dem morgigen den Weg; denn Derjenige, welcher ihn davongetragen hat, wird zu einem fast übernatürlichen Wesen.

Auch die Phantasie ist Bonaparte zu Hülfe gekommen, um ihn von Alvinzy zu befreien. Die beiden ersten Tage tobte der Kampf auf den beiden Dämmen, welche er ausgewählt hatte, weil einerseits dieselben auf die linke Flanke des österreichischen Generals ausmündeten und andererseits dieser nicht mehr Massen entfalten konnte, als die Breite der Dämme gestattete. In Folge dessen wurde die Truppenzahl gegen einander ausgeglichen. Am dritten Tage fand nach dem Uebergang über den Alpone die Frontalschlacht statt, während welcher der Kapitän Hercule*) Befehl erhielt, an der Spitze von 25 Reitern und 4 Trompetern durch das Schilf zu reiten und dem Feinde in die linke Flanke und in den Rücken zu fallen. Der wüthende Angriff dieser Handvoll Reiter und besonders das Geschmetter der Trompeten brachten auf die Phantasie der Oesterreicher dieselbe Wirkung hervor, als ob ein gewaltiger Heerhaufen angriffe; in Folge dessen wendeten sie sich zur Flucht, um nicht von ihrer Rückzugslinie, welche sie in Gefahr glaubten, abgeschnitten zu werden.

XVIII.

Die Episode von Arcole gestattet uns noch manche andere interessante Einblicke, nämlich: 1) in die wunderbare moralische und physische Thätigkeit dieses außerordentlichen Mannes, welcher keine Ermüdung kennt und weder den Seinigen noch dem Feinde Ruhe gönnt.**) Dadurch erschöpft er seinen Gegner, mag derselbe auch noch so widerstandsfähig und abgehärtet sein, physisch und moralisch bis zu dem Grabe, daß letzterer lieber Alles im Stiche läßt, um nur dieser qualvollen Verfolgung zu entgehen. Es genügt, wenn ich erwähne, daß vom 4. bis 13. November seine Truppen ununterbrochen marschiren mußten, daß an letzterem Tage der Kampf bei Caldiero stattfand und vom 15. bis 17. fast unausgesetzt Schlachten folgten. Die Episode von Arcole gestattet uns ferner Einblick 2) in seine Fähigkeit, den Gegner seinem eigenen Willen zu unterwerfen; endlich 3) in seine unerschütterliche Standhaftigkeit selbst in den verzweifeltsten Lagen, in seinen felsenfesten Muth und in seine Siegeszuversicht, wenn er auch vom sicheren Untergange bedroht zu sein schien.

---

*) Den kühnen Handstreich des Negers Hercule hat Napoleon in seinen auf St. Helena diktirten „Denkwürdigkeiten" durch folgende Worte verewigt: „Dieser Offizier führte seinen Auftrag mit Einsicht aus und trug viel zu dem Erfolge des Tages bei."

Anmerkung des Uebersetzers.

**) Bestand vielleicht eine der Ursachen dieser wunderbaren Thätigkeit in der Krätze, welche er sich während der Belagerung von Toulon zugezogen hatte und welche später in's Innere schlug? Wer kann es wissen? Im Organismus steht Alles mitenander in Verbindung.

Anmerkung des Verfassers.

Anzeichen, welche man im gewöhnlichen Leben schlechtweg Aberglauben
nennt.*) Aber verdienen dieselben einen solchen Namen, wenn sie sich auf
Thatsachen stützen? Es wäre richtiger, sie „Schlußfolgerungen des Herzens“
zu nennen, welche der Vernunft unzugänglich sind und daher von dieser
verworfen und verdammt werden. „Das Herz hat seine Rechte, welche die
Vernunft nicht gelten lassen will.“ Napoleon glaubte z. B., daß Josephine
ihm Glück brächte. Mag man davon denken, was man will, thatsächlich
gewann er nach seiner Scheidung von ihr keinen einzigen Feldzug mehr.

Das Glück Napoleons bestand vor allem anderen darin, gerade zu
einem Zeitpunkte auf der Weltbühne zu erscheinen, wo man der Fähigkeit,
welche ihn auszeichnete, dringend bedurfte.**) In ruhigeren Zeiten hätten
sich letztere überhaupt nicht entfalten können, wenigstens nicht in so groß-
artigem Maßstabe.

XXI.

Es verdient noch Erwähnung, daß Napoleon der großen Masse der
Franzosen gegenüber ein Fremdling war und in dieser Eigenschaft weit
freieres Spiel hatte, als wenn er ein geborener Franzose gewesen wäre.
In letzterem Falle hätte er sich niemals diese Zwanglosigkeit, dieses Sich-
gehenlassen in seinem Benehmen leisten dürfen. Man darf nicht vergessen,
daß Corsica erst ganz kürzlich an Frankreich gefallen war, daß noch keine
Geistes- und besonders Herzensverschmelzung stattgefunden hatte, sondern daß
vielmehr ein ausgesprochener Hang zur Absonderung bestand, mit welchem

---

dem Kaiser Vorstellungen über seine Politik machen Aber kaum hatte er ein paar Worte
gesprochen, so führte ihn Napoleon ans Fenster und fragte ihn: „Sehen Sie diesen Stern?“
Es war am hellen Mittag. „Nein“, antwortete Jener. „Gut denn“, sagte der Kaiser,
„so lange ich der Einzige bin, der ihn erblickt, werd' ich meinen Weg gehen und keinerlei
Bemerkungen dulden.“ — Was die angebliche Begünstigung Napoleons durch Stern und
Glück anbelangt, so bekennt Bourienne, welcher den Mann des Schicksals gründlich studiert
hatte, daß, was Napoleon sein „Schicksal“ nannte, weiter nichts als sein eigenes Genie
war, daß sein Glück die Folge seines hohen Scharfsinns gewesen, die Folge seiner blitz-
ähnlichen Berechnungen, der Gleichzeitigkeit seiner Handlungen und Gedanken, sowie seiner
Ueberzeugung, daß Kühnheit oft Weisheit ist. Ganz denselben Standpunkt nimmt Karl
Bleibtreu in seinem „Imperator“ ein, wo er (S. 372 u. f.) nachweist daß Napoleon
niemals durch glückliche Zufälle unterstützt worden ist und zu dem Schluß gelangt: „Wohl
seine Gegner haben „Glück“ gehabt, Napoleon aber selber nie.“

*) Napoleon glaubte zwar mit vollster Ueberzeugung an eine Vorsehung, welche er
auch „Schicksal“ nannte, war aber von kleinlichem Aberglauben frei. Noch auf St Helena
hat er dies in seinen „Denkwürdigkeiten“ durch die Worte bekräftigt: „Napoleon war
nicht abergläubisch.“

**) Diesen Umstand betont auch Bleibtreu in seinem „Imperator“ ganz besonders:
„Sein Schicksal ließ Napoleon eine einzige ungeheure Unterstützung, ohne welche vielleicht
manch' großgearteter Mensch erliegen muß: Es ließ ihn weder zu früh noch zu spät,
sondern zur rechten Zeit geboren werden“ und „So hat sein „Schicksal“ dem Korsen zwar
nur ein Glücksgut gewährt, aber ein unschätzbares: Es warf ihn in die richtige Strömung.“

Anmerkungen des Uebersetzers.

dings mußte er vergessen zu machen, daß er kein Franzose war; aber das beweist nur die Geschmeidigkeit seiner Natur — ein in hohem Grade charakteristischer Zug des Wilden, welcher mit bewunderungswürdiger Geschicklichkeit sich Allem zu fügen, zu überlisten, sowie, je nachdem es seine Interessen erheischen, zu verbergen oder zu offenbaren versteht. Doch es kommt der Augenblick, wo sein versteckter Jähzorn, seine Grausamkeit und sein Racheburst zum Ausbruch gelangen. Wer hat besser als Napoleon den berühmten Grundsatz verstanden: „Man muß, dem Teufel den Garaus machen, bevor man sich von ihm holen läßt?"*)

Es liegt mir fern, darüber urtheilen zu wollen, ob diese Charakterzüge Napoleons gute oder schlechte gewesen sind, sondern ich begnüge mich, die Thatsache zu bestätigen und den mächtigen Einfluß hervorzuheben, welchen die ersteren auf seine Erfolge ausüben mußten. Denn gerade in Folge dessen hat er in Frankreich ein Werkzeug gesehen, von welchem er schonungslos alles das verlangen durfte, was dasselbe überhaupt zu leisten im Stande war. Als geborener Franzose hätte er niemals von seinem Vaterlande so viel zu fordern wagen dürfen und hätte es sicherlich niemals so weit gebracht.

XXII.

Mit einem solchen Werkzeug in der Hand verfolgte er rastlos und unaufhaltsam seine Laufbahn, verwirklichte gewaltige Dinge und verursachte große Leiden. Wer nur die ersteren sehen will, nennt ihn einen großen Mann, wer dagegen nur für die letzteren ein Auge hat, nennt ihn Geißel, Antichrist**), Kanaille. Jawohl, Kanaille, ich will es gelten lassen, aber eine erhabene Kanaille, was heißen soll: ein großer Mann, weil nur Derjenige sich zu einer hochherzigen Großthat aufzuschwingen vermag, welcher auch einer schweren Unthat fähig ist. Nicht Jeder, der es gern sein möchte, ist erhaben; selbst unter der Kanaille. Zwischen Kanaille und Kanaille herrscht ein bemerkenswerther Unterschied: der einen errichtet man Denkmäler und belohnt sie durch Unsterblichkeit, die andere hängt man an den Galgen oder überantwortet sie dem Beile des Henkers. Es hat nicht an Napoleons in kleinem Maßstabe gefehlt; aber dieselben brachten es nicht weit, denn es fehlte ihnen von Haus aus das Zeug dazu. Raskolnikow, der Held des Romans „Schuld und Sühne" von Dostojewski, ermordet eine alte Wucherin und stellt sich hierbei auf folgenden Standpunkt: Wenn Napoleon so viele Tausende hinopfern durfte, habe ich wohl das Recht, die Erde von dieser

*) Nach der royalistischen Verschwörung Pichegru's und Cadoudal's, welche Fouché — vielleicht auf Napoleons persönliche Veranlassung — angezettelt hatte (siehe das Werk „Die letzten Tage des Konsulats" von Fauriel) wurden die Jakobiner und nicht die Royalisten verbannt, weil erstere die bei weitem gefährlicheren waren.

**) Wie bei uns im Jahre 1812. Man behauptete auch, daß man bei Ausrechnung seines Namens die kabalistische Zahl 666 erhielt. Anmerkungen des Verfassers.

Haus zu reinigen, deren Geld nach Gottes Willen den
leibenden gehören sollte. Aber nach vollbrachtem Mord, ist
zuvor und wird endlich nach Sibirien verschickt. Er vergißt,
r die Nachahmung der großen Männer gesagt hat: „Das
schheit Alexanders des Großen hat nicht so viele Männer
lehrt, als sich die Säufer seine Trunksucht zum Muster ge=
Es ist keineswegs schimpflich, nicht ebenso tugendhaft wie
er zu sein, und es scheint entschuldbar, wenn man nicht
ls sie. Wenn Jene größer sind wie wir, so kommt dies
ms mit ihren Häuptern überragen, aber ihre Füße stehen
ie unsrigen.

XXIII.

daß ich mit meinem schwachen Entwurf meiner Aufgabe
in. Aber ich hoffe gleichwohl, daß derselbe die Eigen=
Natur Napoleons genügend beleuchtet, in Folge deren er
fesselte und die Anderen seinem Willen unterwarf, selbst
je hierzu nicht die mindeste Luft verspürten, ja sogar seine
le waren.
s bei solchen Naturanlagen verhindern, seine Kraft zu miß=
, gewiß nicht, ebenso wenig wie es möglich ist, in der Natur
welche nur ein Ende, oder Magnetnadeln, welche nur einen
s übrigens Verneinung des Lebens bedeuten würde, da
s Anderem als in einem Kampf der Gegensätze besteht,
d übereinander triumphiren. Die Vereinigung derselben zu
en Ganzen ist nur vorübergehend möglich, wie z. B. bei
b der ersten Jahre seines Konsulats.
md selbst das bürgerliche Leben erfordern in ihren kritischen
außerordentliche Anspannung der gesammten physischen und
e, die Entfaltung aller natürlichen Anlagen des Mannes
bis zu den niedrigsten. Denn das Hauptziel besteht in
des Gegners um jeden Preis, wenn uns letzterer auch noch
Wer hierbei anders verfährt, wird stets dann unterliegen,
einem Feinde zu thun hat, welcher in der Wahl seiner
ßissensbisse kennt.
steht ein Unterschied zwischen der Thätigkeit des Einzelnen
der Masse. Die erstere ist gewissen moralischen Gesetzen
ßrend letztere in diesen nur eine Macht sieht, welche sie ge=
üßft, je nachdem sie sich bei Verfolgung ihres Zieles davon
ßen verspricht.
ße der Masse thätiger Mann muß sich letzterer ganz und
b darf an sich selbst nicht denken. Er arbeitet nicht für sich,

sondern für sein Volk, und besitzt nicht das Recht, durch Kundgebungen
persönlicher Tugend oder persönlichen Mitleids das Schicksal seines Gegners
dadurch zu mildern, daß er seinen Truppen oder seinem Volke größere An=
strengungen auferlegt. Es giebt Tugenden des Privatlebens, welche zum
Verbrechen, ja zum Hochverrath werden, wenn man sie im öffentlichen Leben
üben wollte, und umgekehrt. Der Wirkungskreis der Moralisten liegt im
Reiche der Gedanken; die Staatsmänner und Feldherren aber befassen sich
mit Thatsachen und Leidenschaften. Hieraus erklärt sich der absolute Gegensatz
zwischen den ersteren und letzteren. „Sie arbeiten mit der Feder, ich aber
mit der Knute.“ (Katharina II. an Diderot) — „Wenn wir in unserem
eigenen Interesse das thäten, was wir für Italien geleistet haben, wären
wir Schurken.“ (Cavour.)

Mag die Behauptung, daß zwischen der Moral des Einzelnen und der
Moral der Masse ein Unterschied besteht, auch noch so unglaublich klingen,
so ist ein solcher dennoch vorhanden und wird es stets sein, wie sehr sich
auch die Vernunft des Einzelnen dagegen auflehnt. Indessen darf man nicht
vergessen, daß der Ehrgeizige die Neigung besitzt, diesen Unterschied zu seinem
persönlichen Vortheil auszunutzen und das Interesse für das Volk als Deck=
mantel für seine eigene Selbstsucht zu mißbrauchen. „Dagegen läßt sich
nichts machen, Gebrauch erzeugt Mißbrauch.“

Der großen Sünderin wurde Viel vergeben, denn sie hat viel geliebt.
Auch dem Cäsar des 19. Jahrhunderts wird Viel verziehen werden, denn
er hat viel gewagt*) . .

> „Am Grabe Napoleons
> Schweigt der Haß der Völker,
> Und der Asche des Imperators
> Entsteigt der Phönix Unsterblichkeit.“
>
> (Puschkin, Auf den Tod Napoleons)

XXIV.

Ist es denkbar, daß einst ein zweiter Napoleon erstehen wird? — Die
reinen Verstandesmenschen, die „Ideologen“, wie Bonaparte sie nannte,
werden ohne Zweifel behaupten, daß das unmöglich ist. Denn in ihren
Augen ist alles Das, was nicht in ihren Kram paßt, unmöglich. Aber
Derjenige, welcher mit einiger Unparteilichkeit Geschichte studirt hat, wird
vom Gegentheil überzeugt sein. Wenn ein Cäsar, Muhamed, Tschingis=
Khan, Attila und Napoleon in der Vergangenheit eine Rolle haben spielen
können, so können Männer ihres Schlages auch in der Zukunft erstehen,

---

*) Marmont sagt in seinen Memoiren: „Napoleon verstand zu wagen, und diese
Eigenschaft ist die erste von allen, um große Dinge zu verrichten. Er wagte viel, er wagte
rechtzeitig, und wenn die Umstände ihn nicht im Stiche gelassen haben, so doch auch er
nie den Umständen gefehlt.“ Anmerkung des Uebersetzers.

wenn die Zeit derselben bedarf. Keine auch noch so aufgeklärte Zivilisation, keine bahnbrechenden Entdeckungen des menschlichen Geistes können dies verhindern. Denn diese Männer wirken durch den Willen, und dieser ist dem Geiste nicht unterworfen. Was vermag der Verstand gegen Denjenigen, welcher die magische Gewalt besitzt, die Massen zu beherrschen? Nichts, rein gar nichts. Und je fremder ein solcher Mann der Masse, welcher er sich auf's Gerathewohl aufzwingen will, gegenübersteht, je tiefer er in die Seele derselben eindringt und ihre Stärken nebst ihren Schwächen auszunutzen versteht — um so mächtiger wird er sie bezaubern und um so weiter mit sich fortreißen. Durch ihre Interessen, durch ihre Dummheit, durch ihren Nachahmungstrieb u. s. w. wird er die Einen verführen und die Andern bezwingen; aber Alle werden ihm folgen. „Sie murrten, aber folgten ihm immer." Nur ganz selten werden sich Menschen finden, welche dieses aus Leidenschaften und Windbeutelei zusammengesetzte Spiel durchschauen, aber ihr Scharfblick wird Niemandem Nutzen bringen, sie werden nichts hindern, nichts aufhalten und Niemanden aufklären. Sie werden gleich Meilenzeigern den tosenden Strom des Lebens mit seinen Triumphen und Katastrophen, seinen Leiden und Freuden, seinen Entbehrungen, seinem Heroismus, seinen Gemeinheiten und seinen Leichnamen unaufhaltsam an sich vorüberbrausen sehen.

In dem grenzenlosen Gebiete der Unkenntniß bleibt die Unterwerfung der Massen unter den Willen eines Einzigen für den menschlichen Geist eins der unbegreiflichsten, unergründlichsten, aber zugleich anziehendsten Wunder. Empfindsame Seelen werden darüber in Zorn und Aufregung gerathen, aber sie können es weder leugnen noch übersehen. Es ist eine Thatsache und zwar eine brutale Thatsache.

XXV.

Herr Jules Simon hatte unlängst in einem Briefe folgende Frage an mich gerichtet: „Ehemals schrieb man bei der Berechnung der Wechselfälle des Krieges den psychologischen Eigenschaften der Völker eine große Rolle zu. Haben diese Eigenschaften heute, wo der Krieg eine solche Umgestaltung erfahren hat, ihren Einfluß verloren?"

Mit der Beantwortung dieser Frage will ich meine Betrachtungen schließen.

Der Krieg hat folgende zwei streng von einander zu scheidende Seiten: „Die kleinliche und die erhabene," nach dem Ausspruch des Marschalls von Sachsen; „die irdische und die göttliche" nach dem Ausspruche Napoleons, was im Grunde genommen ein und dasselbe bedeutet.

Welche dieser beiden Seiten hat also eine Umgestaltung erfahren, und welches sind die Faktoren derselben gewesen?

Diese Faktoren sind folgende: 1) die vervollkommneten Feuerwaffen,

2) die Eisenbahnen, 3) die ungeheure Vermehrung der Heeresmassen und in Folge dessen die kurze Dienstzeit.

Die beiden ersten Faktoren sind rein sachliche und können als solche nicht den mindesten bestimmenden Einfluß auf die moralische Natur des Soldaten und mithin auf die „göttliche Seite" des Krieges ausüben. Ich glaube, es wird Niemandem einfallen zu behaupten, daß z. B. das Lebel= gewehr oder die Schnelligkeit in der Beförderung die Logik, die Empfindun= gen, die Leidenschaften und die Phantasie des Soldaten umgestalten könnten.

Ohne uns in weitergehende Erörterungen hierüber einzulassen, ersehen wir schon hieraus, daß die moralischen Elemente an ihrer Wichtigkeit nichts eingebüßt haben. Dies wäre erst dann möglich, wenn der Soldat — dank den neuen Waffen und den Eisenbahnen — gegenüber der Macht der Phantasie, der Suggestion und der Ueberraschung weniger empfänglich, der Müdigkeit weniger unterworfen, widerstandsfähiger und gegen Anstrengungen gestählter, von persönlichem Erhaltungstriebe freier, mit einem Worte tapferer wäre. Haben die heutige Bewaffnung und die Eisenbahnen diese Fähigkeiten erhöhen können? — Auf keinen Fall! Sie dürften vielmehr im Gegentheil geeignet sein, die guten Eigenschaften des Soldaten herabzudrücken und seine schlechten zur Geltung zu bringen. In Folge der Eisenbahnen verlernt der Soldat marschiren.*) Die aufreibende Wirkung des Feuers muß heute von einer Entfernung von fünf bis sechs Kilometer bis zum unmittelbaren Zu= sammenstoß ausgehalten werden, während zu den Zeiten Napoleons sich der bestrichene Raum nicht über 1500 Meter hinaus erstreckte.

Darf man hiernach behaupten daß die psychologischen Anlagen etwas von ihrem Werthe verloren haben? Nein, nein und abermals nein! Früher trugen die Gewehre 200 und die Kanonen 1500 Meter, heute aber 2000 beziehungsweise 6000 Meter weit. Früher legten die Truppen im Kriege 25 bis 30 Kilometer innerhalb 24 Stunden zurück; heute kann man in der= selben Zeit ein Detachement 300 bis 400 Kilometer, ja im Nothfalle noch weiter befördern. Der Unterschied ist ohne Zweifel auffallend, aber doch nur quantitativ, materiell. Nicht blos durch gegenseitiges Kanoniren und Schießen, nicht einzig durch die Schnelligkeit trägt man den Sieg davon: Zum Schluß kämpft Mann gegen Mann und hier kommt es nicht auf die bestmöglichste Bewaffnung oder auf die schnellste Beförderung, sondern vielmehr auf persön= liche Furchtlosigkeit, auf Entfaltung einer moralischen Energie und Hart= näckigkeit an, welche derjenigen des Gegners überlegen ist. Man muß an den Sieg glauben, man muß zu leiden und zu sterben verstehen. „Derjenige, welcher bis ans Ende ausharrt, wird gerettet werden." Kurz, alles kommt auf den Werth des Soldaten an, und mit letzterem wollen wir uns zum Schluß beschäftigen.

---

*) „Einen Feldzug gewinnt man mit den Beinen", sagte Friedrich der Große.

Anmerkung des Uebersetzers.

XXVI.

Der Soldat bildet mit seinen moralischen und physischen Eigenschaften den dritten und wichtigsten der den Charakter des Krieges beeinflussenden Faktoren. Man kann unmöglich die Wichtigkeit seiner Rolle leugnen; leider aber ist dieselbe von den Bewunderern der technischen Vervollkommnungen arg vernachlässigt worden. Dieselben treiben die Bescheidenheit wahrlich zu weit, wenn sie vergessen, daß auch sie Menschen sind und wenn sie mit einem, einer besseren Sache würdigen Eifer, sich zum Götzendienste des Gewehrs, der Kanone und Lokomotive erniedrigen, vor welchen sie sich in den Staub werfen, wie es die Mexikaner thaten, als sie zum ersten Male Reiterei und Feuerwaffen erblickten.

Jene Bewunderer sollten doch ja nicht vergessen, daß die Gewehre nicht von selbst schießen und die Lokomotive nicht aus eigener Kraft dahinrollt. Ist nicht derselbe Mensch, welcher mit ersterer kämpft und mittels letzterer Massen fortbewegt zugleich ihr Erfinder? Darf man daher die Schöpfung über ihren Schöpfer stellen? Unwillkürlich erinnert man sich hierbei an jene geistreiche Fabel Lafontaine's, wo der Bildhauer vor der Statue Jupiters, welche er soeben geschaffen, in die Knie sinkt.

Ja, es ist der Mensch, niemand anders als der Mensch, welcher die Waffen und die Lokomotive gebraucht; welcher sich ihrer zu seinem Schaden oder Nutzen bedient, je nachdem er ein Tölpel oder Schlaukopf, träge oder energisch, für seine kostbaren Knochen besorgt oder zur persönlichen Aufopferung bereit ist. Denn gerade diese Selbstaufopferung ist es, welche ihm — wie wir bereits gesehen — Verstandesklarheit und Entschlossenheit verleiht. „Was fürchtest Du? Du trägst Cäsar und sein Glück!" —'

Prüfen wir jetzt, welches die moralischen und physischen Eigenschaften des heutigen Soldaten, als Masse und als Einzelner betrachtet, sind. —

Im Gegensatze zu früher besteht heutzutage das Hauptunterscheidungs= merkmal der militärischen Massen in ihrem großen Effektivbestand und der kurzen Dienstzeit; dasjenige des Einzelnen aber in seiner Jugend und infolge= dessen in einer, Entbehrungen gegenüber, geringeren Widerstandsfähigkeit, einer größeren Erregbarkeit, einem schwächeren moralischen Halt, sowie in Lockerung des Gehorsams und der Mannszucht.*)

Alles dies beweist zur Genüge die ungeheure Wichtigkeit der psycho= logischen Eigenschaften. Wenn Napoleon denselben drei Viertel und den materiellen Faktoren nur ein Viertel des Erfolges beimaß, so spielen meiner Meinung nach die ersteren heute eine noch wichtigere Rolle.

Sicherlich ist es meinerseits keine Prahlerei, wenn ich behaupte, daß

---

*) Unter der Quantität leidet stets die Qualität. Anm. d. Verfassers.

Das französische Gesetz über die Beförderung der Offiziere vom 13. Januar 1895.

Eine der letzten Amtshandlungen des im Monat Januar in Folge des Präsidentschaftswechsels abgetretenen französischen Kriegsministers, General Mercier, war der Erlaß eines neuen Avancementsgesetzes für die Offiziere der französischen Armee. Es wurde damit einer längst gestellten Forderung genügt. Wenn man bedenkt, daß das bis dahin gültige, die Beförderung der Offiziere regelnde Gesetz das Datum des 17. April 1832 und die dazu gehörige Ausführungsverordnung das des 16. März 1838 trägt, daß beide vom König Louis Philippe erlassen wurden, und wenn man ferner bedenkt, welche politischen und militärischen Veränderungen und Umwälzungen Frankreich innerhalb dieser 60 Jahre durchzumachen hatte, so wird man es begreiflich finden, daß trotz vielfacher Zusätze und Nachträge das Gesetz den heutigen Verhältnissen sich nicht mehr gut anpassen konnte. Namentlich nach dem Jahre 1871 trat diese Kalamität zu Tage: die Reorganisation der gesammten Armee, die Abänderungen des Rekrutirungsgesetzes und desjenigen über die Militärdienstleistung, das neue Gesetz über die Zusammensetzung der Stabres und über die Beschaffung der Offiziere zu den Reserveformationen u. s. w. ließen neue Bestimmungen über die Beförderung der Offiziere als unumgänglich nothwendig erscheinen. Wenn trotzdem nichts oder doch nicht viel geschah, so lag der Grund wohl hauptsächlich in dem häufigen Wechsel des Inhabers des Ministerportefeuilles (in 24 Jahren 21 Kriegsminister). Dieser Personenwechsel, der häufig auch einen Systemwechsel bedeutete, verzögerte die bezügliche Gesetzgebung von Jahr zu Jahr; die verschiedenen Ministerien brachten es zwar wiederholt — namentlich in den Jahren 1884 bis 1889 — zu Abänderungen, aber zu einem ausgearbeiteten Gesetze fehlte stets die Zeit, und der Nachfolger wollte nicht die Erbschaft des Vorgängers antreten, sondern etwas Neues schaffen. Auch das jetzt vorliegende neue Gesetz, von dem wir sprechen, würde vermuthlich das Schicksal, als Entwurf in den Akten des Ministeriums liegen zu bleiben, getheilt haben, wenn es nicht noch am 13. Januar v. J. — also unmittelbar vor Thorschluß — die Unterschrift des Präsidenten Casimir Perrier erhalten hätte.

Der einzige energische Anlauf zur Regelung der Beförderungsvorschriften wurde im Jahre 1889 durch Erlaß des Dekretes vom 2. April gemacht; doch handelte es sich dabei in der Hauptsache um technische Fragen: Aufstellung der Listen, Zusammensetzung der Kommissionen u. s. w., nicht aber um organische Neuerungen. Das Prinzip einer Vermischung des Anciennetäts- und des

Die Liste für die Beförderungen nach Wahl (tableau d'avancement aux choix) wird für die Offiziere aller Grade und die ihnen Gleichgestellten jedes Jahr nach den Vorschlägen der Generalinspektoren festgesetzt. Diese letztere Charge bekleidet der Militärgouverneur oder Armeekorpskommandant für die in seinem Bezirk befindlichen Infanterietruppen. Die übrigen Truppen (Kavallerie, Artillerie, Train, Genie, Gendarmerie, Intendanz und Sanität) sind in besondere Kreise eingetheilt, für die der Minister von Jahr zu Jahr die Generalinspektoren bezeichnet. Ehe die Inspektion beginnt, giebt der Kriegsminister die geringste Dienstzeit bekannt, die in der Charge gefordert werden darf, um in die Beförderungsliste nach Wahl eingetragen zu werden. Der Truppen- oder Abtheilungschef reicht für jeden Grad einen besonderen Ausweis über Diejenigen ein, welche nach Absolvirung dieser geringsten Dienstzeit zur Beförderung nach Wahl vorgeschlagen werden. Jeder höhere Vorgesetzte begutachtet resp vervollständigt diese Vorschläge, bis endlich der Militärgouverneur oder Armeekorpskommandant — für die Spezialwaffen in Uebereinstimmung mit dem betreffenden Generalinspektor — die Ausweise feststellt. Die Reihenfolge der auf diesen Ausweisen geführten Offiziere wird durch die Waffenkommissionen bestimmt, welche für jede einzelne Waffe oder Branche ernannt werden. Diese Kommissionen setzen die Beförderungslisten für die Lieutenants, Hauptleute und Majors endgültig fest, während sie die für die höheren Offiziere bis einschließlich des Generalmajors nur aufstellen. Eine weitere Kommission setzt alsdann die Liste für die Grade eines Oberstlieutenants und Obersten fest. Hierauf folgt als weitere Instanz der höhere Kriegsrath (conseil supérieur de la guerre), bis endlich der Minister auf Grund der gemachten Vorschläge die Ernennungen zum Armeekorpskommandanten vollzog. Vor dem Zusammentritt der Kommissionen bestimmte der Minister, wie viele Kandidaten für jeden Grad vorgeschlagen werden durften; ihre Zahl sollte für jeden Grad das Doppelte derjenigen, welche wirklich avanciren konnten, nicht übersteigen. Die endgültig abgeschlossenen Listen nach Grad und Waffe, in denen die Kandidaten nach ihrer Anciennetät in der Charge aufgeführt waren, wurden dem Minister vorgelegt als das „Tableau d'avancements" des Jahres.

Eine Abänderung dieser komplizirten Vorschriften wurde, wie schon oben erwähnt, von allen Seiten gewünscht. Ob das Gesetz vom 13. Januar d. J. geeignet ist, den Wünschen der Armee allenthalben gerecht zu werden, erscheint uns aber fraglich, da eine Vereinfachung des Verfahrens kaum zu bemerken ist und da das acceptirte Prinzip, die Beförderungen lediglich au choix eintreten' zu lassen, dem Dienstalter also gar keinen Einfluß mehr zu gewähren, jedenfalls zu vielfachen Reklamationen Anlaß geben wird.

Ehe wir die wichtigsten Bestimmungen des neuen Gesetzes wiedergeben, sei ein Blick auf die Motive geworfen, welche — nach den Veröffentlichungen des Exministers Mercier — zum Erlaß desselben hauptsächlich führten. Es

15*

dings mußte er vergessen zu machen, daß er kein Franzose war; aber das
beweist nur die Geschmeidigkeit seiner Natur — ein in hohem Grade
charakteristischer Zug des Wilden, welcher mit bewunderungswürdiger Geschicklichkeit sich Allem zu fügen, zu überlisten, sowie, je nachdem es seine
Interessen erheischen, zu verbergen oder zu offenbaren versteht. Doch es
kommt der Augenblick, wo sein versteckter Jähzorn, seine Grausamkeit und
sein Rachedurst zum Ausbruch gelangen. Wer hat besser als Napoleon den
berühmten Grundsatz verstanden: „Man muß. dem Teufel den Garaus
machen, bevor man sich von ihm holen läßt?" *)

Es liegt mir fern, darüber urtheilen zu wollen, ob diese Charakterzüge
Napoleons gute oder schlechte gewesen sind, sondern ich begnüge mich, die
Thatsache zu bestätigen und den mächtigen Einfluß hervorzuheben, welchen
die ersteren auf seine Erfolge ausüben mußten. Denn gerade in Folge dessen
hat er in Frankreich ein Werkzeug gesehen, von welchem er schonungslos
alles das verlangen durfte, was dasselbe überhaupt zu leisten im Stande
war. Als geborener Franzose hätte er niemals von seinem Vaterlande so
viel zu fordern wagen dürfen und hätte es sicherlich niemals so weit gebracht.

XXII.

Mit einem solchen Werkzeug in der Hand verfolgte er rastlos und
unaufhaltsam seine Laufbahn, verwirklichte gewaltige Dinge und verursachte
große Leiden. Wer nur die ersteren sehen will, nennt ihn einen großen
Mann, wer dagegen nur für die letzteren ein Auge hat, nennt ihn Geißel,
Antichrist **), Kanaille. Jawohl, Kanaille, ich will es gelten lassen, aber eine
erhabene Kanaille, was heißen soll: ein großer Mann, weil nur Derjenige
sich zu einer hochherzigen Großthat aufzuschwingen vermag, welcher auch
einer schweren Unthat fähig ist. Nicht Jeder, der es gern sein möchte, ist
erhaben; selbst unter der Kanaille. Zwischen Kanaille und Kanaille herrscht
ein bemerkenswerther Unterschied: der einen errichtet man Denkmäler und
belohnt sie durch Unsterblichkeit, die andere hängt man an den Galgen oder
überantwortet sie dem Beile des Henkers. Es hat nicht an Napoleons in
kleinem Maßstabe gefehlt; aber dieselben brachten es nicht weit, denn es
fehlte ihnen von Haus aus das Zeug dazu. Raskolnikow, der Held des
Romans „Schuld und Sühne" von Dostojewski, ermordet eine alte Wucherin
und stellt sich hierbei auf folgenden Standpunkt: Wenn Napoleon so viele
Tausende hinopfern durfte, habe ich wohl das Recht, die Erde von dieser

---

*) Nach der royalistischen Verschwörung Pichegru's und Cadoudal's, welche Fouché —
vielleicht auf Napoleons persönliche Veranlassung — angezettelt hatte (siehe das Werk „Die
letzten Tage des Konsulats" von Fauriel) wurden die Jakobiner und nicht die Royalisten
verbannt, weil erstere die bei weitem gefährlicheren waren.

**) Wie bei uns im Jahre 1812. Man behauptete auch, daß man bei Ausrechnung
seines Namens die kabalistische Zahl 666 erhielt.   Anmerkungen des Verfassers.

afrikanischen Brauch ein: pünktlich um 12 Uhr Mittags wird Retraite ge=
blasen, in jeder Kaserne, um 3 Uhr Nachmittags das Wecken. Strohmatten
vor den Fenstern der Kasernements sollen beschafft werden zur Abwehr des
Sonnenbrandes. Nun kommt die Kritik: die Soldaten des XVII. und
XVIII. Korps fragen sich, warum das, was gut ist für Limoges, es nicht
auch für Bordeaux und Toulouse ist, wo die Temperatur höher steht, und
die Soldaten des XV. und XVI. Korps machen dieselbe Bemerkung mit
noch triftigerer Begründung. —

Aus Anlaß der Feier zur Einweihung des Mac Mahon=Denkmals bei
Magenta hat man festgestellt, daß noch drei Franzosen am Leben sind, die
den Feldzug 1859 als Generale mitgemacht haben, nämlich Labmirault,
87 Jahre, Trochu, 80, und Bourbaki, 79 Jahre alt. Die beiden letzteren,
die im Jahre 1870/71 selbstständig Heere führten, legen die letzte Hand an
ihre „Erinnerungen" — so wird behauptet —, die nach ihrem Tode ver=
öffentlicht werden sollen. —

Gewisse Politiker und „Gesetzgeber" beanspruchen die Stiftung einer
Erinnerungsmedaille für die noch lebenden Mitkämpfer des unheilvollen
Krieges 1870. Zur Beleuchtung dieser Forderung berichtet „L'Avenir"
die höchst ergötzliche Erzählung des Oberstlieutenants Gouin:

Im Dezember 1870 traf ich auf einem Bahnhofe nach Orleans zu
eine 80 Mann starke Kompagnie Mobilisirter, die reglementarisch von einem
Kapitän und zwei Lieutenants kommandirt wurde, im Begriff, zur Loire=
Armee zu stoßen. Die Offiziere waren, wie in jener verhängnißvollen Zeit
üblich, gewählt worden. Ich kannte seit geraumer Zeit einen Mobilisirten,
einen guten Kerl, der ein hübsches Vermögen besaß, aber für Flintenschüsse
keine sonderliche Neigung entwickelte. Die Unterhaltung kam sofort in Gang.
Ich fragte, ob sie mit ihren Offizieren zufrieden wären. „Unsere Offiziere?"
sagte er. „Das ist sehr einfach. Wir haben die größten Nullen und die
Mattherzigsten gewählt; auf diese Weise sind wir sicher, daß sie uns niemals
in's Feuer führen werden!"

Meine Kritik dieser Wahlmethode war deutlich! Jedenfalls: die Voraus=
setzung traf zu und die Kompagnie von C.... hat nie Feuer gesehen, selbst
von Weitem nicht. Die Offiziere fanden es nach Verlauf einiger Marschtage
praktischer, sich wieder nach C. einzuschiffen. woselbst sie eine Woche nach
ihrem Abmarsch wieder eintrafen; und das Merkwürdigste dabei ist, daß sie
nicht nur nicht verfolgt wurden, sondern daß eine große Zahl ihrer Mit=
bürger die Sache ganz natürlich fanden. Die Offiziere der Kompagnie von
C.... werden zweifellos nicht die einzigen sein, welche eine Verherrlichung
ihres Verhaltens im Dezember 1870 nach ihrem Geschmack finden; es wird
zweifellos jener Feldwebel ebenso denken, der zu jener Zeit wegen Fahnen=
flucht zum Tode verurtheilt, seitdem von seinen alten 1870er Kameraden

zu ihrem Vertreter im Senat gewählt ist, wo er sitzt mit der männlichen Würde der römischen patres conscripti nach Cannä! —

Echt französisch dem Ursprung, Verlauf, der Aufbauschung zu einem Ereignisse durch die Zeitungen nach ist das Duell — auf Degen, mit unbedeutender Verwundung —, zu dem der Ackerbauminister Gadaub einen dem aktiven Heere angehörenden Jäger zu Fuß herausgefordert hat. Allerdings war dieser Fußjäger, Namens Mirman, Deputirter der Stadt Reims, nur in der Ableistung seines Militärdienstes begriffen. Gelegentlich einer Rundreise macht der Minister zu den Wählern Mirman's eine Bemerkung, die dieses „Parlamentsmitglied" in einem offenen Briefe an seine Getreuen beantwortet: Gadaub, sich beleidigt fühlend, fordert; Mirman, auf 24stündigem Urlaub, erhält leichten Stich in den Unterarm. Man glaubt in der sonst doch ernsthaften Zeitung „L'Avenir militaire", die fast drei Riesenspalten füllt, Homer's Schilderung vom Zweikampf Hektor-Achilles als Muster genommen zu sehen. „Wie wird nun der militär-disziplinare Abschluß des Vorganges sein? Darüber werden dem entscheidenden Kommandeur des Jäger-Bataillons noch graue Haare wachsen!" —

General Saussier hat einer Truppenausladung auf freier Bahnstrecke beigewohnt. Die reglementarischen Rampen fehlten, es waren nur die Mittel vorhanden, die stets bei den Abtheilungen zur Hand sind. Es handelte sich darum, eine Batterie zu 6 Geschützen — schweren Geschützen — sammt ihrem Material und der Munition, sowie eine Eskadron zu 160 Pferden aus einer Waggonhöhe von fast 2 m auszuladen. Das dauerte bei der Kavallerie 1 Stunde, bei der Artillerie 1¾ Stunden. Zur Anstellung eines Vergleichs wurde außerdem das Ausladen auch nach dem reglementarischen Verfahren mit mobilen Rampen vorgenommen, welches nicht um eine Sekunde schneller ging. Das neue, einfache und sinnreiche Verfahren verdankt man dem Artilleriehauptmann Barthelemy, dem die Generale lebhafte Anerkennung aussprachen. —

Das Heeresbudget für 1896 verlangt im Ganzen 651 Millionen Fr., fast 14 Millionen mehr als das für 1895. —

„La France militaire" klagt, daß bei allen Kriegszurüstungen doch eine Zahl von wichtigen Fragen, deren Beantwortnng man in der Erregung des eintretenden Kriegsfalles erledigen müsse, statt sie reiflich und in Ruhe bereits im Frieden zu entscheiden, daß diese Fragen eben unerledigt blieben, weil man sich scheue, sie in Angriff zu nehmen. Dauert die gesetzgebende Gewalt im Kriege fort oder ruht sie? Die Rolle des Staatsoberhauptes, die Obliegenheiten des Ministerraths, die des Kriegs- und des Marineministers besonders, der Sitz der Regierung und vielleicht des Parlaments — das Alles bleibt unbestimmt! Wie General Jung es offen ausgesprochen hat: Wer, fragt man, wird in Kriegszeiten die Leitung haben? Etwa die Kammer der Abgeordneten? Oder der Senat? Der Präsident der Republik oder der Ministerrath? Ein Generalissimus oder ein Admiralissimus? Auf welchem Verfassungsgesetz stehen letztere? Welche Machtvollkommenheit haben sie, welche Rechte, welche Pflichten? Wie grenzen sich die Rechte des Kriegs= ministers ab gegen die der Oberbefehlshaber von Armeen? Bleibt der Kriegsminister daheim im Sitze der Regierung u. s. w.? Was wird mit Paris? Bleibt es im Kriege Sitz der Regierung oder nicht? Das Fach= blatt spricht sich im verneinenden Sinne aus; militärisch: im Fall einer abermaligen Belagerung müßte man dort, wie 1870, zu viel Truppen ver= sammeln, die draußen besser zu verwerthen wären; politisch: die Bevölkerung ist großentheils so kosmopolitisch und zu Aufständen geneigt. Also: es würden mehrere andere Städte strategisch gut als Regierungssitz geeignet sein; wir lehnen die Wahl ab, hoffend, daß keine neue Invasion stattfinden wird. „Wir sind dafür, daß man dem Lande einen Beweis männlichen und politischen Vertrauens giebt, indem man im Voraus bekannt macht, daß im Kriegsfall die Regierung sich in Versailles niederlassen wird!" —

Andere wichtige Fragen tauchen von Zeit zu Zeit wieder auf, werden meist bringlicher gestellt — und werden wohl nicht zur Ruhe kommen, bis zu endgültiger Regelung in neuzeitlichem Sinne. So im Juni in der Deputirtenkammer der sehr geschickt gefaßte und unterstützte Gesetzesvorschlag: Die Enceinten=Mauer von Paris wird niedergelegt, an ihrer Stelle werden baumbepflanzte Boulevards errichtet, in der Höhe der alten Forts wird eine Vertheidigungslinie ohne Graben, lediglich als äußere Heeresstraße dienend, angelegt. —

Und da taucht mit aller Macht, veranlaßt durch die Tage von Kiel, der Plan des Kanals durch den Süden Frankreichs, vom Ozean zum Mittel= ländischen Meer, wieder auf. Kein Zweifel: durch Vermeidung des langen und gefährlichen Umweges über Gibraltar würde dieser Kanal aus Handels=, ganz besonders aus militärischen Rücksichten eine für Frankreich unendlich höhere Wichtigkeit haben, als der Nordostsee=Kanal für Deutschland! —

Heiß hat Ende Juni in der Armee=Kommission der Meinungskampf getobt um die zweijährige Dienstzeit, deren beredtester Verfechter der General Jung ist. In der „France militaire" findet man in Ausdehnung die interessantesten Verhandlungen, die durch das energische Eingreifen des Kriegs= ministers Zurlinden diesmal noch mit Ablehnung des Gesetzentwurfes geendet haben. Ob für immer? Das ist stark zu bezweifeln. General Jung be= zeichnet den zweijährigen Dienst als mit zwingender Gewalt sich aufdrängend. „Wie es heute zugeht, das ist eine schreiende Ungerechtigkeit. Die vom Dienst Befreiten, die nur ein Jahr zu dienen brauchten, betrugen in diesem Jahre 86 000 Mann, eine ungeheure Zahl unter den 200 000 überhaupt Pflichtigen! Der Durchschnitt für Alle giebt etwa zwei Jahre Dienstzeit!"

Ja aber, von allem Anderen abgesehen, es würden bei zweijährigem

Rußland.

(Winterübungen im Militärbezirk Warschau. Winterübungen und Besichtigungen während des Winters im Militärbezirk Kiew. Satzungen über
das Verhalten der drei Hauptwaffengattungen im Gefecht beim XII. Korps.
Korpsbefehl bezüglich der Kompagnie- und Regimentsfesttage beim XII.
Armee-Korps.)

1. Ende des Monats Dezember vorigen Jahres fand in der
Umgebung von Skernewicze eine Winterübung zwischen dem 38. To-
bolskischen und dem 39. Tomsker Infanterie-Regiment statt. Ersteres erhielt
vom Kommandeur der 10. Infanterie-Division am 21 Dezember den Befehl,
von Skernewicze auf Lowitsch zu marschiren und beim Flecken Bolimow
Biwak zu beziehen, um bis zum Mittag 12 Uhr nächsten Tages ein Vor-
gehen des Gegners zu verhindern, bis zu welcher Zeit für die Festung
Warschau gesammelte Vorräthe das Dorf Wiskitki nicht erreicht haben würden.
Bei beiden Regimentern waren die Rekruten ohne Gewehre unter ihrem
Ausbildungspersonal mit den Kompagnien ausgerückt. Nach Ausführung
der Märsche wurden in den Biwaks Versuche mit Zelten verschiedener
Systeme und Einrichtung von Lagerfeuern in ihnen gemacht. Aus dem
Fleische, welches den Mannschaften ausgegeben worden war, wurde das Abend-
essen bereitet, wobei an Stelle des Brodes die in den Regiments-Bäckereien
hergestellten Brodkuchen aus Buchweizenmehl gegessen wurden. Auch mit
dem Backen von Brödchen aus Roggen, welche sehr gute Resultate bei den
Truppen in Mittel-Asien gegeben hatten, wurden Versuche gemacht, indessen
verlangt das Backen dieses Gebäcks im Winter eine große Menge von Brennholz, um den gefrorenen Boden, welcher die Rolle des Backofens spielt, auf-
zuthauen; man kann deshalb auf dieses Nahrungsmittel nicht ohne Risiko
unbedingt zählen, wozu noch kommt, daß die Bereitung der Brode ein gewisses Verständniß erfordert. Die Zubereitung derselben mit Fett in den
Deckeln der Feldkessel der Mannschaften greift diese auf die Dauer an. Der
Divisions-Kommandeur, Generallieutenant Woide, besuchte das Biwak in
der Nacht, das Lehr-Kommando hatte die Vorposten ausgestellt. —

2. Vom 3. zum 4. Januar fand durch die Truppen der 6. In-
fanterie-Division, der 6. Artillerie-Brigade, das 16. Gluchower Dragoner-
Regiment und die 11. reitende Batterie ein gegenseitiges Manöver in der
Umgebung von Ostrowo, Gouvernement Lomscha, statt. Die in zwei
Detachements getheilten Truppen waren so stark als möglich ausgerückt und
hatten in ihrer Garnison nur die zum Wachtdienst unbedingt nöthige Mann-
schaft zurückgelassen. Die Rekruten betheiligten sich mit Gewehr, jedoch ohne
Tornister, während die alte Mannschaft feldmarschmäßig und mit 15 Stück
Platzpatronen ausgerüstet war. Zum Schutz gegen die Erkältungen oder

im Trabe vorzugehen und dem Gros der Avantgarde zu folgen; aber den einzuschlagenden Weg gab er nicht an. Meldungen sollten zum Gros geschickt werden, aber wohin wußte Niemand. Nach 5 Werft Wegs theilte sich die Avantgarde; je eine Eskadron ging auf Wegen rechts und links weiter, das Gros verfolgte einen mittleren Weg oder richtiger Pfad zwischen beiden. Unter diesen Umständen würden in bedecktem Gelände Meldungen kaum, wie bestimmt worden war, eingegangen sein, allein da das Gelände offen war und der Marsch des Regiments auf der weißen Schneefläche weithin sichtbar war, erhielt der Kommandeur doch Meldungen, wenn auch nicht ohne beträchtlichen Zeitverlust. Trotzdem hatte das Regiment lange Zeit gar keine Meldung über den Feind, nicht einmal über dessen Patrouillen; während sich aus den Meldungen, welche die Kasakenpatrouillen ihrem Regimente brachten, ersehen läßt, daß sie das Gelände gut ausgenutzt, gut versteckt beobachtet und Alles über das feindliche Regiment gemeldet hatten.

Die Meldungen bei dem Dragoner-Regiment waren nicht gründlich und nicht den Vorschriften entsprechend abgefaßt 2c. 2c.

In den Meldeheften ist es praktisch, auf jedem Blatte vorher Name und Grad des Besitzers anzugeben (beim 1. Ural'schen Kasaken-Regiment ist dies mittels Druckes geschehen). Es vereinfacht das Schreiben; zu Pferde bei Kälte und Regen ist jedes überflüssige Wort störend. An jenem Tage herrschte bei frischem Winde ca. 10° R. Kälte, die Leute waren in den Halbpelzen, hatten aber keine warmen Fußlappen. Um die Nahrung der Leute hatte man sich gar nicht gekümmert; wenn zu einer längeren Uebung ausgerückt wird, muß jeder Mann wenigstens ½ Pfund Fleisch bei sich führen.

Als sich die Regimenter getroffen hatten, hätten sie nicht einander gegenüber halten bleiben sollen, sondern attakiren müssen. Die Avantgarden-Eskadron hätten herankommen und nicht blos Zuschauer des Zusammenstoßes der Gros bleiben sollen.

Kriegsmarsch und gefechtsmäßiges Schießen eines Detachements, gebildet aus einem kriegsstarken Infanterie-Regiment der xten Infanterie-Division und der yten Reserve-Brigade, einer Batterie der zten Artillerie-Brigade, einer Gebirgsbatterie und einem Ural-Kasaken-Regiment.

Der Train marschirte durch den tiefen Schnee auf Rädern und wie leicht hätte man doch Kufen unterlegen können! Die Munitionswagen wären auch als Schlitten einzurichten gewesen. Es waren 10" Kälte, wehte ein scharfer Wind und war Schneegestöber, die Leute aber hatten weder Westen angezogen noch Fußlappen. Man trägt keine Sorgfalt in dieser Beziehung; die Ural-Kasaken waren gehörig versorgt. Ganz augenscheinlich sitzt man in der Stadt, kleidet sich nach städtischer Art: kurze Mantelkragen, enge Uniformen, die Stiefel drücken und anstatt warmer Fußlappen hat man Spitzen an den Stiefeln und vergessen Jacken anzuziehen. Von Märschen und Uebungen im Schnee spricht man wie von einer Quälerei und beruft sich darauf, daß der Russe an Schnee und Kälte gewöhnt sei. Der Bauer, der Landbewohner ist daran gewöhnt, der Soldat verliert aber seinem Dienst entsprechend leider diese Gewohnheit und die Führer, so scheint es wenigstens, haben sie bereits eingebüßt. Ich verlange, daß man sich insoweit daran gewöhnt, daß eine Uebung im Schnee eine gewöhnliche Sache, aber keine unerwünschte Begebenheit ist.

Um 10 Uhr sollte das Schießen beginnen, aber seit 9,30 wartete das Detachement in dem Unwetter. Das Schießen konnte infolge des Schnee= gestöbers nicht stattfinden, weil man die Scheiben auf den nächsten Ent= fernungen nicht sehen konnte. Auf dem Rückwege zur Stadt wurden einzelne Leute und Fahrzeuge mit Kochkesseln angetroffen, trotzdem dies verboten ist.

Die vte Kavallerie Division.

Die Regimenter der Division erhielten den telegraphischen Befehl, ihre Eskadrons und Ssotnien zu sammeln und in kürzester Zeit zum Abmarsch bereit zu sein. Die beiden Dragoner=Regimenter X und Y marschirten von ihren Sammelplätzen nach Starokonstantinow (35—40 Werst) und dann im Brigade=Verbande nach dem Kruge Poboina beim Dorfe Subari. Dort kamen sie genau zur festgesetzten Zeit an, nachdem sie einen Marsch von 42 Werst in 8 Stunden auf mit tiefem Schnee bedeckten Wegen zurück= gelegt hatten. Leute und Pferde waren in gutem Zustande. Die Führer hielten diesen Marsch für einen äußerst schwierigen, wie sie nie in ihrem Leben einen solchen Weg gemacht, so daß sich alle Pferde in die Eisen gehauen hätten u. s. f. Ich ersehe aus dieser Aufregung über eine verhältnißmäßig nicht schwierig zu überwindende Anstrengung, wie sie der verschneite Weg bot, nur den Mangel an der nöthigen Praxis; das kommt daher, daß man vergessen hat, was man von Mannschaften und Pferden ohne schädliche Ein= wirkung verlangen kann.

Die Gewohnheit, mit Schwierigkeiten zu kämpfen, muß man unbedingt besitzen, sonst verliert man im Kampfe. Wenn diese Fähigkeit, sich nach Möglichkeit durchzuschlagen, mehr entwickelt gewesen wäre, so würde man den Train nicht in Starokonstantinow haben stehen lassen, sondern, nachdem er auf Schlitten gestellt worden, nach dem Orte seiner Bestimmung geschickt haten, wo er, wenn auch verspätet, doch angekommen wäre.

Die Besichtigung der Pferde der Brigade ergab, daß sie weder Druck= schaden, noch sich in die Eisen geschlagen hatten; alle fraßen gut.

Am 17. Februar wurde der Brigade die Aufgabe gestellt, das Gelände zwischen den Flüssen Slutsch und Goryn zu beobachten und zu verhindern, daß der Feind in demselben gegen die Eisenbahn Kiew—Brest vorgehe.

Am 16. Februar wurden das nte Kasaken=Regiment und das mte Dra= goner=Regiment bei ihren Stäben zusammengezogen und marschirte dann das Kasaken=Regiment nach Bjelofersk 40 Werst, wobei es die Trainfahrzeuge

Kommandeur erhalten hatte, theilte man dem Kasaken-Regiment nicht mit, wie es sich gehört hätte. Die Meldungen des Dragoner-Regiments gingen richtig ein; der Inhalt derselben ist nicht durchgearbeitet; man unterscheidet nicht immer Wichtiges von Kleinigkeiten, aber, was die Hauptsache ist, die Meldungen sind nicht unerschütterlich fest darin, daß sie Dokumente sind, die man mit Verantwortung ausstellt, die man sich selbst giebt, indem jedes Wort wohlüberlegt sein muß.

Die Meldebücher tragen den Charakter von Spielzeugen. In den An-ordnungen des Vertheidigungs-Detachements waren in den allgemeinen Be-fehlen die geheimen Passirworte aufgenommen — fälschlicher Weise.

Die gegebenen Befehle werden nicht gelesen. —

4. Durch einen Korpsbefehl sind beim 12. Armeekorps zehn Grundregeln bekannt gegeben worden, welche vor der Front an allen Kompagnie- und Regimentsfesttagen und an allen Feiertagen vor dem Trunk auf des Kaisers Wohl vorgelesen werden sollen. Nachstehend seien einige derselben erwähnt.

Für die Infanterie:

1) beim Schießen in der Bewegung verliere keine Patronen, schieße selten, aber sicher; 2) stürze Dich kühn auf den Feind, ohne rückwärts zu sehen — sonst Tod und Untergang; 3) beim Angriff des Feindes schieße und halte Dich, solange Deine Kräfte reichen; 4) beim Bajonettkampf mit Schützenlinien reißt ein energischer Haufen von 10 bis 15 Mann an 100 Mann der feindlichen Schützen um und treibt sie zurück; 5) wenn der Feind unerwartet angreift, ist Derjenige tapfer, der zuerst Hurrah ruft und mit dem Bajonett gegen ihn losgeht; 6) und feig ist Derjenige, der bei einem allgemeinen Vorgehen zögert, aus seiner Deckung herauszukommen.

Für die Kavallerie:

1) halte Dein Pferd satt und Deine Waffe scharf, ohne sie wirst Du den Feind weder einholen, noch schlagen; 2) stürze Dich kühn, ohne Um-sehen, auf den Feind, ohne rückwärts zu sehen — sonst Tod oder Untergang; das Pferd ist eine Waffe, mit ihm, mit dem Säbel haue; 3) wenn der Feind unerwartet angreift, ist Derjenige tapfer, der sich mit dem Säbel zuerst auf ihn stürzt; 4) und feig ist, wer bei der Attake seine Kameraden verläßt; 7) wenn es mit dem Pferde nicht geht, so ergreif Dein Gewehr; man gab Dir das Alles, damit Du überall tapfer bist; 9) wenn der Gegner zurückgeht, so verfolge ihn, soviel in Deinen Kräften steht, nimm weder Rücksicht auf Dich, noch auf Dein Pferd, bis Du ihn vernichtet hast.

Für die Artillerie:

1) lerne richten, sowohl richtig als schnell, damit das eine Geschütz zwei ersetzt; 2) Du mußt den Dienst aller Nummern am Geschütz ausführen lernen, damit, wenn die Kameraden verwundet sind, Einer allein schießen und den Feind vernichten kann; 3) denke nicht an Dich selbst, die Infanterie

Furchtbare Opfer verlangte der Krimkrieg. Von 309 268 Mann, welche an ihm theilnahmen, erlagen 95 615 den Kugeln und Strapazen, während von den 500 000 Soldaten, die im Kriege gegen Oesterreich die Alpen überschritten nur 18 675 starben.

Für die Verluste an Menschenleben, die der Krieg gegen Deutschland von 1870/71 dem Lande auferlegte, fehlt es bezeichnender Weise an genauen Unterlagen. Doktor Lagneau schätzt dieselben auf 139 000 Todte und 143 000 Verwundete. Die Wucht dieser Zahlen wird noch verstärkt, wenn man bedenkt, daß eine große Zahl Angehöriger der Zivilbevölkerung an Verwundungen, Entbehrungen und sonstigen Folgen des Krieges zu Grunde gegangen sind. „Der Krieg von 1870“, so schließt der Verfasser, „indem er einer großen Anzahl von Männern und selbst von Frauen den Tod brachte, die Ehen verhinderte, hat in gleicher Weise die Zahl und die körperliche Tüchtigkeit der Generation geschwächt, welche heute berufen ist die Armee zu bilden.“

Möchte der furchtbare Ernst dieser Zahlen allen Kriegshetzern drüben an's Gewissen gehen!

Italien. Das Gasdruckgewehr des Kapitäns Cei. Am 3. April d. J. hielt der Kapitän Cei auf dem Schießplatz delle Cascine bei Turin in Gegenwart des Kronprinzen vor einer Versammlung höherer Offiziere einen Vortrag über das von ihm erfundene Gasdruckgewehr. Er erläuterte kurz das Wesen seiner Erfindung, die darin besteht, daß Theile der Gase, die beim Verbrennen von Ballistit sich entwickeln, als treibende Kraft zur selbstthätigen Bewegung des Verschlußkopfes benutzt werden. Nach Beendigung dieser theoretischen Abhandlung brachte er ein nach seinen Angaben hergestelltes Gewehr zum Vorschein und erklärte dessen Gebrauch. In der Form unterscheidet es sich kaum von dem zur Zeit eingeführten Modell; doch ist es dicker und schwerer als dieses — es wiegt 5½ kg. Letzteren Uebelstand giebt der Erfinder ohne Weiteres zu; er bezeichnet seine Waffe als einen noch unvollkommenen rohen Entwurf, der sich wohl mit der Zeit so verbessern lassen würde, daß ein tragbares Gewehr daraus entstände. Nachdem das Gewehr abgeschossen ist und die Kugel den Lauf verlassen hat, wird ein Theil der hierbei zur Entwickelung gelangten Gase eingefangen und muß dazu dienen, den Verschluß-kopf zurückzudrängen, wobei die Geschoßhülse herausbefördert wird, und ihn dann wieder nach vorn zu schieben, so daß das Gewehr sich von selbst aufs Neue ladet. Der Soldat hat hiernach nichts weiter zu thun, als im Anschlag zu bleiben und abzudrücken. Außer diesem durch den Schützen kontrolirbaren Feuer läßt sich aber auch durch einfaches Drücken auf eine Feder ein fortgesetztes, selbstthätiges Schnell-feuern erzielen, das sich bis zur kolossalen Leistung von 1000 Schuß in der Minute steigern kann — natürlich nur in der Theorie. Die Geschosse befinden sich in beweglichen Behältern von verschiedener Größe, die nach Belieben unterhalb des Schaftes angebracht werden können. Beide Arten des Schießens wurden

16*

Nordenfelt in Stockholm ein Boot, welches, da es mit Dampf getrieben wurde, zur zweiten Klasse gehört. Ein bemerkenswerther Zug in der Konstruktion dieser Boote sind ihre verhältnißmäßig großen Dimensionen. Das größte, so viel wir wissen, ungefähr vor 8 Jahren gebaute, war 125 Fuß lang, 12 Fuß im Durchmesser und besaß bei einem Deplacement von 230 t und 15 Knoten Geschwindigkeit auf dem Wasser, 1000 Pferdestärken. Interessant ist übrigens auch der Geschwindigkeitsunterschied, wenn das Boot auf und wenn es unter dem Wasser schwimmt. Eine Schnelligkeit von 15 Knoten wird beim Unterwasserschwimmen auf ein Drittel reduzirt. Diese langsame Vorwärtsbewegung, die bei den jetzigen mittelst Elektrizität getriebenen Unterwasserbooten 7 bis 8 Knoten nicht überschreitet, dürften dieselben deshalb zum Kriege sehr wenig geeignet machen. Allerdings dürfte ja auch eine andere Verwendbarkeit sehr schwer zu finden sein. Die Franzosen ihrerseits glauben immer noch bessere Resultate mit ihren Versuchen zu erhalten; der „Goubet“, „Gymnote“ und „Zédé“ sind von ihnen konstruirte Boote, die den anderen Nationen als Beispiele dienen sollen. Alle diese Boote, ebenso der englische „Waddington“ und das amerikanische Boot „Baker“, gehören zur dritten Kategorie. Ihre Betriebskraft wird durch Accumulatoren erzeugt, ihre größte zurücklegbare Strecke wird vielleicht ungefähr 160 bis 200 km betragen. Die Gestalt der Boote ist sehr verschieden. Der „Waddington“ ist nach dem bekannten Zigarrenformat gebaut und hat eine Länge von 37 Fuß und einen Mittschiffsdurchmesser von 6 Fuß. Einen ovalen Querschnitt hat „Baker“ mit einer Länge von 40 Fuß. Ein besonderer Unterschied zwischen dem englischen und dem amerikanischen Boote ist, daß ersteres mit einer kleinen Dampfmaschine versehen ist, welche entweder die Propellerschrauben oder einen Dynamo zum Wieder-Laden der Accumulatoren treiben kann. Diese letztere Thätigkeit ist von großer Wichtigkeit und wird jedenfalls zur zukünftigen Entwickelung der Unterwasserschifffahrt wesentlich beitragen! — •

— In der Kriegskunst ist die Kenntniß der Entfernung von größter Wichtigkeit und besonders für Artilleriegefechte ausschlaggebend. Es ist jetzt geglückt, eine Uhr „Phonotelemeter“ zu erfinden, mit der man im Stande ist, die Entfernung genau berechnen zu können. Sobald man das Aufblitzen des Geschützes sieht, wird auf einen Knopf gedrückt und dadurch der Entfernungsmesser in Betrieb gesetzt. Dasselbe geschieht, sowie man den Schall des Schusses hört, wodurch die Uhr arretirt wird. Ein auf dem Zifferblatt der Uhr gehender Zeiger giebt dann genau den Standpunkt an, den das Geschütz einnimmt. Beeinflußt wird ein derartiges Messen allerdings durch die Witterung, ob der Wind mit oder gegen den Schall geht, jedoch hat der Erfinder durch Erfahrungsresultate Koëffizienten festgestellt, die ein absolut genaues Messen der Entfernung ermöglichen. Es ist in solchen Fällen nur nöthig, die vom Zifferblatt abgelesene Zahl mit dem betreffenden Koëffizienten zu reduziren oder zu vermehren. —

— Ein neuer Explosivstoff von ungeheurer Gewalt und Kraft ist kürzlich in Frankreich erfunden worden, von einer Explosivkraft, die alles bisher Bekannte weit übertreffen soll. Um denselben herzustellen, löst man eine bestimmte Menge

unter den vielen, auf diesen Gebiete gemachten Versuchen gewiß als das Praktischste und Zweckmäßigste bezeichnet werden dürfen.

———

— Einen Auftrag auf 45000 kg Aluminium, in Blech und Gußtheilen, hat die französische Regierung den Aluminium-Werken zu Neuhaus in der Schweiz (welche bekanntlich die Wasserkraft des Rheinfalles von Schaffhausen zu ihrem Betriebe ausnutzen) übergeben, welcher Bedarf für Marine-Zwecke, namentlich zum Bau von Dampf-Yachten u. s. w. vorliegt. Jedenfalls für die genannte Firma ein schöner Auftrag, den aber auch eben nur diese, als das größte Aluminium-Werk in Europa, ausführen kann. — (Mitgetheilt vom Internationalen Patentbureau Carl Fr. Reichelt, Berlin NW.)

———

— Fortschritte in der Aluminium-Erzeugung. (Mitgetheilt vom Patent- und technischen Bureau von Richard Lüders in Görlitz.) In einem Jahresrückblick auf Industrie und Wissenschaft schreibt ein amerikanisches Fachblatt über die Entwicklung der Aluminium-Industrie im Jahre 1894 Folgendes:

Ein entschiedener Fortschritt kann in dieser Industrie nicht berichtet werden. Die elektrolytische Herstellungsart ist noch immer die billigste und sind die Aussichten auf eine wesentliche Verbilligung der Herstellungskosten dieses Metalls sehr gering. Die elektrolytische Methode kann nicht mehr viel verbessert werden, und die Hoffnung, billigeres Aluminium zu haben, hängt entweder von der Entdeckung eines radikalen neuen Verfahrens in der Erzeugung des elektrischen oder von einer bedeutenden Verbesserung des chemisch-metallurgischen Herstellungsverfahrens ab. Die Wahrscheinlichkeit der Entdeckung einer chemischen Methode, die eine billigere Herstellung des Aluminiums erlaubt, als das gegenwärtige elektrolytische Verfahren, ist sehr gering. Die berufenen Sachverständigen in dieser interessanten Frage neigen zwar der Ansicht zu, daß die Verbilligung der Herstellungskosten von Aluminium durch chemische Methoden ermöglicht werden würde, sodaß man das reine Metall fertig für den Handel direkt aus den Erzen durch den Ofenprozeß oder, ohne erst die kostspielige Reinigung vornehmen zu müssen, durch den elektrischen Prozeß gewinnen können würde.

Erhebliche Fortschritte sind hinsichtlich der Legirungen mit Aluminium gemacht worden. Dieselben finden in der Herstellung von Ingenieur-, physikalischen und Zeichnen-Instrumenten, Feinwaagen, sanitären Hauseinrichtungen u. s. w. Verwendung. — Der völligen Lösung des Problems, Aluminium zu löthen, scheint die eigenartige Natur des Metalls als ein ernstliches Hinderniß entgegenzustehen. Die von J. Richards vorgeschlagene Methode, einen geringen Prozentsatz Phosphor in die Löthe zu thun, scheint bis jetzt mehr befriedigt zu haben, als jedes andere Verfahren, doch hat dasselbe auch noch viele Schattenseiten. — Die Verwendung von Aluminium zu Küchengeräthen nimmt stetig zu und die Herstellung solcher Artikel hat sich zu einer beträchtlichen Industrie entwickelt. Die Frage, ob sich das Metall zu Gefäßen für Nahrungsmittel eignet, ist sehr eingehend geprüft worden und man hat sich einstimmig dafür ausgesprochen. Wie die Sache jetzt liegt, ist es wahr-

— Gewehrgeschosse, deren Achse durchbohrt ist, müßten eigentlich, wie man annehmen sollte, der Luft weniger Widerstand bieten. Daß dies jedoch durchaus nicht, sondern gerade das Gegentheil der Fall ist, haben Versuche erwiesen, welche im Auftrage des Kriegsministeriums der Vereinigten Staaten von Nordamerika angestellt wurden. Diese ergaben, daß solche rohrartig durchbohrte Geschosse eine nur halb so große Geschwindigkeit wie massive erzielen, wie auch die Durchschlagskraft derselben nur halb so groß, wie jene der vollen Geschosse befunden wurde. Das Resultat ist erklärlich, wenn man bedenkt, daß die innere Bohrung des Geschosses und die mit so großer Geschwindigkeit hindurchgehende Luft eine große Reibung ergiebt, die größer sein muß, als wie der Widerstand voller Geschosse, wie es fraglich erscheint, ob der im Verhältniß zu der Fluggeschwindigkeit so winzige Querschnitt überhaupt ein eigentliches Durchdringen der Luft durch die Bohrung zuläßt. — (Mitgetheilt vom Internationalen Patent-Bureau Carl Fr. Reichelt, Berlin NW.)

————

— In ein neues Stadium scheint durch die Erfindung zweier Amerikaner das Velozipedfahren eintreten zu sollen. Petroleum, Elektrizität und Menschenkraft wirken zusammen, um vermittelst eines Dreirades eine enorme Geschwindigkeit zu erzielen. Dion und Bouton sind die Erfinder dieses neuen Rades, das durch Petroleum, mit einem Antrieb, den Menschenkraft liefert, und in Verbindung mit Elektrizität getrieben wird. Die Hinterradachse wird mittelst Pedale und durch einen kleinen, hinten angebrachten Petroleum-Motor in Betrieb gesetzt. Um das neue Fahrzeug in Bewegung zu setzen, genügt es, nach einer Mittheilung vom Patent- und technischen Bureau von Richard Lüders in Görlitz, einige Male auf die Pedale zu treten; ist das Rad in Bewegung, so werden die Pedale wieder außer Eingriff gebracht und erst dann wieder benutzt, wenn eine erhöhte Schnelligkeit erzielt werden soll. Die Entzündung wird durch einen elektrischen Funken bewirkt, den eine mit einer Induktionsrolle in Verbindung stehende Trockenbatterie liefert. Bei einer Geschwindigkeit von 30 km in der Stunde macht der Motor in der Minute 800 Umdrehungen. Das Petroleum wird durch eine langsam wirkende Pumpe tropfenweise zugeführt. Das Gewicht des Rades beträgt 40 kg.

Literatur.

La guerre au Dahomey. Seconde partie: La conquête du Dahomey 1893—1894, d'après les documents officiels. Par Ed. Aublet, capitaine d'infanterie de marine. Avec une carte et cinq croquis. Paris et Nancy 1895. Berger-Levrault et Cie., éditeurs.

Dem im Märzheft 1895 unserer Blätter günstig besprochenen ersten Theil reiht sich dieser zweite würdig an: dieselbe Einfachheit der Darstellung, Klarheit der Sprache, sachliche Vornehmheit des Urtheils. Der Ordonnanzoffizier des Marineministers ist ein sachkundiger und umsichtiger Führer durch die zum Theil schwierige und verwickelte Materie. Dieser Band untersucht die Folgen des Feldzuges 1892. Er enthält die zur vollständigen Beruhigung Dahomeys angewendeten Mittel, die Verhandlungen mit Behanzin, dessen Verschleppung, dessen Bankerott und — schließlich die neue Unternehmung zur Beschlagnahme seiner Person. Es ist sehr interessant, diesen Kampf des klugen, energischen französischen Oberbefehlshabers gegen den zähen und ränkevollen Negerkönig in seinen Einzelheiten zu verfolgen. Die Beilagen sind dankenswerth.   7.

Die Selbstständigkeit der Unterführer im Kriege. Von Woide, Generallieutenant. Aus dem Russischen übersetzt von B. Berlin 1895. R. Eisenschmidt. Preis: 2,50 Mark.

General Woide, welcher in seinem kritischen Werk „Die Ursachen der Siege und Niederlagen im Kriege 1870" genugsam den Beweis erbracht hat, daß er scharfsinnig die tiefer liegenden Gründe der Erfolge auf dem Felde zu erspähen weiß, wo die eisernen Würfel um der Völker Geschicke fallen, ist in der am Kopfe dieser Zeilen bezeichneten Schrift der Selbstständigkeit der Unterführer im Kriege näher getreten. Dem Buche müßte das Motto: „Hält der Buchstab' Dich gefangen, kannst Du nicht zum Geist gelangen" vorgesetzt werden, denn in geistiger Freiheit, in stets spannendem Gedankenfluß erörtert der Verfasser das „Wie" der Selbstständigkeit der Führer in theoretischer Weise, um dann der praktischen an kriegsgeschichtlichen (in positivem wie negativem Sinne bemerkenswerthen) Beispielen sich zuzuwenden. Daß für Woide die Kriegsgeschichte bei dem von ihm gewählten Thema die Lehrmeisterin ist, macht die Schrift lebenswahr und lebenswarm. Treten wir nun nach dem „Wie" dem „Was" er sagt näher, dann genügt es, einige Gedankensplitter seinen Ausführungen zu entnehmen, um zu zeigen, welche Fülle von Stoff — und wir müssen sagen bewältigt — vor uns liegt. An den

„gedanklichen Inhalt des Befehls" schließen sich „Initiative im Gehorsam; Selbstständigkeit ist Pflicht; Selbstständigkeit äußert sich im bewußten Stillstand" u. s. w.
Der Lehre Suworow's: „Jeder Soldat soll sein Manöver begreifen" folgt der
„vernünftige Ungehorsam", der Schade des „buchstäblichen Gehorsams", das vernunft-
gemäße System der Befehlsertheilung „zur Erziehung des Geistes" und das
Resultat der interessanten Betrachtungen. Woide schließt mit den Worten: „selbst
das größte Genie kann den Mangel selbstständiger Mitwirkung der Unterführer
im Kriege nicht ersetzen." Wissentlich haben wir nur Andeutungen aus der hervorragenden, gut ausgestatteten Schrift gegeben, aber Andeutungen, die hinreichen, um
in jedem Gebildeten, er möge Soldat sein oder nicht, den Wunsch wach werden
zu lassen, das Buch selbst kennen zu lernen, welches in unserer charakterlosen Zeit
geeignet ist, Charaktere erzeugen zu helfen.   W.

E. Debes' Neuer Handatlas über alle Theile der Erde. In 58 Haupt- und
  120 Nebenkarten. Mit alphabetischen Namensverzeichnissen. Ausgeführt in der geographischen Anstalt von H. Wagner und E. Debes.
  Leipzig 1895. Preis: 30,60 Mark.

„Initium scientiae politicae geographia." Wenn wir heute in Sachen der
Geographie das Wort ergreifen, so können wir uns die Einleitung ersparen, da
die Theilung der Welt in der Gegenwart die Bedeutung der Geographie, die nicht
länger mehr Dienerin der Geschichte, vielmehr ihre Schwester geworden ist, hin-
länglich dokumentirt. Wenn es wahr ist — und es ist wahr —, daß die Erdräume für die Schicksale der Völker prädestinirt sind, dann muß mehr denn je in
erster Linie der Staatsmann und Feldherr aus der Karte lesen, welche die Unterlage der Politik und Strategie bildet. Da ein lebendiger Geist die früher todte
Materie beseelt und jeder Gebildete nach geographischer Erkenntniß streben muß,
kommt es in unserer hastenden Zeit darauf an, das Erkennen der Erdräume, ihre
Werthschätzung nach den verschiedenen Richtungen hin möglichst zu erleichtern.
Man liebt es, unser Zeitalter ein realistisches zu nennen, trotzdem wir in der That
von einem gesunden, naiven, unmittelbaren Verhältniß zur Welt, wie sie ist, weit
entfernt sind und der physischen Kurzsichtigkeit der Menge das innere Sehvermögen
entspricht. Dies Letztere zu stärken ist das große Verdienst der bewährten geographischen Anstalt von Wagner und Debes, deren abgeschlossener Handatlas heute
vor uns liegt, ein Atlas, der als ein wirklich originales, als ein neues
Werk bezeichnet werden muß. Seine Herstellung hat das mit einem Kunstprodukt
gemein, daß sie aus einem Guß entstanden ist und ein leitender Gedanke sie
beseelt. In dem Umstande, daß die graphische Darstellung sich so weit als möglich
dem Urbilde, d. i. der Natur, nähert, liegt ihr ausnahmsweise hoher Werth. Der
Atlas befriedigt nicht nur die ersten und einfachsten Schulbedürfnisse, er genügt
auch den höheren Anforderungen, wie Handel und Wandel, Politik und Strategie
sie stellen.' Oder sollten Karten wie „Weltverkehr und Kolonialbesitz" mit den
Nebenkärtchen „Weltpostverein" und „Transportmittel des Landverkehrs", sodann

die „Verkehrskarte von Mitteleuropa" nicht internationalen Beziehungen dienen?
Wird man bei Betrachtung der politischen Karten nicht an Herodot's Wort erinnert,
das den politischen Grenzwerth der Gebirge kennzeichnete: „Wer fragt hinter dem
Kaukasus nach des Perserkönigs Macht," und offenbaren die afrikanischen Karten
u. a. nicht das gerechtfertigte Bestreben — hier gilt es einer aktuellen Frage —
von Transvaal an die weltverbindende Küste zu gelangen? Die mitteleuropäischen
Länder sind in dem großen Maßstab von 1 : 1 000 000 gezeichnet, die Meerestiefen
bis zur 200 Meterlinie in abgetöntem Blau dargestellt, das belgische und nieder-
ländische Befestigungssystem ausführlich angegeben u. s. w. Fassen wir den Eindruck,
den der Atlas auf uns gemacht hat, in wenige Worte, so müssen wir gestehen,
daß uns in erster Linie seine Klarheit und Lesbarkeit, die Ruhe trotz der Fülle des
Gebotenen wohlthuend berührte und sodann die solide Anlage und geschmackvolle
Ausstattung wie der billige Preis als nennenswerthe Vorzüge erscheinen. Nach
dem Gesagten ist eine besondere Empfehlung der eben besprochenen, auf dem Standpunkte der Wissenschaft ruhenden, geographischen Erscheinung überflüssig.   X.

Meyer's Konversations-Lexikon, Band IX.

Der soeben zur Ausgabe gelangte neunte Band umfaßt eine größere Anzahl
zeitgemäßer, geographisch-geschichtlicher Artikel, die seinen Inhalt auf das Werthvollste bereichern. Der Artikel „Japan", ein wahres Kabinetstück lexikographischer
Darstellungskunst, gewährt auf 22 Seiten Text mit Unterstützung einer prächtigen
Karte von Japan und Korea eine erschöpfende Uebersicht über die Geographie wie
über die geschichtliche und kulturelle Entwickelung des japanischen Reiches, das
gegenwärtig im Vordergrund des Interesses steht, bis in die neueste Zeit. Wer
sich für deutsche Kolonialpolitik interessirt, dem sei die Lektüre des Artikels
„Kamerun" empfohlen. Wir begegnen unter diesem Stichwort thatsächlich der ersten
ausführlichen Darstellung unseres westafrikanischen Schutzgebietes, die durch eine
neue Spezialkarte trefflich erläutert wird. Neben diesen Artikeln kennzeichnen den
heutigen Stand unserer geographisch-geschichtlichen Kenntniß auch die mit aus-
gezeichneter Klarheit geschriebenen Beiträge über Irland, Italien (mit Statistik),
über Jerusalem und Kanada.

Les extrêmes se touchent! Ein gewisses Gepräge erhält der gegenwärtige
Band durch die umfassend und gründlich gehaltenen Artikel: „Juden" (dem diesmal
eine gediegene anthropologisch-ethnographische Einleitung vorausgeht) und „Jesuiten",
letzterer mit einer klaren Darlegung der Organisation, Geschichte und Ausbreitung
des Jesuitenordens und mit einer scharfen Beleuchtung des wachsenden Einflusses
des Jesuitismus in der Gegenwart. — Auf literarhistorischem Gebiet beschäftigt
sich eine sehr lesbare Arbeit mit der italienischen Literatur, der neue Artikel
„Junges Deutschland" entspricht der gegenwärtigen Anschauung. Kleine biographische
Meisterwerke von prägnanter Kürze und mit reichhaltigen Literaturangaben versehen
sind die Beiträge über Victor Hugo, Humboldt, Ibsen und Kant. — Dem vielseitigen Inhalt des neuen Bandes sind besonders auch zahlreiche Artikel aus den

Es ist nicht Zweck dieser Zeilen, die — man darf wohl sagen — phantastischen Gedanken auszuspinnen, welche in jeder Bewegung der russischen Streitkräfte in Innerasien einen bedrohlichen Schritt zur Gefährdung des indischen Kolonialreiches erblicken und die schließliche Zertrümmerung der letzteren als den Endzweck aller russischen Politik ansehen. Allerdings fehlt es in England selbst nicht an Stimmen, sogar nicht an solchen aus militärisch gebildeten, gut unterrichteten Kreisen, welche alarmirend auf die wachsende Gefährdung Indiens durch die näher und näher rückende russische Grenz= nachbarschaft hinweisen und sofortige umfassende Maßregeln zur Abwehr fordern. Indessen lehrt die sachliche Prüfung der Lage, daß Rußland in absehbarer Zeit wirthschaftlich, politisch und militärisch nicht in der Lage sein wird, irgend welche ernsthafte Unternehmungen gegen die eigentliche Macht= zone Englands in Asien zu wagen, während die Grundlage, auf welcher das indische Kolonialreich beruht, fest genug erscheint, um auch heftigen Er= schütterungen zu trotzen. Aber selbst wenn wir den Kampf um die Herrschaft über Asien aus guten Gründen in eine ferne Zukunft verschieben und daher nicht in den Rahmen dieser Betrachtung einbeziehen, so wird letztere eine Fülle wenig bekannter Thatsachen bieten und zur Klärung der Ansichten über die russisch=englischen Beziehungen beitragen.

Die Geschichte der russischen Erwerbungen in Innerasien zeigt ein lang= sames, oft unterbrochenes, im Ganzen aber zielbewußtes Vorgehen. Schon der Begründer des modernen Rußlands, Peter der Große, hat die Wichtigkeit der alten Kulturländer Vorderasiens für das Wachsthum der russischen Macht erkannt und, während er seinem Volke die ersten Anfänge abendländischer Einrichtungen zuführte, sich bemüht, die Ueberlegenheit Rußlands in Bezug auf die Staaten Inner= und Vorderasiens zur Geltung zu bringen. Zwar gelang es den Russen damals nicht, im Steppengebiet östlich des Kaspischen Meeres Einfluß zu gewinnen, dagegen betrachteten sie seit dieser Zeit letzteres als ein russisches Meer, als den Ausgangspunkt künftiger Eroberungen. Zwei Momente führten Rußland auf die Bahn der Eroberungen in Inner= asien: die vollzogene Unterwerfung der Kaukasusvölker und die Eindrücke des orientalischen Krieges 1853/55. Die Kämpfe im Kaukasus, welche das Be= dürfniß Rußlands nach kriegerischer Thätigkeit befriedigten und in Heer wie Volk den Krieg mit wilden Völkerschaften populär machten, schufen die Grund= lage zu weiteren Unternehmungen jenseits des Kaspischen Meeres. Der Krimkrieg brachte Rußland eine schwere Niederlage und eine noch empfind= lichere Schädigung des russischen Selbstgefühls, welches sich durch die lästigen Beschränkungen der Bewegungsfreiheit auf dem Schwarzen Meere peinlich berührt fühlte. Daher lag der Gedanke nahe, durch Eroberungen im Osten, welche sicheren Erfolg versprachen, den Eindruck der Niederlage zu verwischen, wohl mit der ferneren Absicht, dem britischen Gegner an fühlbarer Stelle

D
C
H
I
N
A
N
Kaschgar
Mustagh-ata
Pamirposten
Nesa-tasch P.
Bai-kara P.
Darkot P.
Kundjut
Nagar
Munza
Jassin
Gupis
Gilgit
Tschilas
Kaschmir
Indus
Srinagar
yart P.
rakul-See
tschur

das bengalische, in Multan an das südwestliche Netz angegliedert sind
die Versammlung großer Massen an diesen Punkten binnen kurzer Zeit
statten. Insbesondere ist die Besatzung der sogenannten Nordwest-Provi
(Agra, Lucknow, Allahabad) als nächste Reserve für das Punjab anzus
Während die in letzterem vertheilten Truppen augenscheinlich gegen eine
drohung von den Pamir und zur Beobachtung Kabuls, der Haupt
Afghanistans, bestimmt sind, ist die Bewachung der auf Kandahar und K
führenden Verbindungen dem in Britisch-Balutschistan stehenden Detache
des Armeebezirks Bombay übertragen. Um Ketta stehen (1894):

1. englische Truppen: 2 Bataillone, 1 Gebirgs-Batterie,
2. eingeborene „ 5 „ 16 Schwadronen, 1 Feld-B
   1 Festungs-Batterie,

rund 8500 Mann. Die rückwärtigen Bahnverbindungen führen den J
abwärts bis Haiderabad, um sich von hier nach dem Depotpunkt Bor
zu verzweigen.

Zum Verständniß der weiteren Entwickelung der Beziehungen Engl
zu seinen Grenznachbarn im Nordwesten Indiens ist es erforderlich,
Verhältniß der britisch-indischen Regierung zu Afghanistan kurz zu betra

Afghanistan war nicht immer ein geschlossener Staat und ist dies
jetzt noch nicht in unserem Sinne, denn der Emir, welcher in Kabul
Herr der afghanischen Stämme regiert, ist mehr dem Namen als
Wirklichkeit nach unbeschränkter Herrscher über alle Theile des losen,
einer Reihe freiheitsliebender Stämme zusammengesetzten Staatswesens.
die Mitte des vorigen Jahrhunderts hat es ein einheitliches Afghanen
gegeben, welches unter dem kräftigen Achmed-Schah die Länder vom D
daja bis zum Indischen Meere, von Meschhed in Persien bis Lahor
Nordwest-Indien umschloß. Allein nach dem Tode dieses großen Herrs
zerfiel das Reich schnell. Empörungen der einzelnen Stämme, fast unu
brochene Thronstreitigkeiten mit grausamen Hinrichtungen und furchtb
Gräuelthaten bilden die neueste Geschichte des unglücklichen Landes. Eng
griff 1838 zum ersten Mal in diese Wirren ein, um zu verhüten, daß
die afghanischen Unruhen auf die unter britischer Hoheit stehenden V
des Punjab übertragen. Der ungemein kostspielige Feldzug verlief n
glücklich: zweimal wurden britische Gesandtschaften in Kabul niedergem
einmal — im Winter 1841/42 — das britische Heer auf dem Rückzu
Cheiber-Paß überfallen und vernichtet. Nach diesen Erfahrungen beschr
sich England darauf, in Kabul durch gelegentliche Gesandtschaften, die
jeweiligen Gewalthaber mit Gold zu gewinnen suchten, das Gegenge
gegen den russischen Einfluß zu halten, welcher bereits damals anfing,
in Afghanistan Geltung zu verschaffen. Die langjährige Spannung f
1878 zum Bruch. Aus Anlaß einer Thronstreitigkeit in Kabul wo
Rußland wie England vermitteln, allein England sah sich so schroff

gut wie gar nicht beachteten Pamirländer gelenkt hat, gewannen die
der letzteren erneute Bedeutung. 1876, als Rußland Ferghana unterw
hatte, unternahm Skobelew, den der geographische Forscher Kosteako begl
einen Zug gegen die räuberischen Kirgisenstämme im Alai und verlegt
Südgrenze Ferghanas auf die Kette des Transalai. Die Pamir g
als unbewohnbar und anzugänglich. Im Westen übte Afghanistan, im
China Besitzrechte aus, die Mitte war herrenlos, während jenseits des H
kusch die unabhängigen Stämme der Kafirs bis an die Grenzen Kasch
und Penjabs wohnten. 1889 unternahm der russische Oberstlieutenant Gr
tschewski mit einem kleinen Kommando Kasaken in dienstlichem Auftrag
Erforschung der Pamirpässe, und wenn er auch inmitten der Hochlände
afghanischen und chinesischen Posten zurückgehalten wurde, waren die Ergel
seiner Reise doch bedeutend genug um Rußland zum energischen Vorg
auf den Pamir zu veranlassen.

Auf Anordnung des Generalgouverneurs von Turkestan, Generallieut
Wrjewski, brach im Juli 1891 ein Detachement, bestehend aus den
kommandos*) der in Ferghana garnisonirenden Linienbataillone 2, 4, 15
und 20, nebst einer halben Schwadron des 6. Orenburg'schen Kasaker
giments — im Ganzen 350 Mann Infanterie und 80 Kasaken —
dem Obersten Jonow von Margelan zu einer Uebung auf dem Pamirhoch
auf. Die kleine Truppe war kriegsmäßig ausgestattet und mit Rücksich
das rauhe Klima auch mit Winterkleidung versehen. Zugetheilt war Per
zu topographischen Aufnahmen wichtiger Pässe, Weideplätze, Quellen u.
Die Expedition weilte zwei Monate auf dem Pamir. Die Infanteri
reichte den See Jaschil=kul, während Jonow mit den Kasaken bis an
über den Hindukusch streifte. Die Anstrengen der Truppen waren seh
deutend, alle Verpflegung mußte auf Tragthieren nachgeführt werden.
Staubstürme, die ungemeine dünne Luft, die empfindlichen Nachtfröste
glühend heißen Tagen bewiesen, daß selbst im Sommer der Aufenth
diesem Hochland schwierig ist. Indessen waren die Verluste nicht beträd
nur der Pferdebestand war stark gelichtet.

Englischerseits war man rechtzeitig auf die russischen Absichten auf
sam geworden und hatte dem Kapitän Joynghusband mit einigen Offi
von der indischen Seite her über den Hindukusch entsandt, um die russ
Bewegungen zu überwachen. Der britische Kapitän traf in den Hindu
pässen auf russische Patrouillen und wurde bedeutet, die Pamir zu verl
da Rußland rechtlichen Anspruch auf das Hochland bis zum Hindukusch e
Hieraus entstand zwischen den beiderseitigen Regierungen eine Mein

*) Die Jagdkommandos bestehen aus einer Anzahl besonders gewandter, t
trouillendienst ausgebildeter Mannschaften. die alljährig bei jeder Kompagnie einer Sc
im Gelände unterworfen werden und gleichsam die Elite der Truppe darstellen.

Vor Einbruch des Winters 1893 ging Jonow mit dem Gro
Detachements nach Ferghana zurück, belieſ aber eine Kompa
4. turkeſtaniſchen Linien=Bataillons, eine halbe Schwadron Kaſaken,
ſchätze mit dem erforderlichen Verwaltungsperſonal unter dem H
Sajew als ſtändige Beſatzung auf den Pamir. Die kleine Truppe
im Thal des Ak=ſu, wo der Weg von See Kara=kul einmündet und
ſüdlichen Thalſeite nach dem See Jäſchil=kul weiterführt, einen b
Poſten — den ſogenannten „Pamir=Poſten“ — 3400 m hoch, im
Pamir am Kreuzungspunkt der wichtigſten Verbindungslinien des Pa
insbeſondere der nach Kaſchgar und über den öſtlichen Hindukuſch
Pfade.

Die Beſatzung hat bis jetzt die Unbilden des polariſchen Winte
dauert, allerdings erfolgte in jedem Sommer eine Ablöſung, da die
Leute die ungemein dünne Luft nicht länger als höchſtens ein Jah
tragen vermögen. Das Klima des neunmonatlichen Winters iſt ſehr
Kältegrade von 40°C ſind ſchon im Oktober gewöhnlich. Alle Lebe
müſſen auf ſchwierigen Wegen mittelſt Tragthieren aus Ferghana
geſchafft werden; nur Vieh iſt von den Nomaden, welche im Som
Heerden auf die grasreichen Weideflächen des Ak=ſu=Thales treiben,
langen. Im letzten Winter ſollen einige hundert Familien Kirgiſen
Bevölkerung des ruſſiſchen Pamirgebietes — in der Nähe des
überwintert haben. Letzterer iſt auch von nichtruſſiſchen Reiſenden
worden; insbeſonders giebt der ſchwediſche Forſcher Sven Hedin,
März 1894 hierher kam, eine ſehr intereſſante Schilderung, welche
über die militäriſchen Einrichtungen des Pamirpoſtens und die gro
freundſchaft ſeitens der ruſſiſchen Offiziere ausſpricht. Die baulichen
des Poſtens beſtehen aus ſolide gebauten Erdhütten: ein Wohnra
die Offiziere mit gemeinſamem Speiſeraum, zwei Kaſernen für die
ſchaften, Lazareth, Küche, Stallung, Aufbewahrungsräume für
und Lebensmittel, meteorologiſche Station, Alles umſchloſſen von
in Erde geböſchtem Wall. Sven Hedin vergleicht den Pamirpoſten,
noch im Winter — dieſer dauert bis in den Mai — ſah, mit
das im Eismeer feſtgefroren iſt; er bewundert die Zähigkeit, mit
kleine Beſatzung auf dieſem entlegenen, einſam in die ſtarre
Hochgebirges vorgeſchobenen Poſten das Anſehen des großen Ruhe
ſteten Kampf mit den Unbilden eines furchtbaren Winters vertri
Poſten wird noch in dieſem Jahre telegraphiſche Verbindung nach
erhalten. Vorläufig geht die Leitung etwa halbwegs,*) von Marg
zur Paßhöhe Kizil=art; von letzterer bis zum Poſten wird der Verke
den Heliographen vermittelt.

---

*) Geſammtentfernung Margelan—Pamirpoſten 400 km.

find, die Landschaften Kundjut, Jassie, Tschitral. Südlich derselben, zu beiden Seiten des Indus wohnen zahlreiche kriegerische Bergvölker, die unter dem Namen „Kafirs" zusammengefaßt werden, obwohl eine staatliche Einigung derselben niemals bestanden hat. Diese Völkerschaften haben dank ihrer abgelegenen gebirgigen Heimath bis in die neueste Zeit ihre Unabhängigkeit gewahrt. Die indische Regierung hat sich damit begnügt, in Gilgit, dem westlichsten des unter britischer Herrschaft stehenden Königreichs Kaschmir, einen politischen Agenten*) zur Ueberwachung der Hindukuschvölker zu halten, dem ein kleines Truppenkommando zur Bedeckung zugetheilt war und dem Anschein nach, nicht unbeträchtliche Mittel zur Beeinflussung der Stammes= häuptlinge zur Verfügung standen.

Diese Lage änderte sich im Herbst 1891. Die Kunde vom Erscheinen der Russen an den Pässen des Hindukusch wirkte, wie wir gesehen, sehr beunruhigend. Ohne Verzug that die britisch=indische Regierung energische Schritte zur Sicherung der gefährdeten Grenze. Diese Maßregeln zerfielen in zwei Theile:

- 1. Besetzung der bedrohten Pässe durch britische Truppen;
- 2. Unterwerfung der bisher unabhängigen Völkerschaften im Süden dieser Pässe, so daß England mit Sicherheit über das Land bis zum Hindukusch verfügen konnte.

Zu diesem Zweck erhielt Gilgit sofort eine starke Besatzung; schon im Oktober 1891 waren 5 Bataillone, 2 Gebirgs=Batterien unter General Lokkart dort versammelt. Im Dezember wurden nach mehreren Gefechten die bis dahin unabhängigen Stämme der Nagar und Hunza unterworfen und, nach= dem Oberstlieutenant Durand die Veste Nilt eingenommen hatte, das ganze Thal des Hunza=Flusses (die Landschaft Kundjut) bis zum Paß Bai=Kara, der in die Pamir führt, von England in Besitz genommen. Im Früh= jahr 1892 wurde Gilgit, welches strategisch ungemein günstig am Ver= einigungspunkt der beiden über den Hindukusch führenden Straßen liegt, zu einem bedeutenden Waffenplatz erweitert und mit dem Punjab durch eine Militärstraße mit Telegraphenlinie in Verbindung gebracht. Die Anlage und Deckung dieser für die Sicherheit Nordwest=Indiens sehr wichtigen Straße setzte die Unterwerfung der Dardu=Stämme längs des Indus voraus, durch deren Gebiet die neue Verbindung läuft. Bis Ende 1892 war diese Aufgabe durchgeführt, doch fanden noch im März 1893 wiederholt Angriffe seitens der streitbaren Bergbewohner auf die britische, durch Forts gesicherte Etappenlinie statt, und erst mit Ausgang 1894 waren die Dardus völlig unterworfen. Gegenwärtig ist Gilgit dreifach mit dem Punjab verbunden: längs des Indus über Chilas, durch Kaschmir über Muzzarafabad und über Srinagar.

*) „Political officer." Hervorragende Kenner der Hindukuschvölker, wie Biddulph und Mortimer Durand, haben diesen militärisch wie politisch wichtigen Posten bekleidet

wurde von einem neuen Thronprätendenten, Umra=Chan, gestürzt und
zwungen, sich zur britischen Besatzung in's Fort Tschitral zu retten. U
rief mit Erfolg die Bergvölker zum Kampf gegen die Fremden auf, r
einen Theil der britischen Truppen gefangen und schloß deren Haupt
im Fort Tschitral ein. Die indische Verwaltung mußte sich zu einem u
haften Feldzug entschließen und bestimmte, da es sich um die auf's H
gefährdeten Interessen Englands handelte, beträchtliche Truppenmassen
Durchführung der Expedition. Im Hinblick auf die außerordentl
Schwierigkeiten des Geländes und auf die nicht unbedeutende Widersta
kraft des Feindes nahm der Feldzug den Charakter eines förml
Krieges an.

Von Süden her — von Peschawar aus — sollte General Low
zwei gemischten Brigaden, 14000 Mann zur Hälfte europäischer, zur an
eingeborener Truppen nebst 4 Gebirgs=Batterien und 12 Maximgeschü
direkt nördlich mitten durch die Bergkette des Swati=Landes gegen Tsch
vordringen, während von Gilgit aus Oberst Kelly mit 3000 Mann
den Schandar=Paß von Osten her Tschitral zu erreichen hatte.

Am 30. März brach die vordere Brigade der Kolonne Low von Pesch
auf, die zweite, der die Deckung der Verbindungen und der Nachschub
Verpflegungsmittel zufiel, folgte mit zwei Tagemärschen Abstand. Am 4. L
kam es bei Uebersteigung des ungemein schwierigen, 2700 m hohen Malaka
Passes zum Kampfe mit etwa 5000 Swatis, welche nach tapferstem W
stand trotz stundenlangem Artilleriefeuer erst zum Abzug gebracht we
konnten, als die schottische Infanterie zum Angriff mit dem Bajonett
ging. Sodann erfolgte der Abstieg in's Thal des reißenden Swat=Flu
welcher unter Gefechten bei Aladand überschritten wurde. Der Weiterm
verzögerte sich durch die außerordentlichen Mühseligkeiten bei Uebermälti
der Bergketten zwischen dem Swat und Pandjkor, obwohl die höchste
zur Rettung der in der Hauptstadt belagerten englischen Garnison gel
war. Letztere wurde nach allen Regeln der Kunst angegriffen; die
geborenen bedienten sich eines förmlichen Minensystems. Bereits in
ersten Apriltagen war ein europäischer Offizier mit 50 Sikhs, welcher
Tschitral aus den kleinen Posten Mastudsch verstärken sollte, in einem Hi
halt getödtet worden, und am 16. April waren die Angriffsarbeiten vor
Fort Tschitral auf 10 Yards an die Umfassung desselben herangekom
Inzwischen nahte der Entsatz von Seiten der Kolonne Gilgit. Diese
zwar schon Mitte März von Gupis (halbwegs zwischen Gilgit und
Grenze Tschitrals) aufgebrochen, sah sich aber zwei Wochen lang durch fu
bare Schneestürme vor dem 3900 m hohen Schandar=Passe aufgehalten,
so verschneit war, daß ein Uebergang mit Pferden und Lastthieren unmö
war. Die Geschütze mußten schließlich von Mannschaften fortgeschafft we
und erst am 9 April traf die Spitze gerade noch rechtzeitig vor Mast

es fragt sich, ob sich dieser durch viele Kämpfe und, wie wir gesehen, durch enormen Aufwand an Mitteln erkaufte Zustand auch bei den Verwickelungen wird erhalten lassen, welche ebenso wie im kleinen Tschitral so auch im großen Afghanistan bei jedem Thronwechsel nicht ausbleiben werden und ihre Wirkungen in Indien wie in Turkestan stets fühlbar gemacht haben.

Immerhin hat England, wie General Roberts kürzlich hervorhob, zum militärischen Schutz Indiens durch Erreichung der Punkte Gilgit, Jassin, Tschitral und durch die Sicherung Kabuls und Kandahars erreicht, was zu erreichen ist, und darf nach der zeitweiligen politischen Lage beruhigt auf die Entwickelung der russischen Macht in Turkestan blicken. Es liegen keinerlei Anhaltspunkte dafür vor, daß Rußland weitere Schritte gegen die indische Grenze hin wagen und über die Demarkationslinie auf den Pamir hinausgreifen wird, deren Vereinbarung gegenwärtig in Vorbereitung steht.*) „Der britische Löwe wacht weit vor den Thoren Indiens," sagte treffend General Mac Gregor, aber letzteres bedarf thatsächlich einer starken, im Nordwesten versammelten Streitmacht und einer zuverlässigen Organisation im Innern, um allen Gefahren jetzt und in Zukunft gewachsen zu sein.   J.

Die französische Expedition nach Madagaskar.

Fünf Jahre sind bereits verflossen, seit England und Deutschland das Protektorat Frankreichs über Madagaskar anerkannt haben, ohne daß es diesem bisher gelungen wäre, dasselbe voll auszuüben, die ihm von Seiten der Howa=Regierung nach jeder Richtung bereiteten Schwierigkeiten zu überwinden, sogar direkte Zuwiderhandlungen derselben oder ihrer Unterthanen gegen die Festsetzungen des Friedenschlusses vom 7. März 1885 zu verhindern, so daß der Regierung der Republik schließlich nichts anderes übrig blieb, als

---

beobachtend an der Südwestgrenze Tschitrals und hielt die Stämme am unteren Kunar in Ruhe. Die Reise des ältesten Sohnes und wahrscheinlichen Thronfolgers des Emirs nach England im Sommer 1895 wird britischerseits als die Gewähr künftiger guter Beziehungen und als ein vorbeugendes Mittel gegen spätere antenglische Einflüsse in Afghanistan aufgefaßt.

*) Dieses Abkommen setzt im Allgemeinen den Hindukusch als russisch=britische Grenze fest und soll beide Mächte verpflichten, sich aller Eingriffe südlich, bezw. nördlich dieser Linie zu enthalten. Da Badakschan und Wachan bei Afghanistan bleiben, so würde Rußland der Zugang zu den Hindukusch=Pässen längs des Amu=darja versperrt sein.

wegen Munitionsmangels wieder zurückgezogen werden mußten. Politische Rücksichten verhinderten dann eine neue Strafexpedition.

Inzwischen war seit dem Jahre 1831 ein Franzose Laborde in Antananarivo zu einflußreicher Stellung gelangt, hatte eine Geschützgießerei, eine Waffenfabrik und eine Pulverfabrik eingerichtet, europäische Handelsartikel eingeführt und unbeschränkten Einfluß auf den Thronfolger erlangt. Als dieser dann 1861 als Radama II. die Regierung antrat, setzte Laborde im Interesse seines Vaterlandes beträchtliche Handelsvortheile durch, welche 1868 zum Abschluß eines Handelsvertrages führten, durch den allen Franzosen unbedingter Schutz der Person und des Eigenthums und, gleich den Unterthanen anderer meistbegünstigter Nationen, das Recht zugesichert wurde, jede Art von Grundbesitz zu pachten oder zu erwerben, daneben auch noch unbeschränkter Handels= und gewerblicher Verkehr.

Die Festsetzungen dieses Vertrages und ein Angriff der Howa auf die sakalavischen Besitzungen der Franzosen gaben den ersten Anlaß zu der Spannung, welche in ihren Konsequenzen schließlich zu dem gegenwärtigen Konflikt geführt hat. Als nämlich Laborde im Jahre 1878 starb, wollten die Erben seinen werthvollen Nachlaß theilen und zu diesem Zweck den bedeutenden Grundbesitz veräußern, doch verweigerte die Howa=Regierung, entgegen den früher vereinbarten Festsetzungen, die Genehmigung hierzu. Ja, nach längeren Verhandlungen erging sogar im Jahre 1881 ein Gesetz, welches, unter Aufhebung des im Jahre 1868 erlassenen, fremden Staatsangehörigen den Erwerb von Grundeigenthum untersagte, und nur kurze Zeit später wurde sogar in den unter französischem Schutze stehenden sakalavischen Gebietstheilen die Howa=Flagge gehißt. Trotz Protestes und einer Flottendemonstration gelang es den Franzosen nicht, die geforderte Genugthuung zu erlangen. Es kam daher im Frühling 1883 zum Kriege, der wegen gleichzeitiger Verwickelungen in Tonking nur matt und mit ungenügenden Kräften im Küstengebiet geführt wurde, den Franzosen keine Erfolge, dagegen durch Krankheiten erhebliche Verluste an Menschenmaterial einbrachte und nicht dazu beitrug, ihr in der Vergangenheit schwer geschädigtes Prestige wieder herzustellen.

In dem unter dem 7. März 1885 abgeschlossenen Frieden wurde ihnen allerdings die verlangte Vertretung Madagaskars in seinen Beziehungen zu den fremden Mächten eingeräumt, die Bucht von Diego Suarez zur Ansiedelung ꝛc. nach eigenem Ermessen abgetreten und 10 Millionen Fr. Kriegsentschädigung zugebilligt, dagegen die Klarlegung des ersteren Verhältnisses durch die Bezeichnung „Protektorat" hartnäckig verweigert.

Wenn nun auch, zunächst nach dem Friedensschlusse, den Franzosen einige Vortheile aus diesem Vertrage erwuchsen, so trat doch sehr bald wieder eine Wandlung ein, welche sich durch rücksichtslose Zurückweisung aller französischen Reklamationen von Seiten der Howa=Regierung kennzeichnete. Im

nicht allein auf der afrikanischen Westküste, sondern auch im Indischen
Marine= und Wasserstationen. Dafür ist aber Madagaskar — Diego Sua
der gegebene Ort.

Trotz seiner Stellung in Egypten und der Herrschaft über den
Kanal kann aber auch England nicht auf den Weg um das Kap ver
besteht doch selbst in englischen Marinekreisen darüber kein Zweifel, d
den Kriegsfall die Verbindung mit Indien durch den Suez=Kanal ni
nügend gesichert ist, weil Verhältnisse eintreten können, welche seine Sp
möglicherweise für längere Zeit, bedingen. Für diesen Fall bleibt a
England der Weg um das Kap die nächste und zuverlässigste Schi
straße für den Verkehr nach Indien und seinen übrigen Besitzungen i
asien wie im Stillen Ozean. Wie im Mittelmeer, so treffen au
Indischen Ozean die eigensten Interessen Englands und Frankrei
schärfsten Gegensatz aufeinander, schließlich in beiden Meeren ein
scheidung heischend, welche ausgefochten werden muß und dann eine
frage zur See bezw. politischer Konjunkturen sein wird, wobei jedoch
reich lediglich für seinen kolonialen Besitzstand, England dagegen fü
Weltstellung einzutreten, zugleich aber auch die Hungersnoth abzuwehr
Mindestens wird schon in nächster Zukunft eine etwaige Annexion
gaskars durch die Franzosen, sofern sie England duldet oder zu dull
zwungen ist, eine Verstärkung des englischen, indischen Geschwaders be
wie sie unter dem Drucke des maritimen Aufschwunges der Franzose
seit Jahren im Mittelmeer stattgefunden hat und durch die wiede
Flottenretablissementspläne mit kolossalem Kostenaufwande zum Ausbr
bracht bezw. weiter in Aussicht gestellt wird.

Wenden wir uns nunmehr der Insel Madagaskar selbst zu, s
uns voranzuschicken, daß nur erst der mittlere Theil der Ostküste u
Hochland um Antananarivo, außerdem das Gelände zunächst der
welche im Thale des Ikopa von der Hauptstadt nach Modjanga führt
die verdienstvollen Forschungen Grandidiers, Dr. Catats und
Franzosen einigermaßen bekannt geworden sind, daß dieses jedoch in
nur in nächster Nähe der französischen Besitzungen der Fall ist, daß
die übrigen Ländergebiete des Westens, ebenso der ganze Süden fast
unerforscht geblieben sind. Wenn ferner Dr. Catat zuerst die Stre
Modjanga nach Antananarivo genauer beschrieben und aufgenommen
ist dem im Jahre 1894 noch eine weitere Aufnahme derselben du
französische Offiziere gefolgt, als die Nothwendigkeit einer Expeditio
die Howa nach Lage der Verhältnisse vorauszusehen war.

In der Richtung von Norden nach Süden und erheblich näher
küste wird Madagaskar in nahezu seiner ganzen Längenausdehnu
einem Granit= und Gneißgebirgszuge durchsetzt, dessen Kamm ein T
von im Norden gegen 1200, im Süden etwa 900 m Höhenlage

welches in der Nähe der Hauptstadt Antananarivo in dem Ankatragebirge bis 1400 m aufsteigt und in dem 2672 m hohen Tsiafadjarona seine höchste Erhebung erreicht. Auf der Ostseite fällt das Gebirge in einer wirren Menge kurzer Vorberge steil und schroff zu der sumpfigen, von zahlreichen Lagunenbildungen durchsetzten Küstenniederung ab, wogegen es auf der Westseite in langen, stark gewellten Bodenstufen ganz allmählich zur tief gelegenen, ebenfalls vielfach sumpfigen Küste übergeht. Eine breite Waldzone, welche namentlich auf der Ostseite die Böschungen des Gebirges in urwaldartiger tropischer Ueppigkeit bedeckt, umgiebt das Hochland mit einem breiten Gürtel, während eine Menge wasserreicher Flüsse dem Hochplateau ihre Entstehung verdanken und entweder in meist kurzem Lauf mit starkem Gefälle dem Indischen Ocean zueilen, daher dem Verkehr nicht dienstbar gemacht werden können, oder nach meist längerem ruhigen Lauf sich in den Kanal von Mozambik ergießen. Die bei weitem bedeutendsten breiten Flüsse der Insel, der Betsibola mit seinem linken Nebenflusse Ikopa, deren Quellgebiet in der Nähe der Landeshauptstadt Antananarivo zu suchen ist, dehnen ihren Lauf sogar über ein Gebiet von mehr als 400 km Länge aus, wovon eine Strecke von etwa 200 km, von Mobhanga bis Moratanana, für Fahrzeuge mit geringem Tiefgang schiffbar ist. Ueber den Betsiebola, oberhalb seiner Vereinigung mit dem Ikopa, und andere Ströme der Westseite ist Genaues nicht bekannt, da sie noch wenig oder gar nicht erforscht sind.

Durch seine Höhenlage im Verein mit den frischen Seewinden besitzt das Innere Madagaskars ein gemäßigtes, sogar recht gesundes Klima (in Antananarivo schwankt die Temperatur während der heißen Zeit zwischen 10 bis 13 und 29 bis 30 Grad, in der trockenen Jahreszeit zwischen 6 bis 8 und 19 bis 25 Grad). Im Küstengebiet namentlich der Ostseite ist das Klima dagegen ein ausgesprochen-tropisch heißes, überaus ungesundes, welches dem Europäer in der Regel schnell verderblich wird. Weilen doch selbst die Howa nur selten ungestraft längere Zeit daselbst. Meist fordern Sumpffieber, Dyssenterie und Typhus, gegen welche selbst die peinlichste Beachtung der hygienischen Vorschriften niemals unbedingten Schutz verleiht, zahlreiche Opfer, wie dies die Franzosen in den Kriegen der Jahre 1883 bis 1885 und später zu ihrem Nachtheil erfahren haben.

Es giebt sonach auf Madagaskar zwei ganz verschiedene Arten von Klima, das gesunde des Innern und das tropisch ungesunde der Küste, doch soll nach französischen Berichten die Möglichkeit nicht ausgeschlossen sein, durch sanitäre Maßregeln auch in dem letzteren bessere Zustände zu schaffen. Man hält daher in Frankreich die Möglichkeit einer Kolonisation Madagaskars nicht für ausgeschlossen.

Die heiße — Regen- — Zeit fällt in den Spätherbst und Winter, sie beginnt im Oktober und dauert bis Ende März, die gute — trockene — Zeit von Anfang April bis Ende September.

Eigentliche Straßen und Wege giebt es auf Madagaskar nicht,
geschieht von Seiten der Howa=Regierung grundsätzlich nichts, um in
Richtung eine bessernde Hand anzulegen, weil sie in der Erschwerun
Zugangs zum Landesinnern die beste Garantie für die Wahrung ihrer G
ständigkeit den europäischen Einflüssen gegenüber erblickt. Dieser Auff
dürfte es sogar zuzuschreiben sein, daß auf der zugänglichen Westsei
Insel zwischen Küstengebiet und Hochland, theilweise durch Bedrückun
früheren Bewohner, welche deren Auswanderung zur Folge gehabt ha
breite, fast ganz unbewohnte wüste Zone geschaffen ist.

Der Aufstieg von der Ostküste ist steil und schwierig, enge Fuß
welche nur in langen dünnen Reihen mühsam passirt werden können, n
sich durch lange Gebirgsdefileen mit tief eingerissenen Schluchten und
halb der Pfade undurchdringliche Waldwildniß, wo jede Entwickelung seit
der Wege zum Gefecht von vornherein ausgeschlossen, jede Marschko
dem Feuer der Eingeborenen aus sicherem Hinterhalt fast wehrlos
gegeben ist, wo neben dem Klima auch das Gelände an die Energi
Kräfte der Truppen wie der Träger, auf deren Dienste Bagage und
hier allein angewiesen sind, die höchsten Anforderungen stellen.

Erheblich günstiger liegen die Verhältnisse allerdings auf der W
des Hochlandes, denn hier baut sich dasselbe langsam in mehreren C
auf; kein Waldbestand hindert, sobald die schmale Zone des Küsteng
durchschritten ist, die freie Uebersicht oder hemmt die Entwickelung
größerer Truppenkörper, zumal der zu bestimmten Zeiten das Aug
schränkende meterhohe üppige Grasbestand der Savannen aus wirth
lichen Rücksichten alljährlich dem Feuer der Eingeborenen zum Opfer
Erschwerend wirkt dagegen der breite, wie früher schon erwähnt, da
gesunde Küstengebiet von dem Hochlande trennende, aller Hülfsquell
Ernährung und Unterkunft der Truppen beraubte Landstrich, der nicht e
das nöthigste Feuerungsmaterial für die Kochfeuer der Truppen, als
höchstens die trockenen Gräser der Savannen zu liefern vermag.

Bezüglich der Zahl und Stammeszugehörigkeit der Bewohner I
gaskars bietet die Forschung bisher noch keinen absolut sicheren Anhalt.
Angaben gehen daher rücksichtlich der ersteren sehr auseinander, der
französischen Angaben schwanken zwischen 3, 5 und 6 Millionen, wo
deutsche Quellen 3 bis 4 Millionen Seelen annehmen. Bei Annahme
mittleren Zahl von 4 Millionen Einwohner würde dies eine Bevölker
dichtigkeit von 6 bis 7 Seelen auf den Quadratkilometer ergeben, g
um das Land kulturell ausnutzen zu können, und nicht zu viel, um
ausreichenden Grundbesitz für die Einwanderung offen zu lassen. Es
bleibt nur, woher Frankreich angesichts der in Algerien gemachten,
ermuthigenden Erfahrungen das Menschenmaterial für die Einwan
nehmen will.

Was nun die Stammeszugehörigkeit anbetrifft, so faßte man die Bewohner Madagaskars lange Zeit allgemein unter dem Namen Madagassen zusammen, bis man erst mit der fortschreitenden Erforschung der Insel begann, verschiedene Volksstämme zu unterscheiden, insbesondere eine frühere malayische und spätere afrikanische Einwanderung nachzuweisen vermochte, zumal beide Rassen sich trotz mancherlei Uebergangsformen doch noch vielfach unvermischt erhalten haben, so daß die beiden Haupttheile der Bevölkerung in Howa und Sakalaven (nach der französischen Bezeichnung) geschieden werden können. Alle übrigen Stämme scheinen dagegen unter Mitwirkung klimatischer Einflüsse aus einer Vermischung der beiden eingewanderten und anderer Völker hervorgegangen zu sein und sich nur dadurch zu unterscheiden, daß der eine oder der andere Typus mehr oder weniger vorherrscht.

Von diesen Volksstämmen bewohnen die namhaftesten:

1. die Howa das Tafelland des Innern der Insel, die Provinz Imerina,
2. die Betsileo als nächste Nachbarn der Howa den Süden desselben Tafellandes,
3. die Betsimaraka die Ostküste am Indischen Ocean,
4. die Antakara, als Nachbarn der französischen Kolonie Diego Suarez, den Norden der Insel,
5. die Sakalaven die Westküste am Kanal von Mozambik bis weit in den Süden.

Sie sind die volkreichsten und kommen für die politische Gestaltung der Lage auf Madagaskar zunächst in Frage. Ihnen treten allerdings noch eine größere Zahl anderer Hindu, wie die Antsianaka, Benazanozana, die Antaimoro, Antanossa, Tanale, Bare, Mahafales, Antandroy und Maschikoren, welche indessen zumeist den Süden der Insel bewohnen und wenig oder gar nicht bekannt sind, dagegen nur theilweise oder bedingt in abhängigem Verhältniß zu dem herrschenden Volksstamm der Howa stehen.

Diese letzteren nehmen unstreitig unter allen Völkern Madagaskars die erste Stelle ein. Der malayische Typus ist bei ihnen noch immer unverkennbar geblieben, auch unterscheiden sie sich, wenngleich in Bezug auf Rassenreinheit durch Mischung mit anderen Landeseinwohnern stark beeinträchtigt, doch noch wesentlich von diesen, nicht nur äußerlich, sondern auch durch weit größere Intelligenz, von kleinerem Wuchs und hellerer Hautfärbung. Nach Grandidier sind sie jedoch gewandt und ausdauernd, aber treulos, habgierig und grausam. Andererseits kann ihnen große Intelligenz, Arbeitsamkeit, Sparsamkeit und Mäßigkeit nicht abgesprochen werden, alles Eigenschaften, durch welche sie sich den übrigen, durch Trunksucht, Faulheit und Völlerei sich hervorthuenden Volksstämmen wesentlich überlegen zeigen. Es ist ihnen daher auch gelungen, dem vielleicht am wenigsten fruchtbaren Theile der Insel die für eine verhältnißmäßig starke Bevölkerungsziffer nöthigen Erträge abzuringen.

Nationalstolz, schnelle Auffassung und Bildungsfähigkeit haben sie e
rasch zu einem geordneten Staatswesen zusammengefügt, wodurch es
möglich wurde, obgleich sie nur etwa ein Drittel der Gesammtbevölk
Madagaskars ausmachen, doch die herrschende Stellung zu erringen. Name
seit Beginn dieses Jahrhunderts haben sie, wie früher nachgewiesen, zu
die Nachbarstämme, nach und nach, unter geschickter Benutzung innerer Zw
keit, sogar den größeren Theil der Insel sich unterthan gemacht. Im
der Zeit sind sie denn auch zum Christenthum übergetreten und stehen
dem unter dem Einfluß der Londoner (presbyterianischen) Missionsgesells
Die übrigen Madagassen sind dagegen der Mehrzahl nach noch Heiden.

Die Regierungsform der Howa ist eine absolut monarchische. A
Spitze der Regierung steht seit dem Jahre 1883 die jetzt 36 jährige Kö
Ranovolo III., dritte Frau des Premierministers Rainilaiarivony, be
wie ihre beiden Vorgängerinnen, dem Brauche gemäß, aus dem Sta
Andrianampuines zur Gattin und Königin erwählt hat. In Wahrhe
also der Premierminister der eigentliche Herrscher, die Königin mehr
präsentantin. Dem ersteren steht ein sogenanntes Kabinet zur Seite,
Mitglieder aber keinen Einfluß besitzen.

Gesellschaftlich theilen sich die Howa in drei Klassen, einen mäch
Adel, den Bürgerstand und die Sklaven — meist Neger —, die verschied
von ihnen abhängigen Völkerschaften außerhalb der Provinz Imerin
11 Provinzen, welche jede durch einen vom Premierminister zu ernenne
dem Howa=Adel oder dem Bürgerstande angehörenden ersten und zw
Gouverneur regiert werden.

Mit ihrer Hülfe beherrschen die Howa etwa ein Drittel Madaga
nur der Süden und Südosten der Insel ist, mit alleiniger Ausnahme
Fort Dauphin, wo sie eine kleine Garnison halten, ihrer Botmäßigkeit
unterstellt. dort haben sich die Antanossa und die Antaimoro, welche
als freie Arbeiter die ganze Insel durchziehen und bei Sakalaven wie
zosen Arbeit nehmen, ferner die wilden Bare und Tanale sich die
Unabhängigkeit bewahrt. Bedingungsweise trifft das auch bei den saka
schen Völkerschaften im Südwesten und vereinzelten Stämmen im Nord
Madagaskars zu.

Ursprünglich nahmen zwar die Sakalaven ihrer höheren kriegeri
Veranlagung entsprechend die führende Stellung ein, bis es den Ho
früher beschriebener Weise gelang, ihre Herrschaft mehr und mehr
zubreiten, ihre Militärposten fortgesetzt weiter gegen die Küste vorzusch
und die Zahl ihrer Gouverneure zu vermehren. Dennoch haben die Fra
von den Inseln Nossi Bé und Mayotte, ebenso von Diego und Suarez
einen gewissen Einfluß, namentlich auf die um die Pastanbew
wohnenden Stämme errungen, der allerdings dadurch wesentlich ge
worden, daß sie dieselben, welche ihnen in den Kriegen 1883 bis 18

Theil Hülfstruppen gegen die Howa und Träger gestellt hatten, beim Friedensschluß treulos ihren Erbfeinden, den Howa, preisgaben. Nicht zu unterschätzen ist die Thatsache, daß eine größere Anzahl von Sakalaven die französischen Unterrichtsanstalten .auf Nossi Bé, St. Masie und Mayotte besucht, andere sich in dem zunehmenden Verkehr mit den dort und in Mobhanga ansässigen Fremden, Indern, Arabern und Europäern, gewissermaßen zivilisirt haben, so daß wenigstens die im Nordwesten der Insel wohnenden Stämme nicht mehr unbedingt zu den wilden gezählt werden können.

Neben den eingeborenen Völkern giebt es auf Madagaskar noch etwa 1800 Fremde, von denen mindestens 600 Europäer (darunter 400 Franzosen) sind, deren Bedeutung für das wirthschaftliche Leben der Insel nicht zu verkennen ist, insofern Araber und Suaheli sich im Küstengebiet angesiedelt haben, Inder den Handel vermitteln, der, soweit das Innere in Betracht kommt, Mangels an Wegen und Verkehrsmitteln nicht von Belang ist, nach dem Auslande aber sich ausschließlich in Händen der Franzosen, Engländer und Amerikaner befindet. In neuester Zeit treten indessen auch Chinesen daselbst auf.

Immerhin befindet sich die Insel in Bezug auf wirthschaftliche Entwickelung noch in den Kinderschuhen, obgleich kaum zu bezweifeln ist, daß neben den verschiedensten Naturprodukten, an denen es Ueberfluß besitzt, große Schätze noch ungehoben im Schooße der Erde ruhen. Unermeßliche Länderstrecken liegen vollständig brach und doch ernährt Madagaskar eine Bevölkerung von mehreren Millionen, repräsentirt seine jährliche Ausfuhr einen Werth von 30 Millionen Francs. Seine Wälder, namentlich im Nordwesten] der Insel, um Tamatave und Fort Dauphin, weniger in den übrigen Küstendistrikten, liefern Kautschukernten, deren Ertrag auf 8 bis 4 Millionen Francs geschätzt wird, Bauholz und Hölzer für Kunsttischlerei, Brennholz, Farbehölzer, Obstbäume, Medizinal= und spinnbare Pflanzen und Wild, seine Flüsse Fische jeder Art.

Den bei Weitem größten Ertrag liefern aber seine unermeßlichen Weideflächen an Schlachtvieh, mit dem Madagaskar die sämmtlichen in den angrenzenden Theilen des Indischen Ozeans gelegenen Inseln versorgt. Im Jahre 1884 führte ein einziges Marseiller Haus davon allein 20000 Haupt aus und betrug in demselben Jahre die Ausfuhr an rohen Häuten gegen 600 000 Stück. Daneben werden Schweine, Schafe, Ziegen, auch Geflügel jeder Art gezüchtet, Bienenzucht und die Zucht der Seidenwürmer betrieben.

Ferner produzirt die Insel Reis, Yam, Memioc, Mais, und in den höher gelegenen Theilen, wie die Provinz Impemia, sogar Kartoffeln, Wein und die meisten Gemüse, auch einzelne europäische Früchte. Die Franzosen haben] selbst den Anbau von Kaffee versucht — zuerst der schon genannte Laborde — und gute Resultate erzielt. Ein französisches Haus hat eine solche Pflanzung eingerichtet, welche einen Jahresertrag von 15 bis 20000 kg

ergiebt, ein anderes in der Nähe der Hauptstadt eine Fläche von 30
mit 80 000 Kaffeebäumen bepflanzt. Die Qualität des Kaffees soll gut
demjenigen von Bourbon gleichwerthig sein. Auch die Versuche mit
Vanille- und Kakaobau haben sich nicht minder einträglich erwiesen
verdienen weitergeführt zu werden.

Aber auch an Mineralschätzen ist die Insel reich, denn im Norden
selben sind ausgedehnte Kohlenlager von bedeutender Mächtigkeit aufgefu
allerdings ist die Qualität der Kohle vorläufig noch nicht untersucht wo
dagegen steht das Vorhandensein verschiedener Metalle, wie Eisen, K
und selbst Gold fest. Die sehr ertragreichen Kupferminen werden bis
wenig ausgebeutet, mehr wird auf Gold, theils im Auftrage der H
Regierung, theils von dem Franzosen Herrn Laberbieville, gegraben, der
Konzession der ersteren besitzt und die Stadt gleichen Namens gegrü
hat, wo sich seine Etablissements befinden. Nach französischen Quellen
er mehrere tausend Arbeiter unter Leitung eines Personals von 180 C
pöern früher beschäftigt haben. Ueberhaupt wird Gold in verschied
Theilen der Insel, vorzugsweise aber im Nordwesten und Osten dersel
bezw. im Lande der Betsileo, gefunden.

Berücksichtigt man ferner, daß im Küstengebiet eine größere Zahl
guter Häfen liegt, von denen wir an der Ostküste nur diejenigen von Vohé
Fénérive, Foalpointe, Andevorante, Datomomdry und Tamatave, an
Nordküste das schon 10 Jahre französische Diego Suarez, an der West
Modjanga nennen wollen, so kann der Insel eine Zukunft kaum abgespr
werden. Leider befinden sich die strahlenförmig von der Hovahaupt
Antananariro zur Küste führenden Straßen in einer jeder Beschreib
spottenden Verfassung, denn sie sind weniger Verkehrswege wie Ochsenp
meist auch von diesen und für diese gebahnt.

Von den Städten des Binnenlandes sind neben der Hauptstadt
mehr als 100 000 Einwohnern die Hauptstädte Fianarandsoa und Morodm
der Betsileo und Benazanozana mit 10 000 bezw. 3000, Marovoag
Meratanana mit 3000 und 1500 Einwohnern anzuführen.

Besondere Beachtung verdienen die Hafenstädte Tamatave und Modja
nicht allein weil sie an und für sich die bedeutendsten, sondern weil f
erster Linie den Verkehr der Hauptstadt Antananarivo, überhaupt des La
mit dem Ausland vermitteln und Endpunkte der gangbarsten Straßen
Innere sind.

Tamatave ist zur Zeit der Haupthafen für die gesammte Aus=
Einfuhr der Insel, außerdem Sitz eines französischen Residenten, wie
Konsuln Englands, Deutschlands und Italiens, ferner Anlageplatz für
französische und eine englische Dampferlinie. Es besitzt eine Einwohne
von 12 000 Seelen, worunter 400 Europäer, Telegraphenverbindung
Antananarivo und Eilbotendienst nach den wichtigsten Orten der J

der Insel und dem Vormarsche in das Herz des Landes Vorschub l
Mojanga also gewissermaßen das Eingangsthor Madagaskars ist.
weitere Bedeutung erhält die Stadt ferner durch die Nähe des afrikan
Festlandes und der französischen Besitzungen, der Inseln Nossi Bé und Ma
von denen ersteres nur 240, letztere beiden nur 186 bezw. 240 Seen
entfernt liegen.

Mojanga liegt an der Nordseite der Einfahrt in die hier 6¹⁄
breite Bombetake=Bucht, welche 45 km weit in das Land einschneidet,
breitet sich hier auf einer seichten sandigen Landzunge zwischen dem M
ufer und einer leicht bewaldeten hin von einem die Verbindung mit
Lande erschwerenden weiten Sumpfgebiet trennenden bewaldeten Höhe
aus, auf dem die Howa ihre Befestigungsanlagen und die Wohnung
früheren Gouverneurs erbaut hatten. Vom Meere und aus der Fern
sehen, macht die Stadt in Folge dessen einen recht stattlichen Eindruck,
in größerer Nähe allerdings schnell und recht bedenklich schwindet. Sie
etwa 60 aus Stein gebaute Häuser und gegen 1000 Strohhütten, n
mit entsprechenden Einzäunungen umgeben, ziemlich regellos durchein
gestellt sind, doch kann man allenfalls zwei das Gestade begleitende Par
straßen unterscheiden.

Die sehr gemischte Bevölkerung überschreitet nicht die Zahl
5000 Seelen, unter denen nicht über 500 Howa, sehr viele Sakalaven
eine Anzahl Kreolen, Suaheli und Inder, auch einige Europäer ver
sind. Das Klima ist in Folge der auffrischenden Seewinde erträglich,
gegen mangelt es an Trinkwasser.

Das im Süden der Stadt gelegene Sumpfgebiet bedeckt die
Niederung zwischen der Bombetake=Bucht und der Straße nach Maro
ist zur Zeit der Fluth bis zu 3¹⁄₂ m Wassertiefe überschwemmt und
zur Ebbezeit stellenweis noch bis auf 1¹⁄₂ m unter Wasser gesetzt. Myr
von Mosquitos machen die ganze Nachbarschaft des Sumpfgebiets in
dessen für Menschen und Thiere fast unbewohnbar. Der Betsiboka
seinem linksseitigen Nebenfluß Ikopa führt bis tief in das Herz des Ba
bis in die Nähe der Hauptstadt, und sind wahrscheinlich beide schiffbar
kannt ist es indessen nur von dem Unterlauf des erstgenannten und
Mittellauf des letzteren, welcher bis auf 246 km Entfernung von jene
Schiffe mit geringem Tiefgange bis Mevatanana fahrbar ist.

Die Straße in's Landesinnere folgt bis Marovoay zunächst dem
lichen Ufer der Bombetake=Bucht durch eine weite übersichtliche Ebene, u
je nach der Jahreszeit mehr oder weniger versumpft ist und im Nord
durch Mangowaldungen begrenzt wird, später durch eine mit Reise
bedeckte Niederung über Andcotra durch das waldige Gelände des r
Betsiboka=Ufers zur Vereinigung des Ikopa mit dem Betsiboka, wo si

und zieht nun durch eine weite, steppenartige, stellenweise mit wilden Feigen= und Tamarindenbäumen oder mit Schilfdickichten bestandene Ebene nach dem 130 m über dem Meeresspiegel liegenden, aber trotzdem überaus ungesunden Meratanana, von hier nach der Ansiedelung Suberbicville des Franzosen gleichen Namens, wo Gold gegraben wird. Hier endigt der Schifffahrts= verkehr auf dem Flusse, der für gewöhnlich für Schiffe von nicht mehr als 1 m Tiefgang während des größten Theiles des Jahres bis hierher schiffbar ist. Oberhalb des Ortes liegen Stromschnellen, welche die Weiterbenutzung der Wasserstraße ausschließen, es sei denn, daß die Schiffe ausgeladen und die Fracht oberhalb der Stromschnellen in kleinere Boote verladen würde, wodurch die Ausnutzung der Wasserstraße möglicherweise bis auf eine Ent= fernung von vier Tagemärschen von der Howa=Hauptstadt erreicht werden könnte.

Zur Thalfahrt von Meratanana nach Modjanga werden meistens nicht mehr als drei Tage gebraucht, dagegen hat die Bergfahrt wegen der starken Strömung und geringen Breite des Fahrwassers mit so erheblichen Schwierig= keiten zu kämpfen, daß auch der Zeitbedarf ein ungleich größerer wird.

Die Entfernung von Meratanana bis Antananarivo wird in der Regel noch auf 240 km geschätzt, welche einzelne Reisende im Tragsessel meist in 13 Tagen zurücklegen, wofür Mr. Ranchot mit seinem 99 Mann starken Gefolge trotz forcirter Märsche, wie sie durch den Druck der politischen Lage und persönliche Gefahr bedingt wurde, nach der „France militaire" 26 Tage gebraucht hat.

Auf der Strecke Meratanana—Andronobé, wo die Straße die Strom= schnellen umgeht und einen kleinen Nebenfluß des Jkopa kreuzt, bietet die Straße keine Hindernisse, erst hinter diesem Orte führt sie auf der Strecke bis Marokolohy durch ein vielfach durchschnittenes und schwieriges Gelände mit dem in schwer zu ersteigenden Engpässen zu überschreitenden Ambohimenakely= Gebirge. Bei Malatsy, welches verhältnißmäßig stark befestigt ist, tritt sie aus dem Hügellande in ein ödes, vegetationsloses Hochland über, dessen frühere zahlreiche Bevölkerung sich der drückenden Oberherrschaft der Howa zum größeren Theile durch Auswanderung entzogen hat.

Von Malatsy aus, welches etwa 580 m über dem Meeresspiegel liegt, folgt die Straße, bis Ampotaka allmählich steigend, dem Thale des Mamo= kamita durch ein welliges Gelände mit einem weiten, in trockener Jahreszeit nicht sehr tiefen Sumpfgebiet. Ampotaka liegt schon wieder in 1000 m Meereshöhe, doch senkt sich die Straße bald wieder, um, sich durch einen von steilen Felspartien eingeschlossenen Engpaß windend, demnächst bei Kinadjy ein 1040 m hohes Plateau zu erreichen, später das bis 1462 m ansteigende Ambohimena=Gebirge durchbrechend, in ein 400 m tiefer liegendes, stärker bevölkertes und gut angebautes Thal hinabzusteigen und durch voll=

der russischen Truppen zum Kampf herausgegeben, aus dessen im Jahre 1889 bei Helwing in Hannover erschienenen, durch einen Lieutenant von Tettau bearbeiteten Uebersetzung ich Nachstehendes hauptsächlich entnommen habe.

Wenn die meinem Aufsatz zu Grunde liegende Schrift auch nicht neu ist, so halte ich es doch nicht für „unzeitgemäß", auf dieselbe neuerdings aufmerksam zu machen, da ihre Anregungen bisher bei uns wenig Berücksichtigung gefunden haben.

Das Ausbildungssystem Dragomirow's beruht auf dem des großen Suwarow.

„Suwarow" — sagt er — „lehrte seine Truppen so, daß sie auf nichts Neues am Tage der Schlacht stießen und daß sie mit der blanken Waffe im Ernstfalle attakirten, wie sie es bei den Manövern gethan hatten. Der letzte von den in seine Einflußsphäre gerathenden Soldaten kannte, sowohl praktisch, wie auch theoretisch, das Kriegshandwerk besser, als man es jetzt im Frieden in irgend einer europäischen Armee, ohne Ausnahme, selbst der bestausgebildetsten kennt.

Nachdem er klar erkannt hatte, daß man für den Sieg den Soldaten geistig, moralisch und physisch kräftigen muß, brachte er auch sein Erziehungssystem streng folgerichtig mit diesen Zielen in Einklang. Die Entwicklung des Auffassungsvermögens und namentlich der Standhaftigkeit des Charakters, die Abstumpfung des Instinkts der Selbsterhaltung — soweit dieses in einem lebenden Wesen zu ermöglichen ist — die Befestigung des Verstandes des geringsten Soldaten in der gründlichen Kenntniß des Kriegshandwerks, das war das Suwarow'sche System in seiner ganzen schlichten und handgreiflichen Erhabenheit. Für seine Soldaten gab es nichts Unerwartetes im Gefecht, da er im Frieden bereits in den schwersten Eindrücken, welche das Gefecht hervorzubringen vermag, erprobt worden war. Wenn aber ein Mensch derartig erzogen ist, daß ihn nichts in Erstaunen versetzen kann; wenn er nebenbei weiß, was er in seiner bescheidenen Wirkungssphäre zu thun hat — so kann er nicht besiegt werden, so muß er siegen."

Dragomirow trennt nun in seiner Schrift die Erziehung zunächst von der Ausbildung. Der Erziehung mißt er größeren Werth bei; denn: „Der Erfolg der Ausbildung hängt davon ab, wie die Erziehung des Soldaten ist, d. h. in welchem Maaße er von dem Bewußtsein der Pflichterfüllung durchdrungen ist." Nach Dragomirow muß man vor Allem Herz und Kopf des Soldaten beobachten und bilden.

„Jene Zeit," — schreibt Dragomirow — „wo man durch die Arme und Füße auf das Herz und den Kopf wirken zu können glaubte, ist für immer vorüber, und deshalb vorüber, weil es falsch war, so zu denken, was auch durch eine Reihe von Feldzügen bewiesen worden ist. Allerdings giebt es ja auch jetzt noch Leute, welche so denken, wie das beim Uebergang von alten zu neuen Ansichten stets zu sein pflegt; aber sie fallen allmählich von

Umständen zur Voraussetzung. Mir erzählte ein Kamerad eines anderen Kontingents von einem Hauptmann, der — allerdings unreglementarischer und daher nicht zu billigender Weise — ein Kommando für manche solche Fälle, nämlich ein zweites „Rührt Euch!" nach dem ersten, eingeführt hatte. Der Herr soll in seiner Kompagnie eine bewundernswerthe Disziplin gehabt haben, was mir sehr erklärlich ist.

Schont man die Leute im richtigen Moment, dann kann man das Zehnfache von ihnen verlangen, wenn es nöthig ist. —

Außer sachgemäßen Anforderungen zählt Dragomirow demnächst gleich uns deutschen Offizieren zu hervorragenden Faktoren für eine gute militärische Erziehung eine anständige, gleichmäßige, aber in ihren Forderungen feste Behandlung des Soldaten, eine angemessene Handhabung der Strafgewalt, eine gehörige Werthschätzung des inneren Dienstes und eine strenge Hochhaltung der Pflichten des Garnisonwachtdienstes.

Großen Werth legt er bei der Besprechung des inneren Dienstes, zu dem er auch die Unterweisung in den allgemeinen Pflichten des Soldaten rechnet, auf die Belehrung des Soldaten über den Grad der Wichtigkeit der einzelnen Anforderungen für den Fall der Kollision verschiedener und — meiner Ansicht nach mit Recht.

Durch Besprechung von Beispielen soll der Offizier den Mann auf solche Lagen vorbereiten und eine angemessene Abstufung der Strafen nach der Wichtigkeit der Vergehen soll diesen Belehrungen Nachdruck verleihen.

Vor der eigentlichen Besprechung der Ausbildungsmethode Dragomirow's möchte ich zwei Arten seiner Uebungen erwähnen, die lediglich der Erziehung des Soldaten dienen sollen, indem sie ihn an die Gefahren des Feuergefechtes und des Nahkampfes so weit gewöhnen, wie es im Frieden möglich ist. Es sind dies die Feuergewöhnung und die durchgehenden Attaken, erstere eine Dragomirow'sche Erfindung, letztere von Suwarow übernommen.

Die Feuergewöhnung soll nur auf besonderen Befehl der höheren Behörden zur Anwendung kommen und ist noch nicht in der ganzen russischen Armee eingeführt.

Der einzelne Mann soll an Infanteriefeuer gewöhnt werden, indem er dicht vor eine Scheibe gestellt wird, gegen welche ein guter Schütze auf 50 Schritt einzelne Schüsse aufgelegt rechts und links von dem vor derselben stehenden Soldaten abgiebt. Die Uebung soll so eingerichtet werden, daß sie den Charakter eines Vergnügens — wie Dragomirow sich wörtlich ausdrückt — und nicht den eines gezwungenen Dienstes trägt.

An Artilleriefeuer sollen die Truppen gewöhnt werden, indem man sie in dem Raum zwischen den Scheiben und scharf schießender Artillerie exerziren läßt, so daß die Geschosse über die Truppen in gefahrloser (?) Höhe hinwegfliegen. Die Artillerie soll sogar zwischen zwei Scheibenaufstellungen einander

gegenüber aufgestellt werden, und dann jede Seite über die andere hin
gegen die außenstehenden Scheiben scharf schießen.

Endlich sollen Schießübungen gemischter Detachements, 1 Batail
1 Eskadron, 1 bis 2 Batterien, gegen Scheibenaufstellungen in annäh
kriegsmäßiger Weise unter Zugrundelegung einer Idee stattfinden. I
hierbei soll ein Ueberschießen der Truppen durch die Artillerie, sowie
Vorbeischießen von rückwärtigen Infanterie=Abtheilungen an weiter vorw
befindlichen geübt werden. Diese letzteren Uebungen sollen offiziell in
ganzen russischen Armee eingeführt sein.

Die durchgehenden Attaken sollen den Mann an den Eint
attakirender Infanterie und Kavallerie, sowie die Kavallerie an den 9
eindruck von angegriffener Infanterie und Artillerie gewöhnen.

Dragomirow wünscht diese Suwarow'schen Uebungen nach jedem 9
növer — worunter er jede Gefechtsübung versteht — und auch I
Schulexerziren angewandt zu sehen und sollen auch diese Uebungen in
ganzen russischen Armee offiziell eingeführt sein.

Bei der Attake der Infanterie gegen Infanterie wird dieselbe in
schlossenen Abtheilungen in Linie oder Kolonne einander auf 400 S
gegenüber gestellt und führt dann zunächst eine Seite die Attake folgen
maßen aus:

Schnelles Vorrücken, auf 200 bis 250 Schritt, zur Abgabe von Sal
Dann weiteres Vorrücken, von 100 Schritt an unter Trommelschlag,
50 Schritt an mit gefälltem Gewehr. Auf 20 bis 30 Schritt wird Hu
gerufen und durch die gegenüber stehende Abtheilung unter Hochheben
Gewehre durchgestoßen. Diese, welche bis zur Annäherung des Angrei
auf 50 Schritt Salven abgegeben hat, stürzt sich dann demselben ebenf
mit Hurrah entgegen. Beim Zusammenstoß wird schnellster Lauf verla
Nach dem Durchstoß setzt der bisherige Angreifer die Bewegung :
400 Schritt fort, um sich dann zur Annahme der Attake des Erstangegriff
aufzustellen.

Die Attake von Kavallerie durch Infanterie — merkwürdi
weise kennt Dragomirow sie auch umgekehrt — findet auf demselben
stande statt. Bei ersterer nehmen dazu die Rotten der Infanterie Anfa
5 Schritt Abstand und die Kavallerie führt die Bewegung im Trabe
Später soll der Rottenabstand auf 3 Schritt verkleinert werden und
Attake im Halbzuge, zuletzt in der Karrière erfolgen. Die Infanterie g
dabei eine Salve auf 200 Schritt ab.

Die umgekehrte Uebung bietet nichts Neues, wie daß die attakir
Infanterie nicht vorher feuert, wenn man nicht die Kavallerie gleichze
und zwar dann im Schritt (!), antreten lassen will.

Bei den Attaken gegen Artillerie, die auch besonders g
werden sollen, wird von Infanterie und Kavallerie die zerstreute Ordn

einzelne Leute nachgreifen, ohne daß sie dafür eine Rüge erhielten. I
hört überall, wenn man eine darauf bezügliche Bemerkung macht, die [
ziere erwidern: Wir üben nur das, was im Kriege wirklich verlangt we
muß. Mehr ist nicht nöthig und nur Zeitverschwendung. Das Bewußt
daß zur Erreichung des Endzwecks schon im Frieden ein gewisses Plus
Leistung, oder wenn man will, eine Uebertreibung derselben im Sinne e
pädagogischen oder auch rein gymnastischen Mittels nothwendig ist, sch
in Rußland nicht überall vorhanden zu sein. Man erhält dadurch
Gegensatz zu den Erscheinungen der hyperstrammen Detailausbildung
Zeit des Kaisers Nikolaus — im Lager von Kalisch fanden z. B. die R
Haltung, Marsch und Griffe der preußischen Truppen sehr verbesseru
fähig — mitunter den Eindruck eines bequemen Sichgehenlassens. Es
das namentlich auch beim Marsch hervor, obwohl viel mehr im ?
marschirt wird, wie bei uns. Der Marsch des Russen ist bequem und
schneller aus, als der unsrige, doch sind die Schritte kürzer, so daß in
selben Zeit eher weniger als mehr Raum zurückgelegt werden dürfte,
bei uns. Welche Art auf die Länge weniger ermüdend wirkt, lasse
dahingestellt, jedenfalls sind die guten Marschleistungen des russischen Sold
außer Frage. Der langsame Schritt ist, wie es heißt, aus dem Ausbildu
programm ganz und gar verbannt und wird als unnütze Künstelei betrac
Man übt den Marsch und das Tritthalten dadurch, daß man eine Ur
Soldaten im Reihenmarsch um einen schlagenden Tambour so lange im R
herummarschiren läßt, bis der Gleichtritt fest ist; auf die Haltung komm
weniger an. Zuerst sieht man alle Beine durcheinander zappeln, nach
nach aber regulirt sich die Sache. Später wird dann in Gliedern, Zi
und ganzen Kompagnien marschirt."

Nach Erwähnung einer Gelegenheit, wo Drigalski doch langsa
Schritt — zur Strafe — hat üben sehen, fährt er fort: „Wie dem
sei, ich habe auch bei dieser, ich möchte sagen mehr empirischen Ausbildu
methode Truppentheile gesehen, deren Marsch auch preußischen Augen
echt militärisch und selbst elegant auffallen mußte. Ich denke dabei name
an einige Schützen-Bataillone und das finnische Leibgarde-Regiment in Kraß
Selo. Speziell bei diesem vorzüglich ausgebildeten und sehr gleichm
rekrutirten Regiment sah ich bei einem Defilement in Kompagniefront
so selbstbewußte, kecke Haltung, ein solches flottes räumiges Ausschreiten
eine so durchgehende und zwanglose Richtung, daß ich meiner lauten
wunderung wiederholt Luft machen mußte."

Dragomirow's Ansichten über die Nothwendigkeit der Alleinherrs
des Kriegsmäßigen scheinen demnach auch im Petersburger Militärb
Geltung zu haben.

Bei uns erblickt man im Gegensatz dazu in dem Festhalten des
preußischen Exerzirdrills eines der wesentlichsten Mittel zur Erziehung

Dieser Befehl widerspricht allerdings dem russischen Reglement, das wie das unsrige ein sprungweises Vorgehen mit Niederlegen kennt und es von 800 Schritt an für den Angriff auf ungedeckten Stellen bis auf 200 Schritt vorschreibt; indessen scheint es, daß Dragomirow sich derartige Dinge erlauben darf. Uebrigens hat auch bei uns dieser Dragomirow'sche Angriff mit Schießen vorspringender Schützen, kurzweg unter dem Namen der „russische" bekannt, seine Anhänger gehabt. Derselbe stellt aber entschieden zu große Anforderungen an die menschliche Natur und muß daher im Ernstfalle versagen. Bei uns hat man ihn auf der Schießschule wohl lediglich deshalb ausprobirt, um seinen Vertheidigern ihren Irrthum handgreiflich vor Augen zu führen und ist er seitdem mit Recht verbannt.

Dragomirow verliert übrigens auch die Möglichkeit nicht aus den Augen, daß sein Angriff unmöglich wird. Der Schütze soll daher denn doch nach wie vor zum Gebrauch seiner Waffe unter Benutzung des Geländes ausgebildet werden. Besondere Uebungen sollen ferner gemacht werden, um das wellenförmige Vortragen der durch Verluste (im Frieden durch ein Signal) zum Stehen gebrachten Schützenlinie durch geschlossene, in ununterbrochenem Vormarsch bleibende Abtheilungen zu veranschaulichen. Auf das geschickte, die Geländedeckungen benutzende Vorführen dieser Abtheilungen legt Dragomirow einen Hauptwerth; bei den eigentlichen Gefechtsübungen aber scheint er vor Allem den Geist der Offensive zum Nachtheil des Feuerkampfes und des Gewinnes von Deckungen stärken zu wollen.

Ich glaube, daß dieser dem russischen Nationalcharakter angepaßte Zug der Dragomirow'schen Kampfweise von recht bedenklichen Folgen gegenüber einem disziplinirten und gut schießenden Gegner sein kann.

Schon 1877 war die mangelhafte Feuervorbereitung der Russen nach Kuropatkin ein Hauptfehler ihrer stets mit anerkennenswerther Tapferkeit unternommenen Angriffe. Bei Befolgung der Dragomirow'schen Rathschläge in dieser Beziehung dürfte man im nächsten Kriege ähnliche Erfahrungen machen, was uns im Falle einer Gegnerschaft allerdings nur angenehm sein kann.

Die sachgemäße Ausbildung der Kompagnie für das Gefecht bildet für Dragomirow die Grundlage der gesammten Ausbildung der Infanterie. „Sind die Kompagnien gut, so werden auch die Bataillone gut sein."

Es kommt hauptsächlich darauf an, „daß jede Kompagnie in dem Verbande des Bataillons als Theil eines harmonischen Ganzen handelt; die Kompagnien müssen in allen Lagen vor Allem daran denken, daß sie sich gegenseitig unterstützen."

„Manchmal, sagt er, verlangen die Grundsätze der Unterstützung, daß das Bataillon einen Körper bildet, manchmal ist es zur Befriedigung derselben Grundsätze vortheilhafter, das Bataillon in seine organischen Bestandtheile, die Kompagnien, zu zergliedern, d. h. letzteren einen entsprechenden

Theil von Selbstständigkeit zu geben, daher die kompagnieweisen Gefe
formationen des Bataillons."

Das russische Reglement hat nämlich viel mehr Formationen für
Bataillon als Ganzes, wie das unsrige. Es kennt im Bataillon die L
sowie an geschlossenen und geöffneten Kolonnen je nach der Breite
Vierzugs-, Doppelzugs-, Zugs-, Sektions- und Reihenkolonne. Bei (
Kolonnen stehen die Kompagnien in der betreffenden Formation hi
einander. Eine Sektion ist ¼ eines kriegsstarken, ½ eines friedensha
Zuges und daher 4 bis 8 Rotten stark. Die Reihenkolonne besteht aus
bekannten Doppelreihen.

Die kompagnieweise Formation des Bataillons ist unser Bataillo
Kompagniekolonnen auseinandergezogen. Das Verhalten der Kompag
in derselben vergleicht Dragomirow treffend mit dem des Soldaten
Kettengliede. Es ist das die aus vier Mann bestehende unterste Abtheil
der Schützenlinie. „Im Kettengliede," sagt er, „liegt vielleicht einer,
andere steht, der dritte sitzt, der vierte kniet; sie schießen nicht gleichze
sie müssen aber unentwegt nach der Erreichung des der Kette vorgeschrieb
Ziels streben und sich dazu unterstützen, vielleicht der eine durch Schie
der andere durch Stechen." Aehnlich sollen die Kompagnien des Bataill
handeln; „die Formation, der Gebrauch der Waffe ꝛc. kann verschieden
das Ziel muß Alle vereinigen". Dieselben Grundsätze gelten für die größ
Verbände.

Im Einzelnen bespricht Dragomirow zunächst jedesmal die Fr
ausbildung, d. h. unser Schulexerziren. Dabei soll keine Idee zu Gr
gelegt werden, sondern nur die Form zur möglichst reinen Darstellung
langen Die Aufmerksamkeit rege zu erhalten hält er mit Recht für
wichtig und werden dazu alle möglichen Mittelchen, wie sie auch bei
üblich sind, empfohlen, nämlich: Aufrufen bestimmter Abtheilungen
Ausführung verschiedener unvorhergesehener Kommandos, Vermeidung (
regelmäßigen Reihenfolge der Kommandos ꝛc.

Nach Besprechung der Frontausbildung kommt Dragomirow zu sei
„Angewandten Reglement". Er versteht darunter Entwickelungen aus (
denkbaren Formationen gegen einen Feind, der in allen möglichen Richtu
und Entfernungen und Waffengattungen angenommen wird.

Entsprechend der Regel, daß jeder Soldat sein Manöver verstehe
muß dabei jedesmal vor Beginn einer neuen Annahme dieselbe unter gen
Bezeichnung der Richtung, aus welcher der Feind zu erwarten ist, b
seine Stellung mit lauter, Allen vernehmbarer Stimme mitgetheilt wer

Eine Menge Aufgaben führt er dann vor, indem er sich den Fein
acht verschiedenen Richtungen vorstellt und empfiehlt, sich klar zu mac
Was thue ich, wenn der Gegner auf sehr nahe, nahe, mittlere und
Entfernungen erscheint, wenn es Infanterie, Artillerie oder Kavallerie

Dragomirow giebt für eine große Zahl solcher Beispiele seine Lösung an. Dabei weist er ausdrücklich darauf hin, daß er keineswegs behaupte, die besten Lösungen gefunden zu haben, sondern die seinigen nur zur Erwägung anheimstelle.

Diese Art, sich und die Truppe auf kriegsmäßige Lagen vorzubereiten, ist in der That sehr nützlich und wird ja auch bei uns geübt; das Systematische in dem Verfahren Dragomirow's ist für die Schulung von Führer und Truppe entschieden sehr empfehlenswerth.

Ich führe einige Beispiele für die Sektionskolonne der Kompagnie an:

1. Kavallerie attakirt die Sektionskolonne im Rücken auf 1500 Schritt. Nach der Kehrtwendung wird normal in Züge aufmarschirt, dann formiren sich die beiden vorderen Züge zur viergliedrigen Salve, die beiden hinteren eilen als Staffeln links und rechts heraus.

2. Kavallerie attakirt die Sektionskolonne von halb links hinten auf 700 Schritt. Nach den Wendungen linksum, halb linksum, Aufmarsch der Züge, die dann eine Halbkolonne bilden, und Zurückbiegen der inneren Flanken soweit, daß die hinteren Züge nicht am Schießen gehindert werden.

Ueber Kavallerieangriffe im Allgemeinen sagt er: „Bei der Attake auf 300 Schritt wird zur Salve keine Zeit sein, bei einer Attake auf 100 Schritt auch nicht zur Herstellung der Front und wird man hier nur die Wendung nach der Kavallerie zu machen und das Gewehr zu fällen haben."

3. Infanterie erscheint halb rechts auf 1500 Schritt in der Vertheidigung oder im Vormarsch. Zuerst wieder Wendung halb rechts, dann je nachdem

a) Aufmarsch der Sektionen zu einer Art Halbkolonne, Bestimmung von einem oder mehreren Zügen in die Schützenkette, Aufmarsch des Restes der Kompagnie zur Linie in normaler Folge der Sektionen, also Linksaufmarsch;

b) bei einer Entfernung von 500 Schritt dasselbe mit Aufmarsch in der Inversion;

c) bei Entfernung von nur 300 Schritt nach der halben Wendung direkter Aufmarsch der Kompagnie zur Linie in der Inversion, Kompagnie-Salve und Attake;

d) bei Entfernung von nur 100 Schritt halbe Wendung, Marsch, Marsch, Hurrah!

Die Lösungen Dragomirow's erscheinen theilweise etwas komplizirt, besonders die Formationen gegen Kavallerie. Dragomirow ist eben ein großer Freund der staffelweisen Aufstellung gegen Kavallerie schon innerhalb der Kompagnie. Erleichtert wird sein Verfahren durch den Umstand, daß nach dem russischen Reglement die Zugführer bei den meisten Umformationen ohnehin zur Abgabe von Kommandos an ihre Züge verpflichtet sind.

Indessen denke ich, daß unsere Praxis, Aufmarsch zur Linie, einfacher

und beffer ift. Für fehr praktifch halte ich aber die Einführung der !
nach dem Feinde vor Beginn jeber eiligen Gefechtsentwickelung k
pagnie und für fehr wichtig die Beachtung der aus der Entferr
Gegners entstehenden Variationen, welche unter Umständen den fr
Verzicht auf Aufmarsch und Feuerabgabe verlangen.

Sehr praktischer Weise betont Dragomirow die Nothwendic
Abwehr von Kavallerieattaken unwesentliche Theile der Kommant
zulaffen, zum Beispiel häufig die Bezeichnung des Zieles, bc
fieht x. —

Dragomirow's angewandtes Reglement des Bataillons befc
in ähnlicher Weise zunächft mit dem geschloffenen Bataillon, dann
auseinandergezogenen. Einen großen Werth legt er auch hier w
die Staffelung. Um den Vortheil derselben zu haben, will Dragom
einer in der Flanke angegriffenen Bataillonskolonne fogar die
Kompagnien 50 Schritt gegen die angreifende Kavallerie vorlauf
felbftverftändlich wenn Zeit vorhanden ift. —

Beim Regiment werden zunächft wieder die üblichen Aufgaben
von acht Seiten auf verschiedenen Entfernungen, gegen das Bataillo
Referveordnung — unferer Verfammlungsformation — berührt, i
werden die Gefechtsordnungen besprochen. Dabei follen für die vier X
des Regiments dieselben Grundfäße gelten, wie für die Kompac
Bataillon. —

Den Frontveränderungen, den Verlängerungen und Verschiebu
entwickelten Regiments, der Ausfüllung von Lücken, der Befeitig
Zusammenhäufungen, dem Schuß der Flanken durch Echelons, de
ftüßung der Attake durch die hinteren Treffen werden befondere !
gewidmet. Alles dies foll zum Gegenftand befonderer Uebungen
werden.

Im Allgemeinen decken fich die Dragomirow'fchen Anfichten über
führung mit den bei uns geltenden. Bezüglich der Gefechtsaufgaben
ich noch, daß dem Einfluß des Geländes auf deren Löfung von Drc
durchaus die gebührende Rückficht zugewiefen wird, wenn er auch k
Buchlöfungen im Allgemeinen vom Terrain abfieht.

Nach dem angewandten Reglement wendet fich Dragomir
Manövriren, d. h. zu den eigentlichen Gefechtsübungen, für w
bisher Erwähnte als Vorübung gilt.

Das Manövriren kann ohne Gegner, mit markirtem Feinde
zwei Abtheilungen gegeneinander ausgeführt werden.

Der Raum verbietet ein näheres Eingehen auf diese Aus
fetzungen, welche die verschiedenften Gefechtsübungen berühren und g
hochintereffant find. Erwähnenswerth bez. der zweifeitigen Manöv
mir folgende Punkte:

darf man sich nicht auf die Kenntniß der Reglements und Instru
beschränken, sondern man muß lesen, lesen und lesen: vorzüglich auch
kriegsgeschichtliche Werke und Arbeiten von Leuten, welche nicht n
Krieg mitgemacht, sondern auch über ihn geschrieben haben. Nar
lesen Sie sich in das Werk des unvergeßlichen, unseres großen Su
ein: nur wenn Sie von seinem Geiste durchdrungen sind, werden
Kunst erlangen, mit dem Soldaten einfach, verständlich und von He
Herzen zu reden.

„Aber was Sie auch lesen mögen, nehmen Sie von Niemandem
ohne Weiteres als wahr an. Beruhigen Sie sich nie bei dem Gel
Der und Der sagt es, folglich ist es wahr; sondern stellen Sie f
Frage: Weshalb spricht er so? Wenn Sie dieses „Weshalb" g
oder der Verfasser es Ihnen mit seinen Beweisgründen gegeben hat,
geben Sie sich zufrieden und alsdann wird seine Idee die Ihre, de
haben selbst jenen Weg zurückgelegt, auf welchem der Verfasser sich
herangedacht hat. Haben Sie aber das „Weshalb" nicht entdeckt, so g
Sie dem nicht, was der Verfasser sagt, und wäre es Napoleon selbst

Ich glaube, mit diesen Worten kann man sich einverstanden er
was man auch im Einzelnen über die Dragomirow'schen Ideen denke

---

Sammelblätter über Waffentechniker.*)
Zugleich Schilderungen aus der Geschichte der Waffe
Von
Reinhold Günther,
Ober-Lieutenant im Elbg. Füsilier-Bataillon Nr. 17.

[Nachdruck verboten.]

VII.

Johann Ludwig Werder.

Es ist eine der Lieblingsphrasen der heutzutage grassirenden Fri
vereinlerei, daß der Krieg allen kulturellen Bestrebungen der grim
Feind sei, indeß doch für jeden auch nur oberflächlich die Geschicht
birenden gerade das Gegentheil dieser Behauptung zur Wahrheit

*) Siehe September-Heft der „Neuen Militärischen Blätter".

Schlossers, Aufnahme fand. Eine höhere Bildung als die, welche die Volks=
schule jener Tage zu gewähren vermochte, wurde Ludwig nicht zu Theil.
Kaum daß er das dreizehnte Lebensjahr überschritten, mußte er in seines
gestrengen Oheims Werkstätte an den Schraubstock treten, Blasebalg und
Feile rühren, den Hammer schwingen.

Wiederum ein paar Jahre später, als wohl gelernter junger Gesell' zog
Ludwig in die Fremde, arbeitete in Salzburg und München und trat in die
Werkstätte eines schweizerischen Landsmannes daselbst, des Groß=Uhrmachers und
Mechanikers Mannhardt. Damals schon muß seine besondere Begabung für
Mechanik aufgefallen sein; denn Werder wurde von Professor Schlotthauer
für dessen orthopädisches Institut als Mechaniker gewonnen und vielleicht
datirte von hier an die besondere Neigung des großen Konstrukteurs, seine
technischen Kenntnisse unter Leitung eines Arztes für die leidende Menschheit
zu verwerthen.

Nachdem er 1839 und 1840 Werkführer der mechanischen Werstätte der
Spinnerei Troßbach und Mannhardt in Gmund a. S. gewesen, woselbst er
auch den Dachstuhl zur Walhalla bei Regensburg herstellte, trat er 1841 in
eben jene Heilanstalt. Aber bereits 1843 fand er sich wieder bei seinem
früheren Meister Mannhardt; denn eigentlich lag Werders Hauptthätigkeit
doch immer auf dem Gebiete großer Konstruktionen. Schon 1844 erfand er
ein wichtiges industrielles Erzeugniß, die erste Drahtstiftenmaschine, aber noch
immer hatte er nicht das Terrain unter seinen Füßen, wo er seine geniale
Begabung entfalten konnte. Doch nach diesem Handwerkerleben ging's rasch
von Stufe zu Stufe aufwärts. Im Jahre 1845 trat Werder in den
bayerischen Staatsdienst als kgl. Maschinenmeister ein und wurde nach kurzer
Zeit Vorstand der Nürnberger Wagenbau=Werkstätte.

Sein Talent als Konstrukteur und praktischer Mechaniker wurde schon
in den vierziger Jahren von allen Autoritäten des In= und Auslandes an=
erkannt und was war natürlicher, als daß sich der geniale Mann einem in
Nürnbergs Industrie aufblühenden Etablissement anschloß, daß er sich mit
Cramer=Klett zusammenfand und gemeinsam mit ihm eine Industrie schaffen
half, die damals in Deutschland noch nicht existirte. Gegen Ende des
Jahres 1848 verließ Ludwig Werder den Staatsdienst und trat als technischer
Leiter in die damals kleine Klett'sche Fabrik ein. Der Aufschwung des
Eisenbahnbaues veranlaßte die junge thatkräftige Firma im Jahre 1850 den
Eisenbahn=Wagenbau einzuführen, überhaupt alle zur Ausrüstung von Bahnen
nöthigen Erfordernisse zu fertigen, namentlich aber auch den Bau eiserner
Brücken und sonstiger Eisenbauten auszuführen.*) Für die Nürnberger Fabrik

---

*) So wurden u. A. konstruirt: Die Schrannenhalle zu München 1851/52, der
kgl. Wintergarten 1853, der Ausstellungspalast 1854, 'ie erste Eisenbahnbrücke nach Pauli's
System bei Großhesselohe 1849. Dies sind ganz besonders Schöpfungen Werders. Im
Jahre 1852 konstruirte er eine Maschine, um die einzelnen Theile von Brücken auf Zug-

konstruktionen zuzählte. Bis zur Einführung der modernen Minimalkaliber war das bayerische M/68 noch immer der vorzüglichsten Handfeuerwaffen eine und sein Verschluß wird stetsfort als eine der genialsten waffentechnischen Leistungen gelten.

Im Winter von 1866 67 hatte Werder mit den nöthigen Arbeiten begonnen. Bereits im Frühjahr 1867 war er zu der Erkenntniß gelangt, daß der Zukunftswaffe lediglich eine Metallpatrone mit Zentralzündung und ein nach den Ideen von Chassepot konstruirter Lauf vom 11 mm = Kaliber fromme. Im Herbst 1867 legte er dem Kriegsministerium das bereits bis auf wenige Einzelheiten vollendete System vor, welches 1868 durch einen Erlaß des Königs für die Neubewaffnung der Armee — als Gewehr, Jägerbüchse, Karabiner und Pistole — angenommen ward. Aber die Durch= führung dieser Neuerung verzögerte sich, wie schon erwähnt. Der Ausbruch des Krieges vor nunmehr einem Vierteljahrhundert überraschte Bayern in der Weise, daß noch die Großzahl der Truppen das M/58/67 (Podewils — Lindner) führte und nur wenige tausend Stück Werder=Gewehre sogleich in's Feld ziehen konnten. Natürlich machte nun die Fabrikation die größten Anstrengungen. Wöchentlich wurden von den in Frankreich stehenden Truppen= körpern eine größere Anzahl der alten Waffen gegen die neuen ausgetauscht, doch mag sich der Munitionsunterschied nicht selten unangenehm bemerkbar gemacht haben.

Bis 1873 führte die bayerische Armee das ursprüngliche Werder= Gewehr; dann wurden in diesem Jahre die Patronenlager für die Munition des Reichsgewehres M/71 (Mauser) umgearbeitet und seit 1877 mußte die Waffe überhaupt dem genannten, im übrigen Deutschland überall eingeführten Systeme weichen. Man ging bei dieser Aenderung von dem Gedanken aus, daß das Heer des neuen Reiches in jeder Beziehung einheitlich ausgestaltet werden müsse.

Ludwig Werder hat die äußerlichen Ehren in reichem Maße erfahren, doch blieb er bis an sein Ende der einfache, bescheidene, jedem Untergebenen wohlwollende Mann, dessen Pflichttreue, Arbeitssinn und Thatkraft bereits den schönsten Lohn in sich trugen. Möge er auch in Zukunft den strebenden Industriellen ein leuchtendes Vorbild sein.

Nachtrag.

Zu dem „Sammelblatt" III (Wilhelm v. Ploennies) habe ich noch anzuführen, daß Wilhelm v. Ploennies 1862 anonym eine Broschüre er= scheinen ließ, welche sich eingehend mit den Schützen= und Wehrverhältnissen — bezw. den Vorschlägen dafür — im damaligen Deutschland beschäftigte. Das Schriftchen ist heute noch lesenswerth, insbesondere in Rücksicht auf die wunderbaren Projekte, welche von verschiedenen Seiten ausgeheckt wurden, um Deutschland wehrkräftig zu machen. Als einziges Beispiel der Gedankenlosigkeit jener Tage mag erwähnt werden, daß ein genialer Organisator die schützenbrüderliche Infanterie mit langen Stangen und Revolvern bewaffnen wollte. Für das Feuergefecht hätten diese, für den Nahkampf jene dienen sollen, nachdem man Hirschfänger darauf gesetzt!!! —

Ferner liegen nun genaue Angaben über die Belastung des schweizer Infanteristen mit der neuen Ausrüstung an Munition u. f. w. vor.

Die Belastung beträgt:

1. Bekleidung ohne Kaput, aber einschl. Fußbekleidung . . 5 150 g,
2. Gewehr mit Riemen . . . . 4 800 „
3. Tornister mit Inhalt und aufgeschnalltem Kaput (Mantel) 9 180 „
4. Gefüllte Feldflasche, desgl. Brotsack . . . . . . 2 530 „
5. Leibgurt, Seitengewehr u. f. w., Patrontasche, Gewehr-
   Putzsäcklein mit Inhalt . . . . 1 430 „
6. Spaten (Pickel 1400 g) . . . . 1 050 „
7. 150 scharfe Patronen, davon 66 in der Patrontasche und
   84 im Tornister . . . . 4 500 „
8. Zwei Nothportionen . . . . 1 270 „
                     Zusammen Feldbepackung . . 29 860 g.

———

Die probeweise Aufstellung
von Reserve-Kavallerie-Regimentern in Frankreich
im Jahre 1894.

Die französische Heeresleitung hat im Oktober 1894 einen interessanten Versuch mit der Aufstellung zweier Reserve-Kavallerie-Regimenter gemacht, um sich Gewißheit über den Werth dieser Formationen zu verschaffen. Infanterie-Reserve-Regimenter hat man in Frankreich wie auch anderwärts schon öfter aufgestellt, ebenso auch Reserve-Kavallerie-Regimenter, die aber einerseits außer durch Reservisten, durch starke Kommandirung aktiver Mannschaften gebildet, andererseits fast ausschließlich auf Pferden beritten gemacht waren, die von den aktiven Regimentern gestellt wurden. Bei dem Mobilmachungs-

Loos zu bezeichnen. Dies wurde jedoch verständigerweise abgelehnt. 1
fügte die Kammer dem Gesetzentwurf die Bestimmung hinzu, daß
zeichnung der Regimenter nicht eher als 10 Tage vorher vom
bekannt gegeben werden dürfe. So kam das Gesetz vom 13. Jul
zu Stande.

Auf diese gesetzliche Grundlage hin wurden nun vom 1. bis 27.
vorigen Jahres zwei Reserve-Regimenter in der Stärke vo
1450 Mann errichtet. Die Wahl des Kriegsministers fiel auf die
die 2. Region.

Im XII. Korps wurde das 61. Chasseurs-Regiment au
der Formationsort war Limoges. Die Einberufung geschah durch b
Gestellungsbefehle und erstreckte sich auf alle Offiziere, Aerzte und F
die bem 61. Chasseurs-Regiment für den Mobilmachungsfall zugetheil
sowie auf alle Reservisten des Jahrgangs 1883 und 1884 vom
Korpsbezirk, soweit sie zur leichten Kavallerie gehörten (zur leichten K
zählen bekanntlich in Frankreich die Chasseurs und die Husaren,
die Dragoner die Linienkavallerie, die Küraffiere die schwere K
bilden). Außerdem wurde noch eine Anzahl Unteroffiziere vom
gang 1889 hinzugezogen. Die Uebung sollte auf die Zahl der
vorgeschriebenen Uebungen sowohl für die Offiziere wie für die Mann
in Anrechnung kommen. Die Vorbereitungen für die Pferde-Au
bestanden darin, daß die Vorsitzenden der betreffenden Pferdeaush
Kommissionen sich am 29. September nach dem Sitze des Generalkom
zum Empfang näherer Anweisung zu begeben hatten. Die ander
glieder der Kommissionen hatten sich in den betreffenden Aushebun
auf die sich die Aushebung erstrecken sollte, am 1. und 2. Oktober ein
Die Transportkommandos wurden in der bereits erwähnten Weise
Die Besitzer von Pferden wurden durch besonders zugestellte Befe
gewiesen, ihre Pferde am 1. bezw. 2. Oktober vorzuführen. Für vor
Pferde, die nicht genommen wurden, sollten 12 Fr. dem Besitzer
schädigung gezahlt werden. Die Rückgabe der Pferde sollte am 27.
durch dieselben Aushebungskommissionen stattfinden. Der Regiments
bei jeder Escadron der Chef und ein Lieutenant waren aktive Offizie
die übrigen Lieutenants waren Reserveoffiziere.

In der 2. Region wurde Compiègnes als Formationsort
45. Reserve-Dragoner-Regiment bestimmt. Die Aufstellung
in derselben Weise vorbereitet.

Beide Regimenter zählten vier Escadrons.

Die Einberufung der Mannschaften wie auch die Pferd
hebung soll sich in Limoges und in Compiègnes mit voller Ordnu
zogen haben.

Der kommandirende General des XII. Korps, General be

de Saint-Mars, begrüßte das Reserve-Chasseurs-Regiment mit einem Befehl, der einerseits für die Beurtheilung des Zweckes der Uebung von Interesse, andererseits für die französische Art und Weise so charakteristisch ist, daß wir ihm einige Stellen entnehmen. Es heißt darin:

„Offiziere, Unteroffiziere und Mannschaften des 61. Chasseurs-Regiments!

Pallas, die Göttin des Krieges, sprang in voller Bewaffnung aus dem Haupte Jupiters hervor, und ebenso geht Ihr jetzt kampfbereit aus dem Schoße des fruchtbaren Frankreich hervor. . . . . . Die neue und schwierige Seite Eurer Aufgabe besteht in der Verwendung der ausgehobenen Mobil-machungspferde. . . . . Unter diesen Verhältnissen müssen die Pferde einer-seits an den Sattel gewöhnt, in Reih und Glied gestellt, mit dem Exerziren vertraut gemacht, an die Handhabung des Säbels wie an den Schuß der Handfeuerwaffen gewöhnt werden, andererseits sollen sie aber auch geschont und erhalten werden. Denn sie bilden einen Theil des Reichthums unseres Landes. . . . . . Die Thiere, wie die Menschen, lieben die Freiheit, Milde, Gerechtigkeit und Kraft. Wendet diese Eigenschaften bei der Behandlung Eurer Pferde an und Ihr werdet Euch gut dabei stehen.“ —

Das Programm für die Uebungen der 61. Chasseurs war in folgender Weise festgesetzt: Die ersten Tage waren für Reitübungen und Exerziren bestimmt. Am sechsten Tag nach der Formation des Regiments sollten die Feldbienstübungen in der Umgegend von Limoges beginnen, am 18. Oktober sollte das Regiment zu einer Reihe von Märschen und Uebungen in der Richtung auf Confolens aufbrechen. Diese Uebungen waren auf 12 Tage berechnet. Am 26. Oktober sollte dann die Auflösung des Regi-ments in Limoges stattfinden.

In ähnlicher Weise übte das 45. Reserve-Dragoner-Regiment.

Der Kriegsminister Mercier begab sich im Verlaufe der Uebungen in Begleitung des Chefs des Generalstabes der Armee, General de Boisdeffre, nach Limoges und demnächst nach Amiens zur Besichtigung beider Regimenter, die in Verbindung mit Garnisonübungen stattfand. In Amiens waren hierzu außer dem 45. Reserve-Dragoner-Regiment das 8. Jäger-Bataillon, ein Bataillon des 72. Infanterie-Regiments und 2 Eskadrons des 3. Chasseurs-Regiments herangezogen. Der Uebung war als Kriegslage zu Grunde ge-legt, daß ein Transport von 80 Wagen unter Begleitung eines Bataillons vom 72. Regiment und zweier Eskadrons der 3. Chasseurs von Amiens abmarschirte. Der Gegner erhielt Nachricht hierüber und beauftragte das Reserve-Dragoner-Regiment und das Jäger-Bataillon den Transport weg-zunehmen. Der Transport wurde im Verlaufe der Uebung angegriffen, wobei es zu einer regelrechten Attake von Kavallerie gegen Kavallerie, nämlich einer Eskadron der Reserve-Dragoner gegen eine der 8. Chasseurs kam. Die Attake soll energisch durchgeführt worden sein und die solide

Reserve=Regimentern sämmtlich mit aktiven Offizieren besetzen kann. Dies ist die ausgesprochene Absicht, die dem Kadresgesetz vom 25. Juli 1893 zu Grunde lag. Man scheute dabei weder die großen Geldopfer, die man dadurch dem Lande auferlegen mußte, noch auch den nicht gering anzu= schlagenden Uebelstand, daß man eine Anzahl von Offizierstellen lediglich für Mobilmachungszwecke schuf, während man im Frieden keine rechte Ver= wendung für diese Offiziere hat. Immerhin muß man aber damit rechnen, daß im Kriege Frankreich thatsächlich seine Reserve=Regimenter nunmehr mit aktiven Offizieren in der angegebenen Weise zu besetzen in der Lage ist und damit unleugbar einen großen Vortheil erreicht, ohne die aktiven Regimenter ihrer Offiziere zu berauben.

So besitzen die Subbivisions=Infanterie=Regimenter je ein starkes sogenanntes Cadre complémentaire von 2 Stabsoffizieren, 8 Haupt= leuten und 4 Lieutenants. Außer diesen Offizieren ist bei jedem Regiment noch ein Stabsoffizier (der „Major") und 8 Hauptleute (welche die im Kriegs= falle eingehenden Stellen der Kapitaines, Adjutant=Majors bekleiden) für die Besetzung der Offizierstellen beim entsprechenden Reserve=Regiment verfügbar.

Bei der Kavallerie zählt jede Eskadron außer dem Eskadronschef (dem sogenannten Kapitän=Kommandant) einen etatsmäßigen „Capitaine en second". Diese letzteren Rittmeister führen bei der Mobilmachung die Eskadrons der Reserve=Regimenter, während das Kommando der Regimenter vom Oberstlieutenant des entsprechenden aktiven Regiments geführt wird (der Stab eines französischen Kavallerie=Regiments zählt im Frieden einen Oberst als Regimentskommandeur, 1 Oberstlieutenant, 2 chefs d'escadron und 1 Major. Die chefs d'escadron sind Stabsoffiziere. Der Ausdruck be= zeichnet die Charge, nicht etwa die Stellung eines Chefs einer Eskadron und ist daher nicht mit unserem „Eskadronschef" zu verwechseln.

Ganz in gleicher Weise ist die französische Feldartillerie mit Offizieren für die Reserveformationen ausgestattet.

Wie nun die in der geschilderten Weise aufgestellten Reserve=Kavallerie= Regimenter im Kriege verwendet werden sollen, entzieht sich zum Theil unserer Kenntniß. Im „Militär=Wochenblatt" (1895 Nr. 11) wird be= hauptet, daß Frankreich im Kriegsfall in einer jeden der 18 Regionen (Korpsbezirke), in die das Mutterland zerfällt, ein Reserve=Kavallerie=Regiment aufzustellen beabsichtige. Es läßt sich wohl annehmen, daß die Zahl der aufzustellenden Reserve=Regimenter erheblich größer ist. In „Löbell's Jahres= berichten" (Jahrgang 1894, S. 336) wird ferner angenommen, daß der ganze Mobilmachungsversuch der beiden Reserve=Kavallerie=Regimenter haupt= sächlich die Unterlage zur Beurtheilung der Frage habe bilden sollen, ob Reserve=Kavallerie als Divisions=Kavallerie genüge und ob in Folge dessen die Korpskavallerie=Brigaden von ihren Korps abgezweigt und zu Kavallerie= Divisionen vereinigt werden könnten.

Hierauf wäre Folgendes zu erwidern: Wenn die Korpskavallerie-Brigaden zu Divisionen zusammengefaßt werden und als Ersatz dafür die Armeekorps Reserve-Kavallerie-Regimenter zugetheilt erhalten sollen, welche Kavallerie sollen dann die Reserve-Divisionen bezw. die Reserve-Armeekorps erhalten, zu denen vermuthlich die Reserve-Divisionen zusammengestellt werden sollen? Außerdem heißt es Unmögliches von der Reserve-Kavallerie verlangen, wenn sie so schnell marschbereit sein soll, daß sie bei den aktiven Armeekorps die Kavallerie ersetzen soll.

Es könnte sich nun zwar bei der vorerwähnten Maßregel, die Korps-kavallerie-Brigaden zu Kavallerie-Divisionen zusammenzustellen, nur um die erste Zeit kurz nach der Mobilmachung während des strategischen Aufmarsches handeln dergestalt, daß später, nachdem die Berührung der beiderseitigen Armeen eingetreten ist, In Aussicht genommen wäre, die Korpskavallerie-Brigaden ihren Armeekorps zurückzugeben. Wenn dies auch an und für sich wohl denkbar ist, so kann doch ein Ersatz der Korpskavallerie-Brigaden durch Reserve-Kavallerie gerade für diese Zeit nicht vorgesehen sein, eben weil letztere nicht so schnell marschbereit ist.

Gerade daß man bei dem vorjährigen Versuch verständig verfuhr und Pferd und Reiter erst allmählich an die ungewohnte Arbeit gewöhnte, hat das günstige Ergebniß herbeigeführt.

Gegenüber übertriebenen Hoffnungen legen wir Werth darauf, zu betonen, daß ein ruhiger Verlauf der Mobilmachung eine Vorbedingung für die Leistungsfähigkeit von Reserve-Kavallerie ist und daß jede Uebereilung in der Mobilmachung hier von größtem und dauerndem Schaden sein muß.

Im Allgemeinen kann man daher annehmen, daß es der französischen Heeresleitung bei diesem Versuch lediglich darauf ankam, den Grad von Brauchbarkeit der Reserve-Kavallerie festzustellen und dabei vor Allem Erfahrungen über die erforderliche Zeit, über die Thätigkeit der Aushebungs-kommissionen, über die Tauglichkeit der Pferde u. s. w. zu sammeln.

Die Protzen und Munitionswagen werden, wo irgend angängig, seit=
wärts rückwärts ihrer Batterie aufgestellt, um bei längerem Verweilen in
der Stellung eine schnelle Ergänzung der Munition zu sichern. Neuerdings
hat man, mit anscheinend gutem Erfolge auch versucht, bei vorhandener
Deckung die Munition auf den Pferden der Geschützführer heranzuschaffen.

Bezüglich der Schnelligkeit des Feuers kennt die russische Artillerie
drei Feuerarten: das langsame, das beschleunigte und das Schnellfeuer. Bei
langsamem Feuer verschießt die Batterie in der Regel 2, bei beschleunigtem
Feuer 3 bis 4 und bei Schnellfeuer 6 bis 8 Granaten oder Shrapnels,
beziehentlich 16 Kartätschen in der Minute. Es kommen also beim Schnell=
feuer auf jedes Geschütz kaum 1 Granate, beziehentlich 2 Kartätschen in der
Minute.

Nach dem heute allgemein gültigen Grundsatz der Massenverwendung
der Waffen betont das russische Reglement, wie wichtig es ist, daß bei einem
Zusammentreffen mit dem Gegner gleich von Anfang an genügend starke
Artillerie in Stellung gebracht, also womöglich eine überlegene Geschützzahl
entwickelt wird, um nicht dem Gegner Theilerfolge zu ermöglichen. In einem
gewissen Widerspruch mit diesem durchaus sachgemäßen Verfahren steht in=
dessen eine weitere Bestimmung, welche bei Beginn des Gefechtes das Zurück=
halten einer Artillerie=Reserve empfiehlt; bei einer allein angreifenden Division
zum Beispiel sollen von der zugehörigen Artillerie=Brigade zunächst nur
vier Batterien auffahren, während zwei (leichte) in Reserve gehalten werden.

Dieses Verfahren, welches selbst beim Angriff innegehalten werden soll,
steht mit obigem Grundsatz im Widerspruch und entspricht nicht der Ver=
wendung der Artillerie in Deutschland. Es erklärt sich allerdings durch den
Wunsch, nicht von vornherein die gesammte Artillerie in einer vielleicht weniger
wichtigen Richtung zu entwickeln und für unvorhergesehene Umstände und
Ueberraschungen, wie sie ja jedes Gefecht mit sich bringt, noch etwas zur
Hand zu haben. Allein selbst unter diesem Gesichtspunkte erscheint die
russische Taktik kaum zu rechtfertigen. Bei der in ihren Bewegungen viel
schwerfälligeren Infanterie ist das etwas Anderes; da ist ein richtiges Ein=
setzen der Kräfte und ein möglichstes Zurückhalten starker geschlossener Ab=
theilungen um so mehr geboten, als sich einmal in das Gefecht eingesetzte
Infanterie nur unter großen Verlusten wieder herausziehen und in anderer
Richtung verwenden läßt. Nicht so die weit schnellere und vom Gegner viel
weiter abstehende Artillerie! Bei ihr ist ein gleichzeitiges Einsetzen ihrer
vollen Kraft das sicherste Mittel, die Feuerüberlegenheit über die feindliche
Artillerie herbeizuführen. Der deutschen Artillerie kann es freilich nur lieb
sein, wenn die russische ihre Kraft nur stückweise einsetzt!

In der großen Schlacht soll die russische Artillerie, um ein Zusammen=
fassen ihres Feuers gegen die entscheidenden Ziele zu sichern, möglichst in
ganzen Brigaden verwendet werden. Dieser Grundsatz gelangt in der Ver=

21*

wendung unserer Korps-Artillerie weit durchgreifender zum Ausdruck! 9
muß es abermals auffallend erscheinen, daß das russische Reglement nur
Anwendung von Granatfeuer empfiehlt, das Feuer einer größeren Zahl
Geschütze gegen ein Ziel zu vereinigen, während beim Schießen mit Shrap
der Vertheilung des Feuers auf einen bestimmten Abschnitt der feindli
Stellung größere Wirkung zugesprochen wird.

Es läßt sich ja keineswegs leugnen, daß dieser Fall eintreten ka
Sobald die Artillerie, zumal auf größere Entfernungen, den hinter Deckun
verborgenen Gegner nicht sieht, ist sie außer Stande, die Wirkung il
Feuers zu beurtheilen. In diesem Falle wäre es thöricht, das Feuer ge
einen Punkt der feindlichen Stellung zu konzentriren, auf welchem, so wie
er erscheinen mag, vielleicht gar nichts steht. Es bleibt das aber im
ein nothwendiges Uebel, und in jedem anderen Falle würde eine Vertheil
des Feuers einer Zersplitterung gleichkommen. Beim Schießen mit Shrap
wird man zwar, da diese meist gegen aufgelöste Gegner angewendet wer
weit eher in die Lage kommen können, sein Feuer einmal nothgedrun
vertheilen zu müssen, als beim Gebrauch der Granate; zur Regel dü
das aber doch kaum erhoben werden! Das Zusammenfassen einer größ
Anzahl von Geschützen gegen die entscheidenden Ziele ist und bleibt der e
und vornehmste Gesichtspunkt für die Ausnutzung der Feuerkraft.

Beim Angriff soll zunächst die feindliche Artillerie und, falls sie
zeigen, geschlossene Truppenkörper unter Feuer genommen werden; also
ist das Feuer auf die Angriffspunkte zu konzentriren.

In richtiger Beurtheilung der Thatsache, daß die rationelle Entfern
des Schusses etwa bis zur Hälfte derjenigen Schußweite reicht, welche ü
haupt erlangt werden kann, schreibt das russische Reglement vor, das F
möglichst nicht auf größere Entfernungen als 2400 bis 2500 m zu eröff
Beim Schießen mit Granaten darf auf Entfernungen über 1000 m über
eigenen Truppen hinweggefeuert werden, solange dieselben über 200 m
stand von der Artillerie und vom Ziel haben. Bei Verwendung von Shrap
dagegen ist ein Ueberschießen der eigenen Truppen vollständig unters
Diese Bestimmung beweist ein ziemlich geringes Vertrauen auf das
verlässige Funktioniren des Shrapnels! Man befürchtet offenbar, daß
Shrapnelschuß im Geschützrohr platzen und der eigenen Infanterie in
Rücken fahren könnte; dasselbe kann freilich noch leichter mit einer platzen
Granate geschehen. Die deutsche Artillerie vermeidet es aus letzterem Gru
gern, die eigenen Truppen auf näher als 500 bis 600 m zu überschie
wenn sie nicht eine erhöhte Aufstellung gefunden hat.

Ist gegen die Artillerie des Vertheidigers genügende Wirkung erz
die Widerstandsfähigkeit und Besetzung der feindlichen Stellung einigerma
festgestellt und die Infanterie zum Angriff entwickelt, so fährt die Artill
etwa bis auf 1600 m vor. Unter 600 m soll ein Stellungswechsel ü

haupt nicht angenommen werden. Dieses Vorrücken soll, um das Feuer nicht zu unterbrechen, staffelweise erfolgen, sodaß die zweite Staffel erst vor: fährt, nachdem die erste das Feuer wieder eröffnet hat.

Von dieser zweiten Stellung aus sucht die russische Artillerie die feind: liche vollends niederzukämpfen; auch wenn dies nicht gelingen sollte, wird doch das Feuer der Letzteren vielleicht von der vorgehenden eigenen Infanterie abgelenkt. Je mehr diese sich dem Gegner nähert, desto schwieriger wird es natürlich, ein Ueberschießen derselben mit Shrapnells zu vermeiden. Um nicht aus der Schußlinie verdrängt zu werden und um die sich dem Gegner immer mehr nähernde Infanterie kräftiger zu unterstützen, rücken die Batterien nunmehr bis auf 800 m an die feindliche Stellung heran, um von dieser dritten Position aus ihr Feuer gegen den gewählten Angriffspunkt zu kon: zentriren und hier eine solche Erschütterung anzurichten, daß die eigene Infanterie unter dem Schutze desselben die sie noch vom Feinde trennende Strecke möglichst schnell durcheilen kann.

Ein solches Vorgehen erscheint indessen nur unter ganz bestimmten Voraussetzungen gerechtfertigt. Dazu gehört, daß nicht allein die feindliche Artillerie vollständig niedergekämpft ist, oder doch in den letzten Zügen liegt, sondern daß auch die Infanterie des Vertheidigers bereits so erschüttert ist, daß von einem gezielten und geleiteten Feuer derselben nicht mehr die Rede sein kann. Trifft dies Letztere nicht zu, so setzt sich die russische Artillerie mit einem Vorrücken bis auf 800 m selbst in Nachtheil; die Zone ihrer größten Wirkungskraft beginnt bereits auf 1000 bis 1200 m und ein näheres Herangehen kann diese Wirkung nur unmerklich steigern, während von 1200 m an das Infanteriefeuer, zumal das der kleinkalibrigen Gewehre, außerordentlich schnell an Wirkung zunimmt. Für die deutsche Infanterie liegt darin ein Fingerzeig, solche Augenblicke tüchtig auszunützen, um die bereits schwankende Entscheidung vielleicht noch jetzt durchschlagend zu be: einflussen.

Etwas Anderes ist es selbstredend, wenn die Infanterie durch das vorhergegangene Feuer bereits erschüttert ist und es sich um die Herbei: führung der Entscheidung handelt. In diesem Falle schreibt ja auch das deutsche Reglement der Artillerie vor, bis auf 1000 m, unter besonderen Verhältnissen sogar auf 600 bis 700 m vorzugehen. Das russische Regle: ment geht aber noch einen Schritt weiter und bestimmt zur Unterstützung des Infanterieangriffes ein Vorrücken auf Kartätschschußweite, also 500 bis 600 m. Ist aber im Augenblicke des Sturmes nicht möglich, auf nähere Entfernung als 800 m zu feuern, so soll unter allen Umständen wenigstens ein Theil der Artillerie ihrer angreifenden Infanterie in Höhe des zweiten Treffens folgen, ohne abzuprotzen. Es liegt unleugbar ein außerordentlicher Offensivgeist in dieser Festsetzung, eine wilde Energie zu siegen, die vor keinem Opfer zurückscheut und selbst ihre nicht feuernde Artillerie in die

harren. Im Uebrigen sind zur Deckung der Artillerie alle derselben zunächst befindlichen Truppentheile verpflichtet. —

Man sieht, hinsichtlich der Bewaffnung und taktischen Ausbildung steht die russische Artillerie durchaus auf der Höhe der Zeit. Was sie aber von der deutschen und der französischen Artillerie so unvortheilhaft unterscheidet, das ist der Mangel an Intelligenz. In dieser Hinsicht sei nur erwähnt, daß die Ausbildung einer genügenden Anzahl von Richtkanonieren wegen Mangel an Leuten mit ausreichender Schulbildung noch immer auf große Schwierigkeiten stößt. 68.

Die Organisation und der Betrieb des Etappendienstes

mit Bezug auf den Nachschub von Verpflegungsbedürfnissen beim deutschen Heere in Frankreich im Jahre 1870/71.

Vortrag
von
Major Emil Schultheß in Zürich.

Das Thema, welches zum Gegenstand der nachfolgenden Studie gewählt wurde, bietet für die Offiziere der Verwaltungstruppen ein besonderes Interesse, indem der „Nachschub von Lebensmitteln“ ein ebenso wichtiger Dienstzweig des „Etappendienstes“ bildet, wie der „Nachschub von Munition, Waffen u. s. w.“

Von der Organisation und dem Betrieb des Etappendienstes im Allgemeinen wird auch stets das Wohl und Wehe einer Armee abhängen; lehrt ja doch die Kriegsgeschichte zur Genüge, daß in Folge ungenügender Durchführung des Verpflegungsdienstes nicht nur die Ausführung der kühnsten militärischen Operationen verzögert und verhindert und eine energische Kriegführung überhaupt unmöglich gemacht wurden, sondern daß sogar ganze Feldzüge verloren und ganze Armeen zu Grunde gingen!

Wir werden später sehen, daß, wenn auch die Kunst, vom feindlichen Lande zu leben, schon 1866 von den Preußen in ihrem Kriege gegen Oesterreich in's Leben gerufen, die gleiche Kunst im Kriege gegen Frankreich 1870/71 von den Deutschen in noch weit größerem Maßstabe und Umfange ausgeübt wurde, ohne aber die Verpflegung aus den Magazinen, soweit die operativen Verpflegungsrücksichten letztere nothwendig machten, zu vernachlässigen. Wir werden aber auch sehen, daß es absolut nicht genügt, die nöthigen Verpflegungsbedürfnisse durch das Mittel der Eisenbahnen auf die Etappenorte heranzuziehen, sondern daß es für die Sicherstellung der Verpflegung ebenso wichtig und ebenso schwierig ist, den nöthigen Fuhrpark zu beschaffen, damit auch die Lebensmittel ausgeladen und der Armee nachgeführt werden können. Es ist leider eine unbestreitbare Thatsache, daß schon oft wegen Mangel an Fuhrwerken mit Verpflegungsmitteln beladene Eisenbahnzüge einfach nicht ausgeladen werden konnten und diese Verpflegungsbedürfnisse, auf welche die betreffenden Truppentheile mit Schmerzen warteten, in Folge dessen gänzlich verdarben und zu Grunde gingen!

Der Feldzug wurde im Jahre 1870 von der deutschen Armee Anfangs August ohne mobile Magazine begonnen. Um den Einmarsch nach Frankreich ehestens beginnen zu können und sich die Initiative zu sichern, wurde aus den Versammlungskantonnirungen aufgebrochen, ohne das Eintreffen des Trains abzuwarten. Es wurde den Divisionen befohlen, die Fuhrwerks= abtheilungen provisorisch aus requirirten oder gemietheten Landesfuhrwerken zusammenzusetzen. Die Proviant= und Fuhrpark=Kolonnen, welche erst später mit der Eisenbahn an den Rhein gebracht werden konnten, holten die Truppen erst Mitte August ein. Während des Vormarsches gegen Metz waren den Korps Requisitionsrayons zugewiesen, doch marschirten die Armeen ziemlich gedrängt und die Truppen waren in der Durchführung der Requisitionen noch nicht geübt, so daß diese nicht immer das erforderliche Erträgniß lieferten.

Der Verpflegungsnachschub für die I. Armee gestaltete sich mit Rücksicht auf die anfänglich wesentlich geringere numerische Stärke derselben auf einer kleineren Grundlage als bei der II., III. und IV. Armee. Die I. Armee bestand nämlich bei Beginn des Feldzuges aus dem VII. und VIII. Armeekorps und der 3. Kavallerie=Division. Sie basirte auf den Rhein und sollte an der Saarlinie Trier—Saarlouis gegen Metz auf= marschiren. Ein achtwöchentlicher Verpflegungsbedarf wurde in Köln und Koblenz für sie in der Voraussicht niedergelegt, denselben sowohl auf der Rhein=Nahe=Bahn als auf der Eifelbahn (Köln—Kall—Trier) nachfahren zu können. Beide Bahnen waren jedoch derartig anderweitig beansprucht, daß der Nachschub lediglich auf den Straßentransport beschränkt blieb, der sich schon bei den Märschen durch die Eifel und den Hundsrück als un= zulänglich erwies.

Bald nachdem die I. Armee rechts der II. die Saar überschritten (6. August), ward ihre Operationsbasis nach der Saar verlegt. Hierhin schaffte man in die Magazine nach Trier und Saarlouis sowohl die Be= stände der Etappenmagazine aus der Eifel und dem Hundsrück, als auch diejenigen von Köln und Koblenz, und zwar wiederum mittelst Straßen= transport, wofür die in Saarlouis befindliche General=Etappeninspektion im Regierungsbezirk Trier durch Requisition einen Fuhrpark von 2000 Wagen

ebracht hatte. An den Magazinpunkten wurden durch Heran-
r Feldbäckerei-Kolonnen der Armeekorps Feldbacköfen angelegt und
ien eingerichtet. Inzwischen hatte die Armee im östlichen Vorfelde
am 14. August 1870 den Feind geschlagen und als Zuwachs das
orps und die 1. Kavallerie-Division überwiesen erhalten. Dieses
lieb östlich Metz, die Masse der Armee ging oberhalb der Festung
Mosel und schlug dort am 18. August vereint mit der II. Armee
ןt bei Gravelotte. Die General-Etappeninspektion schob in dieser
m Saarlouis aus mit ihren Fuhren unablässig die Verpflegung
: letzte derartige Transport — 600 Wagen — traf am ersten
n Tag nach der Schlacht bei Gravelotte ein. Die entfrachteten
afften Verwundete zurück.
Armee trat, mit der II. Armee gemeinsam, nun in die Zernirung
ein (vom 20. August bis 31. Oktober 1870). Das Zernirungs-
lt zu gemeinsamer Benutzung für die rückwärtige Verbindung die
Metz—Saarbrücken, die I. Armee an derselben Bahn, Courcelles
estation angewiesen. Dorthin wurden aus Saarlouis die Vor-
afft, um von den Proviant- und Fuhrpark-Kolonnen der Armee-
die Korpsmagazine übergeführt zu werden, welche man hinter den
ı Zernirungsabschnitten angelegt hatte und in die man allmählich
erschießende Vorräthe anhäufte, als für den Fall des plötzlichen
ı auf den vorhandenen Wagen hätte mitgeführt werden können.
blieb Hauptmagazin. Die Lieferanten hatten dorthin direkt ab-
Man gewann dadurch die nöthige Fuhrkraft zur Unterhaltung
hubs, was um so werthvoller wurde, als in Folge der Benutzung
nten 600 in Gravelotte entfrachteten Wagen für den Kranken-
zur Eisenbahn und anderer Umstände der Fuhrpark der General-
pektion sich um fast die Hälfte reduzirt hatte. Schon Ende August
ngs September 1870 war die Intendantur resp. die General-
pektion der I. Armee in der Lage, der durch die Argonnen (gegen
erirenden Maas-Armee mehrere Tage lang 100 beladene Ver-
agen nach Etain (zwischen Metz und Verdun gelegen) zu liefern
50 000 bei Sedan gemachte Gefangene sammt deren Bedeckung
ang zu verpflegen. Ende August waren die durch Bahntransport
ien nachgeschobenen Viehbestände in den Viehparks zu Saarlouis,
Ars und Jony (an der Mosel, nahe bei Metz) bereits auf gegen
ı Rindvieh angewachsen. Wegen der in sämmtlichen Parks aus-
Rinderpest mußte jedoch das gesammte Vieh getödtet und die
chub an Rindern unmöglich machende Grenzsperre errichtet werden.
sich nun vorläufig: 1) durch weiter ausgreifende rücksichtslosere
nach gesundem Rindvieh; 2) durch Vermehrung der Zufuhr an
m Speck und gesalzenem Fleische aus See- und Handelsplätzen;

3) durch Vermehrung der Ausgabe von Hammel= und Schweine|
4) durch Anlage einer Feldschlächterei in Mainz, in welcher das
durch Ansieden, Trocknen und Einreiben mit Salz und Pfeffer aufbewahr
fähig gemacht wurde, um es in Stroh verpackt per Eisenbahn versen
können.

Als nach zehnwöchentlicher Einschließung Metz und die eingesch
Armee kapitulirten, fiel der II. Armee nur ein Theil der Gefangenenverpf
und die Fürsorge für die in ihren Lebensmitteln ziemlich erschöpften
wohner der Stadt, der I. Armee jedoch die Verpflegung sämmtlicher
150 000 Mann Kriegsgefangener auf deren Transport bis zur Gren
Daburch wurden die für den Fall eines plötzlichen Abmarsches mit
Anstrengung aufgebrachten Reservevorräthe erschöpft, so daß unmittelba
dem Weitermarsch neue Vorräthe herangezogen werden mußten!
dirigirte man nun nach Metz.

Von hier hatte Anfang November die auf das I. und VIII. 2
korps und die 3. Kavallerie=Division reduzirte Armee abzumarschiren
nordöstlich Paris die Oise zu erreichen und von dort aus die Belag
der französischen Hauptstadt gegen Norden zu decken. Die Linie Re
Rethel wurde als Verpflegungsbasis angewiesen. Dorthin gingen am '
vember Beamte, welche in Laon und Rethel für das I. Korps, in !
und Soissons für das VIII. Korps und die Kavallerie=Division in
Tagen Magazine für vierzehntägigen Bedarf anzulegen hatten. De
dortigen Gegenden verwaltende Generalgouvernement Reims wurde e
die Maßregeln zu erleichtern. Die vor der Ost= und Nordostfron
Paris stehende Maas=Armee trat ihre in Clairmont en Argonne angesam
Hafervorräthe ab. Vor dem Abmarsch aus Metz und Umgegend o
das Armeekommando am 4. November Folgendes an:

„Die Korps haben an den ihrem Abmarsch vorangehenden beiden
Tagen die erforderlichen Vorräthe zu empfangen. Dahin gehört b
gänzung der dreitägigen eisernen Portionen resp. Rationen, die Bel
der Proviantkolonnen mit mindestens einem viertägigen Bedarf an Vik
und Brotmaterial, sowie die Beladung des bei jedem derselben vorha
Fuhrparks von 400 Wagen mit dem sechstägigen Bedarf an Hafer
mit einer Reserve an Mehl resp. Zwieback. Hiernächst wird die Ge
Etappeninspektion alle ihr zur Disposition stehenden Wagen sammeln u
der Annahme, daß in den nächsten Tagen 1000 vorhanden sein werde
einem dreitägigen Bedarf an Hafer und Viktualien beladen in der Art
lassen, daß auf der nördlichen Etappenlinie der Bedarf für ein Armee
auf der südlichen der für ein Armeekorps und eine Kavallerie=Division
geschoben wird. Die General=Etappeninspektion hat Zahl, Ladung un
strabirung der abgesandten Wagen zu melden. In erster Linie ist und
Verpflegung durch die Quartierwirthe zu beanspruchen. Nur in Notl

Etappeninspektion ergebenden Schwierigkeiten und demnächst aber auch auf die angewendeten Mittel zu deren Beseitigung wird das Urtheil über die im vorigen Abschnitt bezüglich des Nachschubdienstes gewonnenen Erfahrungen nur noch vervollständigen. Die Cernirung hatte am 19. August begonnen. Der Verpflegungsnachschub für die von beiden Armeen um Metz stehenden 7 Armeekorps und 2 Kavallerie-Divisionen basirte namentlich auf der eingleisigen Rhein—Nahe—Bahn, demnächst auf der Bahnlinie Mannheim — Kaiserslautern, welche bei Saarbrücken zusammenlaufen. Das zwischen der Rheinstrecke Mainz—Mannheim und Saarbrücken zur Zeit bestehende Bahnnetz war Ende August so außerordentlich überfüllt, daß der Verkehr an einer chronischen Betriebsstockung litt. Dieselbe war bis zum 5. September 1870 noch so wenig gehoben, daß an diesem Tage westlich des Rheins an Vorräthen, welche ausschließlich der II. Armee (neben denen der I. Armee) nachgeschoben werden sollten, noch 2822 Eisenbahnwagen mit einer Proviantmasse von etwa 348,000 Zentner zur Verfügung standen, und zwar auf der Rhein—Nahe—Bahn 600, auf der Pfalzbahn 560, auf der Rheinbahn 155, auf der Ludwigsbahn 650 und auf der Strecke Saarbrücken—Courcelles bei Metz 357 Waggons. Die Betriebsstockungen waren daher um so unvermeidlicher, als die bei Metz gelegenen Stationen Herny, Remilly und Courcelles als Endstationen hatten gewählt werden müssen, dieselben jedoch wegen ihrer äußerst beschränkten Ausdehnung, mangelnder Neben- und Entfrachtungsgeleise, sowie auch wegen gänzlich unzureichender Arbeitskräfte, die gleichzeitige Entladung und Rücksendung der Wagenmassen unmöglich machten. Für die schnelle Umgestaltung von kleinen Stationen zu großen Entladungsbahnhöfen fehlten damals noch ausreichende Eisenbahntruppen. Die mangelnden Bahnschuppen sollten von Privatunternehmern durch Speicher-Baracken ersetzt werden. Der Versuch mißglückte. Es kam nur in Remilly zu einer, übrigens in fünf Tagen erbauten, Baracke von 100 Fuß Länge und 30 Fuß Breite. Sie reichte nur zur Unterkunft des achten Theils der dortigen Vorräthe hin. Der Rest mußte im Freien bleiben und dem strömenden Regen überlassen werden, der in jenen Tagen fast unaufhörlich niederfiel. Das Bedecken der aufgestapelten Ballen mit getheerten Leinwandblachen half wenig, da die Erdbodenfeuchtigkeit Mehl, Salz, Getreide, Brod u. s. w. fußhoch durchdrang. Der Mangel eines ausreichenden Fuhrparks, welcher der General-Etappeninspektion gestattet hätte, das Entladene schnell in die Magazine zu vertheilen, die Unmöglichkeit, sich durch Requisitionen denselben zu ergänzen (es fehlte an Etappen-Kavallerie) vermehrte diese Uebelstände. Zur Hebung dieser Mißstände ordnete die General-Etappeninspektion Folgendes an: Zur Entleerung der auf den genannten Bahnen stehenden mit Proviant beladenen Wagen wurden zu Bingerbrück und Neunkirchen zwei Konzentrationsmagazine errichtet. In Bingerbrück kamen die gegen Köln, Mainz u. s. w. rückwärts, in Neunkirchen alle auf den Strecken Bingerbrück—Neunkirchen, Homburg—

mußte auch über Nacht den Betrieb einstellen), so war es nun doch immerhin ermöglicht, von der Saarbrücker Linie täglich etwa 4000 Zentner Proviant nach Pont-à-Mousson und von hier in die Magazine von Novéant und Ars zu schaffen. In Folge der veränderten Verbindungsverhältnisse wurde die General-Etappeninspektion der II. Armee von Pont-à-Mousson nach Remilly zurückverlegt und ihr der Nachschub wie der Betrieb auf den Strecken von dort nach Nancy und Ars-sur-Mosel übertragen, die General-Etappen-inspektion der I. Armee aber angewiesen, diese Obliegenheiten auf der Linie Courcelles— (Entladestation derselben) Saarbrücken—Neunkirchen zu über-nehmen. Gleichzeitig wurde angeordnet, daß das II. und X. Armeekorps mit der Landwehr-Division Kummer auf das Magazin in Courcelles, das III. auf Ars-sur-Mosel, das IX. auf Novéant sich basiren sollten. Zu diesen Entladestationen, resp. Etappenmagazinen hatten die Proviant- und Fuhrpark-Kolonnen der Armeekorps einen Weg von 7 resp. 8 Meilen zu machen. Durch das ununterbrochene Hin- und Herfahren auf den in Folge regnerischen Wetters bald recht ausgefahrenen Wegen kamen deren Gespanne und Wagen bald so herunter, daß die von ihnen transportirten Massen zur aufgewendeten Zeit und Kraft nicht mehr im Verhältniß standen. Der Mangel an Fuhren im Etappenpark ließ eine Entlastung der den Korps gehörenden Parks leider nicht zu. Trotz aller dieser Mißstände, sowie der ausbrechenden Viehseuche und der ungünstigen Witterung, bei welcher viel Material verdarb, gelang es von Mitte September ab, die letzten sieben Wochen der Zernirung andauernd eine gute und abwechslungsreiche Ver-pflegung zu liefern und diese durch eine ergiebige Wein-Requisition zu ver-vollständigen. Die schon bei Besprechung der Verhältnisse der I. Armee erwähnte Viehseuche bewirkte auch bei der II. die Beschaffung von Dauerfleisch in großen Mengen, dessen Transport der geringen Kosten wegen auch den immer noch überanstrengten Eisenbahnen eine Erleichterung war. Zu dem Zweck schritt die Armee-Intendantur zur Errichtung von Conservenfabriken, deren eine in Berlin täglich 120 000 Portionen, die zweite in Mainz täglich 150 Stück Rindvieh verarbeiten sollte. Wegen der sich jetzt immer mehr ausbreitenden Rinderpest mußte der Transport von Rauchfutter eine Zeit lang untersagt werden. Dafür wurde die Verwendung von Preßheu versucht und zwar mit gutem Erfolge. Futter-Conserven-Kuchen gab es damals noch nicht.

Unmittelbar nach dem Fall von Metz (27. Oktober) begann der Vor-marsch der II. Armee in der allgemeinen Richtung über Bar-le-Duc, Join-ville—Chaumont-sur-Marne und Troyes gegen Orleans zur Vereinigung mit der Armeeabtheilung des Großherzogs von Mecklenburg, welche die Belagerung von Paris nach Süden hin, gegen die auf Orleans basirte französische Loire-Armee, zu decken hatte. Das zu durchschreitende Gebiet war zwar vom Feinde verlassen und bis zur Marne (unterhalb St. Dizier)

durch deutsche Besaßungstruppen gesichert, jenseits der Marne je[
die obere Seine und Yonne hinaus, durch Freischaaren unsicher
auch noch nicht entwaffnet. Es stand außerdem zu befürchten, daß
bahnen, westlich der Marne, für den Nachschub vorerst nicht würden
werden können. Nur bis Blesme, welches zwischen den an [
gelegenen Städten Vitry und St. Dizier an der Straßburg=Toul=Ba[
liegt, stand der Schienenweg — aber auch nur zur Mitbenußun[
Nachschub — der Armee zur Verfügung. Unter solchen Verhältniss[
sich für die Zufuhr von Verpflegung keine erfreulichen Ausficht[
pflegung und Zufuhr mußten auf ganz anderen Grundlagen [
werden, wie bisher. Eine wesentliche Erleichterung gewährte [
Umstand, daß die zu durchschreitenden Landstriche fruchtbar, auch
nicht oder nur wenig von Truppenzügen berührt waren und daß
es sich gestatten durfte, sie in breiter Front zu passiren. Die [
übrigens auf drei Armeekorps (das III., IX. und X. Korps) re[
aber die 1. Kavallerie=Division zugetheilt worden. Ihre wirkliche
in Reih und Glied betrug bei Beginn des Vormarsches rund 52[
Infanterie, 7100 Pferde und 264 Geschüße. Es kam für die
der Verpflegung darauf an, die Korps anzuweisen, aus den nod[
bestehenden Magazinen ihre Proviant= und Fuhrpark=Kolonnen
laffen, die Bestände derselben in den zunächst zu passirenden, b[
den diesseitigen Territorialbehörden verwalteten Landstrichen aus ver[
dort schon eingerichteten Magazinen ergänzen zu laffen und an [
zu passirenden Marne=Strecke die Etappenmagazine so rechtzeitig vor[
daß die Korps das noch nicht von Besaßungstruppen gesicherte Gebi[
der Marne mit wiederum völlig gefüllten Wagen betreten konn[
Fuhrpark der General=Etappeninspektion sollte benußt werden, um,
er selbst von der mittleren Mosel zur oberen Marne marschirte,[
bei Meß aufgespeicherten Beständen die Vorräthe in jene in A[
nommenen Etappenmagazine zu transportiren. Vor Allem ab[
dorthin Proviant=Eisenbahnzüge voraus. Die oben erwähnten Anst[
hatten bis zu dem Abmarschtermine dazu geführt, daß unter Mi[
Generalgouvernements von Elsaß und Lothringen die General=Etappe[
nunmehr über 2000 Wagen verfügte. Die Gespanne derselben. wo[
Ankauf kräftiger Pferde leistungsfähiger geworden. So wurde
Ueberweisung von je 200 mit Hafer beladenen Fahrzeugen an [
Armeekorps angeordnet, daß sich dieselben vor dem Verlaffen b[
von Meß mit vierzehntägigen Beständen zu versehen hätten, ferner,
leßteren in den unterwegs berührten Magazinen zu Ars, Nov[
Pont=à=Moufson=Toul resp. Comercy und Bar=le=Duc und benuße[
Marne in den in Vorbereitung begriffenen Etappenmagazinen zu Sa[
Joinville und Neufchateau zu ergänzen wären. Diese Maßnahmen

werden könnte." Diese Absicht der Armee-Intendantur sollte durch Maueranschlag in den französischen Distrikten, welche der Vormarsch berührte, bekannt gemacht und die Taxen für Brot, Fleisch, Speck, Kaffee, Gemüse, Salz, Wein, Bier, Branntwein, Zigarren, Tabak, Hafer, Heu, Stroh, Roggen- und Weizenmehl, sowie die Geldentschädigung für nicht verabfolgte Portionen (1,50 Fr.) und Pferderationen (1,25 Fr.) normirt werden. Bei der Androhung, daß nach den Gesetzen des Krieges die Requisitionen wieder aufgenommen werden würden, falls die Bewohner sich weigerten, zu jenen Sätzen ihre Waare zu liefern, dachte man an die Präfekten, Unterpräfekten, Maires und die sonst Autorität besitzenden Personen die Aufforderung zu erlassen, im Interesse des Landes dahin zu wirken, daß der gutwillige Verkauf des der Armee Nöthigen stattfinde. Vorerst fanden diese Maßnahmen noch nicht die Billigung der Generalintendantur (im großen Hauptquartier des Königs von Preußen zu Versailles). In der Folge ergaben sich bei gelegentlicher Anwendung dieses Systems die allergünstigsten Resultate."

Die Armee des Prinzen Friedrich Karl hatte demnach im Verlauf der ersten Hälfte des November 1870 durch den Vormarsch von Metz, über die obere Marne und Seine, den Anschluß an die Armeeabtheilung des Großherzogs von Mecklenburg, welche zu beiden Seiten der von Paris nach Orleans führenden Wege entwickelt war, durchgeführt und das Hauptquartier in Pithiviers genommen. Ihr rechtes Flügelkorps löste die kooperirende Armeeabtheilung an der großen Paris—Orleans-Straße um Toury nördlich Artenay ab, die Mitte dehnte sich südlich Pithiviers aus und das linke Flügelkorps operirte um Beaune-la-Rolande. Ueberall hatte man scharfe Fühlung mit der numerisch überlegenen feindlichen Loire-Armee, welche sich im Forêt d'Orléans, um Artenay und weiter südwestlich ausdehnte und den Entsatz der Landeshauptstadt anstrebte. Bei einer südwärts gekehrten Front hatte aber die Armee ihre Etappenverbindungen nach Osten gerichtet, d. h. sie kommunicirte mit ihrer Basis nicht auf rückwärts, sondern auf seitwärts gehenden Operationslinien. Ihr Etappengebiet lag demnach in ihrer linken Flanke! Es dehnte sich längs und südlich der von Némours über Sens und Trones nach Chaumont, Joinville, St. Dizier führenden Verbindung aus. Dieser nur von äußerst schwachen Etappentruppen besetzte und durch Freischaaren belästigte Landstrich lag nach Süden hin bis Anfangs Dezember gänzlich offen. Dabei waren keine Aussichten vorhanden, die von den Franzosen gründlich zerstörte Eisenbahn, welche von Blesme, Marne aufwärts nach Chaumont und von dort im spitzen Winkel nach Troyes (Sitz der General-Etappeninspektion) ging, vor Abschluß der ersten Dezemberwoche 1870 bis zu diesem Ort in Betrieb gesetzt zu sehen. Uebrigens hatte das große Hauptquartier in Versailles am 8. November 1870 die allmähliche Verlegung der Etappeneinrichtungen der II. Armee von der Linie Saarbrücken—-Metz—Blesme auf die Linie Weißenburg—Frouard (Nancy)-Blesme angeordnet.

allen drei Richtungen wurde die Verfolgung aufgenommen, dieselbe jed
bald ganz auf die Richtung gegen Blois=Vendôme konzentrirt, wobei es
in den unausgesetzten Kanonaden und zersplitternden, hinhaltenden Gefech
setzte, daß die große nummerische Ueberlegenheit, welche der Feind für
hatte, auch während seines langsamen Rückzuges immer noch zur Gelt
gelangte. Nachdem Blois erreicht und der allmählich durch die andauern
Verluste au Gefangenen, sowie durch die beständigen Rückzugsgefechte
in der Widerstandskraft ganz gebrochene Gegner sich weiter westwärts ü
Vendôme gegen le Mans abgezogen, wurde die Armeeabtheilung des Gr
herzogs von Mecklenburg wieder selbstständig und angewiesen, sich vor
um Chatres zusammenzuziehen, um den Westen von Paris zu decken. Pr
Friedrich Karl, durch eine 2. Kavallerie=Division verstärkt, behielt
18. Dezember 1870, sein Hauptquartier wieder nach Orleans zurück
legend, die Aufgabe der Deckung der Belagerung von Paris gegen Sü
in einer Beobachtungsstellung längs der Loire von Blois bis über ober
Orleans. Die letzte Operationsperiode hatte die numerische Stärke
die materielle Ausrüstung seiner Armee außerordentlich geschwächt. Rament
fehlte es an Stiefeln, bei einzelnen Truppentheilen bis zu 40 per Kompag
Die Bataillone wiesen auch bei der II. Armee nur eine Stärke von du
schnittlich 500—600 Kampffähigen auf. Das von Ende November bis z
21. Dezember 1870, zuerst regnerische, dann feuchte Wetter hatte die W
schlüpfrig oder grundlos gemacht. Die Pferde waren daher auch
erschöpft und der Wagenpark überall reparaturbedürftig. Der seitdem
getretene Frost, die bis Anfangs Januar gewährte größere Ruhe, sowie
Herankommen der Kompletirungskommandos von den Ersatztruppen ho
die nummerische Stärke und den Kräftezustand der Truppen wieder wesentl
Nichtsdestoweniger hatte die II. Armee am 8. Januar 1871 laut Stand
ausweis nur folgende Stärke:

III. Armeekorps	17 235 Mann Infanterie,	1038 Pferde,	84 Gesch
IX. „	16 513 „	„	1470 „	90 „
X. „	15 716 „	„	1003 „	84 „
1. Kav.=Division		2952 „	6 „
6. „ „		2472 „	6 „

49 464 Mann Infanterie, 8935 Pferde, 270 Gesch

wozu die nur noch aus einem Armeekorps und zwei Kavallerie=Divisio
bestehende kooperirende Armeeabtheilung des Großherzogs von Mecklenb
mit 16 150 Mann, 7478 Pferden, 84 Geschützen hinzuzuzählen ist.
Intendantur hatte gehofft, in Orléans bedeutende Verpflegungsvorräthe
beuten zu können. Sie ward aber völlig enttäuscht und schritt nun unmittel
nach der Eroberung des Ortes zur Anlage eines großen Zentral=Reser
magazins. Dieses Vorhaben ging jedoch um so langsamer von statten,

— — — nämlich Eisenbahnmaterial vorgefunden, ebenso, —— — —. Auch auf der Strecke nach Metz und Morgen hatte der — gänzlich mitgeschleppt. Die noch zu erwartenden Fahrparks —General-Etappeninspektion trafen nur nach und nach ein. Bis über 1870 schienen jedoch auch die in Deutschland zurückge— — Wagen im Wesentlichen die Beamte erreicht zu haben. Die — Weiterführung des Eisenbahnbetriebes von Blesme—Hein— —— —Troyes über diesen erst am 8. Dezember 1870 erreichen — zur Zeit nicht durchführbar gewesen. Für das Magazin in — — nur die Mittel in Betracht, welche die, wie erwähnt, —gezogene Beamte hätte liefern können, und ferner die Zufuhren — reise Lagny, den vorher angeführten südöstlich Paris an der —— Entladestationen der Etappeneisenbahn der III. Armee. — die Ankünfte von Proviant in den größeren Städten des be— —— ins Werk zu setzen, scheiterte vorläufig. Dagegen gelang —den ersten Dezembertagen 1870 die Eisenbahn Orleans—Paris —— der Belagerungsarmee, nämlich bis Juvisy, durch Eisenbahn— —betrieb zu setzen und von Juvisy einen regelmäßigen Straßen— —— Lagny einzurichten. Allein man verfügte auf dieser Strecke — mangelhafte Lokomotiven und anfänglich 40 (erst später 80) — so daß man theilweise sich mit Pferdebetrieb behalf.

(Schluß folgt.)

Korrespondenz.

Frankreich.

— beginne ich mit Weitergabe des „Alarm-Rufes", den der —ille ausstößt; erpreßt wird ihm der Ruf durch seine patriotische —. Ueberall in den europäischen Heeren verjüngt man das —in Frankreich handelt man entgegengesetzt; die Generale der —blik sind viel älter als die des zweiten Kaiserreiches! Heute —serer Divisionsgenerale mehr als 60 Lebensjahre, alle haben —erschritten. 1870 waren viele Generale noch nicht 50 Jahre. —nd schwere Gefahr. Die ungeheure Ausdehnung der heutigen

Schlacht und die zahlreichen und schwerwiegenden Obliegenheiten eines Generals erheischen von diesem eine bedeutende physische Rüstigkeit und — durch diese bedingt — moralische Kraft. Der Deputirte verlangt also, daß die Altersgrenze für Generale von 65 Jahren auf deren 60 herabgesetzt werde.

Ein wesentlich anderes Verjüngungsmittel schlägt ein Anderer vor, ausgehend von der allerdings zutreffenden Wahrnehmung, daß bei der starren Betonung des Lebensalters allein man körperlich und geistig rüstige Offiziere vor der Grenze voller Leistungsfähigkeit verabschiedet, andere bereits ganz verbrauchte bis weit über diese Grenze hinaus im Dienste behält. Da sollen nun — im Frieden, wohlverstanden — körperliche Prüfungen stattfinden, und zwar für die Majors, Oberstlieutenants und Obersten, die für eine Beförderung vorgeschlagen werden sollen. Und zwar gilt es sich zu bewähren im Fechten, für Alle; sodann für die Infanterie: in einem eintägigen Marsch, theils zu Pferde, theils zu Fuß zurückzulegen und zu beenden mit einem Laufschritt; für die Kavalleristen in einem Jagdreiten u. s. w. mit Springen, auf im Voraus ausgesuchten, gleichwerthigen, durch das Loos an die Kandidaten zu vertheilenden Pferden. Diejenigen, die eine Prüfung ablehnten oder nicht beständen, könnten die Altersgrenze für ihre bisherige Charge abwarten, falls sie bisher noch genügten, andernfalls würden sie verabschiedet.

Die alljährlich am 14. Juli in Paris stattfindende Parade der ganzen Garnison giebt dem General Philibert diesmal zu einer sehr ernsten, strengen Vorhaltung in der „France militaire" vom 31. Juli Anlaß: „Parade und Krieg". „Die Begeisterung, die Glückwünsche und Lobeserhebungen über die letzte Truppenschau sind nun verhallt. Das Volk hat seinem rückhaltlosen Vertrauen in die Kampftüchtigkeit, Tapferkeit u. s. w. des Heeres wieder einmal Ausdruck gegeben — und fühlt sich vollständig geborgen. Du Volk — und Ihr Führer der Armee, mißtraut diesem Lobe von hoher Stelle. Auch früher, gerade vor unserer Niederlage, war dasselbe Schauspiel. Sind die heutigen Truppen kriegsbereit? So schwer es mir wird, die Pflicht zwingt mich zu einem „Nein!" Eure Ausbildung ist für Paraden vortrefflich, für den Krieg nicht ausreichend. Im Kriege sind das Gewehr und das Geschütz die ultima ratio, und gerade mit diesen, die Gegenstand andauernder Beschäftigung sein müßten, befassen wir uns am wenigsten! Diese Offiziere — sie wissen alles Mögliche, ausgenommen: die Feuerleitung. Sie verstehen davon nichts und Niemand lehrt es sie. Sie wissen nichts von der Tragweite, vom Gebrauch dieser Waffen, die ohne Gleichen herzustellen man mit solchen Anstrengungen bemüht war. Seltsamer und unerklärlicher Widerspruch: dieselben Männer, die jedes Opfer gebracht haben um die Waffen bis über die Gesichtsweite und die Verwendungmöglichkeit des Soldaten hinaus, dieselben Männer wollen nicht begreifen, daß diese Ver-

ein solches, dessen Fehlen im Falle einer Mobilmachung keine Lücke in unserer vordersten Gefechtsreihe zur Folge gehabt hätte und es aus Freiwilligen der Reserve und Territorialarmee erſeßen müſſen. Dann würde das Regiment ſeine Offiziere, ſein Gefüge des Friedensstandes gehabt haben. Eine ſolche Zuſammensetzung hatten wir auch für die Artillerie und das Genie des Expeditionskorps gerathen.

Aber das war dem General Mercier, dem Kriegsminiſter, einem hervorragenden Verwaltungsmanne, zu einfach, zu klar. Er mußte alles durcheinandermengen, den Korpsgeiſt des Regiments für Null achten, ein beſonderes erſt zuſammenſtoppeln.

Und dieſer gröbliche Mißgriff hat ſich wiederholt ſpäter, als Verſtärkungen aller Waffen nach Madagaskar nachgeſandt werden mußten, — viele Hunderte von Mannſchaften: ſie wurden thatſächlich aus der ganzen Armee zuſammengeſtoppelt!

Bei den Vorbereitungen aller Art ſind ſonſtige grobe Fehler begangen. In Majunga fehlte es an Ausladevorrichtungen und Unterkunftsräumen, es herrſchte ein wüſtes Durcheinander, das uns wenigſtens fünf Wochen aufgehalten hat. Und das Zuſammenſeßen der rechtzeitig zur Stelle befindlichen Kanonenboote verzögerte ſich dermaßen, daß ſie ihren Zweck eigentlich verfehlten.

Wie der Flußverkehr vernachläſſigt wurde, ſo auch die Land-Wagenverbindung zwiſchen Suberbieville und Tananariva. Wir haben von Anfang an betont: die Ausführung einer Eiſenbahn war nöthig.

Nichts dazu iſt vorgeſehen worden. Die Wagen Lefèvre verſagten. Man zog mit Pferden los, wie zu einem Zuge durch Europa. Träger und Maulthiere ermangelten der Zahl, für die Leßteren fehlte es an Packſätteln, da man nicht das Tragen, ſondern das Ziehen der Laſten ins Auge gefaßt hatte. Jedenfalls trat der in den Tropen-Kriegen einzig baſtehende Fall ein, daß die Truppen ihr Gepäck ſelbſt tragen mußten! Und doch gab eine einfache Berechnung von Zeit und Raum und Gewicht und Wegbarkeit, daß zur Fortſchaffung der ganzen Expeditionskolonne viele Tauſende von Maulthieren nöthig waren, die natürlich nicht zu haben ſind.

Und in einem Artikel vom 30. Juli vertheilt dieſelbe Fachzeitung die „Verantwortlichkeit" für und in Madagaskar und wälzt den weitaus größeren Theil der Schuld, nachdem Admiral Besnard in öffentlicher Verkündigung die Marine gereinigt hat, auf das Kriegsminiſterium, auf General Mercier, weniger auf deſſen Nachfolger Zurlinden, der des Erſteren Erbſchaft antrat, oder zumeiſt den Abtheilungen in der Zentralleitung des Kriegsminiſteriums. Aber nunmehr hat des neuen Kriegsminiſters Verantwortlichkeit begonnen.

Und nun läßt ſich in der „France militaire" vom 22. Auguſt der Eingangs erwähnte Deputirte Bazille vernehmen: „Ich gehöre zu denen, die gegen die Madagaskar-Expedition geſtimmt haben. Ich bin der Meinung, daß unſer Kolonialbeſitz ausgedehnt genug iſt, ich meine beſonders, daß die 150 Millionen, die wir da unten auszugeben im Begriffe ſind, viel beſſer verwandt worden wären, um das Loos unſerer Unteroffiziere ſicher zu ſtellen, unſer Artillerie-Material zu erſetzen, wenn dazu Zeit ſein wird, kurz die Sicherheit des Vaterlandes zu verbürgen. Aber da der Zug nun einmal unternommen iſt, möchte ich Nutzen daraus ziehen für unſer Militärweſen. Gewiß, die Eroberung der großen afrikaniſchen Inſel iſt nur eine Frage der Zeit. Es ſind ſehr ſchwere Fehler begangen, die ſämmtlich hätten ver= mieden werden können. Und ſie koſten jeden Tag unſerm Staat bedeutende Summen. 67 im letzten Jahre bewilligte Millionen ſind längſt verausgabt, mehr als 120 Millionen ſind bis jetzt — Mitte Auguſt — verbraucht.

Und das will noch nichts ſagen gegenüber den Leiden, welche unſere tapferen Soldaten erduldet haben, gegenüber den Tauſenden von Exiſtenzen, die unnöthig geopfert ſind. Nun wohl, ich möchte einige Belehrung aus allen dieſen Thatſachen entnehmen. Alſo: heraus mit den unwiſſenden und unklugen Beamten, die auf hieſe Weiſe das Geld der Steuerzahler und das Blut der Söhne Frankreichs verſchleudern. Es muß ſich doch Derjenige ermitteln laſſen, der die Wagen Lefèvre nach Madagaskar geſchickt hat! ... Aber dieſe Expedition hat die unbedingte Nothwendigkeit erwieſen, die ſchon ſeit mehreren Jahren beſchloſſene Kolonialarmee ſchleunigſt zu bilden, die, man weiß nicht, weshalb, in den Mappen des Miniſteriums beruht. Vermeiden wir hinfort, daß — wie jetzt durch das Expeditionskorps — unſere Mobil= machung in Frankreich bedroht werde.... Mag die Sache den Abtheilungen des Kriegsminiſteriums und der Intendantur recht lebhafte Lehren ergeben.... Das Kriegsminiſterium hat die große und patriotiſche Pflicht zu erfüllen, alle begangenen Fehler aufzudecken und die Schuldigen zu beſtrafen! Das iſt das einzige Mittel, um für die Zukunft die Wiederholung derſelben Fehler zu verhindern!" — —

Ja, da muß „L'Avenir militaire" am Tage von Saarbrücken, am 2. Auguſt, ſchon wieder eine überaus ernſte Abrechnung mit der Intendantur halten: „Es wäre tröſtlich im Augenblicke, wo in Sachen Madagaskar die Zentralverwaltung in Leitung der Vorbereitungen völlige Unerfahrenheit be= wieſen hat, wenn man Grund zur Befriedigung fände in laufenden Ver= waltungsmaßnahmen. Dieſe Befriedigung liegt uns aber ſehr fern; die Zentralverwaltung hat neuerdings höchſt ungeſchickt die Aufmerkſamkeit auf unſer Intendanturweſen gelenkt, das fehlerhafteſte, das unſere Gegner ſich nur wünſchen können, und zugleich das theuerſte!

Eine ‚Vorbereitungsſchule' der Intendantur iſt ganz plötzlich errichtet, eine der ſeltſamſten Schöpfungen, die jemals dem ſchwankenden Gehirn der Verwaltenden entſprungen iſt, der Verwaltenden, welche ſeit einem Dutzend Jahren die Armee von Skylla zu Charybdis kugeln! ... Fünfundzwanzig Jahre nach dem deutſch=franzöſiſchen Kriege beſtimmt man für die Offizier=

Anwärter: ‚Die Kenntniß der deutschen Sprache ist fakultativ; die d[
Uebersetzung fällt fort.'"....

Es scheint, daß das neue Feld=Schnellfeuergeschütz gefunden ist. „Wen[
lassen die Versuche diesen Schluß zu, die damit kürzlich im Lager von Ch[
im Beisein des Präsidenten der Republik gemacht sind," berichtet „L'A[
militaire" vom 30. August. „Aber," wird hinzugefügt, „es genügt
das Modell fertig zu haben. Man muß auch sehr viel Geld zur
rüstung der Waffe erlangen, und da werden sich die Volksvertreter
sperren!"

Das glauben wir nun bei den Franzosen nicht! Das Geschü[
7½ cm, Schnelligkeit und Genauigkeit sind ganz bedeutend, die Ge[
wirkung trotz der Kaliberverringerung überraschend. Die Sache wir[
das Lebhafteste von uns Deutschen verfolgt werden müssen. —

Für den „Canal de deux mers" — zwischen dem Atlantischen [
und dem Mittelmeer — tritt u. A. neuerdings der Schiffskapitän Si[
in mehreren gründlichen und energischen Artikeln der „France milit[
ein. Es ist ein Schlagwort da drüben geworden — ein Geheimni[
zukünftigen Sieges. Es dürfte Wunder nehmen, wenn der Kanal
in der That bald in Angriff genommen würde. Uns soll es recht sei[

Die französischen Chauvinisten waren kürzlich — oder sind imm[
bis zum Platzen mit Deutschenhaß überheizt: knirschend haben sie die „sich
volle Fahrt" ihrer Flotte nach Kiel gesehen, von der Abnahme franzö[
Sympathien in Elsaß=Lothringen gehört, die Sedan=Begeisterung des deu[
Volkes und dessen Stämme=Einigkeit erlebt, mit Freuden dann die [
mäßige Anklage des Generals Munier gehört, der das deutsche Offizier
des Raubes nach Weisungen aus seinem Hauptquartier breit beschu[
Wir wollen da einen anderen, noch viel Schlimmeres auf uns De[
ladenden Brief niedriger hängen, einen Brief, den „La France milit[
vom 1. September d. J. veröffentlicht. Aus Bizanos (in den u[
Pyrenäen) schreibt der pensionirte Oberst Breuer: „Sie haben kürzlich
einen mir befreundeten Oberst geschrieben; jetzt, wo sich die Erinnerung
glaube ich Ihnen Folgendes mittheilen zu sollen: Vor 21 Jahren st[
wir Beide in derselben Garnison und da erzählte mir der Oberst
Tages seine Erlebnisse von anno 1870. Bei Fröschweiler verwundet,
er nebst seinem gleichfalls angeschossenen Burschen und zahlreichen [
und Verwundeten auf dem Schlachtfelde liegen geblieben. Plötzlich gel[
deutsche Linie, da sie keine wehrfähigen Gegner mehr vor sich hat, vo[
macht sich daran, alle Verwundeten mit Bajonettstichen zu morden.
Freund entgeht dem Tode Dank seiner Satteltasche, die durchstochen n[
und der Aufopferung seines Burschen. Auf die von dem französischen O[
ausgestoßenen Entrüstungsrufe eilte ein deutscher Offizier herbei und ga[
Entschuldigung an, daß seine Leute einen Befehl ausführten, nämlich

eten der afrikanischen Truppen zu tödten. (!!) Ich weiß nicht,
ihrer ist, dem sein ritterlicher Haß gegen die Franzosen ben
t einflößen können, einen derartigen Befehl zu geben, und ich
iß man eine Spur davon in den zahlreichen und ungesichteten
röffentlichungen über den Krieg 1870 findet. Aber ich würde
sein, wenn einer von unseren überrheinischen Nachbarn, die in
Erinnerungen an diese Zeit wieder aufleben lassen,
geben könnte! Ich für meine Person würde nicht
u, wenn dieser Befehl von einer sehr hochstehenden Autorität (!)
nd es hat nichts Erstaunliches in Anbetracht der ritterlichen
lche die Deutschen zu allen Zeiten unserem Lande gegenüber
."

t doch dreist, solcher Brief; und die Redaktion der „France
nn sich, obgleich ihr Zweifel an der Wahrheit des Behaupteten
Zusatz hindurchleuchtet, nicht enthalten hinzuzufügen: „Dieser
bestimmt und zu überzeugend abgefaßt, als daß er noch einer
."

Meer von Gräueln und von Leiden wird sich aus diesem plan-
mit allen verwerflichen Mitteln bis zum Wahnsinn gesteigerten
nzosen über die Deutschen ergießen, die das nächste Mal mit
ihnen entgegentreten! Und dann: „Auge um Auge, Zahn
8.

Literatur.

eg 1870—71. Ein Gedenkbuch. Herausgegeben von Dr. J.
Harttung, Kgl. Archivar am Geh. Staatsarchiv in Berlin
ordentlicher Universitätsprofessor a. D. Berlin, Verlag von
all u. Grund, Verein der Bücherfreunde. Preis 6 M.
fast überreichen Fülle von Veröffentlichungen, vom eleganten, reich
schtwerk bis zur bescheidenen „Erinnerung eines Feldzugssoldaten"
das Jubiläumsjahr des großen Krieges in das Leben gerufen und
Zeugniß dafür ablegen, wie tief und nachhaltig die dankbare
r die Helden jener glorreichen Zeit in den Herzen haftet, darf das
erschienene Werk einen hervorragenden Platz beanspruchen.

Das Prinzip des Buches, den gewaltigen Stoff in naturgemäße Theile zu zerlegen und jeden Theil von einem Manne schildern zu lassen, der seinen Gegenstand selbst erlebte und in einer Stellung erlebte, von der aus er nicht nur beobachten, sondern auch beurtheilen konnte, giebt der Darstellung eigenartiges Leben und Werth. Namen vom allerbesten Klange: v. Boguslawski, v. Kretschmann, des ehemaligen Kgl. bayerischen Generals der Infanterie v. Heinleth, v. Holleben, Goltz, Pascha u. a. m. geben Gewähr, daß hier das Beste geboten wird. Die Darstellung, durchweg frisch und lebendig, befleißigt sich in anerkennenswerther Weise eines unparteiischen, dem tapfern Gegner gebührend gerecht werdenden Standpunktes. Die durch die Vielheit der Herren Verfasser der Einheitlichkeit des Werkes drohende Gefahr ist unter der geschickten Redaktion des Herausgebers glücklich vermieden, es erscheint durchaus als aus einem Gusse. Die Ausstattung ist vornehm und reich an zum Theil überraschend guten Illustrationen.

Wir wünschen dem Werke, dessen idealer Werth dadurch erhöht wird, daß der Reinertrag für das Kaiser Wilhelm-Nationaldenkmal ehemaliger Soldaten auf dem Kyffhäuser bestimmt ist, die weiteste Verbreitung.

Universum. Illustrirte Familien-Zeitschrift. Verlag des „Universum", Dresden.

In dem neuesten 27. Heft der beliebten Zeitschrift führt uns Wolfgang Kirchbach kreuz und quer durchs Böhmerland, die Eigenart seiner Dörfer und deren Bewohner mit gewandter Feder schildernd. Eine werthvolle Ergänzung des Beitrags bilden die von Wilh. Claudius gelieferten 8 Illustrationen, denen im nächsten Heft, welches den Schluß des Textes bringt, eine gleiche Anzahl von der Hand desselben Künstlers folgen soll. — Wir haben schon wiederholt Veranlassung genommen, auf die Vorzüge des genannten vornehmen Familienblattes hinzuweisen, welches durch die Mitarbeiterschaft der allerersten Schriftsteller in literarischer Hinsicht hervorragt, während der mit kunstgeübtem Blick ausgewählte Bilderschmuck eine Zierde jedes Heftes bildet. Jeder gebildeten Familie wird diese vorzügliche Lektüre Genuß bereiten.

Geschichte der schweizerischen Neutralität. Von Dr. Paul Schweizer, a. o. Professor der Universität Zürich. Dritter Theil. 1895. Frauenfeld. J. Huber's Verlag. Preis: 7½ Mark.

Dies ist der Schluß des großen, inhaltlich bedeutsamen Werkes. Zu den uns absonderlich interessirenden Abschnitten gehört die unter XI, 5 ausführlich entwickelte „Lösung der Neuenburger Frage im Verhältniß zur Neutralität 1857", die natürlich der Schweizer Färbung und Auffassung nicht entbehrt, — und „der deutsch-französische Krieg 1870/71", ausführlich und in objektiver Weise den Uebertritt der Bourbaki'schen Armee auf das Schweizer Gebiet erzählend.

Es wird energisch gefordert, daß die Schweiz ihre Neutralität im Kriege mit bewaffneter Hand aus allen Kräften zu wahren habe. Und aus der Gesamtdarstellung wird die Endfolgerung mit Stolz gezogen:

zt die schweizerische Neutralität jetzt noch, wie 1815, und heute
als damals im allgemeinen Interesse Europas und der ganzen

5.

---

service du train, fonctionnement des services auxiliares
rmée. Par E. Girardon, capitaine d'artillerie. Avec
res dans le texte et 42 planches hors texte. Paris et
1895. Berger-Levrault, éditeurs.
r, Lehrer an der Artillerie- und Genie-Schule zu Versailles, hat
d in manchen Abschnitten sogar interessante Buch geschrieben zum
er-Aspiranten des Trains. Eine kurze und ganz richtige Dar-
wesens ist beigefügt.

8.

Flotte en 1894. Grandes Manœuvres de Beauce.
uvres de forteresse. Manœuvres navales. Avec
astrations de Paul Léonnec et de nombreux croquis et
Paris et Nancy 1895. Berger-Levrault, éditeurs.
antes, amüsantes, vornehm mit Karten und bildlichem Schmuck
rt, das Ardouin-Dumazet seinen dafür empfänglichen Landsleuten
über auch Angehörige fremder Nationen können viel lernen aus
rechnung der Leistungen der französischen Kriegsmacht zu Wasser
ro 1894. In novellistischer Form, im anmuthigen Plauberton
militärischen Persönlichkeiten, die wichtigsten militärischen Gescheh-
1893/94, vom Oktober zu Oktober gerechnet, an uns vorüber, —
fälliger Form! Unsern Lesern wird Vieles aus unserer „Korre-
rich" bekannt sein!
in netter Gedanke, solches „Jahrbuch"!

128.

so daß letztere als eine Art von Elitetruppe gilt. Die Batterien r
sich aus Südfrankreich — meist aus den Departements der Pyrenäe
erhalten reichlichen Nachschub, so daß die Tragthiere durchgängig e
vortheilhaften, kriegstüchtigen Eindruck machen. Die Preise schwanke
900 und 1500 Franken für das Thier.

Zur Beurtheilung der Marschordnung und der Gefechtsthät
Gebirgs-Batterien ist die Kenntniß ihrer Eintheilung für die ver
Zwecke erforderlich.

Die Batterie gliedert sich in 4 Züge (sections), deren jeder
Halbzüge (pelotons de pièce) zerfällt. Die Züge 1 bis 3 we
Lieutenants, Zug 4 vom ältesten Unteroffizier, dem Adjutanten, gefü
Pelotons stehen unter je einem Marechal des logis (Sergeanten).

Die Züge 1 bis 3, also die Pelotons 1 bis 6, enthalten
die 6 Geschütze mit den Reservelaffeten und Reserverädern; ferner
schütz 4 Maulthiere mit 8 Munitionskasten und das nöthigste, eber
Maulthieren beförderte Geräth zu einfachen Instandsetzungen, das S
sowie die Feldschmiede und das Sanitätsgeräth.

Zug 4 hat im Peloton 7 nur die mit Pferden bespannten 3 M
wagen, im Peloton 8 die mit Pferden bespannten 3 Packwagen
10 Tragthiere für Lebensmittel und Bagagen.

Auf dieser Eintheilung, die zunächst dem inneren Dienst sich
beruht auch die taktische Gliederung.

Taktisch — d. h. für Marsch und Gefecht — zerfällt die L
drei Theile:

    1. die Gefechts-Batterie (batterie de combat),

    2. die Reserve (réserve),

    3. die Bagage (train régimentaire)

Die Gefechts-Batterie gliedert sich für den Kampf selbst

    a) die feuernde Batterie (batterie de tir),

    b) die Gefechts-Munitions-Staffel (échelon de con

Die Gefechts-Batterie, zerfallend in die Züge (Sektionen) 1 bi
hält die 6 Geschütze,[*]) sowie die gesammte Munition, welche auf t
thieren fortgeschafft wird. Zur feuernden Batterie treten für jede
2 Maulthiere, mit je 2 Munitionskasten. Diese Thiere — also
Batterie 12 mit zusammen 24 Munitionskasten — folgen den Geschüt
allen Umständen, da sonst eine Eröffnung des Feuers nicht eintr
Die Gefechts-Munitions-Staffel umfaßt den Rest der tragbaren
also 12 weitere Tragthiere, mit Munition, sowie die nöthigen E
Schanzzeug, Schmiede, Sanitätsmaterial. Sie folgt der Batterie

---

[*]) Jedes Geschütz hat 9 Mann Bedienung, einschließlich der Ersatzleute.

Lagen (z. B. bei überraschendem feindlichen Feuer) zu[...]
einem intelligenten Führer zu besitzen.

Das Reglement schreibt eine sehr genaue Ordnung [...]
Gefechtsbatterie auf schmalen, steilen Gebirgswegen vor. Hier[...]
sich der Batterieführer, begleitet von einem Unteroffizier und einem [...]
weit vorwärts der Batterie, meist beim Führer des Detache[...]
älteste Lieutenant, der die Batterie nachführt, reitet an der Spitze [...]
ihn begleitet einer der Feuerwerker, sowie ein Arbeitskommand[...]
Bedienungsmannschaften der 3 ersten Geschütze zum Herstellen[...]
zu welchem Zweck eins der mit Schanzzeug beladenen Thiere
werden kann. Für gewöhnlich sollen sich auch Mannschaften mit[...]
rohr und dem Entfernungsmesser an der Tete befinden. An be[...]
eigentlichen Kolonne geht der Führer des ersten Geschützes. [...]
die Tragthiere, geschützweise geordnet, und zwar für je[...]
gleichmäßig in nachstehender Weise gruppirt:

  1 Maulthier mit der Laffete,
  1   „   „ den Rädern,
  1   „   „ dem Rohr,
  1   „   „ 2 Munitionskasten,
  die Bedienungsmannschaften gleichmäßig vertheilt.

Nach dem sechsten Geschütz folgen ohne Abstand:

  6 Maulthiere mit je 2 Munitionskasten,
  1 Maulthier mit den Reserverädern,
  1   „   zur Reserve mit der Reserve der Bedie[...]
       schaften,
  der schließende Unteroffizier (le serre-file).

Die Gefechts=Munitions=Staffel marschirt 20 m hinter[...]
de tir in folgender Ordnung:

  1 Maulthier mit der Reservelaffete,
  1   „   „ den zweiten Reserverädern,
  12 Maulthiere mit je 2 Munitionskasten,
       die übrigen zur Gefechtsbatterie gehörigen Mann[...]
       Maulthiere,**) einschließlich der Feldschmiede.

Bevor wir auf das Gefecht eingehen, sei kurz voran[...]
die französische Vorschrift über den Gefechtszweck der Gebirgsart[...]

_____

*) Hierin liegt ein kleiner Widerspruch in der französischen Dienstvorsc[...]
Aufzählung der Stärke die Trompeter als nicht beritten führte, während b[...]
zugedachte Aufgabe, den Batterieführer zu begleiten, doch wohl nur durch[...]
wenn sie beritten sind.

**) Nach Bedarf kann das Sanitätsgeräth mit Personal (1 [...]
träger, 2 Maulthiere mit 4 Medizin- oder Bandagekasten) bei der [...]
den Sanitätsanstalten des Detachements angeschlossen werden.

am Ende der Batterie de tir befindet, die 6 weiteren Maulthiere mit Munitionskästen an einer gut gedeckten Stelle, möglichst nicht weiter als 100 m seitwärts-rückwärts der Geschütze halten lassen. An diese Stelle gehen die Tragthiere, welche die Geschütztheile und die 6 ersten Munitions= kasten getragen haben, zurück. Der Serre-file schickt, sobald in der Batterie die Hälfte der dort stehenden 12 Munitionskästen leer ist, selbständig oder auf ein vereinbartes Zeichen 3 Tragthiere mit Munition unter dem Befehl eines Unteroffiziers zur Batterie, um die leeren Kästen gegen gefüllte aus= zutauschen. Sobald die Batterie zum Gefecht sich fertig macht, benachrichtigt er den Führer der Gefechts=Munitions=Staffel über die Stellung der Batterie. Der Führer der Gefechts=Munitions=Staffel hat seinerseits schon beim ersten Schuß 6 Tragthiere mit Munition ohne Weiteres vorgeschickt und geht mit dem Rest der Staffel möglichst nahe an die Batterie heran, sobald sich die Lage übersehen läßt und das Gelände Deckung bietet, was gerade im Gebirge häufig der Fall sein wird. Die Vorschrift verlangt im Allgemeinen einen Abstand von 300 bis 400 m zwischen Batterie und Staffel jedenfalls muß es möglich sein, daß auch in schwierigem Gelände ein Trag= thier nicht länger als höchstens 5 Minuten zum Transport von Munition vom Standort der Staffel zu dem der feuernden Batterie gebraucht. Da sich aber insgesammt nur 56 Schuß (davon 52 Granaten) auf den Trag= thieren befinden, so vermag die Batterie ein nachhaltiges Gefecht nicht durch= zuführen, ohne auf die Reserve zurückzugreifen. Die Reserve besteht aus bespannten, schweren Munitionswagen und wird deshalb in vielen Fällen der Gefechtsbatterie nicht auf die Pfade und Berghänge folgen können, welche die Batterie zur Erfüllung ihrer Gefechtsaufgabe betreten muß, auf welchem das eigentliche Feld ihrer Thätigkeit liegt. Der Führer der Reserve muß daher große Umsicht und Thatkraft entfalten, um ohne Zeitverlust auf Holzabfuhrwegen und Forststraßen, die sich in den Vogesen finden, sei es auch in weitem Bogen, nahe an die Batterie, möglichst bis zur Gefechts= staffel selbst heranzukommen. Ist dies mit Rücksicht auf die Ungangbarkeit des Geländes oder durch das feindliche Feuer ausgeschlossen, so muß von beiden Seiten, von der Batterie wie von der Reserve aus mit allen Mitteln ein ausgiebiger und gesicherter Munitionsersatz angestrebt werden. Hierzu gehört, daß jedem Theil die Aufstellung des andern und die beste Verbindung zwischen diesen Aufstellungen genau bekannt sind, und daß alle bei der Gefechtsbatterie irgendwie verfügbaren Tragthiere mit den leeren Munitions= kästen zur Reserve gesandt werden, um frische Munition heranzuschaffen. Ist die Bagage der Batterie nicht allzuweit entfernt, so kann ihr Führer die dort befindlichen 10 Tragthiere zur Reserve vorschicken, damit sie von dieser zum Munitionstransport auf das Gefechtsfeld verwandt werden.

Es unterliegt sonach keinem Zweifel, daß der Munitionsersatz der Ge= birgsbatterie in schwierigem, für Fahrzeuge nicht benutzbarem Gelände mit

artillerie im Breuschthal stattgefunden haben, doch ist über ihr
nichts in die Oeffentlichkeit gedrungen. Uebrigens ist das Breusc
allen Vogesenthälern das gangbarste, da wenigstens bis Schirmeck
die meisten Hänge für Feldgeschütze erreichbar sind, während das heu
thal auf französischer Seite entsprechende Plainethal eher den Chara
Hügellandschaft, als den eines Gebirgsthales trägt. Somit ist
gegend St. Dié—Schirmeck der Gebrauch der Gebirgsartillerie
gerechtfertigt, da die französischen Gebirgs-Batterien in diesem v
wichtig wenig schwierigen Bergland sehr wohl auf deutsche Feldarti
hiermit auf einen jedenfalls überlegenen Gegner stoßen könnten. A
rung aus unserer Betrachtung stellen wir den Grundsatz auf,
artillerie unter sonst gleichen Verhältnissen an Treffsicherheit u
wirkung dem leichteren, komplizirteren Material der Gebirg
überlegen ist. Letztere darf daher mit Aussicht auf Erfolg nur da
werden, wo beim Gegner auch nur Gebirgsartillerie oder gar keine
vorhanden ist, es sei denn, daß der Gegner den Fehler begeht,
Feldartillerie auf Gebirgsstraßen zu wagen, die so eingeschnitten o
haupt so geführt sind, daß sich fahrende Artillerie nicht von ihnen
kann und überhaupt keinen Raum zum Auffahren findet. Dies ist
in den südlichen Vogesen, vom oberen Breuschthal ab südwärts.
Hier sind die Thäler auf beiden Seiten des Kammes so tief eing
die Paßhöhen außerhalb der Straßen so wenig zugänglich, daß
Gebrauch von Feldartillerie sich von selbst verbietet. Schon b
bringung der beiden Gebirgs-Batterien der Vogesen-Division in Re
deutet darauf hin, daß die französische Leitung sie in den Südv
verwenden gedenkt. Hier dürften sie von großem taktischen Werth
der Infanterie eine recht wirksame Unterstützung bieten, wenngleich
nehmenden Gegner, der die Schwächen der Gebirgsartillerie kennt,
im Stande sein wird, bei geschickter Benutzung des Geländes und
wendung eines wohl gezielten, gut geleiteten Infanterie-Massenf
weite Entfernungen den feindlichen Gebirgs-Batterien empfindlichen
zu thun, auch wenn eigene Artillerie nicht verfügbar ist.

Jedenfalls ist die Beigabe von Gebirgsartillerie an die fra
Grenztruppen in den Vogesen sehr beachtenswerth, da dieses Ka
die Gefechtskraft der genannten Truppen nicht unwesentlich verstärkt
kleinen Krieg ein besonderes Gepräge verleiht. Ob die bevorstehend
weitige Gliederung der an der deutsch-französischen Grenze
Truppen — die Zweitheilung des VI. französischen Armeekorps
eine Neueintheilung der für die Vogesen bestimmten Streitkräfte
ziehen wird und ob hiermit die in der französischen Militärpresse
geforderte Verstärkung der Zahl der Gebirgsartillerie von 2 auf 4

stämme und die Verschiedenartigkeit der Ergänzung und Formirung be[i]
ihnen gebildeten Truppen (Reguläre und Kasaken-Milizen) sind die Urs[a]
daß diese Organisation einen vielseitigen Charakter hat. Auch die S[tärke]
der Kadres, welche im Frieden bereits für verschiedene Abtheilungen b[e]
weist große Unterschiede auf, hauptsächlich aus dem Grunde, weil m[anche]
Truppen infolge der ungeheuren Entfernungen ihren Ersatz gar nicht
zeitig erhalten könnten, wie z. B. im fernen Osten, wo die Truppen
erhöhtem, bez. dem Kriegstande erhalten werden müssen. Am gleichmäß[igsten]
ist die Organisation der Truppen im europäischen Rußland und im Kau[kasus]
gestaltet. Während die Anzahl der Truppen in den entfernteren Th[eilen]
des Reiches eine verhältnißmäßig geringe ist und der höheren Einheite[n]
ganz ermangelt, sind dabei außerdem noch der Etat und die Verbin[dung]
der Waffengattungen sehr verschieden, weil sie von den örtlichen Verhält[nissen]
abhängig gemacht werden müssen.

A. Die Feldtruppen.

Die Infanterie. Im europäischen Rußland und im Kaukasu[s]
steht die Feldinfanterie aus 48 Infanterie-Divisionen, 9 Schützen-Brig[aden]
und 8 finnischen Schützen-Bataillonen. Jede Infanterie-Division besteht [aus]
4 Regimentern zu je 4 Bataillonen; von den Schützen-Brigaden si[nd]
(diejenige der Garde, die kaukasische und die kaukasische Eingeboren[e]
je 4 Bataillonen (bez. Druschinen) formirt, während die übrigen 6 Brig[aden]
je 4 Regimenter zu 2 Bataillonen haben. Die finnischen Schützen-Batai[llone]
unterstehen unmittelbar dem Befehlshaber der finnischen Truppen.

In den entlegenen Bezirken bildet die Division den höchsten Tru[ppen]
verband. Die Feldinfanterie besteht aus 5 Schützen-Brigaden (der
lestanischen, 2 transkaspischen und 2 ostsibirischen) und 37 Linien-Bataill[one]
wobei der größere Theil der in Turkestan und dem westlichen Sib[irien]
liegenden Linien-Bataillone in 5 Brigaden sehr verschiedener Stärke
einigt ist. Die Schützen-Brigaden haben 4 Bataillone mit Ausnahme [der]
beiden ostsibirischen, welche zu 5 Bataillonen formirt sind.

Die Kavallerie besteht im europäischen Rußland und Kaukasus [aus]
18 Kavallerie-Divisionen, welche aus regulären und Kasaken-Regime[ntern]
gebildet sind, aus 4 Kasaken-Divisionen und dem finnischen Drag[oner]
Regiment. Außerdem bestehen noch: der Konvoi Sr. Majestät, 1 selbstständig[es]
Kuban-Kasaken-Regiment, 1 Kuban-Reiter-Division (2 Ssotnjen), die T[erek]
Kasaken-Brigade (2 Regimenter), 1 Astrachan'sches Regiment und me[hrere]
einzelne Ssotnjen. Jede Kavallerie-Division zählt 3 Dragoner- und 1 Kas[aken]
Regiment zu 6 Eskadrons (Ssotnjen); die Kasaken-Divisionen haben 4 [Re]
gimenter zu 6 Ssotnjen. Die Garde-Kavallerie-Divisionen sind stärker;
1. zählt 4 Kürassier-Regimenter (zu 4 Eskadrons), 2 Kasaken-Regim[enter]
(im Frieden zu 4, im Kriege zu 6 Ssotnjen) und 1 Ural-Kasaken-S[sotnje]

Bataillone haben je 2 Kompagnien. Von den Eisenbahn-Bataillonen hat eines (im Verbande der 1. Sappeur-Brigade befindliches) 4 Kompagnien, die übrigen 8 aber, welche die Eisenbahn-Brigade bilden, je 5 Kompagnien; die 5 Kompagnien werden im Mobilmachungsfall zur Bildung von Reserve-truppen abgegeben.

In den entfernten Bezirken befinden sich nur das turkestanische Sappeur-Halbbataillon, 3 Sappeur-Kompagnien (die transkaspische, die west- und die ostsibirische) und 2 transkaspische Eisenbahn-Bataillone.

Der größere Theil der in europäischen Rußland befindlichen Truppen ist zu 21 Korps zusammengestellt, nämlich 1 Garde-, 1 Grenadier- und 18 Armee-, sowie 1 kaukasisches Korps. Es befinden sich nicht im Bestande der Armee-Korps 2 Infanterie-, 2 Kavallerie- und 2 Kasaken-Divisionen, die Schützen-Brigaden, alle Ingenieurtruppen und einige kleinere Abtheilungen. Die Stärke der Korps ist verschieden, die meisten bestehen aus 2 Infanterie- und 1 Kavallerie-Division mit entsprechender Artillerie, bei 5 Korps befindet sich indessen keine Kavallerie. Die Ingenieurtruppen haben im Frieden gar keinen organisatorischen Verband mit den anderen Waffengattungen. Im Frieden befinden sich die Artillerie-Brigaden und die reitenden Batterien nicht im Divisionsverbande, sondern werden ihnen nur für die Zeit der Sommerübungen zugetheilt, während sie im Kriege unter den Divisionen stehen. Ferner werden im Mobilmachungsfall auch Sappeur-truppen den Korps beigegeben, sowie auch besonders den Korps, welche im Frieden keine Kavallerie haben, Kasakentruppen des Beurlaubtenstandes zu-gewiesen werden.

In den entfernten Bezirken existiren im Frieden keine gemeinsamen organisatorischen Einheiten für die verschiedenen Waffen.

B. Die Reservetruppen.

Die Infanterie besteht aus 2 verschiedenen Arten — aus Reserve-Regimentern und aus selbständigen Reserve-Bataillonen. Die Reserve-Regimenter haben im Frieden 2 Bataillone zu 4 Kompagnien und verwandeln sich bei der Mobilmachung in Regimenter zu 4 Bataillonen zu je 4 Kom-pagnien. Die selbständigen Bataillone haben im Frieden 5 Kompagnien, von denen sich 4 im Kriege in Regimenter zu 4 Bataillonen 1. Kategorie umwandeln, während die 5. Kompagnie zu Formationen 2. Kategorie dient. Auf diese Weise verdoppelt sich die Zahl der Kompagnien, bei den Reserve-Regimentern, während sie sich bei den selbständigen Bataillonen vervierfacht. Die Regimenter, welche aus den Reservetruppen gebildet werden, werden zu Divisionen (wie die Feldtruppen) zusammengestellt, diese erhalten Nummern von 42 an. Die Reservetruppen befinden sich nur in Europa und im Kaukasus, wo sie in der Nähe der Grenze garnisoniren. Aus den vorhandenen 36 Reserve-Regimentern sind 9 Reservebrigaden mit den Nummern 42 bis

nb 2. kaukasische im Frieden formirt. von den in Europa und
stehenden 63 selbständigen Reserve=Bataillonen sind je 4 zu
Brigaden mit den Nummern 49—61 und 3. und 4. kaukasische
alt.

entlegenen Bezirken sind 9 Reserve=Bataillone formirt.

e=Kavallerie ist nicht vorhanden; die Kasaken der Beurlaubten=
zen dieselbe.

eserve=Artillerie besteht aus 6 Brigaden zu 37 Batterien
bständigen Batterie, welche sämmtlich in Europa dislozirt sind.
Mobilmachung verwandelt sich · jede Batterie in 4, so daß
n entstehen, von denen 40 zu Ersatz=Batterien bestimmt sind,
den übrigen 112 Batterien der größere Theil in Brigaden zu
n für die Reserve=Divisionen 1. Ordnung, die nach verbleiben=
n Reservetruppen 2. Ordnung oder als Ersatz=Batterien Ver=
en.

e=Ingenieurtruppen werden in der Zahl von 20 Sappeur=
und 3 Eisenbahn=Bataillonen formirt. Die Sappeur=Kompagnien
den 5. Kompagnien der Sappeur=Bataillone (je 2 aus 1), die
Bataillone aber aus den 5. Kompagnien der 3 Bataillone der
rigabe gebildet.

C. Die Festungstruppen.

tehen aus Infanterie, Artillerie und Ingenieuren.

estungs=Infanterie ist im Frieden stark: 1 Regiment zu
n und 29 selbständige Bataillone, jedes zu 5 Kompagnien.
Mobilmachung wird sowohl aus dem Regiment als aus den
en je ein Regiment zu 5 Bataillonen gebildet, so daß dann
ter oder 150 Bataillone entstehen.

estungs=Artillerie besteht aus 53 Bataillonen, 10 Kompagnien
sfall=Batterien, welch' letztere sich im Mobilmachungsfall in
verwandeln.

stungs=Ingenieurtruppen bestehen aus 9 Festungs=Sappeur=
nd 4 Kadre=Kommandos, sowie 9 Festungs=See=Mineur= und
ur=Kompagnien; die 9 Festungs=Sappeur=Kompagnien verdoppeln
ze, die Kadre=Kommandos bilden Halbkompagnien.

e Festungstruppen stehen in Europa und im Kaukasus.

D. Die Kasaken=Truppen

saken stellen Infanterie, Kavallerie und reitende Artillerie auf.
rer Infanterie=Truppentheile ist im Allgemeinen gering; sie sind
en bei den Kuban=, Transbaikal= und Amurheere.

uppen der Kasakenheere unterscheiden sich von den regulären
Bezug auf ihre Organisation wesentlich dadurch, daß im Frieden

24*

In den entfernten Bezirken stehen an

	Infanterie	Kavallerie	Artillerie	Ingenieure	Verwaltung	im Ganzen
Feldtruppen	48 000	10 000	6 000	3 000	—	67 000
Reservetr.	7 000	—	—	—	—	7 000
Festungstr.	—	—	2 000	200	—	2 000
Lokal- u. Hülfstr.	11 000	—	—	—	5 000	16 000
Im Ganzen	66 000	10 000	8 000	3 200	5 000	92 000 Mann.

In vorstehenden Uebersichten fällt sofort der vollständige Mangel an Ersatztruppen in den entfernten Bezirken in's Auge, während sie im Innern des Reiches für Kavallerie und Artillerie vorhanden sind. Der Grund hierzu liegt darin, daß in den ersteren Bezirken fast die ganze Kavallerie (mit Ausnahme von 2 Primorskischen Sjotnjen) aus Kasaken besteht und auch die Artillerie von diesen aufgestellt wird; die reguläire Artillerie ist dort so gering an Zahl, daß sich Bildung von Kadres in Frieden nicht nöthig macht. Sehr wenig zahlreich sind in den entlegenen Bezirken die Festungstruppen, sie bestehen nur aus Artillerie, da fast keine Festungen vorhanden sind und man die Operationen angriffsweise zu führen sucht. Dagegen sind die Lokaltruppen verhältnißmäßig stark vertreten, weil bei der großen Ausdehnung des Gebietes sich die Festhaltung gewisser Punkte durch selbständige Truppen nöthig macht.

Bezüglich der Organisation der eigentlichen Feldtruppen ergiebt ein Vergleich der Verhältnisse im europäischen Rußland (einschließlich des Kaukasus) und derjenigen in den entfernten Bezirken, daß in letzteren die gesammte Infanterie aus selbstständigen Bataillonen (Linien- und Schützen-) besteht und daß Regimenter nur im Kriege aus wenigen Reserve-Bataillonen formirt werden; daß ferner die Brigade (Linien- oder Schützen-) den höchsten Verband für diese selbstständigen Bataillone bildet, von denen einige auch ohne diesen bestehen und daß überhaupt gemeinsame organisatorische Einheiten für die verschiedenen Waffen dort nicht vorhanden sind.

Die erwähnten Eigenheiten der Organisation der Truppen in den entfernten Bezirken finden ihre Erklärung in der geringen Anzahl der in jedem einzelnen derselben stehenden Truppen, in dem Verstreutsein derselben auf einem ungeheuer ausgedehnten Gebiete und in dem eigenthümlichen Charakter, welche die kriegerischen Unternehmungen in Asien tragen, wo ein Detachement von mehreren Bataillonen schon eine ansehnliche Streitkraft bildet, wo eine Kompagnie Infanterie oder eine Sjotnje Kasaken als taktische und Verwaltungs-Einheit auftritt und wo bisher die Stärke der Detachements nie die Zahl von 5—7000 Mann (ungerechnet diejenige für Sicherung der Verbindungen) betrug. Wenn diese Verhältnisse allgemein für die Bezirke der Steppengebiete und der diesen Charakter tragenden voraussichtlichen Kriegstheater

gelten, so bleibt doch noch für das Amurgebiet zu erwähnen, daß
im Frieden auf einem verhältnißmäßig kleinen Flächenraum gegen 80
vereinigt sind, weil sie unter Umständen mit einem zahlreicheren
organisirten Gegner zu rechnen haben werden. Dort erscheint es
wünschenswerth, schon im Frieden organisatorische Einheiten der ve
Waffen in Zukunft aufzustellen.

Bereits im Frieden bestehen in Rußland selbstständige Kadre
Artillerie- und Ingenieur-Parks, auch sind Feldgensdarmerie-Al
vorhanden. Die Stabswachen werden erst im Mobilmachungsfal
Die Lokaltruppen werden für den inneren Dienst an den entfern
des Reiches stationirt, wo weder Feld- noch Reservetruppen bis

Auf 1000 Mann der Friedensstärke kommen in Rußland:

770 Mann Feldtruppen
90 „ Reservetruppen
62 „ Festungstruppen
9 „ Ersatztruppen
69 „ Hülfstruppen.

Was die Organisation der einzelnen Waffengattungen betrifft
diejenige der Artillerie ganz besonders von der bei den übrigen A
geführten ab, indem nicht das Regiment, sondern die Batterie
ständiger Körper auftritt. Die Batterien, welche die volle Oeko
waltung aller Werkstätten haben, können ohne jedweden Nachtr
Zeit zu selbstständigen Detachements abkommandirt werden, dabe
diese Art der Bewirthschaftung sehr komplizirt und verlangt eine
zahl nicht streitbarer Mannschaften. Bei dem Anwachsen der
Armeen wird eine Ausscheidung kleinerer Detachements auf lä
voraussichtlich nur noch selten vorkommen und damit auch im Zusa
stehend die Abkommandirung einzelner Batterien; die volle Selb
ist deshalb für die einzelne Batterie überflüssig, dagegen nöth
größeren Einheiten der Artillerie. Die neugebildeten Artillerie-Tr
sind auch in diesem Sinne nach der Art der Regimenter mit sel
Regimentswirthschaft ausgestattet worden und wird dies voraussi
noch weiter durchgeführt werden. Eine weitere Abweichung der O
der russischen Artillerie besteht darin, daß je 6 Batterien umm
Brigaden zusammengefaßt sind, so daß eine Unterabtheilung von
4 Batterien, wie sie in allen übrigen Armeen vorhanden ist, gä
Da die Batterien aus 8 Geschützen bestehen, so erscheint die Fü
48 Geschützen in 6 Batterien ohne Unterabtheilung nicht zweck
Eine Eigenthümlichkeit der russischen Armee sind die Sappeur-Br
welchen die einzelnen Bataillone zusammengestellt sind. Bezüglich
theilung der Ingenieurtruppen im Felde an die Divisionen und
keine Bestimmungen veröffentlicht.

Im Mobilmachungsfall tritt zu jeder Infanterie-Division eine Fuß-artillerie-Brigade; jedes Korps besteht in der Reserve aus 2 Infanterie-Divisionen und 1 Kavallerie-Division. Letztere sind bereits im Frieden formirt. Ueber die Zutheilung von Reserve-Divisionen an die Korps sind Bestimmungen nicht bekannt.

Ein Vergleich der Friedens- und der Kriegsstärke ergiebt Nachstehendes für die einzelnen Waffen. Es ist stark:

1 Kompagnie Infanterie im Frieden 107, im Kriege 235 Mann (46 pCt.);

1 Eskadron im Frieden 165 Mann mit 143 Pferden, im Kriege 150 Mann mit 143 Pferden (110 bezw. 100 pCt.);

1 Batterie (8 Geschütze) im Frieden 180 Mann, im Kriege 227 Mann (79 pCt.).

Die russische Artillerie befindet sich bez. des Ueberganges aus dem Friedens- auf den Kriegsfuß unter günstigen Verhältnissen, da neben den günstigen Stärkeverhältnissen für die Batterien noch außerdem bereits im Frieden besonders Kadres für die Parks und die Ersatz-Batterien vorhanden sind. Die Höhe der Etats der Batterien erklärt sich, wie schon oben er-wähnt, aus dem Umstande, daß die Batterien infolge ihrer wirthschaftlichen Selbstständigkeit einer größeren Anzahl Nichtkombattanten bedürfen.

Für die Reservetruppen bestehen an Infanterie in den

Reserve-Regimentern Kadres von 194 Mann für Baône von 948 Mann (20 pCt.),

Reserve-Bataillonen Kadres von 97 Mann für Baône von 948 Mann (10 pCt.).

Für die Kavallerie sind keine Reserve-Formationen vorgesehen, da hierzu die Kasakentruppen zweiter und dritter Kategorie des Beurlaubten-standes bestimmt sind.

K. Die Dislokation der Truppen.

Die geographischen und politischen Verhältnisse lassen es voraussichtlich erscheinen, daß sich die kriegerischen Operationen hauptsächlich an der west-lichen Grenze des Reiches entwickeln werden. Die Ausdehnung des Ge-bietes, wozu noch die ungenügende Entwickelung der Verkehrslinien tritt, ist die Veranlassung, daß man ganz besonders auf eine rechtzeitige Zusammen-ziehung der Truppen an der bedrohten Grenze bedacht sein muß. Dank der Veränderungen, welche in der letzten Zeit in der Dislokation der Truppen vor sich gegangen sind, hat man es erreicht, daß in den drei westlichen Bezirken gegenwärtig der größte Theil der Feldtruppen zusammengezogen ist. Dort ist auch der größere Theil der „Regimenter" der Reserve-Infanterie dislozirt, d. i. derjenigen Reservetruppen, für welche die Kriegsbereitschaft am meisten vorgesehen ist, und dort garnisoniren auch die meisten Festungstruppen. In etwas geringerer Anzahl stehen die Feldtruppen in den Bezirken von Petersburg, Moskau, Odessa, Finnlands und des Kaukasus, wo sich gleichzeitig Reserve- und Ersatztruppen befinden; in dem Bezirk von Kasan sind überhaupt keine Feldtruppen, sondern nur Reservetruppen vorhanden.

Die Konzentrirung der Hauptmassen der Truppen in den Grenzbezirken erleichtert ihre Zusammenziehung im Mobilmachungsfalle, bringt aber trotzdem große Nachtheile mit sich; sie erlaubt nicht die Durchführung der Ergänzung nach dem Territorialsystem, gestattet nicht die Heranziehung der Truppenkommandeure auf dem Gebiete der Verwaltung, erschwert die Unterbringung der Truppen und erhöht die Kosten für die Unterhaltung derselben. In Bezug auf die Mobilmachung weist diese Anhäufung der Truppen weniger Nachtheile auf; in einem verhältnißmäßig kleinen Raum ist eine große Masse von Truppen mit wenig Ersatzkörpern, aber starken Kadres, welche wenig Ergänzung brauchen, angesammelt. In den inneren Bezirken, in welchen man eine große Anzahl Ersatz hat, sind diejenigen Reservetruppen untergebracht, welche im Mobilmachungsfalle zu ihrer Aufstellung zahlreichen Ersatzes bedürfen.

Während in allen Armeen der größeren Staaten sich im Mobilmachungsfalle die verschiedenen Kategorien der Truppen aus Ergänzungsmannschaften der verschiedenen Altersklassen zusammensetzen, sodaß z. B. die ältesten Jahrgänge für Truppentheile, welche zur Deckung der rückwärtigen Verbindungen für den Garnison- oder inneren Dienst ausersehen sind, verwendet werden, während man anderwärts Reservisten, Landwehrleute ersten und zweiten Aufgebots in verschiedenen Formationen verwendet, kennt man solche Unterschiede in Rußland nicht; alle Ergänzungsmannschaften werden ohne Unterschied, ohne Rücksicht auf ihre Dienstzeit, auf die verschiedenen Kategorien der Truppen vertheilt. Für die Opoltschenie (Landsturm) bestehen bereits im Frieden, wie wir oben gesehen haben, schwache Kadres.

Als ganz besonders der russischen Armee bereits im Frieden eigenthümliche Einrichtungen sind die Organisation der Festungsinfanterie und der Mineur- (Fluß- und See-) Kompagnien zu bezeichnen.

Als Ersatztruppen bestehen in Rußland bereits im Frieden Kadres für die Kavallerie und die Artillerie, welche nicht im Zusammenhange mit den Feldtruppen selbst stehen; es hängt dies mit der großen Ausdehnung des Gebietes zusammen welche für den Mobilmachungsfall es kaum als durchführbar erscheinen läßt, daß das Prinzip, jeden Truppentheil aus seinen entsprechenden Reserven zu ergänzen, aufrecht erhalten wird.

Am meisten unterscheidet sich die russische Armee bez. der Organisation ihrer Traintruppen von den übrigen Armeen. Die Train-Bataillone bestehen erst seit dem Jahre 1888 und haben insofern eine begrenzte Bedeutung, als sie nur zur Aufstellung der Transporte im Rücken der Armee dienen sollen, während alle Trains der Truppen und Divisionen bei den ersteren selbst formirt werden. Die Train-Bataillone sind im Frieden nicht im Verbande der Feldtruppen, sie unterstehen den Chefs der militärischen Kommunikationen in den Grenzbezirken.

Die Reserve-Artillerie hat, wie schon oben angegeben, verhältnißmäßig schwache Kadres, da jede Batterie, welche im Frieden besteht, zu · 4 dergleichen im Kriege verwandelt wird.

Von den Ersatztruppen sind die Kadres für die Kavallerie und Artillerie im Allgemeinen genügend stark im Frieden vorhanden.

Die Opoltschenie besteht aus Mannschaften, welche die gesetzliche Dienst-pflicht in der Armee erfüllt haben und aus jungen Leuten, welche entweder gar nicht oder nur ganz kurze Zeit in ungenügender Weise geübt haben. Es sollen aus den aufzustellenden Druschinen, Sfotnjen ꝛc. Brigaden und Divisionen formirt werden, wozu für jede Kompagnie Sfotnje und Batterie zwei Unteroffiziere als Kadre bei den Verwaltungen der Kreistruppenchefs vorhanden sind. Man will mit den Opoltschenietruppen die Deckung der rückwärtigen Verbindungen der Armee, die Vertheidigung der Küsten und die Organisation von Parteigänger-Abtheilungen auf Grund der Erfahrungen des Jahres 1812 ausführen. Bezüglich der Dislokation der Truppen ist zu bemerken, daß diese in keinem direkten Verbande mit den Ergänzungs-Bezirken stehen und daß die Kommandeure keine Beziehungen zu den lokalen Militärverwaltungen haben. Je nach dem Bedarf stehen größere organisatorische Einheiten (Divisionen und Korps) in ihrem vollen Bestande an den Grenzen, die Kavallerie ist verhältnißmäßig in so großer Stärke vorgeschoben, daß die Korps im Innern des Reiches ihrer im Frieden entbehren.

II. Die Organisation der Militär-Behörden.

Bis vor kurzer Zeit waren die Befugnisse der Truppenkommandeure bez. der inneren Verwaltung und Bewirthschaftung sehr ausgedehnte. So hatten die Regimentskommandeure z. B. bis zum Jahre 1868, die Kom-mandeure bei der Artillerie bis zum Jahre 1884, vollständig selbstständige Verfügung über die innere Bewirthschaftung ihrer Regimenter, ohne Ab-legung von Rechenschaft über die Verwendung der Gelder, während sich die höheren Behörden auf die Beaufsichtigung, daß Alles in Ordnung war, beschränkten und alle Verfügungen in wirthschaftlicher Beziehung direkt vom Kriegsministerium erlassen wurden. Die oberen Truppenbefehlshaber waren von dem wirthschaftlichen Verwaltungswesen gänzlich ausgeschlossen, sie hatten lediglich mit der Ausbildung und dem Kommandowesen zu thun und waren auch in diesen Beziehungen sehr durch die Verfügungen des Kriegsministers beschränkt.

Die neueren Veränderungen hatten hauptsächlich den Zweck, die Thätigkeit des Kriegsministeriums zu dezentralisiren; durch die Schaffung der Militär=Bezirksverwaltungen in den 60er Jahren begann die Dezentralisation; sie war aber verknüpft mit der Abschaffung der Brigade= und Korps=Instanz für den Frieden, sodaß die Regimenter direkt unter der Division standen. Für den Kriegsfall wurden diese Instanzen neu geschaffen. Die Bestrebungen, die Mobilisirung zu beschleunigen, führten zu der Wiedereinführung des Brigadeverbandes bei der Infanterie auch im Frieden, im Jahre 1873, während die Korps erst im Jahre 1876 neu formirt wurden. Aus diesen Verhältnissen erklärt sich auch die Bezeichnung der Inhaber der höheren Instanzen; es heißt Brigade=Kommandeur, Divisions=Befehlshaber (Natschalnik) und Korps=Kommandeure. Brigade= und Korpsstäbe sind für die Ausbildung und das Kommandowesen verantwortlich, die Division ist außerdem die höchste Instanz für die innere Wirthschaft der Truppen. Die ungleichmäßige Ver= theilung der Truppen über das Gebiet — die Massen der an der Westgrenze aufgehäuften Truppen — die geringe Entwicklung des Eisenbahnnetzes und die nicht vollständige Zuverlässigkeit des Ersatzes der Truppen aus gewissen (nicht rein russischen) Theilen des Reiches machen die strikte Durchführung des Territorialsystems zur Unmöglichkeit. Hierzu kommt noch, daß die Leistungs= fähigkeit der Industrie in den verschiedenen Theilen des Reiches eine sehr verschieden entwickelte ist, sodaß die Truppen an ihren Standorten ihre Be= dürfnisse gar nicht erhalten können, daß ferner die Lokaltruppen ebenfalls der Kommandobehörden bedürfen. Aus allen diesen Ursachen hat sich die Einrichtung von Lokal=Militärbehörden nothwendig gemacht. Das gesammte Reich ist in 13 Militär=Bezirke eingetheilt, welche die Verbindung zwischen dem Kriegsministerium, den Truppen= und den Lokal=Behörden herstellen. Es sind dies die Militär=Bezirke von Petersburg, Finnland, Wilna, Warschau, Kijew, Odessa, Moskau, Kasan, des Kaukasus, Turkestan, Omsk, Irkutsk und des Amurlandes; außerdem bestehen noch die Verwaltungen des Landes der donischen Kasaken und des transkaspischen Gebietes. Die Militär=Bezirks= verwaltungen der Grenz=Bezirke sollen im Mobilmachungsfalle die Kadres für die Stäbe der zu formirenden Armee=Oberkommandos bilden. 128.

(Fortsetzung folgt)

Das englische Heeresbudget für das Jahr 1895/96.

Das englische Heeresbudget gelangt alljährlich im Parlament, welches seit Jahrhunderten sorgfältig über die Gerechtsame des Landes wacht, zur Bewilligung. Septenate und ihnen Aehnliches, wie in anderen Staaten, sind in England unbekannt. Die Stärke des englischen Heeres pro 1895/96 beziffert sich exkl. der Kolonialstreitkräfte auf 155 403 Mann, und der Kriegs=minister Sir Campbell=Bannerman gab in der Budgetkommission seiner Ueberzeugung Ausdruck, daß die derzeitige Zusammensetzung der englischen Armee den verschiedenen Ansprüchen, welche an dieselbe herantreten könnten, entspreche, und daß das richtigste Verfahren und die beste Reformweisheit darin bestände, dieselbe unverändert zu lassen. Hieraus folge jedoch nicht, daß nicht manche geringere, jedoch wichtige Verbesserungen im englischen Heere vorzunehmen wären, und man dürfe nicht glauben, daß in der britischen Armee Stillstand herrsche. Im Gegentheil mache dieselbe stetige Fortschritte in ihrer Leistungsfähigkeit, und diese Erscheinung gelte sowohl für das reguläre Heer, wie für dessen Hülfsstreitkräfte. Es sei dies jedoch nicht sowohl denjenigen, welche ihre Verwaltung leiteten, wie vielmehr der ver=mehrten Thätigkeit in der Armee selbst, dem wachsenden Eifer in der Er=langung vermehrter Berufskenntnisse und der gesteigerten Hingabe ihrer Offiziere und Mannschaften für den Dienst zu verdanken. Heute sei die reiflich erwogene Vorbereitung und die vollkommene Uebereinstimmung bei den beiden Hauptdienstzweigen der britischen Wehrmacht vorhanden, welche das Parlament wünsche. Das zur Zeit vorgelegte Budget enthalte im Wesentlichen dieselben Anforderungen hinsichtlich der Mittelbewilligung wie im vorigen Jahre, denn die Verminderung des diesjährigen Budgets gegen das von 1894/95 betrage nur 22 100 Lstrl.

Die Denkschrift, welche der Staatssekretär über das Heeresbudget von 1895/96 vorlegte, enthält vergleichende Rückblicke auf das Finanzjahr 1894/95 und führt im Speziellen aus, daß das Heeresbudget pro 1894/95 gegenüber dem des Vorjahres eine Erhöhung aufwies, die zum größten Theil sowohl dem Anwachsen der Reserve, der Miliz und der Freiwilligen, wie auch den günstigen Rekrutirungsbedingungen ihre Entstehung verdankte, welche den Mannschaftsstand in der Armee während des ganzen Jahres auf seiner vollen Höhe erhielten. Diese Ursachen riefen eine Erhöhung des Budgets um 170 000 Lstrl. hervor. Die Steigerung der Preise für Fourage und Brennmaterial bezifferte sich auf 108 100 Lstrl. Das in neuester Zeit ein=getretene Herabgehen der Lebensmittelpreise würde zu einer Verringerung des Budgets für 1895/96 geführt haben, wenn die daraus resultirenden Ersparnisse nicht durch das Anwachsen des Tilgungsfonds zur Bezahlung der Anleihe für Barackenumbauten und durch das Erforderniß erhöhter Ausgaben, um manche alte Baulichkeiten in gehörige sanitäre Verfassung zu bringen, absorbirt worden wären. Das allgemeine Resultat für das Budget von 1895/96 besteht jedoch, wie erwähnt, in einer Verringerung um 22,100 Lstrl., und die Beiträge für die Jahre 1894 95 und 1895/96 beziffern sich auf bezw. 18 005 900 und 17 983 800 Lstrl. Die für das Jahr 1895 96 vorgeschlagenen Etatänderungen sind nur geringe, jedoch an sich nicht unwichtige; die Totalerhöhung des Personalbestandes der Armee beträgt jedoch nur 56 Mann. Sollte es, wie man hofft, möglich sein, ein Bataillon im Laufe des Jahres 1895 aus Egypten zurückzuziehen, so würde eine gewisse Anzahl Mannschaften abgelöst und zur Komplettirung der Garnisonen der südafrikanischen Kohlenstationen verwendet werden. Auch die Neuerrichtung einer Kompagnie Festungsingenieure wird mit Rücksicht auf die Ergänzung der in diesen Stationen erforderlichen Stärke dieser Truppe erfolgen. Die technischen Dienstzweige der Royal Engineers erfahren mit Rücksicht auf die Entwickelung der Vertheidigungseinrichtungen, wie Scheinwerfer elektrische Verbindungen und unterseeische Minen eine Verstärkung. Das Verhältniß der Feldgeschütze in der englischen Armee zu den übrigen Waffen wird als ein unangemessenes erachtet. Durch eine Umgestaltung der Feldartillerie-Depots und die schließliche Annahme des Systems, die für die Batterie im Auslande erforderlichen Mannschaften aus den Inlandsbatterien anstatt aus den Depots zu ergänzen, wird es möglich, 7 neue Feldbatterien zu errichten, welche die Anzahl der verfügbaren Geschütze um 48 und die Anzahl der Geschütze bei jedem der 3 Armeekorps von 84 auf 102 erhöhen. Durch ein ähnliches Arrangement betreffs der Fußartillerie soll die Aufbringung der Mannschaft vereinfacht und Artillerie-Detachements für die Vertheidigung der Haupthandelshäfen bereit gestellt werden. Obgleich die englische Armee das Verhältniß der Geschützzahl der Armeecorps des Continents nicht erreicht, hat dieselbe gegen früher einen beträchtlichen Fortschritt gemacht. Die Anzahl der Kompagnien der Fußartillerie ist um 6, und zwar 3 im Inlande und 3 im Auslande, vermehrt worden. Diese Aenderung vermochte infolge einer Reduktion der Fußartillerie-Depots von 9 auf 6 und der richtigen Vertheilung der Aufgaben der Depots und der Kompagnieen durchgeführt zu werden, und sie wird wesentliche Verbesserungen im Gefolge haben.

Der Bericht des Generalinspekteurs der Rekrutirung ist, wie der Kriegsminister bemerkt, ein zufriedenstellender, obgleich das Alter, in welchem die jungen Leute in den Dienst treten, annähernd dasselbe wie in den früheren Jahren war. Dank der Bemühungen der Verwaltung sind jedoch viele der früher aufgetretenen Uebelstände abgestellt worden. Es ergiebt sich, daß sowohl infolge der sorgfältigen Ueberwachung der Zusammensetzung der Regimenter, wie infolge der strikten Regelung der Rekrutirung, um zu ver-

[...] abnorm ſtarke Mannſchaftszahlen in ein und demſelben Jahre [...] eingeſtellt werden, ſowie durch die Ausdehnung der Dienſt= [...] der wenigen Bataillone, die unter außergewöhnlichen [...] leiden, ein abnormes Zurückgreifen auf die Inlands=Regimenter [...]tändig vermieden zu werden vermochte. Das allgemeine Reſultat [...]nige, daß nach Berückſichtigung aller Abkommandirungen zur Zeit Inlands=Bataillone vorhanden ſind, welche nicht 300 bis 400 über [...]re alte Mannſchaften in Reih und Glied und die Durchſchnittsziffer [...]er Mannſchaften beträgt bei allen Inlands=Bataillonen wenig unter 400. [...] Zuſtand iſt ein ſo befriedigender wie er je bei der gegenwärtigen [...]n Heeresorganiſation für möglich gehalten wird, und wenn man [...]htigt, daß für jedes Inlands=Bataillon 730—800 Mann in der [...] (excl. der Miliz=Reſerve) vorhanden ſind, läßt ſich behaupten, daß [...]zeitige kurze Dienſtſyſtem auf die Dauer in dieſer Hinſicht ein ſo [...]rgebniß erzielt hat, wie bei ſeiner Einführung durch Lord Cardwell [...] wurde.

[...]ie 1. Klaſſe der Reſerve, welche am 1. Februar 84 732 Mann betrug, [...]te die in Ausſicht genommene Maximalziffer erreicht. Eine Ver= [...]ng derſelben iſt jedoch zu erwarten, und wenn ſie unter 80 000 [...]kt, wird zur Ausdehnung des Dienſtes der Reſerve auf 12 Jahre, 1893 aufgegeben wurde, zurückgegriffen werden. In Vermehrung [...]öhnlichen für die Manöver, beſonders diejenigen bei Alderſhot ver= [...]n Mittel wird eine Summe für einen Mobilmachungsverſuch einiger Infanterie=Bataillone nebſt einer entſprechenden Quote der übrigen [...] verlangt und wird beabſichtigt, die Reſerviſten für eine Woche ein= [...]. Die Rekrutirung der Miliz iſt in letzter Zeit zufriedenſtellender [...] wie im Jahre 1893/94. Von einer Umgeſtaltung des Zahlungs= [...] für Bekleidungsprämien erwartet man eine Erſparniß an Ausgaben, [...]s hinſichtlich derjenigen Mannſchaften der Miliz, die ſich nicht zur [...] Ausbildung ſtellen, nachdem ſie die erſte Ausbildung auf Grund [...]nſtellung in die Miliz erlangt haben. Man erwartet, daß die im [...]en Jahre auszubildende Stärke der Miliz ſich keineswegs verringern, [...] ſich ſogar mit geringerer Mittelaufwendung unterhalten laſſen werde. [...]ie Ausbildung der Yeomanry iſt im Allgemeinen Günſtiges berichtet [...], allein es ergab ſich als wünſchenswerth, einige kleinere Korps der= [...]zulöſen, die den erhöhten Anforderungen an die Leiſtungsfähigkeit [...]prachen oder in anderer Richtung hinter den nothwendigen Anforderungen [...]ben. Neu erlaſſene Beſtimmungen ſetzen den Jahresbeitrag für jeden [...]ten Mann der Yeomanry auf 3 Lſtrl. feſt. Dieſer Beitrag wird [...] die Hälfte reduzirt, ſobald ein Yeoman nicht die erforderliche [...]ng im Schießen durchmacht. Mehrere Yeoman=Regimenter wurden [...] Ausbildung mit befriedigenden Reſultaten in Brigaden zuſammen=

gestellt, allein bei anderen erwies es sich als schwierig, wo nicht
diese Bestimmung durchzuführen und die Auflösung der betreffend
erscheint nothwendig. Die Anzahl der in die Listen aufgenommenen
ausgebildet geltenden Freiwilligen übertrifft diejenige jeden anderen
und zum ersten Male erreichte die bei der Inspizirung thatsächlich
Ziffer 200 000 Mann.

Die Anzahl der an den Lagerübungen theilnehmenden Freiw
die exceptionelle Ziffer des vorhergehenden Jahres erreicht, und
Ziffer ist in das neue Budget dieses Zweiges des Dienstes auf
worden. Die Berichte der Distriktsoffiziere bekunden übereinstim
erhöhte Leistungsfähigkeit dieses Theils der brittischen Wehrma
bereits erwähnt, hat das Herabgehen der Preise für Four
und Fleisch die für diese Verpflegungsmittel erforderliche Summe
trächtlich verringert. Die betreffende Position, die im vorigen
109 800 Lstrl. erhöht wurde, wird sich in diesem Jahre um 151
verringern. Die derzeitigen Preise sind die niedrigsten seit viele

Die bisher zur Verfügung der Armee stehenden Truppens
heute thatsächlich verbraucht; allein eine endgültige Entscheidung
Ersatz durch neue Schiffe wurde noch nicht getroffen. Bevor diese
wird für angemessen gehalten, das System des Ermiethens völlig zu
auf welches zurückgegriffen werden müsse, wenn irgend eine Exp
Auslande zu unternehmen sei. Dieser Versuch bedingt eine Me
des Armeebudgets, da bei dem Truppenschiffsystem die Bezahlu
des Kriegsministeriums sich auf die Reparatur- und Umänderungs
die Seevorräthe beschränkte, und kein Beitrag auf die ursprüngli
der Schiffe oder auf die Bezahlung ihrer Bemannung entfiel.
wahrscheinlich, daß diese Bedingungen erreicht werden, selbst n
Truppenschiffe gebaut würden, so daß das englische Heeresbudget
sicher eine erhöhte Belastung für den Seetransport aufweisen wir
dem Parlament vorgelegte Forderung zeigt in gewissem Maße
dieser veränderten Verhältnisse. Die im Jahre 1894/95 für die
vorgesehene Summe wurde in Anbetracht des zu Anfang desselben
befindlichen disponiblen Fonds etwas zur Ungebühr reduzirt, und
erforderlich, in gewissem Maße auf die Reservefonds zurückzugre
selben sind jedoch zum Theil aus heute disponiblen Fonds ersetz
es ist erforderlich, für das nächste Jahr Vorsorge zu treffen, sowe
Reserve zu ergänzen und den gewöhnlichen Ausgaben zu entsprecher
in gewisser Hinsicht die zur Ausgabe gelangende Ausrüstung
bessern.

Die Herstellung der Geschütze für die Armirung der Hafenwerh
anlagen ist im laufenden Jahre beträchtlich vorgeschritten. Eine
neuer Geschütze für die reitende Artillerie ist in Bestellung gegeb

	Budget 1895/96 Totalziffern	1894/95 Totalziffern	Differenz in den Budgets Vermehr.	Vermind.
	Lstrl.	Lstrl.	Lstrl.	Lstrl.
Kriegs= und andere Vorräthe. Ergänzung und Reparatur	1722000	1807000	—	85000
Bauten, Anlagen und Reparaturen inkl. Ueberwachungseinrichtungen	986100	832600	153500	—
Militär=Erziehungsinstitute, Gehälter und verschiedene Lasten	114500	114500	—	—
Kriegsministerium=Gehälter und verschiedene Aufwendungen	257900	257600	—	300
Gesammtbetrag für die effektiven Dienstzweige	14944200	14969600	—	25400

III. Nicht effektive Dienstzweige.

	Lstrl.	Lstrl.	Lstrl.	Lstrl.
Nicht effektive Aufwendungen für Offiziere ꝛc.	1515200	1516400	—	1200
Nicht effektive Aufwendungen für Mannschaften ꝛc.	1355000	1355200	—	200
Besondere Positionen Verpflegung, Entschädigungen ꝛc.	169100	164700	4700	—
Gesammtbetrag für die nicht effektiven Dienstzw.	3039600	3036300	3800	—
Gesammtbetrag für effektive und nicht effektive Dienstzweige	17983800	18005900	3800	25400
Nettoverminderung				22100

Einen interessanten näheren Einblick in das englische Rekrutirungssystem bietet der bereits erwähnte, mit dem Bericht des Staatssekretärs gleichzeitig veröffentlichte Bericht des Generalinspektors der Rekrutirung, Generalmajor Grenfell, über die Rekrutirung von 1894. Derselbe konstatirt hinsichtlich der regulären Armee, daß der künftige Rekrutenbedarf zwischen 32 000 bis 36 000 Mann variiren würde, solange die gegenwärtige Heeresorganisation unverändert bleibt. Etwa 17 000 Mann werden alljährlich zur Armeereserve übergeführt, und der Ausfall infolge anderer Umstände ist fast der gleiche. Aus verschiedenen besonders aufgeführten Gründen wird der Stand der Armee am 1. September als die beste Probe auf das alljährliche Rekrutirungsergebniß betrachtet, und aus einer dem Bericht beigegebenen Uebersicht geht hervor, daß die etatsmäßige Stärke des englischen Heeres am 1. September v. J. um 205 Köpfe überschritten war, jedoch am folgenden Tage infolge des Abgangs nach Indien bestimmter Mannschaften um 864 Köpfe unter den Etat hinabging Im Jahre 1894 traten 33 698 Rekruten in die reguläre Armee (1893 bis 35 193). Von den ersteren wurden 1708 für 12jährigen Dienst bei der Fahne, 30 622 für 7jährigen Dienst bei der Fahne und 5 Jahre in der Reserve und 1368 für 3 Jahre bei der Fahne und 9 Jahre bei der Reserve eingestellt. Für junge Leute für die Linieninfanterie wurden gewisse Konzessionen hinsichtlich der Körpergröße und des Brustmaßes gemacht; allein infolge der lebhaften Entwickelung der Rekru-

tirung beim Beginn des Jahres wurden diese Konzessionen mehr einge
Im Laufe des Jahres 1894 wurden 8463 Rekruten oder 25,4 pC
dem Maß in der Armee eingestellt, im Jahre 1893 7759 oder 2?
Diese Zunahme des Prozentsatzes war jedoch erwartet und ist die r
bare Folge der der Milizrekrutirung vom November 1893 bis Mä
auferlegten Beschränkungen. Von 2581 während der ersten Hä
Jahres 1894 eingestellten und noch dienenden Rekruten hatten 1!
2. Januar 1895 das vorgeschriebene Maß erreicht, 585 waren a
schiedenen Gründen zum Neumessen nicht disponibel und 722 wa
unter dem Maße. Die soziale Stellung der Rekruten bessert sich b
der Heeresdienst ist in den mittleren Klassen der Bevölkerung popul
worden, und nur wenige Rekruten können weder lesen, noch schreibe
Anzahl ehemaliger Handwerker unter den Rekruten ist in der Vermi
und die Anzahl ehemaliger Schreiber in der Zunahme begriffen.
in dem Budget für das Jahr 1894 für die Linieninfanterie in R
Glied vorgesehenen Ziffern fehlten am 1. September vor Abgang de
Truppenschiffes nur 383 Mann in Reih und Glied, und seit dem Jah
erreichte die englische Infanterie den vorgeschriebenen Stand nicht ir
Maße. Eine besondere Uebersicht weisen die Rekrutirungsergebnisse
verschiedenen Kolonialtruppenkorps auf. Der Etat derselben betr
1. Januar 1895 4695 Köpfe und die vorhandene Stärke beziffert
4536 Köpfe. Im Jahre 1894 wurden 6744 Milizleute in die Ter
Regimenter, die Royalartillerie oder die Ingenieure aufgenomm
Jahre 1893 dagegen 7420 bezw. 6894. Die Zahl der Freiwilligen
1894 in die reguläre Armee eintraten, ist noch nicht bekannt, 189?
dieselbe jedoch 2836 und 1893 2257 Mann. England und Wales
im Jahre 1894 26 763 Rekruten, Schottland 3232, Irland 3446,
welche im Jahre 1893 28 444, 3046 und 3357 betrugen. Der ?
der Abgewiesenen betrug 1894 46,3 pCt. gegenüber 41 pCt. im Jahr
13 020 wurden wegen verschiedener Fehler zurückgewiesen und
wegen Mangels an physischer Entwickelung. Von 64 092 Mann mit
wie zweijähriger Dienstzeit wurden 770 als Invaliden entlassen. Di
tationen betrugen 3958 Fälle gegenüber 4827 Fällen im Jahre 18
von den ersteren Mannschaften kamen 1833 wieder. Die Anzahl der
schaften, welche ihre Entlassung erkauften, fiel von 2617 im Jahr
auf 2454.

Einen ganz besonderen Zuwachs weist die 1. Klasse der t
Armeereserve in den letzten Dezennien auf. Dieselbe hat sich seit 18
7845 auf 82804 erhöht. 1894 wurden 14 796 Mann in die Reser
geführt. Das kurze Dienstzeitsystem ist seit 1878 in voller Wirksam
die normale Reserve, welche 74 293 Mann zählt, hat heute ihr
Entwickelung erreicht und geht sogar infolge der großen Rekrutenzahl

Die französische Expedition nach Madagaskar.*)

(Fortsetzung.)

Erhellt aus dem früher Gesagten, daß die französische Expedition
Madagaskar, speziell der Marsch nach Antananarivo, denn doch etwas
ist als eine Promenade à Tanarive, wie sie ein großer Theil der Pa
Presse hinzustellen beliebte, so bleibt uns noch ein Blick auf die Wehr
der Howa zu werfen.

Seit dem Jahre 1879 ist auf Veranlassung der Engländer die allgen
Wehrpflicht zur Einführung gelangt, welche mit dem 18. Lebensjahre be
und fünf Jahre dauert, nach deren Ablauf der ausgebildete Mann aber
ferner, nach Ermessen der Regierung, namentlich für den Kriegsfall, jede
zum Dienst einberufen werden darf.

Ziffermäßig die militärische Leistungsfähigkeit der Howa festzust
ist überaus schwierig, weil ein großer Prozentsatz der Dienstpflichtigen
der ausgebildeten Mannschaften sich durch Desertion der Ableistung
Militärpflicht entzieht, indem sie zu den Räuberbanden, Fahavalos, w
auf der ganzen Insel ihr Unwesen treiben und die allgemeine Siche
nach jeder Richtung schädigen, namentlich aber die unterworfenen Bö
schaften bedrücken, übergehen.

Im Allgemeinen darf man annehmen — nach französischen Quellen
daß seit der Einführung der allgemeinen Wehrpflicht etwa 80 000 M
militärisch ausgebildet sind, von denen etwa 35 000 Mann in Abzug geb
werden müssen, welche entweder gestorben oder dienstunbrauchbar gewo
sind bezw. sich der Dienstpflicht durch Desertion entzogen haben. Es b
somit nur noch ein Bestand von etwa 10 000 bis 12 000 Howa-Krie
Hierzu treten noch etwa 10 000 bis 12 000 Mann Hülfstruppen u
worfener Völkerschaften, denen durch Einreihung eines bestimmten Pro
satzes von Howa-Soldaten — 33 pCt. — eine höhere Zuverlässigkeit er
wird. Sie sind indessen weniger eine Kriegs= als eine Polizeitruppe
welcher Eigenschaft sie meist zur Besetzung der an den radial von der H
stadt zur Küste führenden Straßen eingerichteten, leicht befestigten Mil
stationen verwandt werden, wo sie zur Verfügung der Gouverneure
betreffenden Provinzen stehen, theils um die Herrschaft der Howa über

*) Siehe Oktober-Heft der „Neuen Militärischen Blätter".

Geschütze und eine große Zahl Vorderlader vorhanden sein, von d […]
allerdings keine Gefahr bringt, daher auf dem Erdboden liegen […]
und ungünstigen wurden, weshalb für Zuverlässe an ihre Treffsähigkeit […]
nicht schon noch zu sehenden sind. Endlich ist nach Oberst Sherwin […]
eine eigene Kanonen bestimmt vorhanden, welche täglich an 20 000 […]
zu schaffen vermag.

Im Vergleiche der Geschütze sind dagegen nur etwa 600 […]
welchen noch einige unter Leitung des englischen Major Grade […]
welche einen gewissen geründlich ausgebildet sein sollen.

[…] Koronnen gieb[…]
[…] Sanitätsoffiziere oder Kasernements […]
[…] Je Jahr wird jede Truppe von der fünffa[…]
[…] Ehren der Offiziere, und Soldaten oder […]
[…] packschen der Geschütze und der Munition, außer […]
[…] Schicksalnd. Bekleidungsstücken ꝛc. begleitet […]
[…] Jahr und eine Unsumme von anderen Ausrüstu[…]

[…] wird durch Hissen einer rothen […]
[…] allen anderen wichtigen Orten und auf hohen […]
[…] womit alle dienstpflichtigen Mannschaften gehal[…]
[…] Frankreich zu versammeln.

[…] Abschweifung, welche die allgemeine Orientirung […]
[…] nöthig machte, nehmen wir unsere Berichte[…]
[…] der Ereignisse wieder auf.

[…] das Ultimatum der französischen Regierung i[…]
[…] gährte dieses nicht länger, der Deputirtenkamm[…]
[…] Bewilligung der Mittel, vorläufig 65 Millionen Fr. […]
[…] Expeditionskorps von 15 000 Mann vorzulegen, wel[…]
[…] Zuthun mit 337 gegen 148 Stimmen bewilligt wurd[…]
[…] des Unternehmens sind auf 200 Millionen Fr. ver[…]
[…] voraussichtlich aber auch diesen Betrag noch erheblich über[…]
[…] dann mit aller Energie die Bereitstellung und Au[…]
[…] truppen, worauf wir noch zurückkommen werden, […]
[…] wurde suchte man sich auf Madagaskar, neben […]
[…] französischen Küste befindlichen, aber als Operationsbasis für ei[…]
[…] gegen Antananarivo nicht geeigneten Diego Suarez, an […]
[…] in Tamatave und Modjanga, je einen Stützpunkt zu […]
[…] man schon in den Kriegen 1883 bis 1885 in […]
[…] allerdings vergeblich, vorzudringen versucht hatte.
[…] verfügte zu dieser Zeit nur über:

1 Bataillon Marine-Infanterie zu 3 Kompagnien,

Eingeborene Schützen von Diego Suarez zu 4 Komp[…]

Um endlich die Wasserstraßen der Insel auszunutzen zu können
Expedition eine eigene Flottille für die Flußschifffahrt, nämlich:

12 zerlegbare Kanonenschaluppen, deren Zahl auf 16 zu
6 Dampfjollen,
42 Flachboote,
4 Landungspontons, jedes aus 5 Theilen zu 4 m Läng
mit der nöthigen Bemannung beigegeben werden.

Da man ferner sehr wohl einsah, daß der Nachschub der
für ein Expeditionskorps von 15 000 Kombattanten mit etwa 100
und einer großen Zahl von Pferden und Maulthieren in einem
quellen entbehrenden Lande, zudem auf große Entfernungen, mit
Schwierigkeiten zu kämpfen haben würde, sollte nicht die Zahl
thiere und Träger in's Unendliche anschwellen, so entschloß ma
in Madasgkar die in den Kriegen am Senegal und in Dahome
Fahrzeuge Lefèvre zu verwerthen, weil man ihnen eine ungl
Belastung (bis 200 kg) zumuthen kann wie den Maulthieren (
gar den Trägern (20 bis 40 kg), dieses also nicht allein einer
der Marschkolonnen, sondern auch einer Ersparniß an Personal u
pflegungsmitteln zu gute kommen mußte.

Die Fahrzeuge Lefèvre sind leichte, ganz aus Eisen gefert
spurige, niedrige Karren, welche je nach Umständen mit Maulthie
oder selbst mit Menschen bespannt werden und eine Belastung
tragen können. Für den Feldzug in Madagaskar hatte das Kriegs
drei verschiedene Konstruktionen, nämlich 1000 Deckel-, 4000
40 Zysternenwagen, anfertigen lassen, welche eine sehr vielseitige
die erstgenannten zugleich als Pontons, die letztgenannten, mit Pum
versehenen Fahrzeuge für die Mitführung von je 700 Liter
finden sollten, anfertigen lassen, aber für jeden Wagen nur eine
von einem Maulthier in Rechnung gestellt.

Insgesammt waren ferner 5000 Maulthiere in Frankreich,
im Suban beschafft, 9000 Träger und Führer für die Maulthiere
bylen in Algier und je 2000 Mann in Dahomey und Tonking)
dennoch mußte man nach allen Richtungen später recht unange
täuschungen erleben, weil man bei Feststellung des Bedarfs denn
etwas oberflächlich vorgegangen war, die Lieferungen auch nicht
Bestellungen genau entsprachen.

Beginnen wir mit den Dampfern, so stellte sich nachträg
daß ihr Tiefgang um 15 bis 20 cm größer war als er sein soll
Wasserstand im Betsiboka und Ikopa schnell bedenklich fiel, daß
sehr auf dem Flusse ein beschränkterer wurde und daß die M
die Strömung zu schwach waren, um als Schleppdampfer
werden zu können. Endlich hatten sich auf der Rhede von M

der Anschluß Modjanga's an das allgemeine Kabelnetz bei Mo[]
beendet gemeldet werden.

Da indessen nach den bis Anfang März vorliegenden M[]
Howa das rechte Ufer der Bombetoke-Bucht bis auf 30 km, [] auf etwa 70 km von Modjanga besetzt hielten, so mußte sich Gener[] in der ersten Hälfte des Monat März zu einigen gewaltsam[] drängen entschließen, um sich volle Klarheit über die Stellungen [] zu verschaffen. Zu dem Zweck ging zunächst am 9. März das []
„Gabès" stromaufwärts, zugleich um eine Durchfahrt durch die, [] gegenüber in der Bombetoke-Bucht liegende Barre zu ermitteln. [] fand das Schiff hier bei niedrigem Wasserstande nur eine Waß[] 3 m und mußte die Durchfahrt durch den Schlamm des Unter[] [] ser Anspannung seiner Maschinen und Bemannung erzwing[] [] der Barre aber wieder in gutes Fahrwasser, welches, wie [] [] sich bis über Marovoay hinaus fortsetzte. Er [] dem kleinen von Herrn Laberbiéville ermietheten Dampfer „Boeni" und legte gemeinschaftlich mit diesem die Reise fort. Bei Maha[] beide Fahrzeuge Geschützfeuer, doch brachten die gezogenen G[] „Gabès" — zwei 14 cm und zwei 10 cm-Geschütze — die feindlich[] [] zum Schweigen, worauf sie, abermals von Infanterie []
beschossen, am 15. März vor Marovoay eintrafen. Hier trennte[] Fahrzeuge wieder, indem der „Boeni" zur Berichterstattung nach[] zurückkehrte und am 18. März daselbst eintraf, während der G[] an der Einmündung des Betsibaka in die Bombetoke-Bucht verbl[]

Am 10. März stieß dann eine Kompagnie algerischer Sch[] Marobago — an der Straße nach Marovoay gelegen —, von [] ohne auf den Feind gestoßen zu sein, wieder bis Ambondro zu[] weil die Straßen in Folge der Regenzeit noch gänzlich unpass[] und abermals Regenwetter eintrat. Als dann in den nächsten[] Wetter sich aufklärte, schickte General Metzinger am 19. März[] zwei Kompagnien madagassischer Schützen und Marine-Infanterie[] Ambondro hinaus nach Amparihingidro vor und unternahm am[] auf beiden Ufern der Bombetoke-Bucht gleichzeitig eine gewal[] Rekognoszirung gegen Südosten. Eine Kompagnie algerischer Sch[] mit einem Zuge Artillerie auf einer Schaluppe eingeschifft u[] Schleppdampfers nach Kandany übergesetzt, von wo sie, dem linke[] Westsibaka folgend, gegen Mahabo vorgingen und diesen Ort angri[] selbe war von den Howa mit 200 Mann besetzt, außerdem hatt a[] eine Batterie erbaut, deren Geschütze den Fluß bestrichen. W[] die Geschütze des „Gabès" den Kampf mit jenen aufnahmen, u[] zum Schweigen brachten, nahmen Jene den Ort, wobei die Howa[] und 2 Geschütze einbüßten.

verstärkt worden war, und daß hierbei von den madagassischen Schützen nur die früher nicht bestandene 7. Kompagnie zur Verwendung gelangt, dagegen Theile des Bataillons notorisch bei Modjanga aufgetreten sind, berechtigt zu dem Schlusse, daß das ganze Bataillon madagassischer Schützen seinerzeit — Januar — die Besetzung Modjanga's ausgeführt hat und dann in Diego Suarez, wo ja ein 1. und 3. Bataillon dieses Regiments in der Aufstellung begriffen, durch die Freiwilligen von Réunion ersetzt wurde, vielleicht weil die Neuformation sich nicht mit der erhofften Schnelligkeit vollzog oder die Neuformationen noch nicht genug geschult waren. Thatsächlich scheinen die Sakalaven den Franzosen etwas mißtrauisch gegenüber zu stehen und sich nach jeder Richtung abwartend zu verhalten.

Andererseits erwähnen obige Meldungen Marinetruppen, welche nach dem französischen Annuaire von 1894 bisher nicht in Diego Suarez ge= standen haben und von denen nicht zu ermitteln ist, von wo sie dorthin gelangt sind, denn vor dem Kriege zählte Diego Suarez nur eine Be= satzung von

1 Bataillon Marine=Infanterie zu 3 Kompagnien,
1 „ madagassischer Schützen zu 4 Kompagnien,
1 Straf=Kompagnie der Kolonien,
1 Batterie Marine=Artillerie.

Hierzu war nun in den ersten Tagen des April das Freiwilligen=Bataillon von Réunion hinzugetreten, worauf der Kommandeur, Oberst Piel, sofort die Offensive ergriffen hatte, um das unmittelbar an der Grenze des fran= zösischen Gebietes liegende Ambohimarina, Sitz eines Howa=Gouverneurs, mit dem Fort Cazambo, von wo aus die französischen Vorposten fortgesetzt beunruhigt wurden, am 8. April anzugreifen und zu nehmen. Das durch einen Hauptwall gedeckte und mit Geschützen armirte, schwer zugängliche Fort liegt auf einem Höhenrücken an der Bucht von Diego Suarez, von wo es diese letztere beherrscht. Grund genug, um die Garnison dieses letzteren Platzes zu einem Unternehmen gegen das Fort zu veranlassen. Der Angriff wurde durch 2 Kompagnien Schützen von Réunion, 3 Kompagnien Marine= Infanterie und 1 Zug Marine=Artillerie ausgeführt und setzten die Howa tapferen Widerstand entgegen. Der Kampf dauerte eine Stunde; 20 Ge= schütze und 900 Haupt Rindvieh wurden erbeutet; die Howa sollen 250 Todte und 300 Verwundete, die Franzosen nur 5 (?) Verwundete verloren haben. Die Wegnahme Ambohimarina's ist nicht unwichtig, weil sie nicht ohne Einfluß auf die Haltung der Antakara bleiben möchte, der sehr gesunde Platz auch aus sanitären Rücksichten um so werthvoller ist, als die Unterkunftsräume in Diego Suarez schon für die Friedensbesatzung be= schränkt sind, die gegenwärtig zur Benutzung herangezogenen Magazinräume aber sehr zu wünschen übrig lassen.

theilungen in Privatbriefen übereinstimmend dahin, daß sie, den Gesundheitszustand betreffend, die dortigen Zustände grau in grau malten. Gleiche
Nachrichten brachte die englische Presse. Mußten doch selbst die offiziellen
Berichte allmählich zugeben, daß die neu Angekommenen fast ausnahmslos
dem Klima ihren Tribut zu zollen hätten, wenn nicht durch ernstere Erkrankungen, so doch mindestens durch Kopfschmerzen und leichteres Fieber,
wogegen die schon längere Zeit bei Modjanga versammelten Truppentheile,
namentlich die algerischen Schützen und später auch die Fremden-Legionäre,
Freiwillige von Réunion und afrikanischen reitenden Jäger manche schwer
Erkrankte in die Lazarethe schicken mußten. Am schlimmsten gestaltete sich
die Lage indessen bei dem am 20. Mai von Kotorm in Modjanga eintreffenden Bataillon Haussa-Schützen, welches in Folge einer schon während
der Ueberfahrt zum Ausbruch gekommenen Epidemie 25 Mann verloren
hatte und sofort in Quarantäne gelegt werden mußte. Vorgreifend wollen
wir schon jetzt erwähnen, daß schließlich auch die offiziellen Berichte einen
Krankenstand von 10 pCt. der Effektivstärke zugestehen mußten, dieses aber
noch zu einer Zeit (Monat Juli), wo er nach englischen Berichten bereits
auf 25 pCt. und mehr gestiegen sein sollte. Belegt wird diese letztere Nachricht durch die Mittheilung, daß täglich 200 Kranke aus dem Innern strom-
abwärts in die Lazarethe des Küstengebietes übergeführt wurden und daß
fortgesetzt Rekonvaleszenten aus dem später in Ankabaka eingerichteten Lazarethe und aus denjenigen von Modjanga bezw. von dem dortigen Lazareth-
schiffe nach Naßi Ré, Réunion und in die Heimath bezw. nach Algier
evakuirt werden mußten, auch unaufhörlich Ersatzmannschaften nach Madagaskar abgehen, um die Mankos zu decken. Allerdings hört man von
Sterbefällen verhältnißmäßig wenig, doch beweist dieses nichts, denn in den
französischen Kolonien ist es, abweichend von dem Verfahren in Frankreich,
Algier und Tunis, nicht üblich, amtliche statistische Erhebungen über die
Sterblichkeit zu machen. Auf privatem Wege ist dagegen ermittelt worden,
daß rücksichtlich der Sterblichkeit bei der Truppe Madagaskar im Friedensverhältniß, wo also der Tagestemperatur, Jahreszeit und Witterung die
nöthige Rücksicht gezollt werden kann, mit 7 bis 8 pCt. auf gleicher Stufe
mit Tonking und dem Senegal steht und nur von Guyana übertroffen wird
Es ist indessen leicht erklärlich, daß dieser Prozentsatz ein ungleich höherer
werden muß, sobald die Friedensrücksichten fortfallen, die Strapazen steigen,
Verpflegung und Unterkunft zu wünschen übrig lassen bezw. weniger geregelt
sind, vor allen Dingen aber, sobald die Truppe noch nicht akklimatisirt ist.

Natürlich haben die Vorkommnisse einen Sturm der Entrüstung herauf-
beschworen und haben sie, wie so manches Andere, eine scharfe Verurtheilung
in der französischen Presse erfahren, zumal man Vieles auf einen Mangel
an Einheit in der Leitung zurückführt und darum besondere Hoffnungen auf
das Eintreffen des General Duchêsne auf dem Kriegsschauplatze gesetzt hat.

Kriegstechnik und Weltverkehr in ihren Anforderung gegenüber der Aëronautik.

[Nachdruck unter

Im Bereiche der Vervollkommnung des Weltverkehrs zeigen sich
wärtig ganz entgegengesetzte Bestrebungen auf theoretischem Gebiete.
seits werden bedeutende unterirdische Verkehrsstrecken in Form großer
durch das Urgestein und durch die Grundmassen der Alpen gebroche
dem zeitgemäßen Eilverkehr auf glatten Schienenpfaden in Berge
kürzeste Verbindungen zu ermöglichen, andererseits strebt man Eilfahrt
lenkbaren Luftschiffen an und erschöpft sich dabei vorläufig mehr in Berech
und in Erwägungen, als in wirklichen Versuchen.

Hat die Kriegführung der Neuzeit die Eisenbahnanlagen und Da
einrichtungen ihren besonderen Zwecken nun so dienstbar gemacht, d
Ernstfalle diese Verkehrsmittel in den wichtigsten Momenten der allgem
öffentlichen Benutzung fast gänzlich entzogen werden, so ist auch anzun
daß Kriegswissenschaft und praktisch vorgehende Kriegsleitung min
eine gleiche Werthbemessung der Luftschifffahrt zuwenden werden, sobald
mit sicher und zweckgemäß verwendbaren Fahrzeugen greifbare Vo
bieten wird.

Der gewöhnliche Luftballon erscheint gegenwärtig gerade den mit
Benutzung besonders vertrauten Luftschiffern militärischen und zivilen S
als ein Fahrzeug, das beim freien Abfluge stets der Laune der Windru
sowie überhaupt allen horizontalen oder auch vertikalen Luftströmung
dingungslos preisgegeben sein wird. Einhaltung bestimmter Fahrtri
in bedeutender Höhe, sowie gleichzeitige Erzielung einer vorausbere
großen Fahrtgeschwindigkeit, erscheint da ausgeschlossen in entschie
Weise.

Die französischen lenkbaren Luftschiffe in Walzenform (System
l'hôme und von Hänlein) haben mit ihren einseitigen und sehr sch
Leistungen in obenangedeuteter Hinsicht bis jetzt keine erwähnens
Besserung gebracht. Mit der Nachahmung des Vogelfluges im Kleine
im großen Maßstabe, will es, trotz der angeblich stattgefundenen theore
Lösung, nicht so recht vorwärts gehen.

Und doch behaupten wissenschaftlich wie auch praktisch in fachmän
Beziehung hervorragende und auf hoher Rangstufe stehende Zeitgenosse
mit allem Nachdrucke, daß wir dicht vor der Lösung des wichtigen Pro

gegenden gegenüber barbarischen Völkerstämmen, streifenden Horden und
ähnlichen Feindesmassen.

Die Erschwerungen, die gegenwärtig der europäischen Kriegführung in
der Sahara, in weit ausgedehnten Gegenden Arabiens und in den nicht
minder öden Steppen und Wüstenstrichen der Mongolei sich entgegenstellen,
könnten am schnellsten und auf sicherste Weise gehoben und im Wesentlichsten
beseitigt werden mit Verwirklichung der Luftschifffahrtsentwürfe größeren
Maßstabes, die gegenwärtig wieder technische Kreise beschäftigen und dabei
dennoch der staatlichen Unterstützung oder Förderung fast gänzlich ermangeln.
War es früher anders?

Dem Erfinder submariner Schiffe und ersten Erzeuger heutiger Torpedos
und Dampfschiffe, dem genialen Robert Fulton (geboren 1765 in der englischen Grafschaft Lancaster, gestorben am 24. Februar 1815 und dann
30 Tage hindurch vom Kongreß des Staates New-York offiziell betrauert),
passirte es trotz zweimaliger persönlicher Verwendung des Marschalls
Marmont — vide dessen Memoiren, die 1857 veröffentlicht wurden — vom
ersten Bonaparte als „Erzschwindler" wiederholt zurückgewiesen zu werden,
weil er demselben die Benutzung der Dampfkraft zur See gegenüber der
Segelflotte Großbritanniens anbot in sachgemäßester Weise!

Der artilleriewissenschaftlich gebildete erste Konsul Frankreichs wollte
von Fulton's „Maschinenschiffen" nichts hören und nichts sehen, trotzdem der
Verkannte am 9. August 1803 auf der Seine in Paris ein Dampfschiff
stromaufwärts führte und schon in den Jahren 1800 und 1801 mit einem
submarinen Schiffe Staunenswerthes vor französischen Küstenplätzen geleistet
hatte. Bei Brest senkte Foulton mit seinem lenkbaren submarinen Schiffe
sich 80 m tief in's Wasser hinab, durchfuhr volle 20 Minuten die bedeutende
Tiefe, tauchte dann wieder empor, um darauf nach abermaligem Verfinken
und Zurückfahren unter Wasser an der ursprünglichen Abfahrtsstelle wieder
aufzutauchen. Am 17. August 1801 blieb Fulton mehr als eine Stunde
unter Wasser und durchfuhr dabei eine weite Strecke. Dem im einseitigen
Schuldünkel befangenen und zudem auch sonst ziemlich starrköpfigen ersten
Bonaparte erschienen die außerordentlichen Leistungen dieses Fremden äußerst
verhaßt. Marmont's Verwendung war vergeblich und Fulton begab sich
nach New-York, wo sein 150 t fassender Dampfer „Clermont" mit einer
Maschine von 18 Pferdekräften und Schaufelradbewegung im Jahre 1807
fertiggestellt wurde und auf dem Hudson zwischen New-York und Albany
bei Transportschifffahrt die 240 km lange Zwischenstrecke in 82 Stunden
zurücklegte.

Beim Betreten des zur ersten Fahrt bereitstehenden Dampfschiffes wurde
Fulton von unwissenden und feindselig gestimmten Pöbelhaufen arg verhöhnt.
Als der Dampfer in regelmäßige Bewegung gesetzt wurde, erschallte dagegen
wüstes Beifallsgebrüll von denselben Volksmassen. Die Dampfschifffahrt,

scheint, auf dem alten, seither fast ganz verlassenen Wege der m
Flugmaschinen gelöst werden."

In Bezug auf die ausschließliche Erprobung und Benutzung
maschinerien bei Herstellung lenkbarer Luftschiffe bestehen entgege
Ansichten auch bei Denjenigen, die sonst den gewöhnlichen Luftball
den teil- oder zylinderförmigen Gasballons ähnlicher Art alle
absprechen. Wir werden die deutlichen Belege für vorstehende
unten vorführen, um gleichzeitig damit beweisen zu können, wie
entschieden sich da scheinbar ganz gleichartige Systeme und Ent
grenzen.

Professor Georg Wellner in Brünn (oder nunmehr in Graz
lenkbares Luftschiff in Vorschlag gebracht, dessen Konstruktion un
Anwendungsart viel Beifall in fachmännischen Kreisen findet. Im
wurde dieses Fahrzeug in Bau genommen, hatte aber schon
folgter Fertigstellung und Erprobung Widerspruch erweckt und
eigenartiges Gegenstück hervorgerufen, dessen Erzeuger mit scharfer
und sachlichen Nachweisen keineswegs spart.

Das lenkbare Luftfahrzeug des Professors Georg Wellner
Maschinenkraft gehoben und fortbewegt werden. Ein zylinderförmi
bildet den Hauptbestandtheil des Ganzen. An beiden Seiten dieses
(und zwar über der Längenachse desselben) stehen Achsen hervor,
trommelartig angeordnete Schaufel- oder vielmehr Segelflügelräd
sind, die nach auswärts schwingen. Diese Schaufeln oder Schw
sind gelenkig mit dem Gestänge eines Exzenters verbunden und
Folge dessen beständig geschwungen gleich den Schaufeln eines Rad
Schraubenförmig gedrehte Versteifungsrippen sollen ermöglichen,
Schwingentheile sowohl beim Auftriebe des Fahrzeuges, als au
horizontalen Fortbewegung desselben zweckgemäß funktioniren könn

Scharf tritt diesem Systeme, sowie überhaupt allen gleichart
schlägen, die einseitig auf Motorenbetrieb sich stützen, ein Herr C. F.
in Zürich gegenüber. Und nicht blos mit entschieden absprechen
sondern auch mit einem wirklichen Gegenvorschlag in Form e
originell erscheinenden Modells im Maßstabe 1 : 50 tritt der Le
hervor.

Sein seit dem 13. Juli 1894 in Zürich ausgestelltes Ma
lenkbaren Luftfahrzeuges ist von dem mit der Herstellung beau
wesenen Mechaniker nicht ganz so hergestellt worden, wie es be
beabsichtigte. Einiges mag auch in der feineren Theilkonstruktion
mit Absicht fortgelassen worden sein zur Wahrung der Geheimhalt
zum Schutze gegen unberechtigte Ausbeutung oder Nachahmung.

Das Billwiller'sche Luftfahrzeug beansprucht sowohl die Hel

Hier der vom Erfinder gegebene Wortlaut: „Für den ſenkrec
ſtieg werden vorerſt die die horizontale Fortbewegung bewirkenden
ſchrauben unwirkſam gemacht, währenddem man die übrigen fünf voll
läßt, wobei die gelenkigen Flügel der beiden zugleich der Steuerung
den Schrauben, vermöge der Centrifugalkraft, ſich ſelbſtthätig ·re
zu den Wellen einſtellen. Hat das Luftſchiff entweder die gewünſchte,
auch ſeine höchſt erreichbare Höhe erlangt, ſo daß es alſo nicht höher
vermag, ſo werden die beiden die horizontale Fortbewegung der
Flügelſchrauben in Thätigkeit geſetzt. Falls ſodann die dieſe beiden S
verbindende gerade Linie nicht in die gewünſchte horizontale Fah
fällt und auch, wenn die ziehende Schraube nicht vorne ſteht, ſo w
das mehr oder weniger ſtarke Aufſtellen des entſprechenden Steu
reſp. durch den auf dieſen ſtärker oder ſchwächer wirkenden Luftw
dem Luftſchiff die gewünſchte horizontale Fahrrichtung ertheilt. Her
Windſtille, oder geht ein Rücken= oder Stirnwind, deſſen Richtung
die gewünſchte Fahrrichtung fällt, ſo hat man vermittelſt der be
Wirkung der Steuerflügel nur dafür zu ſorgen, daß das Luftſchiff
der Richtung bleibt; herrſcht aber eine Luftſtrömung, die die g
Fahrrichtung mehr oder weniger kreuzt, ſo iſt diejenige der beiden
Flügelſchrauben, die auf der Windſeite ſteht, je nach der Richt
Stärke des Windes mehr oder weniger unwirkſam zu machen, wäl
auf der entgegengeſetzten, dem Wind abgekehrten Seite voll wirken
Druck des Windes auf den Luftſchiffkörper entgegen zu arbeiten, u
das Gleichgewicht zu halten hat. Bekanntlich beſitzt ein Schiff in
zum Zweck ſeiner Steuerung nur Widerſtandsflügel in Form des
Ruders. Bei dem ſtarken ſeitlichen Druck und Widerſtand des
gegen die Schiffswandungen genügt das Steuerruder vollkommen,
ſchwachen Seitenwinden das Segelſchiff in ſeinem Kurs zu halten.
genügend ſtarker motoriſcher Kraft vorwärts getriebenen Waſ
genügt zu jenem Zweck die Anwendung des Steuerruders auch d
wenn ſtarke ſeitliche Winde wehen, wohingegen Segelſchiffe von ſolche
aus ihrem Kurs gebracht werden. Bei einem in der Luft frei ſch
Körper genügt die einſeitige Wirkung des Luftwiderſtandes auf die
flügel ſchon bei ſchwachen ſeitlichen Luftſtrömungen nicht mehr, un
ſeinem Kurs zu erhalten, auch wenn er von einer ſtarken motoriſch
horizontal vorwärts getrieben wird. Bei jeder auf das Luftſchiff
ſeitlichen Windſtrömung iſt daher, zum Zweck der Steuerung deſſel
Luftwiderſtandswirkung auf die Steuerflügel mit der quer zur Fah
ſtehenden einſeitigen Wirkung der motoriſchen Kraft entſprechend zu
Dadurch, daß die Richtung der in dieſer Weiſe einſeitig wirkenden m
Kraft, mit der reſultirenden des auf die entgegengeſetzte Seite m
ſenkrecht gegen die Oberfläche des Luftſchiffs ſich aufſtellenden W

auf der Balkan-Halbinsel vertretenen berechtigten Interessen an der russischen Westgrenze unter Umständen kaum entbehrlich sein möchte.

Andererseits hat sich in den letzten Jahren, insbesondere seit den Kronstädter Ereignissen, ein Zusammengehen Rußlands mit Frankreich in den orientalischen Angelegenheiten, speziell am Goldenen Horn, bemerkbar gemacht, dem ersteres die freie Durchfahrt für die Fahrzeuge seiner freiwilligen Flotte durch die Dardanellen, letzteres andere Lizenzen verdankt. Im Verein mit dem neuerlichen Auftreten eines russischen Geschwaders im Mittelmeere und mit der Erörterung der Frage einer Marinestation für dasselbe in diesem Meere darf diese Erscheinung wohl als Vorbote künftigen gemeinsamen Handelns zugleich, insofern das englisch-italienische Uebergewicht im Mittelmeere durch diese letztere Thatsache beeinträchtigt wird, sogar als eine größere Gefährdung Konstantinopels angesehen werden. Letzteres ist ganz besonders der Fall, sobald man einen Handstreich gegen die türkische Hauptstadt in Rechnung stellt, wie ihn Kapitän z. S. Stenzel in seiner vor wenigen Monaten erschienenen, oben genannten Broschüre eingehend erörtert. Der Herr Verfasser tritt für die Möglichkeit einer überraschenden Landung russischer Truppen ein und erachtet eine ausreichende Deckung der Stadt auf der Landseite durch ein großes befestigtes Lager für aussichtslos, da alle dahingehenden Bestrebungen sich niemals verwirklichen würden. Zur Zeit verfüge die türkische Hauptstadt aber nur über eine Truppenzahl von 7000 bis 8000 Mann mit 400 Geschützen, zu denen nur aus Adrianopel in entsprechend kurzer Zeit ein Zuwachs von etwa 5500 Mann stoßen könnte, während Rußland für ein solches Unternehmen mit Leichtigkeit 100 000 Mann bereit zu stellen vermöchte. Mit Recht ist er andererseits der Ansicht, daß die türkische Armee nur dann wirksam werden könnte, wenn ihr Zeit zur Konzentration in größerem Umfange verbliebe. Für die russische Schwarzmeer-Flotte komme es daher nur darauf an, rasch nach Konstantinopel zu gelangen, gleich 30 000 Mann Landungstruppen mitzuführen und zu landen, um die Dardanellen gegen ein Einlaufen der englischen Flotte sperren zu können.

Mit einem russischen Handstreich gegen Konstantinopel wird aber unter den bestehenden Verhältnissen auf der Balkan-Halbinsel immer mindestens ein offensives Vorgehen in Klein-Asien, von der Küste des Schwarzen Meeres und vom Kaukasus-Gebiete ausgehend, verbunden gedacht werden müssen, zumal einerseits die durch jenen bedingte Ausschließung der englischen Flotte vom Schwarzen Meere, andererseits die neuerliche gewaltige Entwicklung der russischen Wehrmacht im kaukasischen Militärbezirk, nicht minder wie die in den Häfen des Schwarzen Meeres angesammelte Transportflotte ganz besonders hierzu auffordern, so lange die Mobilmachung und Versammlung der über ein weites Ländergebiet zerstreuten türkischen Truppenformationen so lange Zeit beansprucht, wie dies angesichts des ungenügenden Zustandes der türkischen Eisenbahnen heutzutage noch der Fall ist.

dies genügen um anzudeuten, welchen unberechenbaren Werth ein
her Grundlage angelegtes leistungsfähiges Eisenbahnnetz speziell
theidigung der türkischen Hauptstadt und der Dardanellen besitzt,
Mittel bietet, die Zeit des Ueberganges aus der Friedens= in
ormation und der Truppenversammlung auf dem Kriegsschauplatze

Näher auf diese Frage einzugehen ist hier weder der Ort noch
eser Arbeit. Leider ist aber das türkische Reich trotz anerkennens=
rtschritte in den letzten 20 Jahren, noch weit entfernt, über ein
Ansprüchen genügendes Eisenbahnnetz verfügen zu können und
Aussicht vorhanden, daß dem wirklichen Bedürfnisse entsprechende
hergestellt werden möchten.

besitzt der europäische Theil des türkischen Reiches auf einem
von etwa 165 438 qkm mit einer Einwohnerzahl von
bis jetzt nicht mehr als insgesammt 1131 km Schienen=
121 km sich sogar noch im Bau befinden, also etwa 23 km
auf 100 000 Einwohner. Noch ungünstiger gestaltet sich dies
den asiatischen Gebietstheilen, welche bei einem Flächenraum
000 qkm mit etwa 16 Millionen Seelen nur 1469 km Schienen=
6—8 km auf 100 000 Einwohner aufzuweisen haben.

ring diese Gesammtentwickelung der türkischen Eisenbahnen ist, so
sich doch auf den verhältnißmäßig langen Zeitraum von 30 Jahren,
ahre 1865 waren im europäischen Theile der Türkei nur 65, im
180 km vorhanden, zu denen bis 1870 im ersteren 226, im
, von 1871—75, im ersteren 1245, im letzteren 171 km hinzu=
Folge des russisch=türkischen Krieges ruhte die Bauthätigkeit in
1876—80 gänzlich, wurde auch im folgenden nur im asiatischen
Reiches, noch etwas schüchtern, wieder aufgenommen und 66,8 km
fertig gestellt; dagegen begann sich der Unternehmungsgeist in
ben Jahren gerade in diesem Landestheile lebhafter zu regen als
opäischen. Während dort in dem Zeitabschnitt von 1686—90
von 1891—92 sogar 581 km neuer Bahnen in den Verkehr
werden konnten, hatte der letztere nur eine Zunahme von 85 be=
ise von 96 km neuer, dagegen einen Verlust von 707 km schon
befindlicher Bahnen zu verzeichnen, welche letztere mit den an
richtete Fürstenthum Bulgarien und an Oesterreich gefallenen Ge=
abgegeben worden waren.

ganz besonderem Interesse für uns Deutsche sind die Bauten dieser
re, weil sie einer deutschen Gesellschaft und deutscher Industrie
gegeben haben, ihre Leistungsfähigkeit zu bethätigen und damit auch
Zeit dem deutschen Unternehmungsgeist ein lohnendes Feld zu er=
schnelle und gute Ausführung der in dieser Zeit fertig gestellten Bahnen
der türkischen Regierung, wie in gleicher Weise dem türkischen

Publikum, die technische, administrative und' finanzielle [damaged]
deutschen Unternehmer in das beste Licht gestellt [damaged]
Veranlassung gegeben. Daß aber die neuen, auf [damaged]
näher einzugehen Gelegenheit haben werden, ähnliche [damaged]
verzeichnen haben werden, wie die bisher vollendeten, [damaged]
vorauszusetzen, als die Gesellschaft eifrig bestrebt ist, das [damaged]
trauen auch ferner zu rechtfertigen, auch einen von der [damaged]
ihr bereitwilligst zur Verfügung gestellten, hervorragend tüch[tigen]
deutschen Eisenbahnbeamten nach Klein-Asien entsandt hat, dem
gestellt wurde, die vorliegenden Entwürfe zu prüfen und in
mit den leitenden Technikern der Gesellschaft behufs Einhol[ung]
nehmigung der türkischen Regierung festzustellen.

Eine auffallende Erscheinung ist es indessen, daß bisher [damaged]
den im türkischen Reiche in Betrieb befindlichen Bahnen in [damaged]
Regierung oder einheimischer Gesellschaften übergegangen ist,
sich noch im Betrieb fremder Privat-Gesellschaften befinden, eb
eine der im Bau befindlichen oder projektirten einem Inland
ist, der das Unternehmen mit fremden Kapitalien fördern n
auch nur ein Strohmann ist.

Es befinden sich:

I. In der europäischen Türkei:

1. Im Betrieb der Orient-Eisenbahn-Gesellschaft (Baron Hirsch)
2. Im Bau und Betrieb der anatolischen (deutsch-österreichischen) Eisenbahn-Gesellschaft (Kaulla) . . . [damaged]

   Sa.

II. In der asiatischen Türkei:

1. Im Betrieb der ottomanischen (englischen) Eisenbahn-
   Gesellschaft. . . . . . .
2. Im Betrieb der Smyrna-Kassaba (englischen) Eisenbahn-
   Gesellschaft. . . . . .
3. Im Betrieb der anatolischen (deutsch-österreichischen) Eisenbahn-Gesellschaft (Kaulla) . . . .
4. Im Betrieb des Herrn Nagelmakers . . . .
5. Im Betrieb verschiedener Gesellschaften . . . . [damaged]

   Sa.

Von den neuen Eisenbahn-Projekten sind die durch
Schienenstrecken und strategische Bedeutung wichtigsten Linien
(deutsch-österreichischen) Eisenbahn-Gesellschaft übertragen.

Ein einheitlicher Plan hat weder im europäischen noch
Theile der Türkei dem Eisenbahnbau als Basis gedient.
seiner Zeit einmal ein Entwurf für ein einheitlich geschlossen[es]

Fürstenthums Bulgarien und den späteren Anschluß Rumeli
letztere, so erhebliche Verzögerungen, daß volle 17 Jahre vergi
durchgehende Verbindung der türkischen Hauptstadt mit dem we
hergestellt worden.

Die Eisenbahn beginnt am goldenen Horn in unmittelb
Serails und führt am Meeresufer entlang bis Kutschuk—Tscheľ
dann in stark gewundenem Laufe das Thal des Flüßchens
dem sie, den Wasserlauf mehrmals kreuzend, bis zu seiner B
der Maritza folgt. Oberhalb der Station Demolika geht sie
das rechte Flußufer zurück und bleibt hier bis zur bulgarischen
sie über Adrianopel. 2 km hinter der Station Mustapha P
um von hieraus über Philippopel, Bellowa und Sofia bei Niš
an das serbische Bahnnetz zu erreichen.

Der auf türkischem Gebiet liegende Theil dieser Bahn b
Zweiglinien das thrazische Bahnnetz. Dazu gehören:

1. die Hauptlinie Konstantinopel — Mustapha Pascha,
2. die Zweiglinie Kuleli-Burgas — Dede-Agatsch.

Von Konstantinopel bis zur bulgarischen Grenze durchlä
eine Strecke von 365 km, doch beschränkt sich der Verkehr
auf nur täglich drei Züge in jeder Richtung, von denen je
die ganze Entfernung in 9, die Personenzüge dagegen in
zurücklegen. Außerdem durchläuft der sogenannte Orient-Expr
Paris über Wien nach Konstantinopel fährt, die Linie in
wöchentlich zweimal.

Die letztgenannte Bahn, die Zweiglinie Kuleli-Burgas—
stellt durch einen 111 km langen Schienenweg die direkte B
148 km entfernten Adrianopel mit dem ägäischen Meere he
in der Zeit von 1871—75 erbaut und zweigt sich auf der
der Maritza von der Hauptlinie ab, um kurz vor der Ei
Meer das Flußthal zu verlassen und bei dem kleinen Hafenpla
zu endigen. Der Verkehr auf dieser Bahn ist noch ein sehr
es werden nach beiden Richtungen nicht mehr als wöchentlich
gelassen, welche den Weg von Adrianopel bis Dede-Agatsch i
zurücklegen.

Eine weitere Zweiglinie, die in der Zeit von 1871—75
Pirnowa—Seimen—Yamboli, welche inzwischen bis zu
Burgas am Schwarzen Meer verlängert worden, ist s. Z.
Besitz gelangt.

Zum mazedonischen Bahnnetz gehören:

1. die Hauptlinie Saloniki — Uesküp — Mitrowitza
2. der Zweiglinie Uesküp—Vranca,
3. die Hauptlinie Saloniki—Monastir.

Die projektirte Strecke würde indessen annähernd dieselbe Läng
wie die schon im Betrieb befindliche, der Bau selbst dagegen, b
schließlich Gebirgsland durchschneidet, ernste Schwierigkeiten bereite

Immerhin krankte das Bahnnetz der europäischen Türkei no
Mangel aller Zwischen-Verbindungen zwischen den thrazischen und ma
Bahnen, eine Lücke, welche, da seine Linien die vier reichsten und a
bevölkerten Villajets von Adrianopel, Saloniki, Monastir und R
ihrer größten Längenausdehnung durchschneiden und einerseits mit l
bezw. mit der türkischen Hauptstadt, andererseits mit dem westlich
verbinden, sich empfindlich fühlbar machte, auch durch die Wasserstra
Aegäischen Meere nicht vollständig ausgefüllt werden können,
türkische Flotte nicht in der Lage sein würde, die letzteren im
offen halten zu können.

Um dem abzuhelfen, ist in der Linie Saloniki—Dede-Agatsch
Zeit eine solche Verbindungsbahn in Länge von 455 km projekti
welche, der Wüste parallel laufend, 28 km oberhalb Dede-Ag
50 km oberhalb Saloniki den Anschluß herstellen soll. Der Bau
ist im Jahre 1892 der Firma Baudouy in Konstantinopel übertrage
welche ihn mit Hülfe von französischen Kapitalisten ausführen wi
Thatsache, welche zu denken giebt, insofern sie mit der früher
russisch-französischen politischen Aktion bei der Pforte zusammenfäll

Daneben bestehen allerdings noch zwei andere Bauprojekte, e
von Saloniki über Uesküp oder über Seres und Dubnitza bezw. ü
Hissar im Strumathale nach Sofia, doch sind diese aus dem St
Projektes noch nicht herausgetreten und haben auch aus politischen
welche eine engere Verbindung Bulgariens mit Mazedonien und se
bulgarischen Bevölkerung der türkischen Regierung kaum wünsc
machen dürften, nur wenig Wahrscheinlichkeit für sich.

Noch ungleich ungünstiger liegen die Verhältnisse in dem
Theile des türkischen Reiches, von dem nur der weitaus kleinste i
gebiet gelegene Theil Schienenwege besitzt, während noch weite S
Binnenlandes mit stark bevölkerten und ertragreichen Gegenden se
volkreichen Städten sich noch ohne angemessene Verkehrsstraßen
Absatz ihrer Produkte befinden. Nur von Smyrna aus wird das
Villajet-Aidin von einem aus zwei Haupt- mit mehreren kurzen N
bestehenden Bahnnetz durchzogen, wogegen im Norden und Sü
Stadt, neben der wichtigen Eisenbahn Haider Pascha—Ismid—Ang
weiter ins Innere des Landes sich erstreckt, nur noch kurze Str
vorhanden sind. Die von Smyrna ausgehenden Linien sind:

    1. Die Linie Smyrna—Allaschehr mit Abzweigung von
       nach Soma, beide im Betriebe der Smyrna-Kassaba-
       Gesellschaft.

diese Vorräthe nach erfolgter Füllung der Magazine jeweilen wiede
ben Proviantkolonnen der Divisionen verladen und weggeführt werden
Gesagtem geht hervor, wie wichtig es für die als Magazine auszuwäh
Gebäulichkeiten ist, daß dieselben über weite und von verschiedenen
auf guten An= und Abfahrtswegen zugängliche Räume verfügen. D
Tag aus Tag ein hunderte von schwerbeladenen Wagen passiren und
zeitig ein= und abladen, wo zahlreiche Magazinarbeiter hin= und herbe
und wo hunderte von Fuhrwerken sowohl der Proviantkolonnen der ?
Divisionen als der Etappen=Proviantfuhrwerke sich drängen, um belade
entladen zu werden, da darf es an Bewegungsraum nicht fehlen. Zu
Zwecke und um den Gesammtraum zu vergrößern oder um die ne
Zugänge zu schaffen, werden häufig Zäune, Gartenmauern, Hecken ꝛc.
gelegt und abgebrochen werden müssen. Ferner wird man öfters
angewiesen sein, die Vorräthe auch in verschiedenen, von einander getr
Lokalitäten unterzubringen. Große Fabrikgebäude, entweder am Ei
eines Ortes oder etwas abseits desselben gelegen, eignen sich an
mäßigsten dafür, besonders wenn sie möglichst nahe eines Bahnhof
befinden, auf welchem das Ausladen stattfindet, und von freien, bei
nicht leicht durchweichenden Feldern umgeben sind. Anfahrtswege sind
anzulegen oder zu vermehren, und empfiehlt es sich namentlich b
längere Dauer gemachten Einrichtungen, besonders in schlechter Jahr
die Pflasterung solcher Wege vornehmen zu lassen, weil dieselben so
anhaltendem Regenwetter leicht unbrauchbar werden könnten. Nicht z
gessen sind noch ferner die Beleuchtungseinrichtungen solcher Magazin
deren Zugänge, wie auch mit Rücksicht auf die Möglichkeit eines ?
falles die Nähe von Wasser und die Beschaffung von Löschgeräthe
Am günstigsten gestalten sich die Verhältnisse für diejenigen Magazine,
in der Nähe von großen und weitläufigen Bahnhöfen angelegt n
deren Zufuhrwege eine direkte Umladung der Proviantzüge auf die
lastenden Proviantfuhrwerke gestatten.

Erhebliche Frontveränderungen der Armee oder Seitwärtsverschiel
derselben haben in der Regel auch eine Verlegung der Verpflegung
zur Folge. Je früher die Etappenbehörden von einem solchen in ?
stehenden Ereigniß von Seiten des Armeekommandos unterrichtet
desto sicherer werden letztere es ermöglichen, dem Bedürfniß einer so
materiellen Einrichtung innerhalb der neuen Verpflegungsbasis nachzuko
wenn solches die Kriegslage überhaupt gestattet; denn nicht immer ist
Frontveränderung oder Seitwärtsverschiebung eine freiwillige.

Es sei deshalb nochmals betont: Keine Armee sollte ohne recht u
reiche Vorbereitungen für seine Fuhrkraft, ganz speziell für das Et
fuhrwesen irgend welche Operationen beginnen. Welche andauernden Ra
im Jahre 1870,71 der II. deutschen Armee daraus erwuchsen, ba

Offiziere sich der Anforderungen, welche der neue Wirkungskreis an
wird, voll bewußt sind. Bei der Intelligenz, der Pflichttreue und se
Energie, welche unsere Offiziere auszeichnet, ist anzunehmen, daß ih
im chilenischen Heere den Wünschen und Hoffnungen der ~~dortigen Her~~
entsprechen wird und so der gute Ruf ~~unseres Heeres~~ auch bei b
legenheit durch die ~~That bewiesen~~ und gefestigt wird.

Rufen wir unsern Offizieren ein kräftiges „Glück auf" zu ih
haben zu und wünschen wir, daß sie mit erweitertem Gesichtskreise
bringenden Erfahrungen in voller Gesundheit zu neuer Arbeit in ihre
zurückkehren. **v. J.**

Italien.

(La festa dell' Artiglieria italiana. Fest der italienischen Art

Es ist ein schöner Brauch, sich nicht allein der Menschen z
erinnern, die uns vorangegangen sind in jenes unbekannte Land,
bisher noch Niemand zurückgekehrt ist, sondern auch ihrer That
denken, besonders und vor Allem dann, wenn dieselben edel, ruhm
der Nacheiferung werth gewesen sind. Was giebt es Schöneres un
als freudig und willig sein Blut und sein Leben dahinzugeben für
seines Königs, für die Größe des Vaterlandes und für den Ruh
Waffen. Unsere Vorfahren und Väter haben es unter unseren
Herrschern aus dem Hause der Savoyer unzählige Male gethan,
viele Schlachtfelder, die ihr Blut getrunken, wissen zu erzählen, wi
und todesmuthig zu unterliegen, zu siegen und zu sterben wußten
vielfach der Glaube verbreitet — allerdings ein völlig grundloser u
sinniger — daß unser Volk das, was der Deutsche „Schneid"
nennt, nicht besitze. Dies ist einfach, wenn eine bewußte, dann sch
wenn eine unbewußte, dann dumme Lüge. Trotz des jetzt herrsch
dauerlichen Zeitgeistes, der allerdings nur bis zu einem gewissen
auch ihm wird ein Halt von mächtigster Stelle geboten werden —
dehnen kann, augenblicklich aber noch weite Kreise zieht, giebt es
Stand, der noch Ideale hat, in dem der Sinn für alles Edle un
noch lebt, in dem muthige tapfere Thaten in schneidigen Herzen no
freudigen Widerhall finden, das ist der unsere, das ist der Sold
Auch in unserem Lande ist die Armee allezeit die treueste und siche
der Monarchie gewesen, das Bollwerk, an dem sich wilde politisch
schaften und entfesselter grimmer Hader der Parteien machtlos bra
die das Volk in allen Nöthen hülfesuchend sah, und nie, sei es im
im Frieden, ist vergeblich an unser Heer appellirt worden, imme
der Appell freudigen Widerhall, immer waren wir bereit, „sempre
Einer unserer bekanntesten neueren Schriftsteller, Edmondo de
dessen Werke zahlreiche Auflagen erlebt und in alle modernen

entweder in der in der Kaserne gelegenen mensa degli ufficiali
Speiseanstalt), oder wo diese, wie in einem Theile der Garniso
nicht vorhanden ist, in einem Restaurant zu einem Festmahle, a
die höheren Vorgesetzten theilnahmen. Lange dehnen sich derartige G
künste meistens nicht aus, zumal an einem solchen Tage nicht, da
5 Uhr überall die Belustigungen für die Mannschaften begann
natürlich alle Offiziere zum Theil als Leitende und Arangeure b
Die Leute amüsirten sich ganz herrlich, dank dem fröhlichen harml
den namentlich trotz oft schweren Daseins unsere Rekruten vom
bringen. Eine Tombola (Lotterie mit kleinen Geldgewinnen, höchst
10 Lire), dann eine lotteria gastronomica, in der die glücklichen
alle möglichen Eßwaaren und auch Getränke gewinnen konnten.
das Angenehme mit dem Nützlichen zu verbinden, eine gara di
e gara di ginnastica (Preisfechten und Turnen). Bei Erster
theilweise außerordentlich Gutes geleistet im Säbel- und Floret
Letzterem namentlich im angewandten Turnen, an der Hindernißb
giren am lebenden Pferde.

Die Sieger in diesen Uebungen erhielten recht hübsche Prei
betreffenden Kommandeure mit belobenden, aufmunternden Wort
Leute begleiteten, was diese sehr stolz machte. Die Geschenke
prämien waren gesammelt worden, seitens der Vorgesetzten und der
Ueberall endete das schöne Fest in bester Stimmung zu allseitiger Zu
Solche Feste wirken mehr als viele Stunden vaterländischer Geschi
wirken auf den Mann ein und bilden unauslöschliche Merksteine
im allgemeinen an wichtigeren Ereignissen armen Leben. Zum
noch des Festes des 5. Feldartillerieregiments in Garnison zu Ver
bei Turin gedacht, weil es die Ehre hat, als Kommandeur Se.
Hoheit den Prinzen Emanuele, Filiberto Duca di Aosta zu haben u
war gerade diesem Regimente die besondere Auszeichnung vergönn
Fest- und Ehrentage der gesammten Artillerie die alte vorerwähnte
Fahne in seiner Mitte zu haben. Erhebend war es zu sehen wie
von einem Offizier zu Pferde (tenante porta bandiera) getragen
gesammte Offiziercorps des Regiments, an der Spitze Sr. Königlich
empfangen wurde. Bei der später folgenden Parade defilirte
Regiment zweimal in Batteriefront an dem dekorirten Ehrenzeich
Dem Defilée sowie dem am Nachmittag folgenden Hindernißrenne
schneidig von Offizieren und Unteroffizieren geritten, und son
gnügungen der Soldaten wohnten zur Freude des ganzen Reg
verwittwete Herzogin von Genua, Mutter Ihrer Majestät der Kö
die jugendlich schöne Wittwe des leider zu früh verstorbenen Prinze
die Prinzessin Letizia bei. Die hohen Herrschaften und der
Kommandeur vor allen, hatten kostbare Prämien für die Offizie

die Nowgorober Schuhe, aber das Gehen mit denselben in dem hohen
lockeren Schnee erwies sich durchaus nicht als leicht; durch Versuche wurde
festgestellt, daß sie sich zur Bewegung auf festem Schnee besser eignen.

Nach langem Spüren wurden die Schützen durch Signal im Försterhause
zusammenberufen, als die Dämmerung hereinbrach. Hier statteten sie ihre
Meldungen während einer kurzen Ruhepause ab; es zeigte sich, daß man
drei alte Lager und eine Menge von Merkmalen, welche auf die Anwesenheit
von Bären schließen ließen, aufgefunden hatte. Der Erfolg der Jagd erschien
somit gesichert, sie mußte aber heute abgebrochen werden, weil es zu spät
war und der Rückweg nach dem Dorfe Gubarewo zum Nachtquartier nach
der Karte über 6 Werst betrug.

Am nächsten Tage wurde das Spüren fortgesetzt; die Jäger bewegten
sich in einer Schützenlinie mit 50 Schritt Abstand von einander vorwärts,
indem sie sich zeitweilig anriefen oder pfiffen. Das Streifen durch den
Wald zeigte sich ungeheuer schwierig, denn man traf häufig auf umgestürzte
Bäume oder Dickungen, durch welche man in Folge des hohen Schnees
buchstäblich nicht durchkommen konnte. Da man in solche, oft sogar ausgedehnte Strecken nicht hineinsehen konnte, mußten die Jäger zeitweilig
blinde Schüsse aus ihren Jagdgewehren abgeben. Die zur Beobachtung
auf den Weg verbliebene Abtheilung beschäftigte sich im Weitergehen mit
Klettern auf Bäume mittels Steigeisen, Orientieren mit dem Kompaß und Aufstellen von Beobachtungsposten.

Zur Zeit der Rekognoszirung eines Waldstückes durch die zweite Ablösung ertönte plötzlich das vorher verabredete Signal (der Kranichruf),
welches anzeigte, daß ein Bär aufgespürt sei. Hierauf hörte sofort alles
Geräusch auf, und die Mannschaften verließen, wie vorher befohlen, sofort
das betreffende Gehölz. Der Bär, durch das Lärmen in seinem Lager
unruhig geworden, stürzte in nördlicher Richtung vor, wobei er einen
Durchhau passiren mußte und von den dort befindlichen Jägern bemerkt
wurde. Nachdem er noch etwa 4 Werst im Walde umhergestreift war,
legte er sich in einem großen, dicht mit Stangenholz bestandenen Stück
nieder, das an zwei Seiten an Holzschläge grenzte. Damit endete der
zweite Uebungstag. Die Jäger kehrten zufrieden mit dem Resultat desselben
nach dem Dorfe zurück. Sie hatten strengsten Befehl, mit keinem Worte
den Erfolg zu erwähnen, da es sich nicht selten ereignet, daß die Bauern
den Bären vertreiben, um sich die werthvolle Beute zu sichern.

Am dritten Tage, dem 10 März, herrschte vom frühen Morgen an
ein heftiger Schneesturm, der selbst den Eisenbahnverkehr, wie wir später
erfuhren, unterbrach. Die Bärenjagd an diesem Tage auszuführen, erwies
sich als unmöglich. Das Uebungsprogramm mußte geändert werden, und
zwar wurde im Walde, an einer vor dem Winde geschützten Stelle, den
Leuten der Bau von Unterkunftshütten aus Zweigen und aus Holzstämmchen

der Schnee war durch Frost wieder fest geworden. Die Beobachter meldeten um 9 Uhr, daß der Bär in einem Kreise von 4 Werst aufgespürt war. In Rücksicht auf die erwiesene Wachsamkeit des Bären erschien es nicht rath=sam, die Einkreisung zu verringern. Es sollte nun in folgender Weise ver=fahren werden: Die eine Linie an der Eingangsfährte wurde von den Schützen besetzt; die Treiber hatten sich auf beiden Seiten vertheilt, auf Schneeschuhen rasch auf ihre Plätze zu begeben und zwischen sich rothe Flaggen zu stecken (60 Stück); sie sollten unbeweglich stehen bleiben, auf das Erscheinen des Bären achten und ihn erforderlichen Falls mit dem Bajonett zurücktreiben. Die rückwärtige Linie der Einkreisung sollte von 15 Mann der gewandtesten Schneeschuhläufer besetzt werden, sie sollten, wenn die Ein=kreisung vollständig besetzt war, auf ein verabredetes Signal (einen Schuß), ohne die Verbindung unter sich zu verlieren, mit Geschrei auf den Bären losgehen und ihn auf die Linie der Schützen zutreiben.

Gegen 12 Uhr war die Aufstellung beendet, aber noch ehe das verab=redete Signal gegeben war, zeigte sich der wachsame Bär vor dem rechten Flügel der Schützenlinie. Die Schneeschuhläufer mit den Beobachtern be=gannen nun muthig vorwärts zu gehen. Der von Bajonetten auf der rechten Flanke aufgehaltene Bär stürzte sich nun auf die gegenüberliegende Seite, wo er denselben Widerstand fand. Während dieser Zeit waren die Schnee=schuhläufer weiter herangekommen und der von allen Seiten bedrohte Bär stürzte sich nun zum Durchbrechen auf die 4. Nummer der Schützen, wo die Eingangsfährte war.

Unmittelbar darauf ertönten sieben Schüsse. Der verwundete Bär stürzte sich wüthend auf den nächsten alten, großen Baum, umklammerte ihn mit seinen Branken, kehrte sich aber, seinen Fehler einsehend, wieder um, um auf die Schneeschuhläufer loszugehen, welche auf die Schüsse hin ihren Kameraden rasch zu Hülfe eilen wollten; als dieselben herangekommen waren, fanden sie das Wild indessen schon verendet vor; es zeigte sieben Schußwunden, keine der Kugeln hatte ihr Ziel verfehlt. 100.

Kleine Mittheilungen.

— Ein Aluminium-Bergwerk in Grönland. Wenn die Rede auf das aller Welt nunmehr bekannte Metall Aluminium und dessen Herstellung kommt, so hört man in Bezug auf letztere fast allgemein die Ansicht vertreten, daß das Metall im Thon enthalten sei und aus diesem dargestellt werde. Diese Behauptung ist nur zum Theil richtig, wenn man unter Thon jene Materie versteht, welche wir zum Brennen von Ziegeln benutzen und welche in manchen Gegenden unerschöpfliche Lager bildet; gar häufig wurde schon von Ziegeleibesitzern die Absicht ausgesprochen, diesen Schatz zu heben und neben den Ziegeln wohl auch noch metallisches Aluminium zu fabriziren. Obgleich zwar nun ein Kubikmeter Thon an 600 Kilo Aluminium-Metall enthält, empfiehlt sich derselbe zur Herstellung des Metalles doch durchaus nicht und würde zur Gewinnung desselben meist eine solche Vorverarbeitung erfordern, daß das Aluminium zu dem jetzt üblichen Preise nicht herzustellen sein würde; vielmehr benutzt man mit Vortheil eine andere Aluminiumverbindung, welche die Gewinnung des Metalles viel praktischer zuläßt, obgleich dieselbe aus der unwirthlichen Gegend des Nordpoles erst mit vielen Mühen weit hergeholt werden muß. Es ist das Mineral Kryolith, eine Verbindung von Fluor, Natrium und Aluminium, welches dies sich in großen Lagern und vorzüglich rein im südlichen Grönland fast allein vorfindet und, wie gesagt, eine so günstige Darstellung des Aluminiums ermöglicht, daß sogar die Amerikaner alljährlich zur Zeit des kurzen nördlichen Sommers Schiffe nach dort schicken, um das werthvolle Rohmaterial zu holen. Das interessante Gestein wurde im Jahre 1806 von einem Deutschen Namens Giesecke entdeckt, welcher bei naturwissenschaftlichen Forschungen durch Witterungsverhältnisse gezwungen wurde, am Cap Farewell mehrere Monate unter den Eskimos zu leben; diese theilten ihm zufällig mit, daß es am Arsut-Fjord ein merkwürdiges Gestein gäbe, welches sie als „unschmelzbares Eis" bezeichneten und welches in dortiger Gegend an Stelle der Seife zum Reinigen und auch zum Gerben der Häute benutzt würde. Giesecke fand denn auch, als er sich an den beschriebenen Fundort begab, das merkwürdige Mineral, welches Felsen bildete, die einer Verschmelzung von Eis und Schnee täuschend ähnlich sahen. Der Naturforscher nahm einige Proben nach Dänemark mit und stellte daselbst die schon erwähnte Zusammensetzung des Minerals fest, welches zwar das hohe Interesse der Mineralogen, aber bis zum Jahre 1851 sonst weiter keine Beachtung oder Anwendung fand. Erst zu dieser Zeit beschäftigte sich Professor J. Thomsen zu Kopenhagen eingehend mit dem Mineral und zeigte, wie vortheilhaft man aus demselben sowohl Aluminium- wie auch Natriummetall, eben-

so doppeltkohlensaures Natron herstellen könne. Mit einem Schlage wurde
bisher werthlose Stoff eine wichtige Handelswaare, deren Wichtigkeit den
Staat im Jahre 1860 bewog, mehrere Schiffe auszurüsten und sich d
der grönländischen Minen zu sichern. Auch nach Amerika drang die Ku
selbst am Nordpol „noch etwas zu holen sei" und bildete sich eine Ge
welche der dänischen Regierung das Schürfungsrecht für ein gewisses Gebiet
nach langwierigen Verhandlungen erhielt diese dann auch zwei Drittel de
Kryolith Gegenden und ging nun sofort mit der ganzen praktischen Grü
der Amerikaner daran, die Minen auszubeuten. Diese Arbeit bietet,
von dem arktischen Klima, keine großen Schwierigkeiten, da das Mineral
Tage tritt, sich höchstens in Felsspalten verliert, im Allgemeinen aber Abla
von oft ca. 130 m Länge, 45 m Breite und 80 m Tiefe bildet. Im
arbeiten in den dänischen Betrieben gegen 130 Arbeiter, von denen im Win
60 daselbst verbleiben, während die übrigen nach Dänemark zurückkehren;
winternden benuzen die sonst nicht ausnuzbare Zeit dazu, das Gestein du
gießen von Wasser durch Gefrieren zu sprengen und so die Arbeit für den
zu erleichtern.

(Mitgetheilt vom Patent- und technischen Bureau von Richard Lüders in

---

Bemerkenswerthe Aufsätze aus Zeitschriften der deutschen ausländischen Militär-Literatur.

A. Inländische.

Deutschland. Jahrbücher für die deutsche Armee und
Heft 1. Oktober: Die Operationen mit Massenheeren in den Kämpfen zu
und in der zweiten Hälfte des 19. Jahrhunderts. Von Maschke, Oberst
Leboeuf und die französische Mobilmachung 1870. (Nach den Akten der
parlamentaire x.) — Die österreichische Artillerie in den letzten 45 Jahr
A. Dittrich, k. k. Landwehrhauptmann. — Von den ökonomischen Schwi
in den europäischen Staaten beim Ausbruche des Krieges. — Die Psych
der militärischen Erziehung. Kurz dargestellt von Dr. Paur, Oberstabsar
   Archiv für die Artillerie- und Ingenieuroffiziere. 9. H
tember: Umgestaltung der technischen Artillerie in Oesterreich, von A. Di
   Marine-Rundschau. Die Nothwendigkeit regelrechter Leibesübu
unser Seeoffizierkorps und Rathschläge zur Durchführung derselben. (Sc
Einige Bemerkungen zu dem Artikel „Der Seeoffizier und die fremden Spra
   Militär-Wochenblatt. Nr. 81: Die Mobilmachung der algerischen
— Nr. 83: Die französischen Offiziere der Gegenwart. — Nr. 87: D
französischen Kavallerie-Divisionsmanöver vom 1. bis 12. September 1894.
schritte der russischen Feldartillerie. — Nr. 89: Gedanken über Verwe

La France militaire. Nr. 3439: Instruction du tir. Le noveau règlement. — Nr. 3445: Nos officiers. — Nr. 3458: L'armée coloniale. — Nr. 3461: Les grandes manoeuvres et la guerre. —

La Marine française. Nr. 23: Tactique de combat. — Grandes manoeuvres navales anglaises. —

Journal des sciences militaires. Septembre: La situation actuelle en extrême Orient. — Frontières et places fortes des principales puissances. — Le canon de l'Avenir, état actuel de la question. — Wissembourg — Froeschwiller — Châlous — Sedan — Chatillon — La malmaison. — Préparation de la compagnie au service en campagne. —

Revue du cercle militaire. Nr. 39: L'armée suisse ou 1894. — Nr. 40: Commenson se fait battre. — Nr. 41: Une comparaison des manoeuvres françaises et allemandes. — Nr. 42: La bicyclette pliante aux manoeuvres de 1895. — Le nouveau règlement sur l'instruction du tir. —

Revue de cavalerie. Septembre: Un Mémoire du général Préval sur l'organisation de la cavalerie (août 1811), par P. F. — Instruction et conduite de la cavalerie. — Testament d'un cavalier, par le Général-Lieutenant G. von Pelet-Narbonne (traduit de l'allemand) [suite]. — Rezonville, 16 août 1870 (fin) [avec croquis dans le texte]. — La cavalerie austro-hongroise, par Carlo de Margherita, lieutenant au régiment de chevau-légers de Vicenza (24e) [fin]. — La Division de cavalerie de la Garde dans la campagne d'Italie (1859) [fin]. — Tir à cheval, individuel et par salves. — Observations d'un officier général russe; par le général W. Soukhomlinoff, commandant de l'École de cavalerie des officiers à Saint-Pétersbourg. — La Brigade de hussards du lieutenant-colonel von Sohr de Ligny à Versailles (1815). —

England. Army and Navy Gazette. Nr. 1860: Our cavalry. — The German Army manoeuvres. — Nr. 1861: The curragh manoeuvres. - The new infantry Sword exercise. — Nr. 1862: The German and French manoeuvre Armies compared. — Nr. 1864: Indian frontier defense. — Nr. 1865: The Indian staff corps. —

United service Gazette. Nr. 3269: German army manoeuvres. — Nr. 3267: The recent experimental mobilisation. — Nr. 3275: The british army. — German soldiers on the march. — Nr. 3276: The artillery in Chitral. —

Rußland. Raswjädschik. Nr. 241: Das Ideal einer Kriegsakademie. — Nr. 242: Das Jagdkommando des 8. transkaspischen Schützenbataillons auf dem Posten von Sari Jasinsk. — Nr. 243: Unsere fahrende Artillerie. — Die Ausnützung der Zeit bei den Schießübungen. — Ein Friedensmarsch in Transkaukasien. — Nr. 244: Die Arten des Einschießens. — Nr. 245: Treibjagden mit Hunden bei den kaukasischen Jagdkommandos. — Der Nord-Ostseekanal, mit Zeichnungen. —

Italien. Rivista militare. Nr. 17: L'instruzione sulle armi e suo tiro per la fanteria del 23 aprile 1894. — L'instruzione cavalleristica in

Handbuch für die Offiziere des Beurlaubtenstandes der Infanterie. N
den neuesten Dienstvorschriften bearbeitete Auflage. B
C. S. Mittler u. Sohn.

Zum zweiten Male liegt das aus 13 einzeln gehefteten Bändchen
samem hübschen Umschlage bestehende Handbuch vor uns. Die einzelne
behandeln: I. Einleitung. II. Der innere Dienst: 1) Kenntniß der
Dienstverhältnisse; 2) innerer Dienst der Kompagnie; 3) Disziplin, E
Ehrengerichte; 4) Verwaltung. III. Der äußere Dienst: 5) Die
6) Turnen und Bajonettiren; 7) Exerziren; 8) Waffen, Munition
9) Gefechtslehre; 10) Felddienst; 11) Garnisondienst. IV. Mobilmach

Der Inhalt dieser einzelnen Abschnitte besteht meist aus gut zusam
Auszügen aus den einzelnen, hierher gehörigen Reglement- und off
schriften. Wenn auch in einzelnen Theilen hier wohl zu weit gegangen
mehr geboten ist, als dem Offizier des Beurlaubtenstandes zu wissen
erscheint (z. B. in dem sonst vortrefflichen 8., ferner in dem 5. und 6.
so ist das gesammte Werk ohne Zweifel dennoch als ein vortreffliches
für den gesammten Dienst anzusehen. Es bedeutet nicht nur für
und Landwehroffizier einen wahren Schatz, da es ihn der Mühe enthe
reichen Dienstvorschriften u. s. w. durchzustudiren, um das für ihn L
herauszufinden, sondern selbst der Linienoffizier bis zum jungen Kom
hinauf wird namentlich in einigen Theilen (u. a. dem 2. u. 4.) au
schätzenswerthe, weil wirklicher Diensterfahrung entnommene Rathschläge
finden.

Les Manoeuvres de Forteresse. Souvenirs de Vaujours.
Mayerau und Edouard Noël. Paris. Berger-Levrault u.

Unter Leitung des Gouverneurs von Paris, Generals Saussie
September des vorigen Jahres ein größeres Festungsmanöver bei dem F
vor Paris statt, das in halb militärischer, halb feuilletonistischer Dar
französische Territorialoffiziere, welche an der Uebung theilnahmen un
Schriftsteller sind, in dem vorstehenden Büchlein zu schildern unterne
Vorrede dazu schrieb in jenem elegisch-hoffnungsvollen Ton, der bei den
Chauvinisten Mode zu sein scheint, Herr Jules Claretie, natürlich,
solchen Vorreden üblich ist, Mitglied der Akademie. Ueber den
Schriftchens ist nichts Besonderes zu sagen: es erhebt sich in seiner ch
Darstellung der Begebenheiten an den einzelnen Tagen, der bei
des Präsidenten Casimir Pèrier gehaltenen Reden und erfolgten Au
nicht über den Standpunkt einer Zeitungsberichterstattung. Höchstens
von allgemeinem Interesse, daß Paris z. Z. durch drei große verf
gesichert wird, das nördliche auf dem Plateau von Montmorency, das
dem Plateau von Vaujours und Brie und das südwestliche auf dem
St. Cyr und Marly; der Umkreis des so geschaffenen riesenhaften

der französischen Sprache von Dr. Püttmann und Dr. Rehtmann, der von
General-Inspektion des Erziehungs- und Bildungswesens in erster Linie für
Unterrichtszwecke des Kadettenkorps und der Kriegsschulen in das Leben ·u
wurde. Mit den bereits erschienenen beiden anderen Theilen in engem
sammenhang gebracht, steht dieses aus der Praxis hervorgegangene und fü
Praxis bestimmte Buch ganz auf dem Boden der Schulreform, ohne in ·
Uebertreibungen und Auswüchse zu verfallen. Es darf wohl heute als eir
bestrittener Grundsatz bezeichnet werden, daß ohne eine systematische Grammati
Schulen eine fremde Sprache nicht erlernbar ist, nur muß die Grammatik Diene
nicht, wie nach der alten Methode geschah, Herrin des Sprachunterrichts
Der Verfasser, der Schulen mit gemeinsamem Unterbau im Auge hat, wo
fremdsprachliche Unterricht mit Französisch beginnen soll und das Lateinische
spätere Zeit verschoben wird, giebt in seiner Grammatik nicht bloß das al
Nöthige, das durch den Druck noch geschickt hervorgehoben wird, sondern
unter dem zugleich durch die äußere Form erkennbar gemachten Nebensäch
feine Auswahl auf Grund des praktischen Gebrauches. Die Sätze des Ueb
buches sind fast durchweg — was nicht genug zu loben ist — dem prakt
Leben entnommen, abstrakte Sätze dagegen möglichst vermieden. Daneben fi
wir eine große Anzahl zusammenhängender Stücke nebst Aufgaben zur selbstsän
Bearbeitung, alle wieder dem täglichen Leben, der Jetztzeit und deutschen Orig
stoffen entnommen — so ganz abweichend von dem, was man bisher auf b
Gebiet in einem fremdsprachlichen Lehrbuch zu finden pflegte! Schon allein
diesem Grunde würde diese Grammatik, und wiese sie selbst nicht so zahl
andere Vorzüge auf, als sie es thatsächlich thut, hervorragende Anerkennung
dienen. Wie ganz anders wirkt solch ein Stoff als jene sattsam bekannten
Anekdoten oder langweilige Reminiszenzen aus dem klassischen Alterthum in
meisten bisherigen Lehrbüchern! Wünschenswerth erscheint ein „Schlüssel" zu ·
Uebersetzungen für die Lehrer, da vielleicht doch nicht Alle die Sprache sowei
herrschen, um für jeden deutschen Ausdruck der modernen Umgangssprache ·
sicher den allein richtigen fremdsprachlichen Ausdruck zu finden. Die äußere
stattung ist der Bedeutung dieses Buches durchaus entsprechend — d. h.
vortrefflich.

Universum. Illustrirte Familien-Zeitschrift. Verlag des „Universum", Tre
Das neueste Heft enthält unter Anderm: Paul Lindau: Die Brüder, ·
(Fortsetzung); Ernst von Hesse-Wartegg: Die Gerichtspflege bei den Chinesen
sechs Illustrationen nach Originalphotographien); Ernst Eckstein: Die b·
Französin, Erzählung eines Deutschen; Dr. Ludwig Staby: Das Reisen
Zugvögel; Richard Zoozmann: Meeridylle; P. G. Heims: Seemanns-L·
Dr. Fr. Ranzow: Herz- und Lungengymnastik; Anton Giulio Barrili: Ra
Dodero, Erzählung (Fortsetzung); Porträt und Biographie: Wilhelm Doert·
der Leuchtthurm von Eddystone (mit Abbildung); Erich Körner: Die Stierkämp

Nîmes (mit zwei Abbildungen); Miscellen; Bildertexte; Humoristisches; Büchertisch; Räthsel und Spiele; Welttelephon. Von den Kunstbeilagen und Vollbildern heben wir hervor: Ch. Kröner: Rebhühnerjagd; Z. Ajdukiewicz: Verschmähte Liebe (Doppelblatt); Hugo Oehmichen: Gänseliesel als Modell. (Durch jede Buchhandlung zu beziehen.)

Heimchen am Herd.

Von der mit diesem anheimelnden Titel ausgestatteten „illustrirten Wochenschrift für die Familie" (Verlag des Universum, Dresden) liegt uns heute die 4. und 5. Nummer vor. Angesichts des wahrhaft vorzüglichen textlichen, wie illustrativen Inhalts auch dieser Nummern können wir unser Urtheil dahin abgeben, daß sich bei diesem neuen Unternehmen die Begriffe „billig und gut, nein — vorzüglich" in geradezu mustergültiger Weise decken und empfehlen daher allen unsern Lesern ein Abonnement auf dieses interessante und dabei billigste Familienblatt (Preis pro Nummer 10 Pfg.) auf's Angelegentlichste.

Alleinige Inseraten-Annahme in der Expedition der „Neuen Militärischen Blätter", Berlin W., Winterfeldtstraße 26, Gartenhaus I.

heit macht, wenn der Kriegsminister im Jahre 1894 zuerst die größten Anstrengungen macht, um die Friedenspräsenzstärke zu heben und nicht vor dem
so stark angefeindeten Mittel zurückscheut, auch minder Taugliche (Krüppel,
wie man in der Presse sagte) in die Armee einzustellen, um dann plötzlich
und gänzlich überraschend zu erklären, daß die Friedenspräsenzstärke zu groß
sei und durch neue Maßregeln von sehr fragwürdiger Zweckmäßigkeit herab-
gemindert werden müsse, wenn er dann schließlich auch diese Maßregeln
unter dem Druck der öffentlichen Meinung schrittweise zurücknehmen muß.
Daß seine Stellung dadurch erschüttert wurde ist nicht zu verwundern.

Im März 1895, noch bei Berathung des Budgets 1895, trat die
Frage der Friedenspräsenzstärke der „Effectifs" wieder in der Deputirtenkammer auf, angeregt von dem Berichterstatter für das Militärbudget,
Jules Roche, dem bekannten Vertreter der Ansicht, daß die Friedensstärke
der einzelnen Einheiten erhöht werden und außerdem stabil sein müsse. Er
genießt aus diesem Grunde in der Armee einiges Ansehen.

Jules Roche verglich die französische und deutsche Friedenspräsenzstärke
und wies darauf hin, daß es nicht genüge, die Gesammtstärke in Vergleich
zu stellen, sondern daß es auf die einzelnen Einheiten, Kompagnien u. s. w.
ankomme. Diese müßten eine andauernde und hinreichende Stärke haben.
Daran fehle es aber gerade in Frankreich und darin befinde er sich im
grundsätzlichen Gegensatz zum früheren Kriegsminister Mercier (dieser hatte
inzwischen dem General Zurlinden Platz gemacht). Mercier sei der Ansicht
gewesen, daß die Armee (damit ist die Friedensarmee gemeint) nur eine
Schule und nicht ein Werkzeug sei. Er aber sei im Gegentheil der Meinung,
daß die Armee ein stets bereites Werkzeug sein müsse und nicht nur eine
Schule für Soldaten, die nur durch die Armee durchgehen, um im Mobilmachungsfalle mit einer unzureichenden Ausbildung unter die Fahnen zurück-
zukehren. Jules Roche zieht zum Beweise für seine Ansicht außer Aus-
sprüchen von Bismarck den bekannten Militär-Schriftsteller Frh. von der
Golt heran, der übrigens von allen deutschen Militär-Schriftstellern zur Zeit
wohl mit am meisten in Frankreich von der militärischen Presse und von
Parlamentsrednern zitirt wird.

Seit dem Jahre 1893 betrage die Friedensstärke einer deutschen Kompagnie 150 Köpfe (was annähernd richtig ist). Zur Erreichung der Kriegsstärke von 250 Köpfen sei daher nur eine Kriegsverstärkung von 100 Köpfen
erforderlich. Somit sei die deutsche Armee ein wirkliches Kriegswerkzeug.
In Frankreich dagegen, wo die Kriegsstärke der Kompagnie in gleicher
Weise wie in Deutschland 250 Köpfe betrage, zähle im Frieden nach dem
Kadresgesetz von 1875 die Kompagnie 125, die Eskadron 150 und die
Batterie 108 Köpfe. Dieses Kadresgesetz sei aber im Laufe der Zeit immer
mehr außer Acht gelassen worden.

Nicht nur sei die Friedenspräsenzstärke sowohl insgesammt als auch
29*

durch den Umweg der Rekruten (über das Bezirkskommando zum Truppen=
theil) und durch die Entsendung von Transportkommandos entstanden. Die
Erfparniß ist auf 385 000 Fr. berechnet. Letzteres war natürlich für die
Volksvertretung ausschlaggebend, und so erlangte der Entwurf unbeanstandet
am 28. Juni 1895 Gesetzeskraft. Hinfort sollen also die Rekruten
einzeln und direkt sich bei ihren Truppentheilen stellen.

Die Durchführung dieser Maßregel wird übrigens mannigfache
Vorbereitungen erfordern und den Bezirkskommandos eine erhöhte Arbeit
auferlegen. Die Bahnverwaltungen müssen rechtzeitig von den Bezirks=
kommandos über die voraussichtliche Bewegung der einberufenen Rekruten,
über Zeit und Ort der Abfahrt und Ankunft benachrichtigt werden, um ihre
Vorbereitungen treffen zu können. Damit keine Verwirrung einreißt, müssen
die Bezirkskommandos ferner auf jeden Gestellungsbefehl genaue Angaben
über Ort und Zeit der Abfahrt, Fahrtrichtung u. s. w. in ähnlicher Weise
machen, wie dies bei Einberufung der Reserven im Mobilmachungsfalle
vorgeschrieben ist.

Immerhin bleibt es fraglich und muß erst durch die Erfahrung bewiesen
werden, ob sich unter den neuen Verhältnissen das Einberufungsgeschäft glatt
abwickeln wird.

Ein anderer Entwurf der Regierung hat bis jetzt noch nicht Ge=
setzeskraft erlangt. Anfangs Januar 1895 wurde im Ministerrath
beschlossen, durch den Kriegsminister der Kammer einen Gesetzentwurf,
betreffend Abänderung der Artikel 40 und 42 des Wehrgesetzes vom
15. Juli 1889 vorlegen zu lassen. Hiernach soll es dem Kriegsminister
gestattet sein, die Rekruten bereits zum 1. Oktober jedes Jahres,
statt erst zum 1. November einzustellen. Auf diese Weise würde die
Ankunft der Rekruten fast unmittelbar auf die Herbstentlassung folgen und
damit die Zeit der unzureichenden Friedenspräsenzstärke abgekürzt werden.
Uebrigens soll der bisherige letzte Termin, bis zu dem die Rekruten ein=
gestellt sein mußten, nämlich der 16. November, bestehen bleiben und somit
dem Kriegsminister völlig freie Hand gelassen werden, inwieweit er von der
Erlaubniß einer früheren Einstellung Gebrauch machen will.

Die Begründung dieses Gesetzentwurfs, der von der Kammer der
Armeekommission zur Begutachtung überwiesen wurde, ist ziemlich dürftig.
Die Erfahrung habe gezeigt, daß die bisherige späte Einstellung in der
ersten Hälfte des Novembers mehrfache Unzuträglichkeiten mit sich bringe.
Die Ausbildung fange mit Rücksicht auf den baldigen Beginn der schlechten
Jahreszeit zu spät an. Trete diese dann ein, so seien die Rekruten noch
zu wenig an das militärische Leben gewöhnt. Besonders bei der Kavallerie
sei ein früherer Beginn der Ausbildung dringend erforderlich.

Die wahren Gründe sind zweifellos dabei verschwiegen.

Auch hier ist jedenfalls der deutsche Vorgang maßgebend gewesen. Auch

bewegung erreichbare Steighöhe, wenn die ungünstigsten Luftver
Betracht kommen, 2350 m ü. M. beträgt. Die Marimalsteighöl
rechten Aufstiegs hingegen beträgt, weil dann 100 kg pro Pfe
Berechnung zu ziehen sind, rund 4900 m ü. M. Von dieser
daher das Luftschiff nach dem Uebergang zur horizontalen Fe
wieder bis auf die Höhe von 2350 m ü. M. Man wird des
nur eine horizontale Fortbewegung bezweckt wird, nicht über die
Höhe steigen.

Vermöge seiner Auftriebsenergie vermöchte demnach dieses £
Hauptpässe der Zentralalpen noch zu überfliegen, um so mehr, a
Höhe so ungünstige Luftverhältnisse, wie die genannten, kaum je
treffen und infolge dessen anzunehmen ist, daß die Marimalstei
horizontalen Fluge, in Anbetracht auch des niedrigen Ansatzes de
leistung der vier seitlichen Schrauben, in der Regel wenigstens 25(
betragen werde."

Indem C. F. Billwiller dann die Wirkungen der Luftsch
Hebeleistungen derselben und den Luftwiderstand sowie das M
hebenden Wirkung bei gewissen Neigungswinkeln behandelt un
gelangt er zu der Schlußfolgerung: „Dank dieser Schraubenwirt
daher durch Verwendung noch stärkerer Motoren als der von mir
gezogenen, d. h. von 200-pferdigen oder gar von 300-, 400-
pferdigen Motoren ganz enorme Hebeleistungen erzielt werden
bemerkt er im Anschluß dazu: „Ich bin vollkommen überzeugt
in Zukunft Luftschiffe bauen wird, die vielleicht 10 000 m³ W
aufzunehmen im Stande sein werden, mit dessen Auftriebsenerg
jenigen eines vielleicht 500-pferdigen Motors man einige 100
von einem Welttheile nach einem andern wird befördern können.
voraussichtlich mit einer durchschnittlichen Geschwindigkeit vo
200 km in der Stunde, so daß die Fahrzeit von Zürich nach
z. B. kaum 48 Stunden im Durchschnitt betragen würde."

Die Stirnwinde (recte: die Gegenwinde) zieht der sachgemä
und danach vorschlagende Züricher Erfinder zwar in Betracht,
aber bei der eigenartigen Form und Wandungsrichtung seines Lu
kaum eine wesentliche Bedeutung als hemmende und entge
Kräfte bei.

In dieser Hinsicht schreibt er wörtlich: „Ich wage hierbei b
testen zu behaupten, daß die stärksten Stirnwinde die Schnelligte
zontalen Fortbewegung meines Luftschiffes dank dessen Form nic
fiziren im Stande sein werden. Weil nämlich die resultirende £
senkrecht gegen die Stirnfläche sich aufstellenden Stirnwiderstan
die horizontale Fortbewegung bewirkenden motorischen Kraft ei

leisten, sie wird aber wegen dem sich ergebenden Kraftverlust von ca. 20 pCt. von 25 bis 30 Pferdekräften geleistet."

„Gestützt auf das Gesagte bin ich der Ansicht," fährt Billwiller in seinen Ausführungen fort, „daß das Luftschiff bei Stirnwind eher schneller horizontal vorwärts fliegt als bei Windstille (!) oder bei mäßig starkem Rückenwind) da seine motorische Kraft einen Theil des Stirnwiderstandes in horizontale Fortbewegungsenergie umsetzt. Auch bin ich überzeugt, daß die stärksten Rückenwinde die in ruhender Luft erzielbare Geschwindigkeit sehr wenig oder gar nicht zu erhöhen im Stande sein werden, da diejenige der stärksten Luftströmungen (die tropischen Zyklone ausgenommen) 40 m nicht übersteigt. Orkane von dieser Stärke sind auch schon äußerst selten.

Die Beförderung der Personen über Land und über Wasser, den engern Lokalverkehr ausgenommen, wird in einer nicht zu fernen Zukunft ohne Zweifel der Luftschifffahrt zufallen, während diejenige der Güter im Allgemeinen, wie bis dahin, dem Eisenbahn= und Wasserschifffahrtsbetrieb überlassen bleiben wird, was nicht zum Mindesten dazu beitragen kann, daß das Luftschiff zu einem wahrhaft idealen Beförderungsmittel werde.

Da auch mit Sicherheit vorauszusehen ist, daß das Anlage= und Betriebskapital, das die Luftschifffahrt benöthigt, ganz bedeutend kleiner sein wird, als dasjenige, das die Eisenbahn erheischt und daß es auch dasjenige der Wasserschifffahrt nicht erreichen wird, so wird man auch ohne Zweifel in Zukunft bei einem eher kleineren Risiko nicht nur weit schneller, angenehmer und auf eine der Gesundheit weit zuträglichere Art und Weise, sondern auch erheblich billiger von einem Ort der Erdoberfläche zu einem beliebigen andern gelangen können als heutzutage.

Man hört oft die leichthin geäußerte Ansicht, daß die Lösung des Problems der Luftschifffahrt mit Hilfe der Elektrizität nicht mehr lange auf sich warten lassen werde. Hierauf ist nur zu erwidern, daß bei dem heutigen Stand der Elektrotechnik an eine derartige Lösung nicht im Entferntesten zu denken ist und daß man auch kaum hoffen dürfe, daß diese Aussichten sich so bald günstiger gestalten werden. Hingegen glaube ich mit meinen Ausführungen dargethan zu haben, daß gleichwohl die Lösung des Problems der Luftschiff= fahrt jetzt schon möglich ist, wenn man sie auf einem Wege versucht, den ich hoffe vorgezeichnet zu haben.

Zum Schlusse bemerke ich noch, daß vorerst praktische Versuche mit Luft= schiffen in 1/10 bis 1/5 der endgültigen Ausführung zu machen wären, und gebe ich mich der Hoffnung hin daß die ersten Schritte hierzu auf schweize= rischem Boden gethan werden," schreibt der Erfinder Billwiller am Ende der Begleitschrift, die bei seinem ausgestellten Modell in zwei Exemplaren ausgelegt ist.

Unstreitig verdienen die Angaben und Beweisführungen des Mannes, der sich offen und entschieden einigen jetzt vorherrschenden Ansichten und Ent=

wurfs= oder auch Berechnungsmethoden entgegenstellt, im Luftschifffahrtsfache sowie auch in der motorisch einseitig geplanten Flugtechnik, eine eingehendere Beachtung. Verfasser dieser Zeilen lernte den Erfinder C. J. Billwiller nicht persönlich kennen, verkehrte mit demselben bisher nur schriftlich, gewann aber aus den auf Verlangen ihm zugesandten Mittheilungen desselben den Eindruck, daß da ein praktischer, zielbewußter Charakter in Allem sich zeigt. Flugtechnischen Versuchen rein mechanischer Art, d. h. einzig mittelst maschi= neller Wirkung, bleibt der Genannte fern. Die in Wien stattgefundenen Versuche mit rein motorisch zu hebenden Luftfahrzeugen erscheinen ihm unbe= greiflich, soweit damit zugleich der Verwendbarkeit im größeren Maßstabe vorgearbeitet werden soll.

Wer die höchst eigenartige Form und Einrichtung des Billwiller'schen Luftschiffes näher betrachtet, muß bald den Eindruck gewinnen, daß damit eine neue Wendung in der Konstruktion und in der Leitung der Luftfahrzeuge angebahnt wird. Den bisherigen Kugelzapfen=Luftballons glaubte man bis dahin als eine wesentliche Verbesserung nur noch die walzenförmigen Ballons in Zigarrenform gegenüberstellen zu können. Welche Hoffnungen man nament= lich in Frankreich für Erreichung kriegstechnischer Zwecke auf Letztere setzte und zum Theil noch setzt, ist bekannt. Ebenso bekannt ist aber auch, daß die weitgehenden Erwartungen in Bezug auf Lenkbarkeit, Fahrtgeschwindigkeit und größere Leistungsdauer bei diesem Zilindersystem nicht gerechtfertigt wurden.— Nun kommt als neue geometrische Form des Luftschiffes das Bill= willer'sche Modell, welches oben eine große flache Scheibe mit nach unten etwas umgebogener Außenwandung und den zentral daran nach unten an= gefügten Spitztrichter aufweist. Beim Anblick dieser Form wird sofort klar, daß horizontal anstürmender Wind da nur hebend wirken kann, sobald das Fahrzeug schon in den Lüften schwebt. Die Motoreneinwirkung wird wohl noch einige Zeit die Achillesferse aller Luftfahrzeuge bilden, die auf dieselbe vorzugsweise angewiesen sein werden. Statik und Dynamik werden hier vorläufig noch Widersprüche zu lösen geben. Praktische Erfahrungen der Segeldrucktheorie versagen hier so ziemlich, und doch behaupten so viele Einsichtsvolle, daß das Durchgleiten höherer Luftschichten mit geneigten Ebenen (flachsegelnder Aëroplan) für die aëronautische Verkehrstechnik der Zukunft als eine Haupterrungenschaft sich zur Geltung bringen dürfte.

Dergleichen Ansichten und Schlußfolgerungen erscheinen uns zu gewagt. Schon das Billwiller'sche Modell und Verwendungsprojekt ragt, obgleich es zwischen Aëroplan und Luftballon, sowie ebenso zwischen dem Letzteren und dem Wellner'schen Maschinenfahrzeuge die goldene Mitte hält, weit über unsere bisherigen Luftschiffererfahrungen hinaus. Es ist jedenfalls angezeigt hier daran zu erinnern, daß Billwillers neues Luftfahrzeugmodell patentirt wurde. So unter Nr. 70 746 vom Deutschen Reichspatentamt, unter Nrn. 6882 52 577 in Oesterreich, unter Nr. 288 706 in Frankreich, unter

Nr. 507 609 in den Vereinigten Staaten von Nord=Ameri
6107 in Großbritannien, unter Nr. 38 715 in Italien ꝛc. ꝛc.

Diese Patentirung wird noch ergänzt durch anschließende
tirung einzelner Theilkonstruktionen der Maschinerie. Hat Pr
bei seinem 80=pferdigen Motor eine Hebeleistung von 6400 k
gleichzeitigem Auftriebe und Fortbewegung seines Luftfahrzeuge
stützende oder sichernde Gashebekraft, so muß der Billwiller
um so naturgemäßer und sicherer erscheinen. Zudem ist hier, l
Fahrzeug, die den Abstieg oder das Senken besser beherrsche
oberen scheibenförmigen Theiles zu berücksichtigen wegen der fa
Wirkung.

Die rege Beachtung, die die heutige Kriegswissenschaft un
allen rationell entstehenden aëronautischen Anregungen und B
mit Recht widmet, veranlaßte den Verfasser dieser Zeilen (der
Billwiller persönlich fern steht und mit demselben bis dah
Beziehung oder Verkehr hatte) an dieser Stelle auf bessen
Vorschläge aufmerksam zu machen im rein fachgemäßen Intere

Die türkischen Eisenbahnen.[*]
(Schluß.)

Die Strecke Smyrna—Aïdin der zweiten Hauptlinie Smyr
gehört zu den ältesten Eisenbahnbauten des türkischen Reiches, d
noch aus dem Jahre 1858 und wurde erst später bis Serail
Diner verlängert. Ebenso wurden nachträglich noch einige
erbaut, von denen die wichtigere, die Linie Torbati—Tire,
fertiggestellt wurde, zwei andere, die Bahnen von Balatschi
und von Gondjeli nach Denizlu, im Laufe des Jahres 1890 i
eingestellt werden konnten. Einige andere kurze Anschlußbahne
theils noch im Bau, theils sind sie erst projektirt.

Die ottomanische Eisenbahn=Gesellschaft hat ben Bahnho
stehenden Linien, getrennt von demjenigen der Smyrna—Kassa
außerhalb der Stadt, am Meeresufer, eine Haltestelle an be
Brücke erbaut. Ihr Geleise wendet sich, nachdem es zwischen
Haltestelle die Kassaba=Linie gekreuzt hat, in südlicher Richtu

[*] Siehe November=Heft 1893 der „Neuen Milit. Bl."

in jeder Richtung täglich vier Züge abgelassen, während bis Jsmib
nur zwei und auf der übrigen Linie bis Angora deren nur einer t
verkehrt.

Zur Zeit als die Konzession für die Bahn Jsmid—Angora er
wurde, sah man dieselbe allgemein als Köder für größere Unternehmu
zur Erschließung Mesopotamiens bis zum Persischen Meerbusen an, de
gewann es in der Folge längere Zeit den Anschein, als ob die tür
Regierung auf die Verwirklichung dieses Projektes verzichtet hätte. De
hat sie in neuerer Zeit durch Generalstabsoffiziere abermals Terrainst
ausführen lassen und ist auch mit der anatolischen Eisenbahn=Gesell
über eine event. Konzessionsertheilung in Unterhandlungen eingetreten.

In der Voraussicht, daß die projektirte Linie sich nicht sonderlich re
würde, hat diese letztere indessen die Bedingung gestellt, daß ihr als
schädigung die Konzession für den Bau und Betrieb einiger anderer
lohnenden Bahnen, in erster Stelle einer solchen auf Konieh ertheilt n
da diese letztere einem der reichsten und fruchtbarsten Theile Kleinasiens
Verkehr eröffnen würde.

In dieser Richtung konkurrirt sie indessen mit zwei anderen U
nehmern bezw. Gesellschaften, einerseits mit dem Eigenthümer der
Mudania—Brussa, der schon im Jahre 1891 die Konzession zum Bau
Eisenbahn von Panderma am Marmara=Meer über Afiun—Karahissar
Konieh erhalten, aber in Folge von Schwierigkeiten, welche sich der Bil
der betreffenden Gesellschaft entgegenstellten, nur vorläufig auf die Ausfül
verzichtet hatte. Andererseits machte auch die Smyrna= und Kas
Eisenbahn=Gesellschaft Rechte geltend, insofern sie nämlich sich darauf b
daß die Hochebene von Konieh innerhalb ihres Betriebsrayons liege, un
überdies durch das lange Bestehen ihrer Linie und die Dienste, weld
der wirthschaftlichen Entwickelung dieses Landestheiles geleistet, das Vo
beanspruchen könne.

Dennoch wurde von der türkischen Regierung schließlich der anatol
(deutschen) Gesellschaft der Vorzug vor ihren beiden Mitbewerbern geg
unter der Bedingung, daß sie demnächst die Linie Haider Pascha—Ai
bis Kaisarie weiterführen und innerhalb dreier Jahre bestimmte Erklär
über den Bau der folgenden Strecke, von Kaisarie über Birehjik am Eu
nach Bagdad, abzugeben habe. Dafür sollte ihr der Bau der Zweigb
Eski Schehr—Konieh und Ada—Bazar—Heraklea am Schwarzen Mee
dessen Nähe sich werthvolle Kohlenlager befinden, überlassen werden.

Allerdings hatte die türkische Regierung ursprünglich gewünscht,
die Linie Angora—Bagdad im strategischen Interesse weiter nördlich
östlich über Siwas, Karput und Diarbekir geführt werden möchte, we
hier der Ostgrenze des Reiches näher liegt, deren Sicherung, den ne
russischen organisatorischen Maßnahmen im Kaukasus=Gebiet gegenüber,

ht, überbies der Bau eines weiteren Schienenweges über Erzinbjan
im, in das Herz Armeniens, baburch erleichtert werden würde.

würde dem Schutz der armenischen Grenze ebenso zu Gute
ie der Ueberführung der in Kurbistan aufzustellenden Hamibie=
auf einen westlichen Kriegsschauplatz. Die Gesellschaft scheint
icht aus technischen und finanziellen Rücksichten, nicht hierauf ein=
l sein.

erseits soll die anatolische Gesellschaft ihren Konkurrenten Mr.
s zum Verzicht auf den Bau der Strecke Afiun—Karahissar—
von haben, während das Projekt eines Bahnbaues von Panderma
—Karahissar seinerseits bestehen bliebe. Zugleich verlautet neuer=
: berselbe Unternehmer die Baukonzession für die Weiterführung
Magnesia—Allaschehr nach Afiun—Karahissar erhalten habe, doch
ieser Richtung Bestätigung abzuwarten.

Vollständigkeit halber wollen wir indessen nicht unterlassen, schon
Stelle eines anderen wichtigen Bahnprojektes zu gedenken, für
ie belgische Gesellschaft schon im Jahre 1891 die Baukonzession
tte. Es handelte sich damals um einen Schienenweg von Samsun
am Meer über Siwas nach dem Meerbusen von Alexandrette, bis
Projekt aber noch nicht zur Ausführung gelangt, weil die genannte
verschiedene Bedingungen nicht erfüllte und die Konzession infolge
im nächsten Jahre wieder erlosch. Bei der großen wirthschaft=
strategischen Bedeutung dieser Bahn ist indessen nicht anzunehmen,
rojekt definitiv aufgegeben werden wird. Ueber kurz oder lang
elmehr von einer anderen Gesellschaft wieder aufgenommen werden.
m wir uns den noch vorhandenen weniger wichtigen Küstenbahnen
en deren in Kleinasien noch zwei zu erwähnen, es sind dies:

45 km lange Linie Mudania—Brussa. Sie verbindet die volk=
Brussa mit dem Marmara=Meer und war ursprünglich als Schmal=
ebaut. die von den Eigenthümern aber nicht in Betrieb gesetzt
mehrere Jahre gänzlich unbenutzt liegen geblieben war. Im Jahre
bann Herr Nagelmakers die Konzession erworben, die Linie auf
Geleise aufgebaut und 1892 in Betrieb gestellt;

Eisenbahn Mersina—Tarsus—Abana ist 66,8 km lang und ver=
beiden letztgenannten bedeutenden Städte mit dem erstgenannten

Sie wurde 1882 von einem Griechen in Zeit von zwei Jahren
r noch ehe der Betrieb eröffnet worden an eine englische Gesell=
aft.

Nachbarprovinz Syrien besitzt vorläufig nur eine 87 km lange
dem Küstenplatz Jaffa über Ramleh nach Jerusalem, welche im
begonnen und trotz mannigfacher durch die Bodengestaltung
dernisse im Winter 1892 eröffnet werden konnte. Auf der

Strecke wird täglich ein Zug in jeder Richtung abgelassen, der die Entfernung in 3½ Stunde zurücklegt.

Dagegen liegen auch in Syrien wie für Kleinasien Projekte vor, von denen wir indessen nur zwei erwähnen wollen, für deren Bau in neuerer Zeit die Konzessionen ertheilt sind.

1) die 185 km lange Linie von Akka nach Damaskus mit 4 Zweigbahnen, von denen die 90 km messende Bahn nach Bosra die bedeutendste ist. Die Konzession hat eine englische Gesellschaft erhalten, indessen schon einmal verjähren und wieder erneuern lassen.

2) die 650 km lange Bahn von Damaskus über Homs, Hama und Aleppo nach Biredjik. Wird die früher erwähnte Linie Kaisarie—Biredjik—Bagdad gebaut, so kann ihr eine große strategische Bedeutung nicht abgesprochen werden, denn im Kriegsfalle ermöglicht sie die schnelle Versammlung der syrischen Truppen auf einem kleinasiatischen oder europäischen Kriegsschauplatze und macht die türkische Heeresverwaltung von den Wasserstraßen unabhängig, welche dann möglicherweise nicht gesichert sein werden.

Nach Allem dürften unsere Ausführungen die schon Eingangs aufgestellte Behauptung lediglich bestättgen, daß die europäischen wie die asiatisch-türkischen Eisenbahnen ausschließlich lokalen, wirthschaftlichen Interessen dienen, vom militärischen Standpunkte aus betrachtet, in strategischer Hinsicht dagegen ziemlich werthlos sind, weil einerseits die am meisten gefährdeten Landestheile, die an Rußland und Persien grenzenden Provinzen Armenien und Mesopotamien überhaupt noch keine Bahnen besitzen, in denjenigen Provinzen aber, wo solche schon vorhanden sind, die durchgehenden Linien und die Verbindungsbahnen zwischen den einzelnen Systemen und Bahnstrecken fehlen, wofür die Wasserstaßen im Kriegsfalle noch weniger Ersatz zu leisten vermögen wie im Frieden. Allerdings würden sie bei der Mobilmachung allenfalls im Stande sein, in den von ihnen durchzogenen Bezirken die Einziehung der Reserven (Jchtiat) und der Landwehren (Redif) zu beschleunigen, auch die Versammlung des I., II. und III. Armeekorps um Konstantinopel und im nordwestlichen Theile von Kleinasien in etwas zu erleichtern, doch ist einerseits die Zahl der Bezirke, wo Bahnen vorhanden sind, noch eine sehr geringe, andererseits das rollende Material so beschränkt, das Bahnpersonal infolge des geringen Friedensverkehrs so ungeübt, daß, zumal auch alle zweiten Geleise fehlen, besondere Leistungen nicht erwartet werden können.

Als ein wichtiger Fortschritt würden somit die projektirten Bahnen zu begrüßen sein, von denen die Mehrzahl, wie ausgeführt, schon konzessionirt sind:

1. Vom adriatischen Meer nach Monastir zum Anschluß an die Bahn nach Salonichi.

2. Von Salonichi nach Dede Agatsch zum Anschluß an die Bahn nach Konstantinopel.

Sie bieten der türkischen Regierung die Möglichkeit, alle in Thrazien,

es die völlige Sicherheit des Seeweges im Rothen Meere und i
Becken des Mittelmeeres voraus.

In einem Kriege mit Rußland wird es unter allen Umstän
darauf ankommen, eine möglichst große Truppenmacht zur Siche
stantinopels und des Bosporus, außerdem der kleinasiatischen
Schwarzen Meeres schneller dort zusammenzuziehen, als unter bishe
kehrsverhältnissen ausführbar war. Diese Aufgabe wird im e
Theile des türkischen Reiches dem thrazischen und mazedonischer
mit Hülfe der Verbindungsbahn Saloniki—Dede Agatsch und
zur Küste des Adriatischen Meeres zufallen, im asiatischen Theile
Sache der Eisenbahnlinien Haider=Pascha—Angora, Mudania—u
Panderma—Smyrna, andererseits der Hauptaufmarschlinien Angora
Samsun—Siwas—Alexandrette und Damaskus—Aleppo—Bir
Durch die schon etwas besser entwickelten Bahnnetze im Bereich t
und III. Armeekorps wird sich die Mobilmachung der dortiger
natürlich schneller vollziehen, als bei den übrigen, zudem weiter e
ihnen daher unter normalen Verhältnissen zunächst der Schutz t
stadt mit der Straße durch den Bosporus übertragen werden kön

Ob die Wasserstraßen im Aegäischen Meere zum Transport vor
theilen des III. Armeekorps werden ausgenutzt werden können,
der Gruppirung und Stellungnahme der Mittelmeermächte ab, läß
im Voraus ebenso wenig feststellen, wie dies für den Transport d
VII. Armeekorps, aus Syrien und Yemen, einschließlich des neu
möglich ist. Keinesfalls ist mit Sicherheit auf sie zu rechnen.
Korps, das V. Ordu würden in diesem Falle die Linie Damaskus—
Angora oder Damaskus—Biredjik—Siwas—Samsun benutzen i
nachdem ihre Verwendung auf dem europäischen oder kleinasiatisch
schauplatze beabsichtigt wird. Aehnlich würde voraussichtlich über
Korps von Bagdad verfügt werden, die, sofern die Kriegslage nich
bleiben im östlichen Grenzgebiet bedingen sollte, während die
Bereich des IV. Korps aufgestellten, angesichts der Truppenau
Rußlands im Kaukasusgebiet keinesfalls auf einem westlichen K
platze werden Verwendung finden können.

Bezüglich des VII. Korps (Yemen) bemerken wir, daß der
oberhalb Bagdad für Dampfschiffe schiffbar ist, der Wassertran
Yemen durch das Arabische Meer und den Persischen Meerbusen b
und von hier per Eisenbahn auf den Kriegsschauplatz nicht ausgeß
sobald die Bahn Angora—Bagdad erbaut sein wird.

Wenn es der türkischen Regierung nicht gelungen ist, die
Gesellschaft zum Bau der Linie Angora—Siwas—Diarbekir—Ba
sie im Interesse des Grenzschutzes gegen Persien und Rußland
Eisenbahntransportes der Hamidie=Regimenter möglicherweise wünß

würde, zu bestimmen, so legt dies andererseits den Bau einer
m Kaisarie über Sivas und Erzindjan nach Erzerum nahe,
sird die Pforte sich vorzubereiten haben, daß, wenn Rußland
riege, wie Kapitän z. See Stenzel ausführt, einen Handstreich
ptstadt unternimmt, dies nur mit schwächeren Kräften geschehen
uptmacht aber auf der asiatischen Seite, vom Kaukasusgebiet
—des Schwarzen Meeres aus in Vormarsch setzt.

einer solchen Invasion mit Aussicht auf Erfolg entgegentreten
ind angesichts der weitläufigen Friedensdislokation der tür=
im asiatischen Theile des Reiches nicht allein durchgehende,
leistungsfähige Eisenbahnlinien unentbehrlich, wozu mit den
geführten bereits konzessionirten und projektirten mindestens ein
Anfang gemacht ist.   Nt.

---

französische Expedition nach Madagaskar.*)
(Fortsetzung.)

ißmäßig günstig lagen die Verhältnisse in Tamatave, wo die
meist in den allerdings nicht gerade in großer Zahl vor=
sfern der Kaufleute und in der protestantischen Kirche unter=
en, ebenso in Diego Suarez, wo ein Theil der französischen
e in Unterkunftsräume für die stärkere Garnison umgewandelt
e, ohne allerdings den strengeren Anforderungen der Hygiene
sie besserten sich hier indessen nicht unerheblich, als später durch
e des wesentlich gesunderen Ambohimarina Gelegenheit zu
sserungen der Unterkunft gegeben worden.

denkbar schlechtesten Lage befanden sich die Truppen dagegen
, wo größere Gebäude vollständig fehlen, die Wohnungen der
sich in einem Zustande so unglaublicher Unsauberkeit befanden,
Metzinger nothgedrungen dem Freilager den Vorzug geben

nsport des Gros der Expeditionstruppen aus Frankreich, Algier
) mit dem zugehörigen Kriegsmaterial vollzog sich, abgesehen

von einigen Unglücksfällen, mit Hülfe englischer und französischer
dampfer in der Zeit vom 25. März bis Ende April mehr o
planmäßig und wurde bis gegen Ende des Monat Mai voll
Ziemlich als letzte Rate trafen am 20. Mai die Haussa-Schützen a
und am 24. Mai die Freiwilligen von Réunion aus Diego Su
allerdings durch Krankheiten stark mitgenommen, in Mobj
Namentlich hatte eine stürmische Ueberfahrt, welche während de
des Kap der guten Hoffnung lange Zeit das Schließen der Luk
unter den ersteren eine Epidemie zum Ausbruch kommen lassen,
während der Fahrt 25 Mann zum Opfer fielen, die auch spä
Ankunft in Mobjanga es nöthig machte, das Bataillon sofort in
zu legen.

Immerhin dauerten die Nachschübe an Mannschaften und Kri
noch unausgesetzt fort; auch hatte die französische Heeresleitung gleich
der Transporte mit den oben erwähnten Unglücksfällen zu re
denen wir nur den des englischen Transportdampfers „Brickburn"
wollen, auf dem der weitaus größte Theil der zerlegbaren Kanone
und anderen Fahrmaterials für die Flußschifffahrt verladen un
für seine Zusammenstellung nöthigen Personal begleitet war, weil
desselben in Mobjanga dadurch um 14 Tage verzögert wurde,
um so schwerer in's Gewicht fiel, als die Ausladung und Zusan
dieser Fahrzeuge ungleich mehr Zeit in Anspruch nahm, als von
berechnet worden, daher neben anderen Vorkommnissen, worübei
gesprochen, einen ziemlich unheilvollen Einfluß auf die Exped
ausübte.

Ueberhaupt haben die geringen Längenabmessungen der Land
welche wegen schwieriger Untergrundsverhältnisse nur halb so
werden konnte, als beabsichtigt worden, ferner der ungenügende
Landungspontons und anderen geeigneten Fahrzeugen das Au
Kriegsmaterials außerordentlich erschwert und verzögert, zumal
15 bis 20 große Transportdampfer von 3000 bis 4000 t gleiche
Rhede der Ausladung harrten. Es ergab sich hieraus die Noth
fast das gesammte Bootsmaterial der Kriegsschiffe für diese Zu
Gebrauch zu nehmen, wodurch sie dem Dienst auf dem Fluß
Hülfe ebenfalls sehr nöthig war, fast gänzlich entzogen wurden.

So hatte denn auch von der Flottille für die Flußschifffa
erste am 18. Mai ausgeladene Kanonenschaluppe „Infernale"
24. Mai ihre Probefahrten beginnen können und bis zum 29.
erst 10 Kanonenboote mit 85 Flachbooten in den Betrieb eingeste
allerdings folgten die übrigen dann schon in den nächstfolgenden

Inzwischen war auch der General Duchêsne, nachdem er
Sanatorium auf Nossi Komba, welches am 22. Mai dem Betrieb

auf dem die mit Geschützen armirten Befestigungen von Ampai
die Wohnungen des Gouverneurs und seiner Beamten umschließen

Nachdem durch die gewaltsame Rekognoszirung vom Anfa
Anwesenheit des Feindes in bedeutender Stärke bei Marovoay
festgestellt worden, die früher dargelegten Verhältnisse aber ein
der Offensive nicht thunlich hatten erscheinen lassen, trat in
Hälfte des April ein Witterungsumschlag ein, der das Ende
und damit eine allmähliche Besserung des Verkehrs in Aussicht
ferner gegen Ende des Monat April und Anfang des Mai
treffen der ersten Truppensendungen zu rechnen war. so sah
Metzinger in der Lage, nunmehr ernstlich an die Wiederaufnah
rationen denken zu können. Er zog daher alle verfügbaren F
Geschwaders des Indischen Ozeans bei Modjanga zusammen, u
truppen durch die Flotten-Division kräftig unterstützen zu könn
mit 3 Kolonnen gegen Marovoay vor, von denen:

 1. die linke Flügelkolonne mit der

  3. Kompagnie der algerischen Schützen, der

  3. Kompagnie der madagassischen Schützen,

  4 Geschützen der 15. Gebirgsbatterie und

  1 Zuge der 13. Genie-Kompagnie

am 29. April auf dem rechten Ufer der Bombetoke-Bucht auf
wege von .Maevarano über Miaelane gegen Front und rechte
Gegners vorrückte, am 1. Mai den durch die starken Regenfäll
stark angeschwollenen Marovoayfluß erreichte und sich hier ■
einer Furth oberhalb der Stadt sammelte und den Fluß ■
großen Schwierigkeiten überschritt.

Am folgenden Tage Morgens traf die Kolonne auf den Fl
entgegengesetzten Ufer eines breiten Sumpfes Aufstellung ■
und den Uebergang versperrte. Derselbe wurde indessen trotz lebha
der Vertheidiger unter dem Feuer der Gebirgsgeschütze erzw■
Howa auf Marovoay zurückgeworfen. Scharf nachdrängend tref
zösischen Truppen auf eine natürliche Brustwehr, in welche
eingeschnitten sind, die der Gegner zur Deckung seines Rückzuges
Abermals fährt die Artillerie auf, durch deren Feuer unter■
rischen Schützen gegen die rechte Flanke, die Madagassen frontal
die Howa, ihnen keine Zeit lassend sich zu einem Widerstande
in Unordnung zurückwerfen. Unaufgehalten erreichen die Sieg
hinter Marovoay und sehen nun die weite zu ihren Füßen sich
ausdehnende Ebene mit flüchtigen Howa, Rinder- und Hammel
welche nach allen Richtungen dem Feinde zu entrinnen suchen.

 2. die mittlere Kolonne:

  1 Kompagnie algerischer Schützen mit den Schiffsequi

Noch am Abend desselben Tages brachten Spione die Nachricht, daß Romazombasaha, der Gouverneur von Jboina, Mevatemana mit dem größten Theile seiner Truppen geräumt habe und auf Andribo abgezogen sei. Nur 1500 Mann hielten den Ort noch besetzt. General Metzinger befahl daher für den folgenden Tag den Angriff auf den nur noch 5 km von Beratsinana entfernten Ort, indem er dem General Duchèsne, der an demselben Tage mit dem Dampfer „Infernale" in Marololo angekommen war, Meldung hiervon erstattete.

Rückgreifend, bleibt uns nur noch nachzutragen, daß General Duchèsne am 2. Juni auf dem Dampfer „Infernale", sein Stab am folgenden Tage auf dem Dampfer „Invincible" Modjanga verlassen hatten, um sich der Operations-Armee anzuschließen, daß das Hauptquartier mit den Pferden und der Bagage aber bereits am 29. Mai auf dem Landwege vorangegangen war.

Um dieselbe Zeit hatte auch die 2. Brigade (Voyron), nachdem sie infolge Eintreffens des Freiwilligen Bataillons von Réunion am 24. Mai vollzählig an der Straße von Modjanga nach Marovoay echelonirt worden, den Vormarsch angetreten, um der 1. Brigade zu folgen, was in Anbetracht der früher erörterten Zustände in Modjanga und Umgegend aus sanitären Rücksichten sich schon länger als sehr wünschenswerth herausgestellt hatte.

Wir kehren nunmehr zu der Brigade des General Metzinger zurück. Noch stark ermüdet von dem Marsche des vorhergehenden Tages verließ die Avantgarde am Morgen des 9. Juni früh 7 Uhr Beratsinana und hatte sich eine Stunde später auf dem entgegengesetzten Ufer des kleinen Flusses Anandraja, der in dieser Jahreszeit sehr seicht ist und durchwatet werden kann, mit den algerischen Schützen auf dem linken, den Fremden-Legionären und Jägern auf dem rechten Flügel zum umfassenden Angriff gegen Mevatanana formirt, nachdem die Gebirgs-Batterie No. 15, um den Flußübergang und die Entwickelung zu decken, auf einer dominirenden Höhe des rückwärtigen Flußufers Stellung und eine bewaldete Höhe zwischen Mevatana und dem Fluß, auf der sich feindliche Schützen zeigten, unter Feuer genommen hatte.

Mevatanana ist befestigt und der wichtigste Stützpunkt der Howa für die Beherrschung des Küstengebietes, durch seine Lage auf einem steil und schroff etwa 125 m aus der Ebene aufsteigenden Berge ist namentlich die Rowa (Zitadelle) recht widerstandsfähig. Sobald der Uebergang und Aufmarsch der Infanterie beendet, ging die Batterie auch ihrerseits, später gefolgt von der Gebirgs-Batterie Nr. 16, über den Fluß nach der zuvor beschossenen und vom Feinde nunmehr geräumten Höhe vor, wo sie den Artilleriekampf gegen eine westlich Mevatanana aufgefahrene Howa-Batterie aufnahm und dieselbe bald zum Schweigen brachte, erhielt nun aber von einer zweiten im Süden der Zitadelle auftretenden Batterie einige recht gut gerichtete Granaten, welche glücklicher Weise nicht krepirten. Da rückte auch die Batterie Nr. 16

neben ihr ein und dem vereinigten Feuer beider Batterien gegenüber vermochte sich die Howa=Batterie nicht lange zu behaupten. Als dann die Infanterie zum Angriff vorging, zögerte der Gegner nicht länger, sich aus der Stadt zurückzuziehen, in welche das Jäger=Bataillon Nr. 40 und die Fremdenlegion noch vor 11 Uhr Morgens als erste einrücken konnten. Mehrere 87 mm Hotchkiß=Geschütze neuester Konstruktion und große Vorräthe an Munition wurden erbeutet, dagegen weder Todte noch Verwundete des Feindes vor=gefunden, weil er, eine Aufgabe der Diener und Sklaven, dieselben mit=genommen hatte. Es fehlte somit jeder Anhalt für seine Verluste. Die Franzosen hatten nur zwei leicht Verwundete.

Der Einnahme Mevatananas folgte diejenige Suberbiévilles auf dem Fuße. Hier leisteten die Howa nicht einmal Widerstand. Ueberhaupt schien ihr Rückzug ein sehr übereilter gewesen zu sein, denn abgesehen von einem einzigen niedergebrannten Hause fand man den Ort, selbst das Etablissement des Franzosen Suberbiéville gänzlich unversehrt vor. Die etwa 1500 Ein=wohner zählende Stadt macht einen ganz europäischen Eindruck, besitzt aber trostlose Umgebungen, welche keinen Baum oder Strauch, kein grünes Blatt, nur Felsen und Sumpf abwechselnd aufzuweisen haben, dennoch eignete sie sich vermöge ihrer Lage, etwa halbwegs zwischen Modjanga und Imerina, ferner wegen seiner örtlichen Vorzüge und geräumigen Gebäude für einen längeren Halt. Alle Häuser wurden daher sofort für die Intendantur oder als Quartiere für die höheren Stäbe mit Beschlag belegt.

Entgegen ihrer Gewohnheit hatten die Howa indessen den Landstrich nicht ganz geräumt, vielmehr verschiedene Posten im Vorgelände besetzt behalten, von wo aus sie die Bewegungen der Franzosen scharf überwachten. Zu ihrer Sicherung, auch der Straßenbauten, sahen letztere sich daher ver=anlaßt, am 18. Juni Nachmittags Vorposten auf der am Ikopa entlang führenden Straße nach Andribo

    1 Kompagnie algerischer Schützen mit
    1 Zuge afrikanischer reitender Jäger und
    1 Zuge der Gebirgs=Batterie Nr. 16

unter Major Lentomet nach dem 20 km entfernten Tsarasaotra und zu ihrer Aufnahme 2 weitere Kompagnien algerischer Schützen halbwegs nach dem 10 km entfernten Behanana vorzuschieben.

Bevor wir den Bewegungen der Truppen weiter folgen, wird es nöthig, einen Blick auf die rückwärtigen Verbindungen zu werfen. Sobald nämlich durch das Vorrücken der Spitzen der Expeditionstruppen die Schifffahrt auf dem Flusse bis Mevatanana und weiter gesichert erschien, sollte ein Versuch gemacht werden, noch über jenen Ort hinaus stromaufwärts bis Suberbié=ville zu fahren; dies gelang aber nur einem Fahrzeuge, der Waarenschaluppe „Poursuivante" und auch dieser nicht ohne verschiedene Beschädigungen. Man war daher genöthigt, Ambato und Marololo allgemein als Endpunkte für

tragen zu laſſen. Es iſt dies nur der Ausfall an ſakalaviſchen Trägern, auf welche zunächſt doch wohl gerechnet worden, jedenfalls die Urſache, ·daß Schritte gethan wurden, um nachträglich nochmals 8000 Träger in Obock und auf den Komoriſchen Inſeln anzuwerben bezw. in der Heimath weitere 4000 Maulthiere zu beſchaffen, zumal die in Anrechnung gebrachte Beſpannung von 1 Maulthier pro Fahrzeug Lefébore für die Verkehrs=Verhältniſſe auf Mabagaskar nicht genügt, namentlich weil auch nicht darauf zu rechnen, daß die ſoeben gebauten Straßen lange Zeit praktikabel bleiben werden.

Ueber den von Tage zu Tage ſich verſchlechternden Geſundheitszuſtand, der in erſter Linie allerdings durch das Klima bedingt, daneben aber auch durch die Anſtrengungen der Märſche mit Gepäck und die Straßenbauten, beſonders aber durch den langen Aufenthalt in und um das als überaus ungeſund verrufene Mevatanana ſehr nachtheilig beeinflußt wurde, haben wir ſchon früher das Nöthige geſagt, es bleibt uns nur noch nachzutragen, daß ſchon bei dem Vormarſch über Marovoay hinaus, ſich das Bedürfniß heraus= geſtellt hatte, auch in Ankaboka ein Lazareth zu 2 Abtheilungen einzurichten.

Dennoch wurden nach engliſchen Meldungen zur Zeit des Aufenthaltes um Mevatanana jeden Tag etwa 200 an Malaria, Fieber, Rheumatismus oder Dyphtherie Erkrankte ſtromabwärts in die Lazarethe von Mobjanga übergeführt und dabei hatte das in Mevatanana und Suberbieville ſtehende Infanterie=Regiment Nr. 20 noch außerdem täglich 3 bis 6 Todte zu beklagen. Allerdings ſtehen dieſe Nachrichten mit den offiziellen franzöſiſchen Berichten und den Meldungen franzöſiſcher Blätter nicht im Einklang, bei der ſcharfen Zenſur, welcher die geſammte Preſſe in Mobjanga, gerade rückſichtlich aller Nachrichten über den Geſundheitszuſtand unterliegt, iſt dies indeſſen ſehr erklärlich. Andererſeits wurden ſie in Privatbriefen und indirekt durch die Regierung ſelbſt beſtätigt, denn ſchließlich konnte dieſelbe doch nicht umhin, zuzugeſtehen, daß 10 pCt. des Effektivſtandes der Expedition (Kombattanten und Jäger) dienſtunfähig ſeien, doch war zu dieſer Zeit der Krankenſtand nach engliſchen Nachrichten, welche durch die Zahlen der als Rekonvaleszenten Mabagaskar abzurückgeſandten, bezw. als Erſatz für dieſe letzteren nach in die Heimath gegangenen Mannſchaften indirekt beſtätigt worden, bereits auf 25 und bald darauf auf 30 pCt. des Effektivſtandes geſtiegen.

Eine genaue ziffernmäßige Kontrolle iſt zwar nicht möglich, weil eine große Zahl von Kranken und Rekonvaleszenten, ebenſo von Erſatzmann= ſchaften in kleinen Transporten von Algier und aus dem Mutterlande ab= gegangen ſind, weil ferner alle vorhandenen Meldungen ſich vorzugsweiſe auf die Truppen der Landarmee, allenfalls auch noch auf die Marinetruppen beziehen, dagegen bezüglich der Kolonialtruppen und der Träger Nachrichten gänzlich fehlen oder doch nur deren franzöſiſche Stämme berückſichtigen. Da= gegen ſteht feſt, daß in den Monaten Juli und Auguſt die Dampfer: „Notre Dame de Salut“, „Yangtſe“, „Provence“, „Shamrock“ und „Concordia“

ferner zum 15. August auch solche in der Stärke von je 100 Mann für die Artillerie und den Train beim Artillerie=Regiment Nr. 38 und der 16. Train=Eskadron und schließlich sogar einen Ersatzkörper für die Lazareth= gehülfen bei der Lazarethgehülfen=Sektion in Perpignan aufzustellen. In= zwischen sind aber, abgesehen von einer Anzahl kleinerer Trans= porte, nach Mobjonga abgegangen:

Im Juli: 40 Mann Marine=Infanterie
70 „ Artillerie
15 „ Gendarmen.

Im August: 5 Offiziere 450 Mann für das Infant.=Reg. Nr. 200
3 „ 150 „ „ „ Jäger=Bataillon Nr. 40
? „ 150 „ „ „ algerische Infant.=Reg.
? „ 400 „ Pioniere.

Im September: ? „ 300 „ für das Marine=Inf.=Reg. Nr. 13
? „ 150 „ „ „ Kolonial=Infant.=Reg.
? „ 100 „ „ „ die Marine=Artillerie.

Daß solchen Zahlen gegenüber die offiziellen Kundgebungen der Regierung wenig Glauben finden, liegt nahe, selbst wenn diese mittheilen läßt, daß die Rekonvaleszenten nicht eigentlich krank, sondern nur dienstunfähig seien. Bestimmt das Kriegsministerium doch andererseits, daß Ersatzmannschaften nur für den Abgang der Todten und in die Heimath zurückgeschickten Kranken und Rekonvaleszenten abgehen sollen.

Nach dieser Abschweifung nehmen wir die Berichterstattung über die Ereignisse bei Suberbiéville wieder auf. Wie bereits mitgetheilt, hatte General Metzinger am 18. Juni Vorposten bis Tsarasaotra, einem kleinen Dorfe von etwa 20 Hütten, welches auf einer unbedeutenden Höhe gelegen, das rechte Ufer des Ikopa auf eine Entfernung von etwa 800 m beherrscht, vorgeschoben, das Vorposten=Gros halbwegs zwischen Tsarasaotra und Suberbiéville nach Behanana verlegt, während der General selbst mit der Avantgarde, 8. Kompagnie des Jäger=Bataillons Nr. 40, dem Rest des algerischen Schützen=Regiments und der reitenden afrikanischen Jäger wie der Gebirgs=Batterie Nr. 16 in Suberbiéville verblieben war.

Vom Feinde wußte man, daß sich kleinere Abtheilungen bei Ampasiry gezeigt und daß er Verstärkungen aus Antananarivo herangezogen habe, deren Stärke auf 5000 Mann geschätzt wurde. Schon in der Nacht vom 28. auf den 29. Juni hatte er einen Ueberfall der auf der Ostseite des Dorfes ausgestellten Feldwache versucht, was dieselbe zum Zurückgehen auf Tsarasantra, den Vorposten=Kommandeur, Major Lentonnet, aber veranlaßt hatte, für den 29. früh eine gewaltsame Rekognoszirung zu befehlen. Aber schon als die Truppen des Major Lentonnet sich Morgens 5½ Uhr zum Abmarsch sammelten, erhielten sie von allen Seiten Feuer von einer etwa 800 Mann starken aus den umliegenden Bodenwellen auftauchenden Howa=

Abtheilung, welche ihnen den Rückzug auf das Vorposten-Gros
suchte. Man ersieht daraus, daß der Sicherheitsdienst der F
wie vor ihre schwache Seite ist, denn anderenfalls wäre es l
daß die Howa, deren Nähe sich erst am Abend zuvor bemerkbar
so unbemerkt hätten hervorkommen können. Es ist dies u
werther, als die Neigung derselben zu nächtlichen Ueberfäller
auch möchte es kaum zweifelhaft sein, daß nur der Umstand, l
eine Rekognoszirung für den Morgen angeordnet worden, l
vor einer Niederlage bewahrt hat, da anderenfalls der
noch im Zustande der Ruhe getroffen haben dürfte.

Sofort wirft Major Lentonnet dem gegen die Ostseite de
bringenden Feinde die algerischen Schützen (exkl. eines Zug
beiden Geschützen entgegen, während der qu. Zug der algeri
mit den abgesessenen afrikanischen reitenden Jägern ihm auf
entgegentritt. Dem unerwarteten Widerstande gegenüber stutzt l
was dem Major Lentonnet Gelegenheit giebt, ihn durch ein
unter Verlust von 33 Todten und Verwundeten zurückzuwerf
Artillerie in eine weiter vorwärts gelegene Stellung einrüc
Inzwischen ist, durch das Feuer alarmirt, gegen 10 Uhr l
1 Kompagnie des Vorposten-Gros zur Verstärkung eingetroffer
Howa sich in guter Ordnung zurückziehen.

General Metzinger, der von Suberbiéville ebenfalls vor
erhielt die Meldung von dem Angriffe schon unterwegs und
Jäger-Bataillon und der Batterie den Befehl, sofort auf Tsara
folgen. In glühender Mittagshitze, bei einer Temperatur vo
mit Gepäck traten dieselben den Marsch an, machen aber l
einen längeren Halt, um erst Abends 8 Uhr von hier wiede
und gegen 11 Uhr in Tsarasaotra einzutreffen.

General Metzinger hatte sich inzwischen entschlossen, am an
zum Angriff überzugehen, um dem Feinde nicht Zeit zu lassen,
Schlappe des vorhergehenden Tages zu erholen. Die Vorpost
bei Tsarasaotra stehen lassend, setzte er sich demgemäß am an
6 Uhr mit den 3 Kompagnien des 40. Jäger-Bataillons, l
zuvor aus dem Gros nachgerückten Kompagnie der algerischen
den 4 Geschützen der 16. Batterie — 2 Geschütze der Batter
der Vorpostenstellung — in Marsch.

Fragt man sich nun, was den General Metzinger veranlaß
trotz des Erfolges vom vorherigen Tage und der nach den
Meldungen wahrscheinlichen Ueberlegenheit der Howa, welche f
Tsarasaotra nicht schlecht geschlagen hatten, nicht auch die Vo
mitzunehmen, um dem Gegner möglichst stark entgegenzutrete
da die Jäger und Artillerie durch den Marsch des vorherge

in der glühenden Mittagshitze mindestens stark angegriffen sein mußten, so bleibt nur die Annahme übrig, daß die Vorpostentruppen in dem $4\frac{1}{2}$-stündigen Gefecht denn doch mehr gelitten hatten als zugegeben wird. Nach den bisherigen Erfahrungen in den Kämpfen mit den Howa und im Sinne der beabsichtigten Offensive lag keine Veranlassung vor, Truppen in einer Aufnahmestellung zurückzulassen, dagegen entspricht die Verkleinerung der eigenen Verluste durchaus dem bisher geübten Verfahren, welches darin gipfelt, den Gesundheitszustand bei den Truppen möglichst günstig, die faktischen Erfolge möglichst groß, die Verluste in den Gefechten möglichst gering darzustellen, Alles auf Kosten der Wahrheit. Sollen bisher doch nur Verluste von 2 bis 7 Mann eingetreten sein und nur bei dem Zusammenstoße bei Manonga, wo es zum Handgemenge kam, wurden 9 Mann zugestanden, obgleich die französischen Truppen wiederholt ungedeckt gegen einen in verstärkter Stellung stehenden Gegner vorgingen, auch nach übereinstimmenden Urtheilen französischer Offiziere und des englischen Obersten Shervington, des früheren Kommandeurs der Howaarmee, diese letztere gut bewaffnet ist. ihre Mannschaften zwar schlecht ausgebildet, doch für den Schießdienst gut veranlagt sind, und hinter Deckungen sich gut schlagen. Zuverlässige Nachrichten über die französischen Verluste werden indessen wohl niemals bekannt werden.

Gegen 8 Uhr trifft General Metzinger bei Beritzoka auf den Feind, der einen Höhenrücken besetzt hat. Fast ohne zu feuern — nach französischem Bericht — gehen Jäger und Schützen bis auf 200 m (?) an ihn heran, überschütten ihn mit einem kurzen Schnellfeuer und werfen ihn dann mit dem Bajonett in Unordnung zurück. Vergeblich versucht er einen Gegenstoß, er vermag der Gewalt des französischen Angriffs nicht zu widerstehen, zumal jetzt auch die Geschütze mit unglaublichen Schwierigkeiten in Stellung gebracht sind und das Feuer auf 2500 m eröffnen. Verstärkt durch das Salvenfeuer der unaufhaltsam vordringenden Infanterie verwandelt es den Abzug des Gegners in wilde Flucht, und die französische Infanterie bringt in die feindliche Stellung auf dem Höhenkamme ein, von wo sie zwei große Howalager mit rund 450 Zelten unmittelbar zu ihren Füßen erblickt. Eine Anzahl Howa, welche sich noch nicht der Flucht angeschlossen haben, werden niedergemacht oder gefangen, viele Vorräthe an Lebensmitteln und Munition mit zwei Geschützen und der Fahne der Königin fallen dem Sieger in die Hände.

(Fortsetzung folgt.)

1874 wurde die Stellung der Kreis-Truppen-Chefs (Bezirkskommandeure) geschaffen; die Kontrole der Militärpflichtigen einfacher, die Einberufung aus den Gouvernements auf die Kreise vertheilt, vereinfacht und beschleunigt.

Von 1875 an wurde der eiserne Bestand an Vorräthen in fertigem Zustande bereit gehalten und die Uniformirung der Armee zum Zwecke leichteren Verpassens vereinfacht.

1876 wurde eine Militärpflicht der Pferde eingeführt, welche deren Ankauf wesentlich beschleunigte und die Kosten verringerte.

1882 wurde die Einrichtung der Reserve-Offiziere getroffen, für deren Ergänzung 1886 die Charge der „Fähnriche der Reserve" (Vizefeldwebel der Reserve) und 1891 diejenige der Offizier-Stellvertreter (Saurjab-Praporschtschik) geschaffen wurden.

Eine besondere Vorschrift für die Mobilmachung des Heeres, deren Vorbereitung und Durchführung wurde ausgegeben.

Die allmälige Entwickelung des Eisenbahnnetzes und die genaueren Aufstellungen bez. der Bedarfszahlen sicherten immer mehr die Kriegsbereitschaft der Armee, so daß selbst in der ungünstigsten Jahreszeit (dem Frühjahr) 1879 die Einberufenen schon nach fünf Tagen an den Sammelpunkten eintreffen und die Truppen im europäischen Rußland nach 15 Tagen bereit sein konnten.

Eine Eigenthümlichkeit der Mobilmachung besteht in Rußland in der ganz bedeutenden Zentralisation aller Vorbereitungsarbeiten für dieselbe; die Mehrzahl der auf diese bezüglichen Berechnungen, Verzeichnisse und Pläne wird für die ganze Armee beim Hauptstabe aufgestellt. Die Hauptursache dieser Verhältnisse ist die Dislokation des größten Theiles des Heeres an der Westgrenze, wodurch die Ergänzung der Truppen an Mannschaften nicht an Ort und Stelle vorhanden und auch die Bevölkerung nicht vollständig zuverlässig ist, sobaß die Hauptmasse der Ergänzungsmannschaft aus dem Innern des Reiches oder aus den östlichen Bezirken herangezogen werden muß, wo selbst nur wenig Truppen garnisoniren. Unter solchen Verhältnissen, welche eine Verstärkung der Truppen in ihren Standorten nur durch die Heranschaffung des Bedarfes aus entfernten Gegenden des Ostens nach dem Westen gestatten, muß eine Berechnung derselben für die gesammt-Armee im Kriegsministerium erfolgen.

Als sehr wichtige ausführende Organe für die Arbeiten des Ministeriums bez. der Ergänzung der Armee erscheinen die Bezirkskommandeure (Kreis-Truppen-Chefs), Zwischen-Instanzen sind die Stäbe der Militärbezirke und die Lokal-Brigadekommandeure; sie kontrolliren die Thätigkeit der Bezirkskommandos und spezialisiren gewisse Anordnungen der Hauptstabes. Unter diesen Verhältnissen hängt eine gesicherte Ausführung der Mobilmachung im höchsten Grade von einer geschickten und gewissenhaften Arbeit der Bezirks-

kommandeure ab. Dieselben haben zu diesem Behufe eine
Bureauarbeiten zu erledigen, bedürfen aber zur Durchführung
machung praktischen Blickes und genauer Kenntniß aller auf dief
Bestimmungen, damit keine Zeit verloren geht.

Deshalb werden gegenwärtig zu diesen Stellungen nur so
ernannt, welche von ihren Vorgesetzten ganz besonders dazu empfo
sie haben vor einer besonderen Kommission eine Prüfung über i
der für diese Stellung vorhandenen Reglements und Vorschrifte

A. Die Ergänzung des Heeres an Mannschaft

Die Kontrolle der Mannschaften der Reserve hat
kommandeur gemeinsam mit der Ortspolizei auszuüben. Er ste
unmittelbarer Verbindung mit der Kreis=Polizeibehörde bez. mi
ständigen Polizeibehörden der größeren Städte. Die Kreis=P
führt mit Hülfe der ihr untergeordneten Organe und der Amt
Verwaltungen die Kontrolle aus. Die Wolost=Verwaltung ko
innerhalb ihrer Grenzen lebenden Reservisten, soweit sie den C
der Stände entsprechend steuerpflichtig sind, die übrigen unte
Stanovoy=Pristav, diejenigen in den Städten, Marktflecken 2c.
kontrollirt die Exekutivpolizei.

Bei den Bezirkskommandos werden zur Kontrolle und be
reitung der Einberufung der beurlaubten Mannschaften nachstehe
geführt und auf dem Laufenden erhalten:

1. Die alphabetisch geordneten Stammrollen, welche die
der ganzen Listenführung bilden. Zur größeren Ueberfichtlich
auch diejenigen Nummern eingetragen, unter welchen die betreffe
schaften bei der Polizeiverwaltung geführt werden.

2. Auszüge aus den alphabetischen Listen der Regimenter,
Mobilmachungsfalle an diejenige Truppe abgeschickt werden, weld
zuziehende Reservist überwiesen werden soll. Diese Nationale
Formates und sehr wenig handlich. Deshalb werden noch

3. besondere „Dienstlisten“ für jeden Reservisten in 2
geführt, welche gedruckte Formulare kleinen Formates auf stark
der Waffengattung, welcher der Betreffende angehört, verschiedenfarb
sind. Eines dieser Exemplare verbleibt beim Bezirkskommando,
wird in ein Kouvert gesteckt, welches verschlossen und an den l
der sich in den Händen des Reservisten befindet, angeklebt wird.
Mobilmachung soll das eine Exemplar der Dienstliste mit dem
an denjenigen Truppentheil, für welchen dieser bestimmt ist, abgesa

---

*) Bezüglich dieser Listen vergl. weiter unten „Die Einberufung der
im Mobilmachungsfalle.“

je nach ihrer abgeleisteten Dienstzeit und ihrer Waffengattung auf |
von 14 bis 28 Tagen.

Die Einberufung der Mannschaften der Reserve
einer Mobilmachung erfolgt auf telegraphischen Befehl vom Hau|
die höchsten Militär-Befehlshaber, welche diesen den ihnen un|
Behörden mittheilen; das Ministerium des Innern giebt den ?
Mobilmachung den Gouverneuren, welche ihrerseits die Kreispolizei|
benachrichtigen. Der Befehl enthält die Bezeichnung des ersten Mobiln
tages. An jedem Orte hat diejenige Behörde, welche den Bef|
erhält (gleichviel ob Militär- oder Zivilbehörde), diesen der ande
mitzutheilen und letztere hat ihre Maßregeln in derselben Weise ?
als wenn sie ihn von einer vorgesetzten Instanz erhalten hätte.

Sobald der Bezirkskommandeur den Mobilmachungsbefehl erh|
muß er die Einberufung der Mannschaften der Reserve sofort ?
nehmen. Nachdem er die Gestellungsbefehle aus den betreffend
herausgenommen hat, zählt er dieselben durch und steckt sie in
Zwecke bereit gehaltene Mappen getrennt für jeden Wolost. (Zur Er|
dieser Arbeit lagern die Befehle im Frieden bereits nach Wolost
in den Kästen; für große Städte sind ähnliche Anordnungen
Auf jeder Mappe wird die Zahl der hineingelegten Karten verme|
später als 3 Stunden nach Eingang des Mobilmachungsbefehles ?
in die Mappen verpackten Karten an die Kreis-Polizeiverwaltung
sein, welche sie an die Wolostverwaltungen weiterschickt. Sobald |
Polizeiverwaltung den Mobilmachungsbefehl erhalten hat, ordnet
den Anschlag von gedruckten Bekanntmachungen über die Einber|
Mannschaften der Reserve an öffentlichen Plätzen oder belebten St|
solche Bekanntmachungen müssen diese Behörden stets vorräthi
Sobald die Polizeiverwaltung vom Bezirkskommando die Gestellu
erhält, muß sie dieselben sofort mit bereitgehaltenen Eilboten in d|
größeren Städte ꝛc. abschicken; gleichzeitig schickt sie für jede sol
in einem rothen Kouvert die nöthigen gedruckten Bekanntmachu|
Anschlagen ab.

Die Wolost-Verwaltungen schlagen sofort nach Empfang be|
einen Theil der Bekanntmachungen an, sortiren die Gestellungsb|
Ortschaften und schicken diese mit den übriggebliebenen Bekannt|
in rothen Kouverts mittels Eilboten an die Gemeinde-Vorsteher (Sta

Die Starosten händigen die Gestellungsbefehle den Einberufenen
aus und theilen ihnen mit, daß sie nach Verlauf von 24 Stunden
haben; nach dem Bezirkskommando, wenn dieses nicht weiter als
entfernt ist, nach einem besonders bezeichneten Sammelort, wen
entfernter liegt. Von diesen Sammelorten aus werden die Einber|

nach den Verhältnissen die Reservisten-Kommandos nach den Einladeplätzen zu Fuß oder auf Wagen rechtzeitig absenden. Für den Fall der Mobil=machung müssen alle nöthigen Vorbereitungen so getroffen sein, daß frühstens noch Unterschriften zu leisten sind. Für den Bedarf an Mänteln, Pluder=hosen und Stiefeln muß sich bei den Bezirkskommandos ein Vorrath von 5% der kontrollirten Anzahl von Reservisten befinden.

IV. Die Kontrolle und Einberufung der Wehrleute der Opoltschenie.

Die Kontrolle wird ausschließlich über die Wehrleute des 1. Aufgebotes und von diesen auch nicht über alle, sondern nur über diejenigen, welche vorher aktiv bei den Truppen gedient und die 4 jüngsten Jahrgänge der Nicht=gedienten ausgeübt. Und dabei stehen doch über 1 Million Mann von ihnen in Kontrolle, eine Anzahl, welche vollkommen genügt zur Ergänzung des stehenden Heeres und zur Aufstellung besonderer Opoltschenie=Truppen=theile.

Ueber die gedienten Wehrleute (aus der Truppe stammend) wird die Kontrolle in derselben Weise wie für die Mannschaften der Reserve vorge=nommen. Ueber die 4 jüngsten Jahrgänge der Nichtgedienten werden nur namentliche Listen geführt; sie werden für jeden Jahrgang alljährlich bei Zutheilung der jungen Leute zur Opoltschenie bei Gelegenheit ihrer Aushebung angefertigt. Solange diese Wehrleute in den Listen geführt werden, also 4 Jahre lang, werden Zu= und Abgänge nachgetragen, zeitweilige Verände=rungen aber nicht.

Bei einer Einberufung der Opoltschenie bestimmen die Aushebungs=kommissionen der Gouvernements wieviel der gestellungspflichtigen Wehrleute der 4 jüngsten Jahresklassen der Nichtgeübten auf Grund der dem Gouvernement auferlegten Zahl herangezogen werden müssen; dagegen werden alle bei den Truppen gedient habenden Wehrleute einberufen. Die Einberufung erfolgt durch öffentliche Aufforderung (Anschlag an belebten öffentlichen Orten). Zur Regelung ihrer häuslichen Angelegenheiten erhalten die einberufenen Wehr=leute 3 mal 24 Stunden Zeit, nach welcher sie abreisen und sich nach der Kreisstadt begeben müssen, wobei täglich 25 Werst zurückzulegen sind.

Wenn sich die Ergänzung des stehenden Heeres aus Wehrleuten nöthig machen sollte, so sind diese bestimmungsgemäß aus der jüngsten Jahresklasse der Nichtgedienten zu entnehmen. Diese Mannschaften werden dem Bezirks=kommandeur übergeben, welcher sie nach ihren Bestimmungsorten abfertigt. Die übrigen für die Bildung von Opoltschenie=Abtheilungen bestimmten Wehrleute treten unter die Befehle der zur Bildung dieser Truppen bestimmten Offiziere.*)

---

*) Die Formation muß am 28. Tage ihrer Einziehung beendet sein, zu welchem Zeitpunkte die Opoltschenie-Abtheilungen unter die Befehle des Kriegsministers treten.

Zu Uebungen wird die Opolſchenie in beſonderen Abtheilungen formirt einberufen; für die zu bildenden Kompagnien, Sjotnjen und Batterien ſind Kadres in der Stärke von je zwei Unteroffizieren bei den Bezirkskommandos **vorhanden.** 100.

(Fortſetzung folgt.)

Das Gefecht bei Münden in Waldeck
am 13. September 1760.*)

Durch das überwältigende Intereſſe, welches die Heldengeſtalt des großen Friedrich eingeflößt hat und immer einflößen wird, iſt dem öſtlichen Schauplatze des ſiebenjährigen Krieges ſtets weit mehr Aufmerkſamkeit ſeitens der Militärliteratur zugewendet worden als dem weſtlichen, was ſich ſchon aus einem Vergleich der Anzahl der über die beiden Kriegsſchauplätze erſchienenen Schriften ergiebt.

Eine der nächſten Folgen dieſes Umſtandes iſt der noch ziemlich große Mangel an Klarheit, welcher über manche Ereigniſſe des Feldzuges der Alliirten gegen die Franzoſen herrſcht.

Ich werde nun verſuchen, an einer Epiſode des Feldzuges 1760, für welche mir zufällig eine beſondere Quelle in die Hand gekommen iſt, zu zeigen, wie ungenau öfter die Darſtellung mancher Gefechte in den vorhandenen Werken iſt.

Ich meine das für die Alliirten unglückliche Gefecht von Münden**) oder Rabern, in welchem Oberſt von Ferſen und Major von Bülow, Herzog Ferdinands Adjutant, von dem franzöſiſchen General Grafen Stainville recht empfindlich aufs Haupt geſchlagen wurde.

In den vom preußiſchen Generalſtabe in den dreißiger Jahren herausgegebenen Vorleſungen über die Geſchichte des ſiebenjährigen Krieges***) findet ſich folgende kurze Erzählung dieſer Vorfälle:

„Nach der Räumung von Corbach hatte Stainville ſich rechts nach Martinhagen am ſüdweſtlichen Fuße des Habichtswaldes gezogen. Dadurch wurde die Linie von Stadtberge über Frankenberg auf Marburg ganz entblößt. Dies benutzte der Erbprinz,†) den Major Bülow gegen Marburg

---

*) S. Generalſtabskarte Sekt. 383, 384, 407, 408.
**) Im Volksmunde damals und noch heute „Dreckmünden" genannt, im Waldeckſchen 16 km ſüdſüdweſtl. von Corbach gelegen. Rabern, etenfalls ein Waldeckſches Dorf, 3½ km nordöſtl. von Münden.
***) Von mir kurz als „Vorleſungen" zitirt.
†) von Braunſchweig, der ſpätere, bei Auerſtädt ſchwer verwundete Herzog Karl Wilhelm Ferdinand.

am 10. September zu detachiren. Dieser zerstörte dort die B
erbeutete die Montirungsdepots der Franzosen. Er ging bis B
wo er ein französisches Kavallerie-Regiment, das zwei Kompagr
überfiel, und dem Feinde einen großen Mehltransport abnahm. „
der Oberst Fersen, der mit drei Bataillonen über Corbach an die C
war, um Bülows Expedition auf Marburg zu unterstützen, am 13. !
und Radern auch einigen Verlust, allein die Alliirten bewährt
diesen Gefechten eine entschiedene Ueberlegenheit über ihre Gegne

Dieser Bericht enthält verschiedene Ungenauigkeiten. Nicht b
von Braunschweig, sondern Herzog Ferdinand selbst beauftragte
der Unternehmung gegen Marburg; nicht Fersen allein, sondern (
wurde bei Minden geschlagen, und der Verlust der Alliirten we
nicht gering, sondern betrug außer 300 bis 400 Gefangenen und ?
mindestens 4 Offiziere und 100 Mann an Todten und Verwund

Eine eingehende Schilderung des Gefechtes finden wir bei Bouret,
historiques sur la guerre que les Français ont soutenue en .
depuis 1757 bis 62 (Paris 1792, Band 1, S. 213), Renouard, G
Krieges in Hannover, Hessen und Westfalen von 1757 bis 63,
S. 613, Sichart, Geschichte der hannoverschen Armee, III., 2., ?
Tempelhof, Geschichte des siebenjährigen Krieges, IV., S. 236.

Dazu kommen in dem 1871 erschienenen, also den bisher
Schriftstellern unbekannten Band IV des Westphalenschen Werke
Feldzüge Herzog Ferdinands von Braunschweig mehrere Akten
„projet préparatoire à celuy d'attaquer l'armée de Fra
6. September 1760, die demselben entsprechende Instruktion für Oberst
von demselben Tage, zwei französische offiziöse Berichte vom 17. un
tember 1760 und der offizielle Bericht des Herzogs Ferdinand
Friedrich II. vom 29. September desselben Jahres.

Endlich wurde in dem Kirchenbuche des Dorfes Münden fol
zeichnung des damaligen Pastors gefunden:

„Da am 13. September die Franzosen und Alliirten am
eine scharfe Aktion hatten, die Alliirten, weil sie zu schwach, fi
mußten, gingen beide Theile gegen 11 bis 2 Uhr Mittags alle '
Dorf, da wohl die Kanonen und Kartätschen 100 und mehr mah
Dorf hinter den flüchtigen Alliirten hergeschossen wurden, 6 '
11 Blessirte lagen hier im Dorf von den Alliirten und retirirte
über Dreislar, Hallenberg und weiter, die Franzosen verfolgten sie,
marsch mußten wir hier viel ausstehen, da sie mir allein 8 neu
Schinken, Speck, Würste, Brod, Butter, Käse nahmen. Am 15.
Franzosen von Sachsenberg her zurück und verbrannten die von b
erbeutete Bagage."

Soweit die Schilderung des Pfarrers Jungkurt. Durch

Bezeichnung des Schauplatzes des Gefechts „am Hilkenberge" wird in alle die verworrenen Darstellungen dieser Aktion neues Licht gebracht und werde ich versuchen, an der Hand dieser Nachricht und gestützt auf meine Kenntniß des dortigen Geländes den Verlauf der Ereignisse klarzustellen.

Die Kriegslage war kurz folgende:

Die französische Hauptarmee unter Broglio stand seit dem 22. August 1760 in einer Stellung zwischen Mariendorf (15 km nördlich Kassel) und Hohen= kirchen (südlich von Mariendorf), das bei Warburg am 31. Juli geschlagene Korps du Muys von Hohenkirchen bis Weimar (10 km nordwestlich Kassel), sodaß die Franzosen die Hauptstadt Hessens gegen die am linken Diemelufer befindliche Armee Herzog Ferdinands von Braunschweig deckten.

Auf dem rechten Weserufer war Prinz Xaver von Sachsen mit etwa 20 000 Mann im Vorrücken gegen das Hannöversche begriffen und hatte am 26. August Esbeck westlich Göttingen erreicht.

Herzog Ferdinand von Braunschweig dagegen hatte eine Stellung am linken Ufer der Diemel von den Höhen bei Körbecke bis zum Gehölz bei Mudrenhagen inne. So deckte er Westfalen gegen die Armee Broglios unter Preisgabe Hannovers, dessen Schutz er dem schwachen, vor den Sachsen bis Uslar zurückgegangenen Korps des Generals von Wangenheim überließ.

Der Feldherr der Alliirten beabsichtigte, die ihm gegenüberstehenden Haupt= kräfte des Feindes am 15. September anzugreifen, eine Absicht, die durch den am 13. desselben Monats eingetretenen Rückzug Broglios in die Stellung Kassel—Weißenstein (heute Wilhelmshöhe) nicht zur Ausführung kam.

Zuvor beabsichtigte Ferdinand jedoch noch, einen Schlag gegen Marburg auszuführen, um die der feindlichen Armee von Koblenz und dem Main zugehenden Transporte abzuschneiden und Broglio um seine rückwärtigen Verbindungen besorgt zu machen.

Er beauftragte hiermit seinen Adjutanten August Christian von Bülow, einen äußerst gewandten und energischen Offizier*), der bis dahin die Vor= posten des Erbprinzen bei Welda (4½ km südsüdwestlich Warburg) befehligt hatte, und traf außerdem umfassende Maßregeln, um den Rückzug des vor= zusendenden Detachements zu sichern. Hauptsächlich sollte der Oberst von Fersen, Chef des hannoverschen Füsilier=Regiments, welcher mit einem De= tachement bei Meerhof (nördlich Stadtberge) stand, als Rückhalt Bülows nach Frankenberg marschiren.

Aus der für den Obersten von Fersen bestimmten, aus Bühne (östlich Borgentreich in Westfalen), den 6. September 1760 datirten Instruktion**) führe ich folgende Hauptpunkte an:

*) Bülow starb den 26. September 1760 nach einer „11 tägigen, hitzigen, maligneußen Krankheit", wohl infolge der Strapazen des Rückzuges über Winterberg. Westph. IV 458.

**) Diese Instruktion (Westph. IV 439) entspricht fast wörtlich dem „Projet prépa= ratoire à celuy d'attaquer l'armée de France."

„Der Herr Obriste etabliren morgen als den 7. September (
von 50 Pferden zu Bühren (3 Meilen westlich Meerhof) mit der
zwischen Lipstadt, Bühren und Meerhoff zu patrouilliren.

Mit dem übrigen ganzen Korps aber brechen der Herr Obt
als den 7. dieses von Meerhof auf und marschiren auf Brilon.
zentriren den 8. und 9. Ihren Marsch über Medebach nach H
almo Sie den 9. unfehlbar eintreffen müssen.

Von Brilon aus senden Sie den geradesten Weg 60 Pfer
Paar guten Offiziers nach Dillenburg, Sie geben selbigen ein E
die dasige Regierung mit, worin Sie derselben bei Strafe von
Schwert untersagen, kein Fuhrwerk zum Dienst der französische
stellen, und noch weniger an solche Fourage oder andere Lebens
zu lassen.

. . . Uebrigens giebt sich das Detachement vor die Avant
starken Korps aus, so Dillenburg belagern solle. Das Detacheme
12. oder 13. zu Frankenberg zu Ihnen stoßen.

Sie detachiren den 9. 200 Mann Infanterie nebst 100 P
Frankenau. Sie werden hierzu einen guten Offizier kommandiren
instruiren, daß er von da seine Avertissementsposten längs der E
poussiren müsse.

Der Major Bülow, welcher mit einem Detachement von
Infanterie und 4 Eskadron Husaren*) den 8. nach Korbach, und
Frankenberg marschiren wird, ist beordert, 50 Pferde nach Hauß
detachiren, um auf der linken Seite der Eder die Avertisseme
verrichten.

Der Erbprinz von Braunschweig wird den 8. ein konsiderabl
ment nach Volckemissen (Volkmarsen südlich Warburg) abgehe
da 2 Eskadron Husaren nach Wolfshagen marschiren lassen.
von Wolfshagen, Hauß-Waldeck und Frankenau formiren dahero ei
woburch Sie allemal zeitig informirt werden können, ob der J
ein Detachement im Rücken sendet oder nicht.

Sollte solches durch ein konsiderables Korps geschehen, be
Widerstand leisten könnten, so bleibt Ihnen und dem Major von
Retraite in das Herzogthum Westphalen auf Winterberg dennoch

Der Major von Bülow marschirt den 10. von Frankenberg
burg. Seine Instruktion ist, die Backofen und Mehldepots allda ;

---

*) Genauer: 500 Freiwillige (der Légion britannique?).
  2 Eskadron Husaren unter Major Jeanneret, also woß
  Die Kompagnie zu Pferde des Rittmeisters v. Hattorf, (
(Sichert a. a. O.) Hattorf wird in dem Aufsatze des Obersten v. Bot
Kur-Hannoverschen leichten Truppen (Beiheft z. Mil. W. 1893. X.) öfters rühm

auch die etwa durchgehende Mehl- und Fouragetransporte zu interceptiren und möglichstermaßen zu derangiren.

Der Major von Bülow wird den 11. wiederum nach Frankenberg zurückkommen. Die Umstände werden es geben, ob Sie den 12. allda verbleiben können, und ob Sie den 13. nach Corbach oder nach Wildungen marschiren müssen, worüber Sie von dem Erbprinzen von Braunschweig weitere Ordre erhalten werden."

Soweit die nach Sitte der damaligen Zeit ungemein weitschweifige Instruktion. Die Ereignisse spielten sich zunächst für die Alliirten günstig ab.

Bülow brang am 10. September in Marburg ein, von wo die kleine Besatzung vorher abgezogen war, ließ die Brücken zerstören, erbeutete Lebensmittel, Waffen, Montirungen und Kaffen und nahm 7 Offiziere und 60 Mann gefangen. Nur die Einnahme des Schlosses gelang ihm nicht, da dessen Kommandant die Aufforderung zur Uebergabe mit Gewehrfeuer beantwortete und Bülow für einen ernstlichen Angriff zu schwach war. Seine leichten Truppen drangen nur bis Friedberg, Grünberg und Butzbach vor, fingen einen Mehltransport ab und verbreiteten überall Schrecken und Verwirrung, während Fersen und Breitenbach, welch letzterer vom Erbprinzen detachirt war, nach Frankenberg bezw. Volkmarsen marschirten, um den Rückzug Bülows zu sichern.

Nun aber, am 11. September erhielt Broglio in seinem Hauptquartier Immenhausen (15 km nördlich Kaffel) Kenntniß von den Vorgängen bei Marburg, begab sich sofort persönlich nach Martinhagen zum Korps des Grafen Stainville und befahl diesem, mit seinen 10 Bataillonen und 14 Eskadrons*) am 12. September früh nach Marburg zu marschiren, um die Verbindung mit Frankfurt und Koblenz wiederherzustellen, worauf Stainville am Abend des 12. in Marienhagen anlangte.**)

---

*) So Renouard und Sichart übereinstimmend. Westphalen giebt ihm 12, Tempelhof sogar 20 Eskadrons. Aus den Angaben Bourcets, verglichen mit der vom Generalstabe herausgegebenen Geschichte des siebenjährigen Krieges (IV, S. 340) ergiebt sich folgende Stärke:

Dragons du Roi . . .	4 Eskadrons,	
„ de la Ferronage	4 „	
Cav.-Reg. Royal-Pologne .	2 „	Hiernach ist Tempelhof
„ Poly	2 „	IV, S. 236, zu berichtigen.
„ Tonstain . . .	2 „	
Légion royale	? „	
	14 Eskadrons.	

Die „Légion royale" bestand aus leichten Truppen, deren Stärke wechselte.

**) So Bourcet I, S. 212. Renouard und Westphalen lassen Stainville am 12. Abends nicht in Marienhagen, sondern in Freienhagen ankommen. Letzteres liegt 15 km von Martinhagen, das wäre für einen Marsch, der „à la pointe du jour" (Bourcet, S. 212) begonnen und bis zum Beginn der Nacht dauerte, trotz der im Allgemeinen geringen

An diesem Tage marschirten Jersen und Bülow vereinigt nach Frankenau, angeblich, um Stainville zur Aufgabe seiner Stellung bei Martinhagen zu veranlassen (Renouard und Sichart). Sie folgten wohl einfach ihrer Instruktion, welche ihnen freistellte, über Corbach oder Wildungen zurückzugehen, Befehle würden ihnen darüber vom Erbprinzen zugehen. Dieser Marsch nach Frankenau war das Verderben der Alliirten; derselbe kann auch nur durch vollkommene Unkenntniß von den Bewegungen des Feindes entschuldigt werden: Der ganze komplizirte Sicherungskordon von Volkmarsen, Wolfhagen, Waldeck und Frankenau hatte also nichts genützt. Allerdings war ja grade die Straße Martinhagen—Freienhagen—Sachsenhausen, welche Stainville jedenfalls benutzt hat, nicht besetzt; aber nach unseren Begriffen war es doch eine Kleinigkeit, diese Straße von Wolfhagen oder Waldeck aus zu beobachten. Außerdem hätte ein richtig angewandter Signaldienst die Nachricht vom Anrücken des Feindes sehr schnell von Schloß Waldeck nach Frankenberg gebracht.

Schon am Abend des 12. kam es zu einem kleinen Gefecht, indem eine Abtheilung der Verbündeten unvermuthet auf das Lager der Franzosen bei Marienhagen stieß. Die Franzosen, Anfangs überrascht, erholten sich schnell, fuhren Geschütze auf und tödteten 1 Offizier und einige Leute. Die Alliirten, die Stärke des Feindes erkennend, gingen sogleich zurück und verloren noch 8 — nach Aussage der Franzosen 25 bis 30 — Gefangene.

Es war dies jedenfalls die Abtheilung des Kapitäns von Engell, welcher seit dem 16. August mit 2 Offizieren und 150 Mann der Regimenter Wangenheim und Jersen nach Paderborn kommandirt gewesen und den Befehl erhalten hatte, über Corbach nach Frankenberg zu marschiren.*)

Graf Stainville, der von diesen Gefangenen die Anwesenheit des feindlichen Korps bei Frankenberg erfuhr, beschloß über Stift Schaaken und Radern dorthin zu marschiren und brach zu diesem Zweck am 13. beim Morgengrauen auf.

Marschleistungen damaliger Zeit, doch herzlich wenig. Von Freienhagen bis Marienhagen (2½ km westlich Böhl) sind es noch 14 km, eine Marschleistung, die zwar ziemlich groß, aber durchaus nicht unmöglich erscheint Und wie konnten die Franzosen, wenn sie in der Nacht vom 12. zum 13. in Freienhagen geblieben waren, mit Anbruch des Tages (Renouard II, S. 615) bei Stift Schaaken eintreffen?

*) Sichart, III. Band 2, am Schlusse der Darstellung des Gefechts. Wenn es hier heißt, Engell stieß „bei Corbach" auf den Feind, so kann man darunter ganz gut Marienhagen verstehen, welches nur 7 km von Corbach entfernt ist. Meine Darstellung stimmt auch am besten zu Bourcets Bericht, der sagt (I. 212): En arrivant à Marienhagen, il y eut à la gauche du régiment d'Auvergne une escarmouche avec un détachement des ennemis, qui se retiraient alors de Marbourg à Frankenberg, et on luy fit vingt-cinq ou trente prissonniers. Woher die Abtheilung der Alliirten kam, blieb den Franzosen wohl unbekannt. Sichart und Renouard halten das Gefecht wohl mit Unrecht für ein Zusammentreffen der beiderseitigen Vortruppen.

in einem schmalen Wiesenthale der Aar zufließt. Der Wald si
Schlucht heißt der „Selberg“.

Weder die Chaussee Dalwigksthal—Münden, noch die Brücke ü
beim sog.„Brandhagen“ existirten damals; vielmehr führte der Weg Sa
Medebach direkt über Münden, wo sich eine Brücke über die Orke be
Dalwigsthal ging nur am rechten (südlichen) Orkeufer ein Weg na

Innerhalb dieses Dorfes wendet sich die Straße nach Me
links, dann wieder rechts am Fuße des Hühnerberges lang, welc
Blick von den Höhen bei Radern entzieht.

Der Hühnerberg ist theilweise bewaldet. Oestlich von ihm befint
mäßige Hügel (bedeutend niedriger wie die Berge des linken Aarufers
der nördliche der „Hilkenberg“ heißt und welche beide steil nach Osten

Dort, wo jetzt die Chaussee Radern—Sachsenberg in mehrer
linen zur Orke hinuntersteigt, liegt auf dem rechten Orkeufer das
Lichtenfels, auf steilem Bergkegel, weiter westlich aber öffnet sich
breites Thal, so daß dies Ufer des Flüßchens nirgends ein steile

Die Alliirten waren am 13. September sehr früh von Fra
gebrochen und — etwa um 9 Uhr — im Begriff, mit ihrer
über die Orkebrücke in Münden zu gehen, als sie die Franzö
Hochfläche von Radern bemerkten, ohne jedoch wegen des waldige
ihre Stärke erkennen zu können.

Oberst von Fersen überschritt mit drei Schwadronen die Or
der Richtung auf den Feind vor, wurde aber von der weit
feindlichen Kavallerie gleich über den Haufen geworfen, er selbst
wundet und gefangen genommen.**)

Die nun gleichfalls über die Orke vorgehende Infanterie b
nahm die zurückfluthenden Schwadronen auf, zwang durch ihr Feu
jenige ihrer Bataillonsgeschütze die feindliche Reiterei zum Zurü
nahm aller Wahrscheinlichkeit nach jetzt eine Stellung auf den ʃ
östlich Münden, etwa am Hilkenberge, mit der Front nach Osten,

Da Bülow, der jetzt wohl den Oberbefehl bei den Verbün
nommen hatte, anfangs mit seinem rechten Flügel Angriffe
machte, verstärkte Stainville seinen linken Flügel durch zwe

Korrespondenz.

Frankreich.

(Die Berathung des Militärbudgets in der französischen Kammer.)

Wir klagen in Deutschland viel über die Schwierigkeiten, die der Heeresverwaltung bei Berathung des Militärbudgets besonders bei Mehrforderungen zu entstehen pflegen und berufen uns gerne auf das Beispiel Frankreichs, wo angeblich anstandslos Alles bewilligt wird, was vom Kriegsminister zur Erhaltung der Schlagfertigkeit des Heeres als erforderlich bezeichnet wird.

Von vornherein sei zugegeben, daß der Appell an den Patriotismus in Frankreich niemals seine Wirkung auf die Deputirten verfehlt, und wenn der Kriegsminister es versteht, in der der französischen Art nun einmal eigenthümlichen stark rhetorischen Form die Nothwendigkeit seiner Forderungen mit dem mehr oder weniger versteckten Hinweis auf die dereinstige Abrechnung mit Deutschland zu begründen, so ist er der Annahme von vornherein sicher.

Im Uebrigen aber stehen ihm die Geldmittel des Landes durchaus nicht in so unbeschränktem Maße zur Verfügung, wie in Deutschland vielfach angenommen wird. So werden ihm, um nur einige Punkte anzuführen, jährlich im Budget, nachdem die den finanziellen Forderungen zu Grunde zu legende Heeresstärke festgesetzt worden ist, ganz bedeutende Abstriche für die im Laufe des Jahres schätzungsweise wegen Beurlaubung, Krankheit (Kranke werden aus einem besonderen Kapitel für Lazarethe verpflegt) u. s. w. vorübergehend aus dem Etat ausscheidenden Offiziere und Mannschaften gemacht. Der Kriegsminister sieht sich daher von vornherein auf starke Beurlaubungen angewiesen. Dies, in Verbindung mit anderen Umständen, trägt dazu bei, daß die Friedenspräsenzstärke der einzelnen Truppentheile so außerordentlich innerhalb eines Jahres schwankt. Immer zahlreicher werden die Stimmen aus der Armee, die sich hierüber lebhaft beklagen und bringend stabile Stärken für die einzelnen Einheiten fordern.

Ein schlagendes Beispiel für die übertriebene Sparsamkeit, die unter Umständen von der Volksvertretung eingehalten wird, bietet ferner die Gehaltsfrage der Hauptleute (capitaines). Die Gehälter dieser Offiziere standen lange Jahre thatsächlich nur auf der Höhe des Einkommens eines ganz bescheidenen Beamten. Seit dem Dekret vom Jahre 1889 besteht

Dabei sei daran erinnert, daß das französische Gehalt keine weiteren Beigaben, wie etwa unseren Wohnungsgeldzuschuß und Servie, kennt. Lediglich für die berittenen Offiziere tritt für ihre besonderen Unkosten eine „indemnité de monture" hinzu, die beim Hauptmann 15 Francs monatlich beträgt. Nur vom Stabsoffizier an aufwärts wird eine Funktionszulage gezahlt. Dagegen werden jedem Offizier 5 pCt. seines Gehaltes für Bezahlung der Pensionen abgezogen.

Gegenüber dieser Lage der französischen Hauptleute sei daran erinnert, daß, wenn der Servis erster Klasse zu Grunde gelegt wird, der deutsche Hauptmann zweiter Klasse jährlich 3522 Mark oder 4402 Francs, der Hauptmann erster Klasse 4962 Mark oder 6202 Francs bezieht. Das Anfangsgehalt in Deutschland ist also größer, als in Frankreich das Endgehalt.

Seit einer ganzen Reihe von Jahren ist die französische Heeresverwaltung daher bestrebt, die Gehälter der Hauptleute aufzubessern. Der General Loizillon hatte bald nachdem er Kriegsminister geworden, im Jahre 1893 der Kammer eine Forderung zur Aufbesserung der Hauptmannsgehälter unterbreitet, hauptsächlich in der Absicht, die so wichtige Stellung dieser Offiziere auch äußerlich zu heben. Niemand in der Kammer konnte die Berechtigung dieser Forderung bestreiten, aber man erklärte es mit Rücksicht auf andere bringlichere Forderungen für unmöglich, die erforderliche Summe in den Etat für 1894 einzustellen, sondern vertröstete den Kriegsminister auf das Budget für 1695.

Bei Festistellung dieses Budgets gelang es endlich, diese Forderung durchzusetzen und die Steigerung des Gehaltes statt wie bisher nach 6, 10 und 13 Jahren, in Zukunft nach 5, 8 und 12 Jahren eintreten zu lassen.

Das Anfangsgehalt des Hauptmanns beträgt also (ohne die indemnité de monture) nach wie vor 3060 Francs jährlich und wird nach 5, 8 und 12 Jahren um je 360 Francs gesteigert, bis zum Höchstbetrag von 4140 Francs jährlich.

Nach einer statistischen Aufstellung, die auf Grund des Offizierbestandes vom 1. Januar 1894 gemacht ist, genießen die Gehaltserhöhung:

nach 5 Jahren	2865	Hauptleute,
„ 8 „	1641	„
„ 12 „	837	„

Man kann also auch jetzt nicht sagen, daß das Loos der Hauptleute glänzend ist.

Dabei beträgt die ganze Summe der durch diese Aufbesserung entstandenen Mehrkosten, um die man jahrelang gestritten hat, 650 000 Francs jährlich.

Noch viel unzureichender als das Gehalt ist die Pension der Hauptleute, wie der Offiziere überhaupt.

Die Berechtigung zur Pension („pension de retraite") wird erlangt:

im französischen Militäretat geknausert wird, sei die noch immer bestehende
doppelte Bewaffnung der Infanterie erwähnt, die außerordentlich
schädigend auf den Dienstbetrieb einwirkt. Bekanntlich besteht die Bewaffnung
der französischen Infanterie in dem Lebel-Gewehr (M/186), das neuerdings
einigen allerdings nicht sehr erheblichen Aenderungen unterzogen worden ist
und nunmehr als M/86/93 bezeichnet wird. Trotzdem wird das alte Gras=
gewehr M/174 in der Armee noch zum Schießen benutzt, ein Einlader mit
anderen Gewichtsverhältnissen, anderem Abzug, Kaliber und Visireinrichtung,
kurz ein gänzlich anderes System. Der einzige Grund dafür liegt darin,
daß man die noch vorhandene alte Munition aufbrauchen will.

Ueber die hieraus sich ergebenden Mißstände, wenn dem Soldaten statt
seines gewöhnlichen Gewehres, das er im Felde führen und daher grund=
sätzlich kennen soll, zum Schießen eine andere veraltete Waffe mit veralteter
Munition in die Hand gegeben wird, brauchen wir kein Wort zu verlieren.
Jedermann wird zugeben, daß ein solcher Zustand bei uns einfach unmöglich
wäre, und es ist unbegreiflich, daß ein reiches Land wie Frankreich nicht
die erforderlichen Millionen aufbringt, um dem abzuhelfen.

Dabei wird diese Angelegenheit seit Jahren in der Kammer zur Sprache
gebracht und in den Kommissionsberichten langathmig behandelt. Der Kriegs=
minister Zurlinden mußte in den Kammerverhandlungen im März 1895 zu=
geben, daß diese doppelte Bewaffnung „eine sehr böse Sache" sei, und doch
vermochte er nicht mehr als eine einzige Million Francs für Munition in's
Budget für 1895 einzustellen, um damit wenigstens in einigen Armeekorps
die doppelte Bewaffnung abschaffen zu können. In den folgenden Jahren,
so meint er, werde man in derselben Weise „und vielleicht sogar mit noch
etwas stärkeren Jahresbeiträgen als in diesem Jahre" fortfahren. —

Diese Beispiele allgemeiner Art mögen genügen.

Die Erklärung für diese auffallenden Erscheinungen finden wir in der
Art und Weise, wie die Volksvertreter, im Besonderen die Mitglieder der
Deputirtenkammer, in Frankreich die Budgetfragen nicht bloß beim Militär=
etat, sondern bei allen anderen Etats des Staatsvoranschlags zu behandeln
gewohnt sind.

Wir entnehmen einer angesehenen französischen Militärzeitschrift folgende
Klage:

Man müßte eigentlich annehmen, daß bei Aufstellung und Verhandlung
des Militäretats der Kriegsminister wie die Mitglieder beider Kammern
(Deputirte und Senatoren) nur den einzigen Zweck im Auge hätten, die
Sicherheit des Vaterlandes in der vollständigsten und zugleich sparsamsten
Weise zu gewährleisten. Die Regierung steht in der Regel auf ihrem Posten.
Sie kann sich in Einzelheiten irren und muß manchmal im Geldpunkt Zu=
geständnisse machen, um sich mit der Budgetkommission nicht zu überwerfen.

Weise zu ihren Gunsten „die Klinke der Gesetzgebung" in Bewegung setzen wollten.

Ein anderer Deputirter verlangte in einer philanthropischen Anwandlung, daß die Anverwandten eines erkrankten Soldaten jedesmal telegraphisch zu benachrichtigen seien. Man berechnete nun, daß man bei etwa 600000 Mann, die im Mutterlande, zur See und in den Kolonien dienten, täglich mindestens 3000 Depeschen absenden müßte, was eine jährliche Ausgabe von 700000 Fr. verursachen würde. Der Kriegsminister, der gewiß manche dringendere Forderung einzustellen gehabt hätte, mußte sich dennoch gefällig erweisen und wenigstens in eine versuchsweise Einstellung eines kleinen Postens für diesen Zweck einwilligen.

Ein anderer Vorschlag, die Leichen im Auslande gestorbener Angehöriger der Armee auf Staatskosten nach Frankreich zurückschaffen zu lassen, wurde allerdings abgelehnt, aber nur mit 20 Stimmen Mehrheit. Seine Durchführung würde übrigens bei solchen Unternehmungen, wie jetzt gegen Madagaskar, schwer geworden sein.

Selbst offene Umgehungen des Gesetzes fanden lediglich aus Wahlrücksichten Unterstützung in der Deputirtenkammer. Ein Rekrut z. B., dem gesetzliche Gründe zur Seite stehen, die ihn nur zu einjährigem Dienst verpflichten, möchte gerne bei der Kavallerie dienen. Nun darf aber die Kavallerie keine Rekruten zum einjährigen, sondern nur zum dreijährigen Dienste einstellen. Der Brtreffende müßte daher bei der Infanterie eintreten. Statt dessen läßt er sich stillschweigend auf drei Jahre bei der Kavallerie einstellen, bringt erst nach zehnmonatlichem Dienst seine Befreiungsgründe vor und wird nun thatsächlich nach einem Jahre entlassen. So schlüpft er durch die Maschen des Gesetzes durch, und die Volksvertretung nimmt ihn in Schutz.

Dieser Fall hat zwar mit den Büdgetfragen nichts zu thun. Aber er ist so charakteristisch für das Verhalten der Deputirten in Armeeangelegenheiten, daß wir ihn hier angeführt haben.

Wir sehen also, daß, wenn in Deutschland der Heeresverwaltung bei den Etatsberathungen nicht auf Rosen gebettet ist, die Lage des französischen Kriegsministers in dieser Hinsicht doch noch schwieriger ist und daß in einem so reichen Lande, wie Frankreich, das ungeheure Summen seit dem letzten Kriege für die Wiederherstellung seiner Wehrkraft ausgegeben hat, doch oft das Geld für dringende Heeresausgaben nicht zu beschaffen ist. Der soviel und im Großen und Ganzen auch mit Recht gerühmte französische Patriotismus der sich in den die Wehrkraft und die Armee, den Stolz des Landes, brtreffenden Angelegenheiten mit Vorliebe, wenn auch mitunter etwas laut und explosiv äußert, vermag er in zahlreichen Fällen doch nicht zu verhindern, daß eine ernste und sachliche Arbeit in der Volksvertretung durch persönliche Interessen und äußerliche Rücksichten vereitelt wird.   K.

Ingenieur= und Sanitätsanstalten, Mühlen, Bäckereien und Werkstätten, Kasernen, Zeug= und Vorraths=Häuser besichtigt. In der Festung Nowo=georgiewsk wurde der Armirung eines Forts, in der Festung Iwangorod der Ablassung eines Luftballons, verschiedentlich dem Aufstieg von Brieftauben beigewohnt. Es wurden in diesen Festungen 42 Bataillone, 6 selbstständige Kompagnien, 8 Batterien und 9 selbstständige Kommandos und Abtheilungen besichtigt, welche die gestellten Erwartungen weit übertrafen.

3. Die Kosten der Unterhaltung der Truppen des Großfürstenthums Finnland betragen innerhalb der dreijährigen Etatsperiode 1895—97 21 552 329 finnische Mark (= frcs.) Das Großfürstenthum hat auf eigene Kosten zu stellen und zu unterhalten:

9 Schützen-Bataillone, 32 Kadres für Reserve=Kompagnien 1 Dragoner=Regiment, ein Kadettenkorps und die entsprechenden Stäbe und Verwaltungs=behörden. Inbegriffen in obiger Budgetzahl sind die außerordentlichen Kosten für Errichtung von Telephon=Verbindungen zwischen den Beobachtungsposten an der Küste des finnischen Meerbusens, sowie der Telephonstationen im innern des Landes und die Umbewaffnung der Truppen mit dem „drei Linien=Gewehr" (ca. 20 000 Stück).

4. Im laufenden Jahre wurden bei der reitenden Garde=Artillerie=Brigade zwei Divisionen zu je drei Batterien formirt, wovon die 3. Batterie abkommandirt ist; ferner wurden acht Divisionen reitender Artillerie zu je zwei Batterien aus den reitenden und den Kasakenbatterien bei der 2., 3., 4., 5., 6., 7., 11. und 12. Kavallerie=Division gebildet. Die Batterie=Kommandeure der reitenden Garde=Artillerie haben Obersten=Rang, diejenigen der im Divisions=Verbande befindlichen reitenden bezw. Kasaken=Batterien Oberst=lieutenants=Rang. Für die 11. und 12. reitende Artillerie=Division sind Stabsoffiziere aus der Kasaken=Artillerie zu ernennen.

5. Am 13. und 14. Februar a. St. wurde von der 48. Reserve=Infanterie=Brigade mit einer Mörser=Batterie in der Umgebung von Warschau eine gegenseitige Winterübung ausgeführt, zu welcher die Truppen biwakirten und Zelte benutzten. Derartige Uebungen fanden seit der zweiten Hälfte des Jahres 1891 durch die Truppen des Militärbezirks Warschau allwöchentlich mit vollem Gepäck und möglichst großer Stärke der Abtheilungen statt. Sie bestanden aus Märschen mit zu Grunde gelegter Gefechts=Idee, welche mit 15 Werst Länge beginnen und bis zum 1. März bis auf 30 Werst gesteigert werden; auch finden einseitige oder gegenseitige Manöver statt. Zu diesen Uebungen werden die jungen Mannschaften unter der Leitung ihres Aus=bildungspersonals als Zuschauer zugezogen. Unter Ausnutzung des Umstandes, daß die Abtheilungen der 48. Reserve=Infanterie=Brigade getrennt dislocirt sind, nämlich zwei Regimenter in der Stadt Warschau und zwei bei der Station Jablonna, war die Uebung als gegenseitige so angelegt, daß ein Nord=Detachement aus Jablonna zur Einschließung der Festung Warschau

dem Abschnitte von der Weichsel bis zur Weichsel=Eisenbahn vorging und ... Detachement den Auftrag erhielt, den Gegner auf Jablonna zurück= ... Beide Detachements trafen auf ihren Biwaksplätzen Nachmittags des 13. Februar ein und gingen sofort an die Einrichtung ihrer Biwaks. ... Sicherungsmaßregeln wurden gleichzeitig getroffen. Da keine Kavallerie fügbar war, wurde der Aufklärungsdienst von den Jagdkommandos über= ... ; sie lieferten gute und richtige Meldungen über die Maßregeln ... Stärke des Gegners. Auf Grund derselben griff das Süddetachement ... Norddetachement, welches seine Aufstellung genommen hatte, an. Dieses ... ging dann zum Gegenangriff über, worauf die Uebung geschlossen ... .

Im Biwak richteten sich die Truppen in den Jurte=Zelten, jedes zu ... Mann, ein. Die Zelte wurden von kleinen Schneewällen, bis zu ½ Arschin ... hoch eingefaßt, zwischen welchen Stroh ausgebreitet wurde, auf ... Strohmatten zu liegen kamen. Es wurden zwei Arten von Zelten ... ; die eine mit einer engen oben befindlichen runden Oeffnung, ... andere mit einer solchen von der Größe einer Zeltbahn. Es zeigte sich, ... bei der ersteren Art es im Zelte viel wärmer blieb als bei der zweiten, ... der Rauch sehr störend einwirkte.

Die Temperatur=Verhältnisse waren

	im Freien	im Zelte erster Art	im Zelte zweiter Art
12 Uhr Nachts	— 3° R	+ 10° R	+ 6° R
2 „ „	— 4° „	+ 8° „	+ 4° „
4 „ „	— 3° „	+ 7° „	+ 3° „
6 „ 30 M. früh	— 5° „	+ 6° „	+ 1° „

Die Mannschaften saßen oder lagen in den Zelten mit den Füßen an ... Holzfeuern. In jedem derselben waren zwei Diensthabende, welche ab= ... darauf zu achten hatten, daß die Feuer nicht ausgingen, das Stroh ... anbrannte oder die Leute nicht durch langes Schlafen die Gliedmaßen ... , namentlich diejenigen, welche sich an den kälteren Ecken befanden. ... Vorgesetzten, Unteroffiziere vom Dienst, die Offiziere und Kommandeure ... die Zelte fortgesetzt in der Nacht.

Beim Einrichten des Biwaks erhielten die Mannschaften 5½ Uhr Abends ... Pfund Fleisch, um 7 Uhr Abends und um 6 Uhr nächsten Morgens Thee.

Die Temperatur schwankte am Nachmittage des 13. Februar zwischen ... Wärme und einen Grad Kälte, von da an wuchs letztere bis auf 5° am ... gen des 14. 6 Uhr 30 Minuten und ermäßigte sich dann wieder, bis ... — 8°.

Vor dem Ausmarsche zu der Uebung waren alle Maßregeln getroffen ... , um die Mannschaften vor Frostschäden zu bewahren. Dieselben ... Wämmser oder zwei Hemden, zwei Unterhosen, Fausthandschuhe aus ... , Leibbinden und Ohrenklappen. Die Füße wurden mit Fett einge=

schmiert. Weder Erkrankungen noch Frostschäden kamen vor. Bis 9 Uhr Abends saßen die Leute an den Feuern, schliefen aber dann allmählig ein.

Bezüglich der Verpflegung wurden Versuche im Backen von Brodkuchen unter verschiedenen Annahmen gemacht; nämlich 1. man hat keine Bäckerei zur Verfügung, aber die Möglichkeit, Sauerteig zuzubereiten; 2. es ist infolge Mangels an Zeit nicht möglich, Sauerteig zu bereiten, sondern man muß ungesäuerten Teig mit kaltem Wasser anmachen; 3. die Kompagnien müssen sich im Biwak mit eigenen Mitteln Brod backen. Zur Ausführung dieser Versuche wurde zubereiteter Sauerteig und Mehl mitgenommen, sowie an jede Kompagnie zwei Pfund Mehl ausgegeben.

Zu dem unter 1 bezeichneten Versuche wurde im nächsten Dorfe ein Ofen benutzt. Zwei Bäcker heizten ihn und bereiteten aus dem herbeige= schafften Sauerteig in den von den Regimentern mitgeführten Formen die Kuchen. Als der Ofen angeheizt und der Herd von der Kohle gesäubert war, wurden die Kuchen eingelegt jedesmal 130 Stück. Nach zwölf Minuten waren die ersten fertig gebacken; alsbann wurden abermals 130 Stück ein= gelegt und nach 18 Minuten herausgenommen. Die 3. Serie Kuchen ver= langte 25 Minuten Zeit zum Ausbacken. Im Ganzen wurden auf das Heizen des Ofens, Reinigen des Herdes und das Backen von 390 Kuchen in drei Abtheilungen 2 Stunden 50 Minuten Zeit verwendet. Dieselben geben getrocknet 51—52 Pfund Feldzwieback. Bei Ablösung der Bäcker könnte man 7—8 Mal täglich backen und würde 2730—3120 Stück Kuchen, d. i. der Tagesbedarf von 180—205 Mann, schaffen.

Bei dem 2. Versuche mit ungesäuertem Teige und kaltem Wasser brauchte man fünf Minuten länger. Die Kuchen waren vollständig genügend; eben= dasselbe war der Fall mit Kuchen, welche aus gesäuertem und aus unge= säuertem Teige auf Steinen gebacken wurden, welche von den Wirthen heiß gemacht worden waren.

Die Kälte verbot das Backen der Kuchen in Gruben und in Asche. Es wurde deshalb versucht, in den Feldkesseln zu backen, was aber nur un= genügend gelang, denn von unten verbrannten die Kuchen, während sie an ihrem oberen Theile noch roh waren.

Beim Beziehen von Ortsbiwak dürfte daher der ersteren Backweise unbedingt der Vorzug zu geben sein.

6. Ein Manöver mit Gefechtsschießen fand am 28. Januar in der Umgebung von Bialystok statt. Ein Detachement von 2 Bataillonen Infan= terie (1. und 3. 118. Schuister=Regiments) und 3 Batterien der 16. Ar= tillerie=Brigade (16 Batterie= und 8 leichte Geschütze — als Division formirt) erreichte 9ᵘ V. von Bialystok kommend, den Herrenhof Petruschewzü und erhielt dort die Nachricht, daß der Feind in südlicher Richtung auf den Höhen vor Wolkowisk westlich vom Isabelliner Walde mit 8 Batterien stehe. Das Detachement hatte den Befehl, den Vormarsch fortzusetzen und den Feind

wäre der 8. Halb=Batterie ein neuer um 4 Linien höherer Grundaufsatz zu geben gewesen; zu diesem Zwecke hatten die Signalgeber beide Arme senkrecht in die Höhe zu halten. Bei dem Einschießen halten alle Halb=Batterien auf die Mitte des Zieles, hier 9. Geschütz von rechts. Sobald die 4 Linien=Gabel erschossen ist, wird batterieweise weiter geschossen.

Die erste Salve der 3. Halb=Batterie 10³⁰ B. mit Aufsatz 24 ergab **Kurzschuß**,

die der 5. Halb=Batterie 10³⁰,⁵ B. mit Aufsatz 26 ebenfalls **Kurzschuß**,

die der 6. Halb=Batterie 10³⁰ B. mit Aufsatz 30 **Weitschuß**

und wurde nun 10 Uhr 31,5 Minuten den Batterien die 4 Liniengabel gegeben, 32 und 36 für die Batterie=Batterien und 26 und 30 für die leichten Batterien. Nachdem sich die Batterien eingeschossen hatten, wurde zum Shrapnelfeuer übergegangen.

Die 1. Batterie schoß auf 1010 Saschen*) die 2. und 3. auf 1020 Saschen; die 1. und 2. Batterie beschossen die liegenden Schützen auf 600 bezw. 625 Saschen mit dem Aufsatz von 18 bezw. 19 Linien. Das Schießen war beendet bei der 1. Batterie 10 Uhr 49 Minuten, bei der 2. 10 Uhr 45 Minuten und bei der 3. 10 Uhr 44 Minuten. Die 3. Batterie feuerte nur auf das erste Ziel.

Die Artillerie des Gegners war dargestellt durch Geschützscheiben von 4' 6''**) Höhe und 2 Arschin***) 1 Werschok†) Breite und durch 90 Holzscheiben von 2 Arschin 8 Werschok Höhe und 12 Werschok Breite, welche die Bedienungsmannschaften markirten. Alle 18 Geschütze hatten 20 Schritt Zwischenraum. Die liegende Schützenlinie stellten 36 Holzscheiben von 2' Breite und 12 Werschok Höhe dar.

Die Treffergebnisse waren folgende:

Rechte Batterie	2 Volltreffer,
	19 Sprengstücke,
	25 Shrapnelkugeln
Mittlere Batterie	18 Sprengstücke,
	22 Shrapnelkugeln.
Linke Batterie	40 Sprengstücke,
	26 Shrapnelkugeln.
Liegende Schützen	40 Sprengstücke,
	190 Shrapnelkugeln.

Getroffen waren 2 Geschütze, von 90 Bedienungsmannschaften 30, von 36 Schützen 24 Mann.

Die Uebung erwies sich als äußerst lehrreich, trotzdem die Kälte bei starkem Gegenwind scharf war, 9⁰ Morgens — 8⁰ R, 10⁰ Morgens — 12⁰ R.

---

*) 1 Saschen = 2,135 m; **) 1 Fuß = 0,305 m; ***) 1 Arschin = 0,7112 m; †) 1 Werschok = ¹/₁₆ Arschin = 0,044 m.

unten in das Verbindungsstück eingeführten Keil verhindert, welcher mit se
geschrägten Flächen Eintritt in den Ausschnitt der erwähnten Schwalben
schienen findet. Durch diese vorzügliche Laufverbindung werden alle guter
schaften des einzelnen Laufes gewahrt und Gewehre von höchster Leistung§
erhalten.

— Der Kriegs-Drache bildet eine neue englische Erfindung, die, w
nicht direkt als Ersatz des bisher zum Rekognosziren gebrauchten Ballor
so doch als ein sehr bequemes und einfach zu behandelndes Aufklärungsmitte
soll. Erfunden von einem Lieutenant Baden-Powell, besteht dieser Krieg
hauptsächlich aus einem ungeheuren, 500 Quadratfuß großen Leinwand-
der in seiner Flugfähigkeit noch durch drei andere kleinere Drachen unterstü
Unten am Drachen hängend, befindet sich ein Korb zur Aufnahme einer
Versuche haben schon stattgefunden und ein ganz zufriedenstellendes Resultat
Jedoch sind dieselben noch nicht abgeschlossen, da man die Tragfähigkeit bi
bei windstillem und noch nicht bei windigem Wetter erprobt hat. Die !
schnur, wenn man von solcher sprechen darf, wurde bei den Versuchen von
oder einer Anzahl Männern gezogen resp. gehalten.

— Ueber die Kohlenproduktion der Welt erfahren wir
interessante Daten. Gemäß der letzten statistischen Aufstellungen ist der
Produzent der Welt England, das während des Jahres 1894 nicht wen
188 277 525 Tonnen ausführte. Zu Tage gefördert wurde diese gewaltig
von 705 244 Personen. An zweiter Stelle kommen die Vereinigten Sta
164 000 000 Tonnen. Deutschland nimmt mit ungefähr 73 000 000
(exklusive Braunkohle) den dritten Platz ein. Die anderen Kohlen produ
Länder, deren Tonnenzahl sich Jahr für Jahr fast gleich bleibt, sind De
Ungarn mit 10 700 000, Frankreich und Rußland mit je 6 250 000, Austra
4 000 000, Japan mit 3 250 000, Neu-Schottland mit 2 250 000, Spa
1 800 000, Brittisch Columbia mit 1 200 000, Italien mit 300 000 und
Schweden mit 200 000 Tonnen. Das macht eine Gesammtsumme von 462
Tonnen.

— Das Marine-Departement der Vereinigten Staaten sü
wie uns aus Amerika gemeldet wird. Versuche mit einem neuen Kompaß
auf der See die Gegenwart anderer Schiffe in der Nähe anzeigen soll. 1
der Erfinder dieses neuen Kompasses giebt an, daß er in Verbindung mit d
ein geheimes chemisches Fluidum benutzt, welches bei der Benutzbarmach
gewaltigen Kräfte der Elektrizität eine wichtige Rolle spielen wird. Der
ist ungefähr 2½ Zoll im Durchmesser und 3 Zoll hoch. Unter der Nadel
sich ein Metallstreifen und unter der Scheibe des Kompaß ein Näpfchen
das chemische Fluidum untergebracht ist. Das Ganze ist in den elektrischen
kreis eines großen Hufeisen-Magnetes geschaltet, dessen Pole mit dem Schiff
in Verbindung stehen. In dem Augenblick, in dem ein Schiff in den mag
Wirkungskreis des andern eintritt, wird die Kompaßnadel nach der bet

Minerva. Illuftrirte militärwiſſenſchaftliche Zeitſchrift. October-Heft: Organiſation der Militär-Bezirksverwaltungen in Rußland. —

Mittheilungen aus dem Gebiete des Seeweſens.

Organ der militärwiſſenſchaftlichen Vereine. 4. Heft: Aus dem deutſch-franzöſiſchen Kriege 1870/71. Von Sedan nach Paris. —

Mittheilungen über Gegenſtände des Artillerie- und Genie-Weſens. 10. Heft: Unterſuchungen über die Funktionirung des Schlägers bei Zeitzündern. — Die europäiſchen Kriegsbrücken-Syſteme.

Frankreich. L'Avenir militaire. Nr. 2044: Le futur recrutement de l'armée coloniale. — Nr. 2045: Le médecin militaire. Le 19° corps d'armée. — Nr. 2046: A propos du service de deux ans. — Nr. 2048: Les bases de l'armée coloniale. — Nr. 2049: La réserve de l'armée coloniale. — Nr. 2050: Infanterie et Artillerie coloniale. Prognostices sur la prochaine guerre européenne. — Nr. 2051: Services secondaires de l'armée coloniale. — Nr. 2052: La relève de l'armée coloniale. —

Le Progrès militaire. Nr. 1564: Le règlement sur le tir. — Nr. 1566: L'armée coloniale. — Nr. 1567: A l'ecole supérieure de guerre. — Nr. 1568: L'armée coloniale. — Nr. 1569: Initiative et unité de doctrine. — Nr. 1571: Le rapport sur le budget de la guerre. —

La France militaire. Nr. 3471: Cyclistes et cavaliers. — Nr. 3475: L'armée coloniale. — Nr. 1480: Réservistes en excedents. Dans la cavalerie. — No. 3481: L'avancement dans l'infanterie. — Nr. 3483; 1384: Le 19° corps. — Nr. 3485: L'artillerie de campagne. Les pièces de gros calibre. —

La Marine française. Nr. 23: Tactique de combat (lettre ouverte à M. le vice-amiral Gervais). — Nr. 24: La tradition française. Tactique de combat. — Nr. 25: Programme d'action. Dédié à M. Ed. Lockroy Ministre de la marine par le commandant Z. —

Journal des sciences militaires. Octobre: Contre le service de deux ans. — Préparation de la compagnie au service en campagne. — Le canon de l'avenir. — Wissenbourg — Froeschwiller — Châlons — Sedan — Châtillon — la Malmaison [suite]. —

Revue du cercle militaire. Nr. 43: La bicyclette pliante aux grandes manoeuvres de 1895. — La manoeuvre du service de santé. — Nr. 44: La manoeuvre de garnison pour les officiers de réserve et de l'armée territoriale. — Nr. 45: L'opinion d'un officier russe sur notre armée. La défense des côtes. —

Revue de cavalerie. Octobre: Des Masses de cavalerie. — Instruction et conduite de la cavalerie. — Testament d'un cavalier, par le Général-Lieutenant G. von Pelet-Narbonne (suite) [croquis dans le texte]. — La Cavalerie allemande et l'armée de Châlons, par Pierre Lehautcourt [fin]. — La Cavalerie italienne [suite]. — Observations sur l'armée française de 1792 à 1808 [fin]. — Le Mécanisme des allures du cheval. Notions élémentaires (avec 22 chronophotogravures). — Une Opinion italienne sur les manoeuvres de cavalerie de Angleterre. —

Rußland. Russischer Invalide. Nr. 172: Brieftauben bei der Kavallerie, auf Grund von Versuchen bei der Kavallerie-Junkerschule Jelisoawetgrad. — Nr. 173: Telephon im Felddienst der Infanterie. — Nr. 179: Allgemeine Organisation der französischen Armee im Kriege. — Nr. 182: Depeschen der Taubenpost. — Nr. 183: Ueber die Herstellung rauchlosen Pulvers. — Nr. 184: Die strategische Bedeutung des zukünftigen allgemeinen Waggonparks in Mittel-Europa — Nr. 185: Die zur Abrichtung für Kriegszwecke geeigneten Hunderassen. — Nr. 194—196: Charakter der taktischen Anschauungen in der deutschen Armee seit Einführung des rauchlosen Pulvers. —

Russisches Ingenieur-Journal. Nr. 2: Beilage: Leitfaden der Elektrotechnik (Vorträge, gehalten in der Offiziersklasse der elektrotechnischen Schule. — Nichtoffizieller Theil; Landungsverfahren für die Feld-Artillerie und Truppentrains auf Pontons und leichter Prahm aus anderthalb Pontons. — Festungsmanöver bei Merw. —

Italien. Rivista militare. November. Nr. 21: Der zweite Theil des Krieges von 1866 in Italien. — Von Kaffala bis Adua. —

England. Army and Navy Gazette. Nr. 1866: The British officer. — The german Emperor in Alsace. — Nr. 1867: The army in 1894. — Nr. 1869: England and Russia in the far West. —

United service Gazette. Nr. 3277: The artillery in Chitral. — Nr. 3278: Our ships and their officering. — Nr. 3279: The officering of the navy. — Nr. 3280: The future of the British navy. — Nr. 3281: The organisation of the Royal-Artillery. —

Schweiz. Schweizerische Monatsschrift für Offiziere aller Waffen. Nr. 10: Gründe zu Gunsten der Uebernahme des gesammten Militärwesens durch den Bund. — Die Militärbildungsanstalten in Italien und in Deutschland (Schluß). — Die Wehrmacht Schwedens und Norwegens. —

Schweizerische Zeitschrift für Artillerie und Genie. Nr. 10: Mittheilungen über unsere Artillerie. — Ein neues Telemetersystem. — Schlachtleitung bei Gravelotte. —

Blätter für Kriegsverwaltung. November: Das Gebirgstransportwesen in Italien. — Die Konserven, deren Werth für die Verpflegung ꝛc. —

Literatur.

„Kriegführung". Kurze Lehre ihrer wichtigsten Grundsätze und Formen. Von Colmar, Freiherr v. d. Golz. Berlin 1895. R. v. Decker's Verlag, G. Schenck, Königl. Hofbuchhändler.

General v. d. Golz, der Verfasser von „Volk in Waffen", veröffentlicht unter diesem Titel eine kurze Formenlehre der großen Kriegführung. Es handelt sich indessen nicht um eine einfache Zusammenstellung derselben, sondern zugleich um eine klare Darlegung der Beziehungen, in denen die einzelnen Formen kriegerischer Operationen heutzutage mit den Grundsätzen der Kriegführung stehen. Der Verfasser bespricht, nach allgemeiner Entwickelung des Wesens von Angriff und Vertheidigung, der Reihe nach die verschiedenen Offensiv- und Defensiv-Operationen, ihre Eigenthümlichkeiten, die Regeln für ihre Durchführung, die besonderen Gefahren, denen sie unterliegen, und die Bedingungen, an welche sich ihr Gelingen knüpft. Hierdurch gewinnt die „Kriegführung", im Gegensatz zu dem älteren Werke des Verfassers „Volk in Waffen", den Charakter einer Lehrschrift oder eines Handbuches für den Truppenführer. Die Einleitung läßt auch erkennen, daß dies die bewußte Absicht des Verfassers war, und es ist anzunehmen, daß er — seit mehr als 10 Jahren zur Leitung einer Generalstabsschule im Auslande berufen — dabei besonders die Vorbereitung jüngerer Kräfte für den Dienst des Generalstabes und für die höhere Truppenführung im Auge hatte. General v. d. Golz hat jedoch, seinem Grundsatze getreu, daß jedes Buch, selbst ein Lehrbuch, sich einer ansprechenden Form bedienen dürfe und solle, die rechnungsmäßige Trockenheit, welche Schriften dieser Art meist innewohnt, zu vermeiden gesucht. Wir hoffen, daß der Lehrer, der die „Kriegführung" zur Hand nimmt, sie, auch ganz abgesehen von dem Werthe des belehrenden Inhalts, gern lesen und die Stunden nicht bereuen wird, die er ihr widmet.

Ein verhältnißmäßig beträchtlicher Raum ist historischen Belegen und Beweisen gewidmet, durch welche das richtige Verständniß der angeführten Grundsätze erleichtert und deren Anwendung in der Praxis des Krieges näher erklärt wird.

Die gedrängte Kürze, deren sich der Verfasser befleißigt, erleichtert außerordentlich die Uebersicht über das Gesammtgebiet der Lehre von der Kriegführung und macht das Buch, das nur 204 lichtgedruckte Oktavseiten zählt, außerordentlich geeignet zum Nachschlagen bei Erörterung von taktischen und strategischen Fragen. Auf diese Weise wird dasselbe nicht nur den angehenden Truppenführer schnell und leicht in sein Fach einführen, sondern auch dem schon erfahrenen nützlich werden, der die Erscheinungen der modernen Kriegführung vor dem geistigen Auge Revue passiren lassen will.

„Clausewitz sagt" — so führt der Verfasser am Schlusse der Einleitung an — „die ganze Schwierigkeit bestände darin, den Grundsätzen, welche man sich gemacht hat, im erschwerenden Elemente des Krieges treu zu bleiben." Dazu gehört vor allen Dingen, daß man sich ihrer im rechten Augenblicke erinnert, und dies wieder erfordert, daß man sie sich von Zeit zu Zeit in's Gedächtniß zurückruft. Für eine solche Arbeit aber ist eine kurze Lehre der wichtigsten Grundsätze und Formen der Kriegführung ein besseres Hülfsmittel als mehrbändige militär-philosophische Abhandlungen.

In der That füllt in dieser Hinsicht das neue Buch des bekannten Verfassers eine noch bestehende Lücke aus, und wir hoffen, daß seine praktische Brauchbarkeit ihm eine freundliche Aufnahme und weite Verbreitung sichern wird.

Außer Einleitung und Schlußbemerkung zerfällt die Abhandlung in 14 Abschnitte: I. Stellung des Krieges im sozialen Leben. II. Die besondere Natur der heutigen Kriege III. Die Grundsätze der heutigen Kriegführung. IV. Die Hauptformen der Kriegführung. V. Die Offensive. VI. Die Defensive. VII. Wechselwirkung von Offensive und Defensive. VIII. Die Operationen. IX. Die strategischen Offensiv-Operationen. X. Taktische Offensiv-Operationen. XI. Strategische Defensiv-Operationen. XII. Taktische Defensiv-Operationen. XIII. Operationen unter besonderen Bedingungen. XIV. Einfluß der Operationen zur See auf die Kriegführung.

Dieser „Kriegführung" wird im nächsten Jahre auch ein Werk „Heerführung" folgen.

Traité d'artillerie à l'usage des officiers de marine. Par Ernest Nicol. Lieutenant de vaisseau. Paris et Nancy. Berger-Levrault et Cie., éditeurs. Preis: 4,80 M.

Interesse werden für dies Buch nur die Marine- und die Offiziere der Küstenartillerie haben: Für sie aber wird sehr viel Wissenswerthes von dem strebsamen jungen Kameraden Nicol beigebracht, besonders in dessen drittem Buch, welches die Schiffs-Artillerie abhandelt. Der Verfasser klagt, daß darüber offizielle Angaben gänzlich mangeln und daß wichtige Punkte höchst streitig sind. Er füllt die Lücken mit seinem Leibe aus — und veröffentlicht die schon vor drei Jahren gefertigte Schrift, um die Sache zu fördern und vielleicht bessere Ansichten herauszulocken. Inhalt und Zweck des Buches, das den Stempel regen und reifen Fleißes trägt, sind höchst anerkennenswerth.   8.

9 780666 241795